马克思主义理论研究
和建设工程重点教材

国际政治经济学

《国际政治经济学》编写组
主　编　王正毅
副主编　李　滨
主要成员
（以姓氏笔画为序）
田　野　曲　博　朱文莉
杨　毅　沈伯平　张建新
钟飞腾　保建云　董昭华
熊　洁

高等教育出版社·北京

二维码资源访问

使用微信扫描本书内的二维码，输入封底防伪二维码下的20位数字，进行微信绑定，即可免费访问相关资源。注意：微信绑定只可操作一次，为避免不必要的损失，请您刮开防伪码后立即进行绑定操作！

图书在版编目（CIP）数据

国际政治经济学 /《国际政治经济学》编写组编
. -- 北京：高等教育出版社，2021.8（2024.2重印）
马克思主义理论研究和建设工程重点教材
ISBN 978-7-04-054340-7

Ⅰ.①国… Ⅱ.①国… Ⅲ.①世界经济政治学-高等学校-教材 Ⅳ.①F11-0

中国版本图书馆CIP数据核字（2020）第109774号

责任编辑 王溪桥　封面设计 王 鹏　版式设计 于 婕　责任校对 李大鹏
责任印制 刘思涵

出版发行	高等教育出版社	网 址	http://www.hep.edu.cn
社 址	北京市西城区德外大街4号		http://www.hep.com.cn
邮政编码	100120	网上订购	http://www.hepmall.com.cn
印 刷	高教社（天津）印务有限公司		http://www.hepmall.com
开 本	787mm×1092mm 1/16		http://www.hepmall.cn
印 张	21.25		
字 数	350千字	版 次	2021年8月第1版
购书热线	010-58581118	印 次	2024年2月第4次印刷
咨询电话	400-810-0598	定 价	42.30元

本书如有缺页、倒页、脱页等质量问题，请到所购图书销售部门联系调换

物 料 号 54340-00

目　录

绪　论

从政治和经济相结合的角度研究国际关系，是马克思主义的重要方法论特征。国际政治经济学自 20 世纪 70 年代作为一门学科产生以来，就一直深受马克思主义分析方法的影响。为什么寻求国际关系中政治和经济的关联性，以及如何寻求国际关系中政治和经济的关联性，既涉及国际政治经济学这门学科产生的背景，也涉及这门学科的定义和研究议题。

一、国际政治经济学产生的背景

国际政治经济学的兴起，主要始于 20 世纪 60—70 年代国际关系学界对冷战后期的国际社会现实变革的反思。①

就冷战初期国际社会的现实而言，如下两个事实对于形成这一时期的现实主义国际关系理论是非常重要的：（1）冷战格局的形成以及对抗的开始。这种对抗使得权力、特别是军事要素突出出来。两大阵营的形成使得许多国家为了国家主权的安全不得不加入其中，尽管在安全问题上出现了免费搭车现象，但安全问题仍然是冷战时期人们最为关心的问题。（2）自由主义国际体系的建立。在西方资本主义集团内，建立了一种以自由主义为基础的国际体系，其中，1944 年 7 月建立的布雷顿森林体系成为这种自由主义国际体系的基础。

冷战主要是军事对抗这一现实影响了当时学者们对于国际关系现实的理解。国际关系研究中的现实主义由此兴起。这一时期的国际关系研究中最为基本的概念便是权力和安全，其中权力最主要是指军事力量，而安全最主要是指领土完整。关于这一点，现实主义的集大成者摩根索于 1948 年出版的经典性名著《国家间政治》（Politics among Nations）的副标题“寻求权力与和平的斗争”（The Struggle for Power and Peace）是最好的体现。

现实主义的国际关系研究使得国际关系理论在 20 世纪五六十年代具有如下几个明显的特征：（1）国家是国际关系研究的主体，国际关系主要是国家与国家之间的政治关系；（2）权力，特别是政治权力是国际关系中最为基本的权

---

① 参见王正毅：《国际政治经济学：历史、理论与方法》，《欧洲》2002 年第 1 期，第 27—37 页。

力；（3）在国际关系中，政治因素和经济因素是相互分离的。

进入 20 世纪 60 年代中期以后，国际社会现实出现了非常大的变革，这种变革既表现在国际政治格局的变化上，也表现在世界经济所面临的挑战中。

第一，两极世界内部的矛盾公开化。

在西方世界，先是英国为争夺大国地位而在生产核武器问题上与美国讨价还价，后是法国改变了初期完全依赖美国的态度。1960 年，戴高乐改变了过去和苏联完全对立的态度，提出“缓和、谅解、合作”的政策和“从大西洋到乌拉尔”的欧洲建设思想，同时，为了摆脱美国的控制，法国于 1966 年退出北大西洋公约组织。后来，德国也改变了同苏联以及东欧国家的对立，实行“新东方政策”，即既要保持同西方的合作，又要同东方实现某种谅解。这样，西方世界开始分化，进入 20 世纪 70 年代，这种分化更为明显。而在东方世界，社会主义阵营内也出现矛盾。由于苏联把自己的政治经济模式强加于东欧各国，这也引起东欧国家与苏联矛盾的加剧，先是苏联和南斯拉夫就的里雅斯特的归属发生分歧，导致苏联撕毁合同，撤走专家，对南斯拉夫实行经济封锁。其后是波兰事件和匈牙利事件的发生，最后终于导致苏联入侵捷克斯洛伐克。

第二，发展中国家的崛起。

对两极世界政治格局的挑战，不仅来自其内部的矛盾公开化，而且还来自另外一支政治力量即广大发展中国家的崛起和壮大。20 世纪 50 年代中期以后，广大发展中国家不仅推行“不结盟运动”，坚持反对帝国主义、新老殖民主义、种族主义和霸权主义，呼吁发展中国家加强团结，建立新的国际经济秩序；而且在部分地区加强区域建设，促进本地区国家之间的合作，诸如东南亚国家联盟、石油输出国组织、非洲统一组织等地区性国际组织在促进各自地区的区域化进程中发挥了非常大的作用。其中，尤以石油输出国组织的表现最为突出。发展中国家的崛起，对于美国和苏联主导的两极世界秩序产生了重大冲击。

第三，地区一体化的兴起。

从 20 世纪 50 年代开始，西欧地区相关国家不断地通过合作应对世界经济和政治的变革，先是 1951 年法国、联邦德国、意大利、比利时、荷兰和卢森堡六国建立“欧洲煤钢共同体”，取消对煤炭和钢铁的关税和进出口限制。然后是 1957 年 6 个创始成员国签订《罗马条约》，建立“欧洲经济共同体”和“欧洲原子能共同体”，提出要在 10 年内实现关税同盟，推行共同农业政策，将欧洲建设成为一个“欧洲人的欧洲”。之后是 1967 年六国将欧洲煤钢共同体、欧洲经济共同体和欧洲原子能共同体三个机构合并为“欧洲共同体”。

从1967年到冷战结束，除了扩展成员国之外（1973年丹麦、爱尔兰和英国加入；1981年希腊加入；1986年西班牙和葡萄牙加入），欧洲共同体最突出的成就表现在两个方面：一个是为了应对20世纪70年代石油危机和布雷顿森林体系的崩溃，于1979年启动“欧洲货币体系”，创设“欧洲货币单位”，在成员国之间稳定汇率，保护欧洲货币免受美元急剧波动的影响。另一个是1986年2月签署《单一欧洲法案》，力图通过深化欧共体机构改革以及拓展共同体的权力、特别是外交政策加快一体化进程。虽然欧洲一体化进程主要在冷战结束以后才得以加快并最终于2002年完成，但20世纪50—60年代的欧洲一体化进程，不仅引领了地区主义潮流，而且改变了冷战时期的地缘政治结构。

第四，美国主导的世界经济秩序面临新的挑战。

20世纪70年代初期世界经济出现的几件大事对美国的主导权提出了新的挑战。

（1）“尼克松冲击”。1971年8月15日，美国总统尼克松在一次电视演讲中，宣布了一项新经济政策，即取消以其他国家的货币和黄金折算美元这一布雷顿森林体系确定的规则，这就是历史上著名的“尼克松冲击”，又称美元浮动。美国取消双挂钩制的决定首先在经济上对整个世界产生了重大的影响，从而开启了一个浮动汇率的时代。

（2）美国与日本的贸易摩擦。第二次世界大战以后，美国为了与苏联争夺霸权，在欧洲推出了著名的“马歇尔计划”，在亚洲则提出了阻止苏联和中国南扩的战略。在这种战略的推动下，美国对战后的日本采取了安全联盟政策，并在经济上帮助日本进行战后重建。在这种有利的国际环境中，日本经济在20世纪50—60年代得以飞速发展。然而，在日本经济恢复和高速发展之后，日本和美国的关系开始发生重大变化，从1968年到1985年，双方就贸易问题出现了五个回合的摩擦和争论，尽管这些争论最后以《广场协议》的签订而告终，但日美的贸易争论对战后美国主导的世界经济秩序确实产生了影响。

（3）石油输出国组织的胜利。1973年末，石油输出国组织的成员国联合采取了一项措施，将石油的价格由每桶2.59美元上涨到11.65美元。这一行动对西方发达国家的经济产生了重大的影响，特别是对那些从中东进口石油的西方国家的经济带来了沉重的打击。这是发展中国家第一次用经济或资源的力量对发达国家采取的有力的行动，因而具有重要的政治意义。它改变了长期以来形成的发展中国家对发达国家只能言听计从的格局。

（4）跨国公司的管理。1974年，加拿大设立了一个“外国投资审查局”，以此来管理美国企业在加拿大的投资。随后，在其他发达国家和发展中国家也相继出现类似的机构。这是各国对战后出现的跨国投资现象首次作出的官方反应。

这几件原本属于经济领域的事件，对世界经济格局和政治格局产生了重大的影响：“尼克松冲击”对战后形成的以自由主义为基础的世界经济体系提出了强有力的挑战；美国和日本的贸易摩擦反映了战后形成的资本主义世界体系内部的矛盾，也反映了美国作为霸权国家经济实力的衰退；石油输出国组织的胜利改变了发达国家和发展中国家长期形成的在政治和经济上的依附关系，表明发展中国家可以以资源为武器与发达国家进行讨价还价；跨国公司的管理这种现象的出现，说明了各个国家不仅在经济上关注跨国公司，而且开始从政治上干预跨国公司。

国际体系中这些新出现的问题既是传统的政治学无法回答的问题，也是新古典经济学难以解释的问题。正是在这种背景下，国际关系研究中出现了一种将政治学和经济学结合起来解释这些新问题的倾向，从而推动国际政治经济学的产生。

二、国际政治经济学的定义和研究议题

在国际政治经济学40多年的发展历程中，前后经历了两代学者的努力①：第一代学者主要是指20世纪七八十年代寻求国际关系研究中政治和经济关联性的学者；而第二代学者则主要是指20世纪90年代中期以来寻求国内政治与国际经济关联性的学者。

第一代国际政治经济学学者关心的问题是，如何看待经济要素在国际关系研究中日益发挥的重要作用，突破20世纪五六十年代国际关系研究主要集中在国际政治关系的局面。所以，第一代国际政治经济学学者的任务是寻求国际关系研究中政治和经济的关联性，其中最为重要的是探讨国家和市场的相互作用。这一代学者中最具代表性的是英国的苏珊·斯特兰奇和美国的罗伯特·吉

① 参见王正毅：《超越“吉尔平式”的国际政治经济学》，《国际政治研究》2006年第2期；Robert O. Keohane, “The Old IPE and the New”, *Review of International Political Economy*, Vol. 16, No. 1, 2009, pp. 34—46。

尔平。他们认为，国际政治经济学应该围绕着国家和市场的相互作用，一方面研究国家的政治作用如何影响全球财富的生产、交换和分配；另一方面研究全球市场和经济力量如何影响国家以及其他政治行为体之间权力的分配，尤其是这些经济力量如何改变政治和军事力量在国际上的分布。①

20 世纪 90 年代中期以来，随着国际政治经济学研究的深入，第二代国际政治经济学学者更多地关注国内政治和国际经济的关联性，其中最为重要的是探讨利益与制度的关联性。这一代学者中最具代表性的是美国的海伦·米尔纳、莉萨·马丁和大卫·莱克。他们认为，国际政治经济学应该围绕着国内与国际、利益与制度的相互作用，一方面研究国家如何、何时以及为何开放自己使得货物、服务、资本和人员进行跨国流动，以及这种开放政治如何影响国际机制和制度的制定；另一方面研究融入（或不融入）国际经济如何影响个人的利益、行业的利益、生产要素的利益，或国家的利益，进而影响国家的国内政策。②

尽管第一代国际政治经济学者和第二代国际政治经济学者关于国际政治经济学的定义在侧重点上有所不同，但在寻求政治（国家）和经济（市场）的关联性，以及国内和国际的关联性上，两代学者基本达成一致。基于这两种关联性，我们可以对国际政治经济学做出如下的一般定义：

国际政治经济学主要集中在对国际经济交换进行政治学研究，具体来说，它作为一门学科主要研究国际体系中的经济要素（包括资本、技术、劳动力以及信息）的跨国流动对国际体系本身，国家与国家之间的关系，以及国家内部政治结构和过程的影响，反之亦然。

根据国际政治经济学的定义，我们可以将国际政治经济学的研究议题归纳为两个层面：一是国家层面，主要研究单个国家对外经济政策的国内政治过

---

① 参见［英］苏珊·斯特兰奇：《国家与市场》第二版，杨宇光等译，上海世纪出版集团 2006 年版，第 13 页；［美］罗伯特·吉尔平：《国际关系政治经济学》，杨宇光等译，上海人民出版社 2011 年版，第 6—7 页。

② Helen Milner, “Reflections on the Field of International Political Economy”, in Michael Brecher and Frank P. Harvey, eds., *Millennial Reflections on International Studies*, The University of Michigan Press, 2002, pp. 624—625; Lisa Martin, “International Political Economy: From Paradigmatic Debates to Productive Disagreement”, in Michael Brecher and Frank P. Harvey, eds., *Millennial Reflections on International Studies*, The University of Michigan Press, 2002, p. 654; David A. Lake, “Open Economy Politics: A Critical Review”, *The Review of International Organization*, Vol. 4, No. 3, pp. 219—244.

程，这些经济政策主要包括对外贸易政策、对外投资政策、汇率政策等；二是国际层面，研究国际经济合作和协调中的制度设计问题，诸如国际贸易机制、国际/区域货币机制、国际/区域投资协定、全球治理。

（一）国际贸易的政治经济问题

贸易是国际经济关系的基本形式。国际贸易不仅是经济问题，也是政治问题，会在国家间以及一国内部产生分配性影响。在国际层次上，主要研究国际贸易体系的演进与国际政治权力的关系、多边贸易制度的设计以及自由贸易协定的政治动因和政治影响等问题；在国内层次上，主要分析一国贸易政策制定的国内政治过程与相关政治因素。

（二）国际金融的政治经济问题

随着经济全球化的深入，资本流动与国际资本市场的发展成为当前国际经济的重要特征。在国际层次上，主要研究资本流动的政治动因与政治结果、全球金融体系与国际政治权力的关系、金融危机与国际金融监管；在国内层次上，主要分析国家资本账户自由化、国内金融监管的政治过程和相关政治因素。

（三）国际货币的政治经济问题

国际货币问题与国际贸易和国际金融相联系，是商品和资本跨国流动的中介。在国际层次上，主要研究国际货币体系与国际政治权力结构的相关性、国际货币关系的权力基础、国际货币制度的政治功能等；在国内层次上，集中讨论国家汇率制度安排的国内政治过程和相关政治因素。

（四）跨国生产的政治经济问题

跨国投资或生产是当前国际经济关系的重要特征，跨国公司是在不同的政治框架下进行生产活动的企业组织，其组织制度突出反映了国家与企业、权力与市场之间的互动关系。在国际层次上，主要研究国际直接投资的规则与国际政治权力的相关性、跨国公司与国家政治权力的关系等；在国内层次上，集中于探讨跨国公司对母国和东道国国内政治的影响、引进外资政策的政治过程等。

（五）发展与转型的政治经济问题

为什么有的国家富裕，有的国家贫穷？几乎所有的社会科学都尝试从不同的角度给出解释和答案。国际政治经济学从国际和国内两个角度讨论国家富裕或者贫穷的根源以及实现国家发展的政策组合。国际政治经济学关心诸如国际经济结构、国际权力结构、国内制度结构与产业状况等因素是否以及如何影响国家发展。冷战结束以后，对转型国家政治经济的研究拓展了国际政治经济学的研究议程。

（六）经济全球化与区域化的政治经济问题

冷战结束之后，经济全球化与区域经济一体化加速发展。国际政治经济学对经济全球化的根源与影响、全球问题与全球治理、国际制度与国际合作、区域一体化的政治经济原因与影响等都进行了深入研究，而且从理论上，探讨国际关系新发展对民族国家体系的影响，分析新条件下权力与财富互动的特征与方式。

总体来看，国际贸易、国际货币金融与跨国生产构成了国际政治经济学的主要研究对象，但不同于国际经济学对这些领域的研究，国际政治经济学主要探究这些领域中国际经济关系的政治动因与政治影响。此外，随着经济全球化的新发展，一些新兴的研究议题也开始纳入国际政治经济学研究的范围，比如能源、环境与气候变化、移民问题、知识产权保护等议题。国际政治经济学的定义决定了其研究范围，只要国际经济关系中包含了权力因素，对国际经济关系的研究就可以转换成国际政治经济学问题。经济要素的跨国流动必然是权力与财富、国家与市场互动的结果。

三、学习和研究国际政治经济学的意义

在学习和研究国际政治经济学时，必须坚持马克思主义，因为“在人类思想史上，就科学性、真理性、影响力、传播面而言，没有一种思想理论能达到马克思主义的高度，也没有一种学说能像马克思主义那样对世界产生了如此巨大的影响。这体现了马克思主义的巨大真理威力和强大生命力，表明马克思主义对人类认识世界、改造世界、推动社会进步仍然具有不可替代的作用”①。

随着东欧剧变、柏林墙倒塌、苏联解体，持续近半个世纪的冷战结束了。冷战结束之后，国际政治经济发生了前所未有的变革，出现了四种重要趋势，即经济全球化、地区主义的兴起、美国霸权的衰退、中国经济的发展。在马克思主义指导下，学习和研究国际政治经济学，对于我们理解和把握这四种趋势具有重大的理论和现实意义。

---

① 《习近平谈治国理政》第二卷，外文出版社2017年版，第65页。

一是全面认识经济全球化。冷战后时代的首要特征是经济全球化的深入扩展，这突出地表现在货物、服务以及资本在全球市场上的流动，具体表现为国际贸易、跨国生产以及国际资本流动上。如果说在冷战时代，由于苏联、东欧国家、中国、越南等国家实行中央计划经济，国际贸易、跨国生产和国际资本流动还主要局限在西方资本主义世界体系中，那么冷战结束以后，由于苏联和东欧国家的剧变以及中国和越南等国家实行改革开放政策，国际贸易、跨国生产以及国际资本流动几乎触及国际体系中的所有国家。

经济全球化并不是完美无缺的，事实上，经济全球化从其一开始就引起前所未有的争论，争论的焦点主要集中在：谁是全球化的真正受益者，谁又是全球化的受损者？全球化是否可以延续？如果全球化可以延续，是否需要全球治理？如果需要全球治理，需要推动什么样的全球治理？

二是准确把握地区主义的兴起。冷战后出现的第二个时代特征是新一轮的地区主义或区域化。地区主义或区域化不仅改变了世界地缘政治经济结构，同时也影响了相关国家的政治经济发展战略。根据地区合作的方式（正式制度或非正式制度）和一体化的程度（多个领域或单一领域），我们可以将冷战后的地区主义大致分为四类：第一类是通过正式的制度建设深入推动地区一体化，这方面最具代表性的是欧洲一体化；第二类是通过正式制度建设推动相关国家在单一领域的合作，这方面最具代表性的是北美自由贸易区以及各种各样的地区性的自由贸易协定（FTAs）和特惠贸易协定（PTAs）；第三类是通过非正式的制度建设推动地区在多个领域进行合作，最具有代表性的是东盟一体化；第四类是通过非正式的制度建设推动地区在某个领域进行合作，这方面最具代表性的是亚太区域化。

面对地区主义的种种表现形式，国际社会也出现了种种争论：开放的地区主义与排他性的地区主义，哪个更为有效？正式的制度建设和非正式的地区合作机制，哪个更为持久？地区主义是全球化的垫脚石还是绊脚石？2016 年英国脱欧是否意味着欧洲一体化衰退？

三是深入理解美国霸权及其衰退。冷战后出现的第三个时代特征是，随着美国霸权在冷战后面临的种种挑战，“美国的世界秩序是否终结”成为国际社会广泛争论的一个议题。美国世纪是否终结？这一问题不仅关乎全球政治经济秩序的走向，而且关乎许多国家对外政策的选择。

冷战结束初期，美国成为唯一的全球性大国，美国政治学家福山因其在

1992 年出版的《历史的终结与最后的人》中尽情地为自由和民主的胜利高歌而备受西方学术界热捧。但随之而来的两个事件使得国际社会对美国霸权及其所主导的自由世界秩序提出了质疑，第一个重大事件是 2001 年 9 月 11 日发生的基地组织对美国进行的恐怖主义袭击，之后，恐怖主义袭击遍布全球，冷战时期传统意义上的国际安全结构受到了挑战。第二个重大事件则是 2008 年美国发生的次贷危机以及由此引起的全球性金融危机和经济低迷，冷战时期形成的由美国主导的自由主义国际经济秩序面临着前所未有的挑战。

这两个事件引发了国际社会对美国霸权及其所主导的世界秩序的广泛争论：美国霸权是否真的衰退？如果认为美国霸权衰退，是在某些具体领域的衰退还是整体性衰退？如果美国霸权衰退，如何重构新的世界秩序？

四是充分认识“中国道路”的世界意义。冷战结束后的第四个趋势是中国经济的发展。中国自从 1978 年实行改革开放后，对内积极改革，提出建立“社会主义市场经济”，在经济上取得了举世瞩目的成就；对外积极主动融入并参与世界政治经济秩序的构建，努力成为负责任的大国，赢得了国际社会的普遍赞誉。1980 年，中国加入货币和金融领域的全球性组织“国际货币基金组织”（IMF）；2016 年，人民币获准加入“特别提款权”（SDR）货币篮子；2001 年，中国在经过 15 年的艰辛历程之后最终加入作为全球贸易领域的组织“世界贸易组织”（WTO），为推动全球贸易增长作出了巨大的贡献；2008 年全球金融危机之后，中国成为“二十国集团”（G20）成员国，积极推动全球金融稳定；2010 年中国最终取代日本而成为世界第二大经济体。最为引人注目的是，2013 年 9 月习近平访问中亚国家（哈萨克斯坦）时提出了共建“丝绸之路经济带”以及 2013 年 10 月访问东南亚国家（印度尼西亚）时提出了共建“21 世纪海上丝绸之路”的倡议。2017 年 1 月习近平又在联合国日内瓦总部发表《共同构建人类命运共同体》的主旨演讲，并表示中国愿意为构建人类命运共同体提供“中国方案”。

如何认识“一带一路”对中国外交政策的影响？在“构建人类命运共同体”的倡议下，中国在哪些具体领域提出了“中国方案”？“中国方案”能否超越“修昔底德陷阱”？

总之，学习和研究国际政治经济学，既有助于我们发现和认识国际政治经济体系发展演进的客观规律，也有助于我们深入分析和理解国际政治经济变革中出现的重大问题，更有助于我们在中国特色社会主义新时代背景下不断进行理论创新，进而成为构建中国特色国际政治经济学学科体系、学术体系、话语体系的有力推动者。

思考题

1. 简述国际政治经济学的定义。
2. 简述学习和研究国际政治经济学有哪些现实意义。

▶ 思考题答题要点

第一章　国际政治经济学的理论发展及研究路径

将国家和市场结合起来进行研究的学术传统可以回溯到20世纪以前的政治经济学。20世纪以前的政治经济学主要有三种学术传统：一种是重商主义的传统；一种是自由主义的传统；一种是马克思主义的传统。尽管三种学术传统在具体观点上有所不同，甚至针锋相对，但探讨的主题都是关于政治（国家）和经济（市场）的相互关系。重商主义号召政府对市场进行管理，以便促使本国获得特殊的利益；自由主义主张推动贸易的发展，促使世界财富获得增长，从而让各个国家都受益；而马克思主义认为，资本主义体系（国内的和国际的）使得经济结果只有利于某些特定的社会阶级（特别是资产阶级）和特定的国家（霸权国家和强权国家）。

在这种传统的对国家和市场相互关系分析的影响下，20世纪70年代以后产生的国际政治经济学中也出现了三种相应的思潮，即现实主义、自由主义以及马克思主义。

第一节　国际政治经济学的理论发展

一、马克思主义理论及其继承和发展

（一）基本逻辑和理论渊源

马克思主义认为，生产力决定着生产关系与社会关系，经济基础决定上层建筑，而政治上层建筑对经济制度、分配体制具有巨大的反作用。这种经济基础与上层建筑的关系，不仅体现在一国国内，也体现在世界范围的国家间关系上。马克思主义的这些基本原理，首先体现在马克思和恩格斯在《共产党宣言》中对资本主义的经典论述中。

1. 马克思、恩格斯关于资本主义的论述

在《共产党宣言》中，马克思和恩格斯提出，生产的变革导致了资本主义及其阶级的产生，“现代资产阶级本身是一个长期发展过程的产物，是生产方式和交换方式的一系列变革的产物”，在资本主义社会中，占主导地位的资产阶级不但改造了国家的政治结构，同时也改造了一切社会关系。在政治上，资

产阶级从最初封建领主下被压迫的阶级，最后成为“现代的代议制国家里夺得了独占的政治统治”地位的阶级。“现代的国家政权不过是管理整个资产阶级的共同事务的委员会罢了”。在社会关系上，资本主义“无情地斩断了把人们束缚于天然尊长的形形色色的封建羁绊，它使人和人之间除了赤裸裸的利害关系，除了冷酷无情的‘现金交易’，就再也没有任何别的联系了”；“把医生、律师、教士、诗人和学者变成了它出钱招雇的雇佣劳动者”；把家庭关系变成了“纯粹的金钱关系”。即资本主义把一切社会关系变革成为金钱雇佣与交换关系。马克思和恩格斯进一步指出，资产阶级把资本主义生产方式推广到世界，并且按自己的面貌改造了世界。马克思和恩格斯提出，“资产阶级，由于开拓了世界市场，使一切国家的生产和消费都成为世界性的了”。不仅“物质的生产是如此，精神的生产也是如此。各民族的精神产品成了公共的财产。民族的片面性和局限性日益成为不可能，于是由许多种民族的和地方的文学形成了一种世界的文学”。“各自独立的、几乎只有同盟关系的、各有不同利益、不同法律、不同政府、不同关税的各个地区，现在已经结合为一个拥有统一的政府、统一的法律、统一的民族阶级利益和统一的关税的统一的民族”。① 总之，马克思和恩格斯的基本逻辑是，资本主义生产方式催生的资产阶级不仅按照自己的阶级利益改造了国家的政治社会结构，而且为了满足自己的阶级利益改造了世界的政治经济结构，塑造了资本主义世界文明，从而使这些结构有利于资本主义的世界性发展，最终造成了不发达国家对发达国家的依附关系。

2. 列宁的帝国主义论

列宁不仅继承了马克思和恩格斯的思想，而且根据资本主义现实的发展，把马克思和恩格斯的思想发展成为一个具有现代国际关系意义的政治经济学。他的《帝国主义是资本主义的最高阶段》是学术界公认的马克思主义国际政治经济学的经典。

在《帝国主义是资本主义的最高阶段》中，列宁首先继承了马克思和恩格斯关于经济对政治起决定作用的原理，强调世界经济是世界政治的基础，指出不研究“帝国主义的经济实质这个基本经济问题”，“就根本不会懂得如何去认识现在的战争和现在的政治”。② 但同时，列宁强调必须具体地分析不同阶段的资本主

① 《马克思恩格斯文集》第 2 卷，人民出版社 2009 年版，第 33、36 页。
② 《列宁专题文集　论资本主义》，人民出版社 2009 年版，第 99 页。

义世界经济，反对脱离世界经济的具体现实来分析世界政治与国际关系。

其次，列宁从区别垄断资本主义与自由竞争资本主义着手，总结了垄断资本主义的五大经济政治特征，即：生产和资本的集中发展到这样高的程度，以致造成了在经济生活中起决定作用的垄断组织；银行资本和工业资本已经融合起来，并在这个“金融资本”的基础上形成了金融寡头；与商品输出不同的资本有了特别重要的意义，因而出现了资本的输出；瓜分世界的资本家国际垄断同盟已经形成，并因此形成了国际卡特尔；资本主义大国通过殖民政策已经将世界上的领土瓜分完毕，从而导致阶级分化的世界化。由于资本主义的生产就是攫取剩余价值的生产，生产的高度集中意味着需要巨大的海外商品、原料和资本输出市场，这种市场是经济利润的保障并有利于缓和国内阶级矛盾（垄断利润豢养工人贵族），因此，以地理为概念的资本主义国家不可避免地在国际范围内进行经济竞争，这种竞争在垄断时期不但要依靠垄断集团自身的实力，还要借助国家的力量。垄断的出现使得少数金融寡头不仅控制了国家的经济，而且还控制了国家的政治，渗透到上层建筑的各个领域，左右着国家的对外政策。这样，资本的国际竞争最终演变成一种国家间的政治竞争，从竞争市场到竞争殖民地和势力范围，因为这种竞争关系到以地理划分的资本主义国家的命运。但由于资本主义列强之间的经济政治发展不平衡，它们之间的实力必然会进行重新分配，实力重新分配后的资本主义列强之间自然要按实力关系重新瓜分世界，垄断时期的资本主义列强瓜分世界的帝国主义战争不可避免。由此列宁得出结论：“帝国主义是世界大战的根源”。列宁的这一结论为我们深入分析第一、第二次世界大战的爆发提供了坚实的理论基础。

最后，列宁根据马克思主义的政治经济学原理，通过分析变化的资本主义现实，提出了不同于马克思的革命战略，即在帝国主义最薄弱环节首先进行革命，建立新型的社会主义经济体制。列宁基于当时的条件认为，垄断时期的资本主义是垂死的、寄生的、腐朽的，内部社会矛盾重重，而且帝国主义之间的战争可以削弱帝国主义自身的力量，唤醒帝国主义国家的人民和殖民地、附属国的人民，这为无产阶级世界革命在某个资本主义矛盾最突出、力量最薄弱的国家爆发创造了条件。正是在列宁思想指导下，俄国于 1917 年在帝国主义最薄弱的环节取得了社会主义革命的成功。

列宁的帝国主义阶段论，不仅为我们理解两次世界大战的爆发、1917 年俄国社会主义革命的成功、第二次大战后世界范围内殖民主义体系的解体提供了坚实的理论依据，而且为20世纪70年代国际政治经济学兴起和发展过程中马克思主义理论的发展提供了重要的思想来源。

（二）马克思主义中国化与“中国道路”

在亚洲、非洲和拉丁美洲国家纷纷探索各自国家发展道路之时，中国也在共产党领导下寻求一条适合中国国情的发展之路。经过多年艰难的努力，中国终于探索出一条适合中国具体国情的“中国道路”。“中国道路”也因中国于2010年超越日本成为全球第二大经济体的成就而引起国际学术界的广泛关注。

虽然“中国道路”在不同的具体领域有不同的体现，但概括起来，“中国道路”主要有如下四个基本特征：在指导思想上坚持马克思主义中国化；在党和国家以及社会的关系上强调党对一切工作的全面领导；在政府和市场的关系上主张政府引导市场，建立和完善社会主义市场经济；在对外政策上坚持和平发展道路，积极融入世界并参与全球治理。

第一，在指导思想上坚持马克思主义中国化。

“中国道路”的首要特征，就是在理论上坚定地继承马克思主义，在实践中不断将马克思主义中国化，而不是教条地拘泥于马克思主义经典作家的只言片语。正如习近平所总结的：“对待马克思主义，不能采取教条主义的态度，也不能采取实用主义的态度。如果不顾历史条件和现实情况变化，拘泥于马克思主义经典作家在特定历史条件下、针对具体情况作出的某些个别论断和具体行动纲领，我们就会因为思想脱离实际而不能顺利前进，甚至发生失误”。①

中国共产党人将马克思主义基本原理同中国实际和时代特征相结合，大力推进马克思主义中国化，先后形成了毛泽东思想、邓小平理论、“三个代表”重要思想、科学发展观和习近平新时代中国特色社会主义思想。关于这一点，习近平在中国共产党第十九次全国代表大会上明确重申：“新时代中国特色社会主义思想，是对马克思列宁主义、毛泽东思想、邓小平理论、‘三个代表’重要思想、科学发展观的继承和发展，是马克思主义中国化最新成果，是党和人民实践经验和集体智慧的结晶，是中国特色社会主义理论体系的重要组成部分，是全党全国人民为实现中华民族伟大复兴而奋斗的行动指南，必须长期坚持并不断发展。”②

① 习近平：《在哲学社会科学工作座谈会上的讲话》，人民出版社2016年版，第13页。

② 习近平：《决胜全面建成小康社会 夺取新时代中国特色社会主义伟大胜利——在中国共产党第十九次全国代表大会上的报告》，人民出版社2017年版，第20页。

第二，在党和国家以及社会的关系上强调党对一切工作的全面领导。

“中国道路”最本质的特征，就是坚持党对一切工作的领导，并通过制定国家发展战略目标来实现。“中国共产党的领导是中国特色社会主义最本质的特征。没有共产党，就没有新中国，就没有新中国的繁荣富强。……我们必须坚持党总揽全局、协调各方的领导核心作用，通过人民代表大会制度，保证党的路线方针政策和决策部署在国家工作中得到全面贯彻和有效执行。……要不断地加强和改善党的领导，善于使党的主张通过法定程序成为国家意志，善于使党组织推荐的人选通过法定程序成为国家政权机关的领导人员，善于通过国家政权机关实施党对国家和社会的领导”。①

在过去70年的历史发展进程中，中国的国家战略目标经历过三次大的变革，而这些变革都是中国共产党根据对国内政治经济和国际政治经济形势的判断而制定的。第一次变革是中国共产党在夺取政权后于1952年开始的。为了快速建立一个社会主义新中国，中国共产党提出了超英赶美的国家战略目标。对内进行经济和社会改造，实行社会主义中央计划经济，希望通过集中资源完成这一目标；对外将世界划分为三个世界，加强与第三世界的联系，争取第二世界的支持，反对美国和苏联霸权。第二次变革主要是从1978年实行“改革开放”政策开始的。为了将中国建成一个富裕国家，提出了促进经济增长的国家战略目标，对内进行政治、经济和社会改革以及制度创新；对外实行“韬光养晦”的外交政策，不以意识形态划界，而是以国家利益为重，积极主动融入世界经济。经过30多年的改革和开放，经济上取得了举世瞩目的成就，最终在2010年超越日本成为世界第二大经济体。第三次大的变革则始于2013年。为了实现可持续发展的国家战略目标，提出了“创新、协调、绿色、开放、共享”五大发展理念，对内力推依法治国、积极调整经济结构以及缩小社会贫富差距；对外则提出“一带一路”倡议和构建“人类命运共同体”的理念，为促进世界发展繁荣、参与全球治理提供“中国方案”。

第三，在政府和市场的关系上主张政府引导市场，让市场在资源配置中起决定性作用，建立和完善社会主义市场经济。

“中国道路”的另一个重要特征就是提出建立、发展和完善社会主义市场经济。第二次世界大战（简称“二战”）结束之后，尽管西方发达国家都在推

---

① 《习近平谈治国理政》第二卷，外文出版社2017年版，第18—19页。

行市场经济，但各国都根据各自国家的历史和现实选择了不同类型的市场经济，既有英美式的“自由放任式的市场经济”和北欧国家的“社会福利主导型的市场经济”；也有日本的“发展型资本主义体系”和新加坡的“儒家资本主义”；还有德国的“社会民主市场经济”。中国在 1978 年开始融入世界市场的进程中，并没有像苏联和东欧国家接受“华盛顿共识”而采取“休克疗法”，而是通过不断强化改革与开放，建立和完善“社会主义市场经济”，最终为世界市场制度选择的多样化提供了案例，赢得了国际学术界的赞誉。正如哈佛大学经济学家罗德里克所言：“中国 1978 年之后的经验常常被简单地描绘成经济自由战胜政府监管、市场战胜计划的典型。当然，释放基于市场的激励措施在中国转变过程中发挥了至关重要的作用，这一点几乎是毫无疑问的。但是，这个标准的诠释忽略了一个核心要点，那就是：中国的政策并非只是大爆炸的《华盛顿共识》改革的一种渐进的或更加务实的版本，而是一种完全不同的思维模式的结果。根据这种思维模式，人们事先并不知道什么措施可行或不可行，因此需要在具体的背景和过程中寻找解决方案，鼓励试验，也不为属于非正统而难堪”。[①]

社会主义市场经济的第一个显著特征，就是坚持以公有制为主体、多种所有制经济共同发展的基本经济制度。“中国道路”在经济领域的表现就是坚持公有制是社会主义市场经济的根基，但同时承认在法律规定范围内的个体经济、私营经济等非公有制经济是社会主义市场经济的重要组成部分，具有合法的权利，所以，允许国有经济和其他所有制经济发展成为混合所有制经济，是社会主义市场经济的重要实现形式。

社会主义市场经济的第二个显著特征，就是坚持政府在经济发展过程中的引导作用。与自由放任式的市场经济不同的是，“中国道路”强调政府在经济发展过程中的引导作用，这种引导作用，不仅体现在国家层面上每五年制定的发展规划纲要上，而且也体现在地方政府针对本地每五年制定的地方发展规划纲要上，还体现在政府制定的支柱产业政策上。

第四，在对外政策上坚持和平发展道路，积极融入世界并参与全球治理。

“中国道路”最后的一个基本特征，就是在对外政策中坚持和平发展道路，

---

① ［美］丹尼·罗德里克：《相同的经济学，不同的政策处方：全球化、制度建设与经济增长》，张军扩等译，中信出版社 2009 年，第Ⅴ页。

积极融入世界并参与全球治理。这不仅体现在改革开放早期邓小平提出的“韬光养晦”政策中，而且也体现在全面深化改革时期习近平提出的构建“人类命运共同体”的理念中。

中国作为一个大国，其所实行的政策，无论是对国际体系还是地区秩序，都产生了广泛的影响。在20世纪80至90年代，针对国际社会对中国发展的疑虑，邓小平提出了“韬光养晦”的对外政策，超越意识形态分歧，主动融入国际社会，积极参与多边秩序建设，稳妥发展双边关系。“韬光养晦”政策的实行，不仅为中国经济的飞速发展创造了有利的国际环境，而且得到了国际社会的广泛认可。

进入21世纪之后，伴随着中国经济上取得了傲人成就以及国际政治经济出现了新的变革趋势，特别是2008年全球金融危机爆发以后，国际社会希望中国承担更多的国际责任。在上述背景下，习近平于2013年提出了“一带一路”倡议，之后，又于2017年提出了构建“人类命运共同体”的理念，提出中国要做世界和平的建设者、全球发展的贡献者以及国际秩序的维护者。这些全新倡议和理念，成为中国进入新时代后“中国道路”在对外政策上的重要指导思想，引起了国际社会的广泛关注。

二、马克思主义在当代西方的发展

依附理论、世界体系理论和批判理论等流派都受到马克思主义较大影响，自称继承了马克思主义的剩余价值理论，并运用马克思主义的分析方法来分析当代世界的现实问题。

（一）依附理论

第二次世界大战后西方发达国家资本输出的增加并没有加快第三世界不发达国家工业化的速度，这与传统的经典马克思主义政治经济学理论预见有一定的差距。这个问题成为“依附理论”研究的逻辑起点。1957年美国学者保罗·巴兰在其《增长的政治经济学》中首先提出这一问题，并认为：外国资本与本国社会力量的相互作用不一定在不发达国家导致典型的资本主义生产模式的产生，相反，西方资本从亚非拉地区榨取剩余后，并没有把剩余用于开发第三世界，而是返回到发达国家，从而造成这些地区的发展停滞。[①] 在这位“依附论

---

① Paul Baran, *The Political Economy of Growth*, N. Y.: Monthly Review Press, 1957, p. 27.

之父”的观点基础上，西方和拉美国家等一些学者后来进一步提出各种“依附理论”。这些学者包括多斯·桑托斯、安德烈·冈德·弗兰克、鲁伊·马里尼、萨米尔·阿明等人。

主张依附论的学者们一致认为，正是由于发达资本主义的中心国家推行的帝国主义经济殖民政策和政治控制政策导致不发达国家的经济与政治的依附，造成了不发达国家的穷困与落后。只要这种国际政治经济结构不消除，不发达国家就永远无法摆脱这种政治经济的依附状态，就永远不可能有真正的发展。因此，依附理论家们提出了一种激进的社会革命战略作为不发达国家实现经济发展的战略，即认为实现民族民主的社会主义，割断与国际资本主义体系的一切联系，才是不发达国家实现经济发展的正确道路。

虽然依附理论在总体上观点一致，但也存在着一些差别。如弗兰克与多斯·桑托斯都认为外部因素是第三世界不发达的决定因素。但弗兰克认为，作为一个整体的世界，资本主义经济内在的发展动力必在其中发生作用，第三世界国家在资本主义世界经济中的地位犹如资本主义国家内部工人的地位一样，发达国家的“发达”必然要以不发达国家的“贫困化”为代价，这是维持资本主义世界经济运行的必要条件。① 而多斯·桑托斯则认为，在资本主义世界经济体系中，资本主义支配着一切，不发达国家的国内结构也是由这一体系决定的，是世界依附关系延伸的产物。他强调，尽管各个不发达国家的内部结构存在着特殊性，但都有着共性，即国际资本与国内反动势力相互勾结，形成特定的联盟进而导致不发达国家不发达的状况。② 这在一定程度上反驳了西方一些学者认为发展中国家不发达的原因在于内部统治者无能的论点。

20 世纪 70 年代以来，随着一些新兴工业化国家和地区的兴起以及一些采取外向型发展中国家与地区经济的飞速发展，西方学术界出现了一些不同的论点，认为“依附论”所说的国际经济秩序是不发达国家落后的根源的观点过时了。面对这种局面，部分“依附论”学者在原来理论的基础上提出了一些新的观点。如卡多佐认为，只有在一些第三世界国家和地区存在所谓的“历史结构”条件时，即外来资本、本国资本和本国的政治统治处于一种相互有利关系

---

① A. G. Frank, *Capitalism and Underdevelopment in Latin America*: *History Study of Chile and Brazil*, N. Y. : Monthly Review Press, Vol. 30, No. 4, 1970, pp. 885—886.

② Dos Santos, “the Structure of Dependence”, *American Economic Review*, Vol. 60, No. 2, 1970, pp. 231—236.

的状态下，外来资本的引入才会导致这些国家和地区资本主义的发展，但这种发展不同于早期的资本主义发展过程，而是一种联系性的依附发展（associated-dependent development）。[①] 即这种经济发展是依赖于西方经济的，本身没有自主性，极易受资本主义世界经济波动的影响，并没有改变受西方大国剥削和控制的本质。

依附理论从世界资本主义的总体结构来说明不发达国家贫困落后的原因有其正确的方面，但也存在着不足之处。比如它忽视了不发达国家的政府主导的工业化战略的成效，没有看到不发达国家在世界经济中发挥政府主导的工业化战略的可能性。另外，它强调的发展战略是切断与世界资本主义经济的联系，进行完全的“进口替代”工业化战略，认为这才是唯一可行的发展之道。但是，这种发展战略从一些发展中国家的实践来看是不成功的。而另外一些发展中国家的实践对此也提出了反证，诸如，东亚地区出现的新型工业化国家和地区就是在没有切断与资本主义世界经济联系的条件下，发挥政府主导的工业化战略进而成功的案例。

（二）沃勒斯坦的世界体系论

如果说依附理论主要关注世界资本主义经济体系对发展中国家、特别是拉丁美洲国家政治经济发展影响的话，那么，世界体系论关注的主要是资本主义世界体系本身的发展以及处于其中所有国家和地区的发展[②]。世界体系论最系统、最有影响的阐述者是伊曼纽尔·沃勒斯坦，其代表作是《现代世界体系》（四卷本）。

沃勒斯坦认为，现代世界体系是建立在资本主义生产方式之上，从16、17世纪自西欧出现以来，逐步扩展到全球范围。在这一过程中，尽管政治上出现过霸权国家的兴衰（如荷兰、英国、美国），经济上出现过经济中心的地理变化（从原来只限西欧转向了包括北美、日本在内的北半球），但其内在的本质并没有发生变化，即世界范围内形成的分工体系（核心区与边缘区）、均势的国家体系以及意识形态一直维持着资本主义世界体系的发展。

首先，资本主义世界体系在经济上的体现就是核心区和边缘区的经济结

---

① Fernando H. Cardoso, “Associated-Dependent Development: Theoretical and Political Implications”, in Alfred Stepan, ed., *Authoritarian Brazil*, New Haven: Yale University Press, 1973, pp. 142—178.

② 参见王正毅：《世界体系论与中国》，商务印书馆2000年版，第82—90页。

构。沃勒斯坦认为，资本主义的生产目的就是为了积累，世界范围内资本主义生产关系就是一种整体的世界性有效分工，各成员通过世界市场交换来实现生产的目的。在这种世界经济体系中，各国的地位是由它们在这种分工中的地位决定的。它包括了从事工资劳动的核心区生产者、从事强迫劳动的边缘区生产者以及兼具两者地位的半边缘区生产者。核心区生产者提供工业品，边缘区生产者提供原材料。通过分工与交换，边缘区向核心区提供经济盈余。

其次，资本主义世界体系在政治结构上的表现是均势的国家体系，它的主要作用是维护资本主义世界经济。世界经济的核心区国家和半边缘区国家都在从世界经济中谋求资本积累，并交替地利用经济战略与国家权力获取世界经济中的盈余以发展自己。各类国家在世界经济中获取经济盈余的份额既取决于它们的政治权力也取决于它们的经济能力。这样，世界资本主义体系中的核心区与边缘区不仅是由世界市场分工和交换实现的，而且也是由核心区经常性地对边缘地区施加政治控制实现的。正是通过这种市场分工、交换以及政治控制，核心区比边缘区从世界经济中获取了更大的经济积累与政治权力。这反过来固化了各类国家在世界资本主义体系中的地位，即核心区国家的主导地位和边缘区国家的依附地位。但国家体系的均势特征使得任何一个核心区国家都不能以一个世界帝国形式独占世界经济的盈余，因为核心区国家之间一直存在着争夺资本积累的斗争，各国都力图通过各种政治和经济的战略使自己成为利润最大化的国家，促进资本向着有利于本国利益的方向流动。这种竞争既加速了资本和技术的全球扩散，也阻止了某一核心区国家在政治上控制世界经济，并从中获取垄断性的积累。这样，主要国家间的均势努力阻止了单一国家利用拥有压倒性优势的政治权威（世界帝国）来改变世界资本主义体系，从而维持和发展了资本主义世界体系。沃勒斯坦详细分析哈布斯堡王朝、路易十四、拿破仑、希特勒谋求建立世界帝国，建立新的世界经济模式的失败过程，得出结论认为，16、17 世纪以来，各大国的竞争以及周期性的霸权兴衰，使得资本主义世界体系不断扩张和发展。

再次，资本主义世界体系在文化上的表现就是资本主义世界体系通过意识形态化被塑造成一种具有“普遍性”的文明。沃勒斯坦还认为，资本主义生产方式还创造了一种世界性的意识形态维持着世界资本主义体系。这种意识形态以科学主义为不公正的资本主义辩护，旨在使人们接受资本主义体系是一种普适的科学理性的产物。而处于边缘区的国家，由于它们在政治和经济上的依附地位，对于核心区所创造出的这种文明很难做出有效反应，所以，这些边缘区国家经常陷入一个两难境地：拒绝接受是一个损失，接受也是一个损失。① 换句话说就是，如果拒绝接受，边缘地区就很难享受科学这种文明给世界带来的益处；如果接受，那就意味着放弃自己之前所具有的文明。

最后，资本主义世界体系是一个历史体系。资本主义世界体系就是建立在资本主义生产方式基础上的经济、政治和文化的体系。鉴于资本主义世界体系在经济、政治与意识形态方面的功能，沃勒斯坦认为，历史资本主义世界体系不会为现存的社会主义所取代，只有当资本主义接近其最充分发展程度时，才能加速其崩溃，才会被一种历史社会主义所取代。

沃勒斯坦的世界体系论，对于我们从历史唯物主义角度认识资本主义世界体系的结构、动力和趋势具有重要的启示，但这种理论将资本主义世界体系的结构绝对化，并以此来否定资本主义世界体系改造的可能性，值得我们深思。

（三）考克斯的批判理论

考克斯的批判理论也是继承马克思主义思想的国际政治经济学理论之一。考克斯在很大程度上受西方马克思主义者葛兰西思想的影响，他把葛兰西的一些思想和概念如历史集团（historical bloc）、霸权（hegemony）、阵地战等应用到国际领域中，提出了自己的批判理论，其中最具影响力的是他关于世界秩序的独特见解。考克斯的代表性著作是《生产、权力与世界秩序》和《社会力量、国家与世界秩序》。

首先，世界秩序是一种历史结构，这种历史结构由物质能力、意识和制度构成。在考克斯看来，生产是世界秩序的基础，所以，世界秩序总是基于某种生产方式建立的，而在这种生产方式下产生的阶级力量通常把国家作为中介并通过世界经济的联系来建立世界秩序。世界秩序反过来也会通过世界经济的联系来影响各国国家形态和国家内部的生产以及阶级结构。比如 19 世纪的英国，在自由竞争的资本主义生产模式下，英国资产阶级首先通过改造国家，把国家作为塑造世界秩序的工具，然后通过世界经济的交往过程，塑造了 19 世纪的世界秩序，最后又通过这种世界秩序把世界各国的政治经济行为、国家形态和阶级结构都纳入了这种资本主义世界秩序之中。

其次，物质力量、意识形态和制度三者统一和分离是世界秩序变革的基

---

① Immanuel Wallerstein, *Geopolitics and Geoculture*, Cambridge University Press, 1991, p. 217.

础。考克斯应用辩证法把生产过程中产生的矛盾和社会阶级冲突作为生产方式变革以及世界秩序变革的基础，也就是从霸权的世界秩序走向非霸权的世界秩序的基础。霸权的世界秩序是物质力量、意识形态与制度的统一。霸权国拥有强大的物质力量或在世界各国的实力对比中处于优势地位，霸权国经济社会体制中的意识形态得到相对普遍的认同，霸权国通过正式的或非正式的国际制度假借“普遍的国际利益”有效地管理着世界事务。在这三者关系中，物质力量是最后的强制后盾，意识形态是思想认同的基础，制度是日常的管理国际社会矛盾的手段。比如 19 世纪英国治下的世界秩序是建立在英国的海上强权、国际政治平衡者角色、世界生产的中心这些物质力量基础，自由市场经济体现的意识形态这种被普遍认同的思想基础，以及通过伦敦金融中心有效地管理国际贸易和金本位制度的基础之上的。而非霸权的世界秩序，则体现为三者的断裂，或是实力的衰落，或是意识形态受到挑战，或是制度已经不能有效地应对国际社会的矛盾而越来越依赖于武力的强制。考克斯通过历史考察指出，英国主宰的世界秩序崩溃的原因在于实力地位的衰落、自由主义的意识形态受到挑战以及管理世界事务的非正式制度失效，而背后真正的原因是自由资本主义生产方式被垄断资本主义生产方式所取代。

最后，美国主导下的世界秩序正处于变革之中。考克斯根据自己提出的理论框架，着重研究了当今世界秩序变化的可能性。他指出，当今美国主宰下的世界秩序也面临着物质力量、意识形态和制度的断裂。虽然美国仍是最具实力的国家，但美国经济社会制度中体现出来的“新政”思想已经被新自由主义意识所取代，而新自由主义意识由于世界性的贫富分化和频繁发生的金融危机越来越受到世人的怀疑。美国在第二次世界大战后建立的一系列国际制度已经越来越无法有效地管理世界，而更多地依赖于军事实力的强制作用。考克斯指出，这种世界霸权衰落的根本原因在于世界经济的变化，即以生产的全球化为基础的经济全球化替代了过去以民族国家生产为特征的世界经济。但是，考克斯也指出，虽然世界资本主义秩序处于危机与矛盾的发展过程中，但由于目前反霸权力量的碎片化，还没有一个能团结动员世界各种反霸权力量的意识形态，世界秩序的未来走向还不明显。为此，他提出，要实现世界秩序向公平与正义转变，必须在世界范围内重建公民社会，挑战当今世界秩序的文化话语霸权；通过国际性的公民社会参与国际治理推动世界秩序朝着公正方向发展；尊重各国在本民族文化传统基础上探索新的经济社会体制，推动世界秩序向多元文明和谐共处的方向发展，以反对单一的新自由主义社会经济制度的霸权。

考克斯的批判理论，为我们重新认识全球化背景下资本主义生产方式的特征以及霸权主导下的世界秩序所面临的困境提供了一种全新的视角，但关于如何动员与团结一切反霸权的力量，克服碎片化，创造出一种新的进步的世界秩序，考克斯并没有为我们提供一种系统的理论，这就需要我们在深入学习马克思主义的过程中，结合具体的国际政治经济的现实不断进行理论创新。

三、现实主义理论的发展及其分析

（一）基本逻辑与理论渊源

现实主义国际政治经济学最核心的假设，在于强调国际政治经济竞争中相对获益的重要性超过绝对获益。在现实主义者看来，世界政治弱肉强食，国家之间的竞争永远是有胜负之分的。关注自己的国家到底是相对领先还是落后，比追求财富积累的绝对速度要重要得多。以罗伯特·吉尔平的话说：“实力生来就是一种相对的东西。一个国家实力的获得必然是另一个国家实力的损失。这一事实构成了实力增长不平衡规律及其重要性的基础。”①

现实主义者认为，市场有助于创造财富，但不能公平地分配财富；市场经济在全球的扩展只能拉大各国实力的差距。他们承认市场的作用，承认经济力量的影响上升，但坚持认为国家是世界事务的主角，一体化经济或全球市场不过是国家竞争的新重点。主权国家间的相互依存在加深，但依存是不对称的。依赖别人的国家，政策亦受制于人；被人依赖的国家，则享有权力与优势。各国为了争取有利地位必须竭尽所能，运用政治权力或是影响力塑造经济往来的规则，使它有利于自己，才能保证在国际竞争中领先。

现实主义者并不接受自由主义关于国际贸易培育和平与合作的判断，而是认为国际经济关系的本质仍然是相互冲突的，国家为争夺经济资源和财富的斗争同样激烈。市场经济力量要按照民族国家的逻辑活动，为国家的整体目标和利益服务，即保证民族的独立和安全。与自由主义从市场出发的思路正相反，现实主义者以民族国家为核心，考察它们的相互关系、考察它们建立的结构体系如何左右全球市场的运行。

---

① ［美］罗伯特·吉尔平：《世界政治中的战争与变革》，武军等译，中国人民大学出版社 1994 年版，第 96 页。

国际政治经济学的现实主义分析植根于政治学和国际关系学中的现实主义传统。这种思想传统认为权力与利益是国内与国际政治的核心概念。在世界事务中，民族国家凭借实力追求国家利益，国家之间的势力均衡形成国际秩序。经济学领域的主流观点聚焦市场运作，因而与现实主义逻辑相悖，但也先后出现了重商主义、德国历史学派、战略贸易学说（或称新重商主义）等有影响的经济理论，支持国家干预市场，为当代国际政治经济学中的现实主义理论思潮提供了支持。

（二）古典重商主义

重商主义的逻辑简而言之就是国际贸易产生财富、决定各国的经济实力，因此各国政府必须控制贸易活动，确保本国的优势地位。

古典重商主义思想产生于16、17世纪，在尝试早期工业化的西欧风行一时。其代表人物包括英国政府贸易委员会常务委员托马斯·孟。他的著作《英国得自对外贸易的财富》（England's Treasure by Foreign Trade）一度被称为“重商主义者的圣经”，并对当时的英国立法过程产生直接影响。托马斯·孟在书中主张“货币产生贸易，贸易增多货币”，所以外贸带来的金银币收获是增加国家财富的主要途径，使出口大于进口对国家兴衰至关重要。他首次提出了年度贸易顺差的概念，作为衡量国家外贸得失的标准和国家政策追求的目标。在17世纪80年代出任法国财政总监和检察官的柯尔贝尔，则使重商主义成为法国的国策。他主持设计和执行一系列政策以鼓励出口、约束进口。一方面以高关税保护国内市场，另一方面扶植有竞争能力的出口工业，建立专营海外贸易的公司，争取在贸易中保持顺差，为本国积聚财富。

19世纪，随着现代经济的发展，重商主义理念受到了批评与质疑。英国经济学家大卫·李嘉图论证比较优势才是现代国际贸易活动的核心动力，大卫·休谟则指出贸易和货币的跨国流动可以自动实现平衡。获得贸易顺差并不能代表国家的经济实力上升，管制贸易与资本流动则会伤害国家的经济结构和生产效率。此后，自由贸易原则成为经济学界的主流。

但是重商主义并未沉寂。20世纪80年代，就在国际政治经济学学科形成后不久，它又以战略贸易理论的形式卷土重来。持这种观点的学者认为，在某些贸易领域存在规模巨大的经济租，它的形成与生产活动关系不大，它的分配不受自由贸易影响，而主要由技术因素、政策条件等非经济过程决定。他们将这些领域称为战略贸易部门，率先进入这些领域的国家可以独占巨额租金收益，因此政府有必要采取战略性政策行动干预国际贸易。加拿大学者詹姆斯·布兰德和芭芭拉·斯潘塞设计了著名的空客—波音竞争模型，对战略贸易部门的特点与政府干预的合理性进行了说明。① 部分支持战略贸易理论的学者，如劳拉·泰森、艾拉·麦克西纳、罗伯特·赖克，在20世纪90年代加入克林顿政府，对美国的经济和贸易政策产生了直接影响。

（三）战略产业政策

与重商主义聚焦贸易不同，战略产业政策更重视生产。其支持者认为生产力决定国家经济实力，为了塑造和保持本国关键产业的生产力，政府必须干预市场，以求在国际竞争中获得优势地位。

产业政策思想起源于19世纪40年代，德国政治经济学家弗雷德里克·李斯特在《政治经济学的国民体系》一书中呼吁发展“国民生产力”，主要是国家的工业生产能力。他力主像德国这样当时相对落后的国家应当实行高关税政策，忍受暂时的牺牲，保护本国幼稚工业。只有产业成长，国民经济才能最终走向强大。李斯特拒绝斯密和李嘉图等主流经济学家提出的经济发展的普遍规则，特别是自由放任思想，转而强调政府在产业建设过程中的决定性作用。

受到李斯特影响的一批德国学者追求建立具有民族特点、历史特点的政治经济学，并发表若干经济史著作为产业政策理念提供支持，因而被称为德国历史学派。20世纪初期，在美国出现了与其相呼应的制度学派。但西方经济学界的主流对产业政策主张存在疑虑，坚持认为产业发展应当通过市场竞争完成，政府保护性干预无法带来生产力的真正提高。

到了20世纪后半期，随着日本与亚洲四小龙成功实现追赶式发展，产业政策主张再次活跃起来，并对创建初期的国际政治经济学研究产生影响。查默斯·约翰逊在《通产省与日本经济奇迹》一书中系统追述了日本政府的干预政策如何促成战后日本的产业复兴②，斯蒂芬·哈格德则在《走出边缘》一书中

---

① James A. Brander and Barbara J. Spencer，“Tariffs and the Extraction of Foreign Monopoly Rents under Potential Entry”，*Canadian Journal of Economics* 14，pp. 371—389. ［加拿大］詹姆斯·布兰德：《战略性贸易和产业政策的依据》，［美］保罗·克鲁格曼主编：《战略性贸易政策与新国际经济学》，海闻等译，中国人民大学出版社、北京大学出版社2000年版，第32—41页。

② 参见［美］查默斯·约翰逊：《通产省与日本奇迹——产业政策的成长（1925—1975）》，金毅等译，吉林出版集团2010年版。

更广泛地讨论了新兴经济体如何有意识地使用产业政策引导资源配置①。他们认为积极行动、锐意进取的“强政府”，辅以执行能力突出的精英官僚体系，是东亚经济体创造发展奇迹的关键，证明了产业政策的有效性。

在此背景下，彼得·卡赞斯坦分析了西欧中小国家的产业政策，提出它们植根于本国的历史结构，进行国家层面、公共性质的产业调整，具有政治和经济的双重合理性。② 当时在美国里根政府的商务部和国防部任职的部分官员则推动成立总统竞争力委员会，建议美国政府向日本政府学习，推行产业政策，特别是要鼓励对技术研究发展的投资，扶植运用高技术的产业部门，因为先进的生产技术和高附加值的生产部门将是 21 世纪的制高点。

（四）霸权稳定论

霸权稳定论将国际政治经济学中的现实主义逻辑应用于全球层面，断言一个信奉自由主义原则的霸权国的存在，是国际市场充分发展并保持基本稳定的必要条件。“要使世界经济处于稳定状态，就必须有起稳定作用的国家，而且只能有一个这样的国家。”③

查尔斯·金德尔伯格率先将国际金融领域内的秩序归结为霸权国的领导，而后，罗伯特·吉尔平又阐述了在国际政治和安全事务中霸权与稳定秩序的密切联系。他们认为，世界范围内的合作遵循大集团行动的逻辑，众多弱小国家无力影响大局，于是通常仅考虑维护自己的私利。如果没有超级大国或霸权国的主导，就不会产生世界秩序或难以维持秩序的稳定运行。

霸权稳定论者认为，现代国际体系形成后曾两次出现在单一霸权主导下的稳定时期，即所谓 19 世纪“不列颠治下的和平”与 20 世纪后半期“美利坚治下的和平”。在霸权国占据压倒优势的时候，世界经济和安全领域是和平有序的；而当霸权国实力和控制能力下降的时候，国际关系中则充满冲突和混乱。各国的自利本能会很快导致合作安排的瓦解。简单地概括，即有霸则稳，无霸则乱。

他们指出处于巅峰时期的英国和美国都具有如下特征：第一，市场规模相

---

① 参见［美］斯蒂芬·哈格德：《走出边缘——新兴工业化经济体成长的政治》，陈慧荣译，吉林出版集团 2009 年版。

② 参见［美］彼得·卡岑斯坦：《世界市场中的小国家——欧洲的产业政策》，叶静译，吉林出版集团 2009 年版。

③［美］查尔斯·金德尔伯格：《1929—1939 年世界经济萧条》，宋承先译，上海译文出版社 1986 年版，第 365 页。

对巨大，这样它选择向谁开放、拒绝谁进入可以轻易产生重大影响；第二，其货币在国际金融体系中居核心地位，因而取得管理国际资本流动的便利；第三，经济竞争能力遥遥领先，能够依靠明显的技术和制度优势，适应各种变化；第四，军事实力超群，可以在全球范围内动用武力并改变冲突的结果；第五，在国际政治中掌握最大的发言权，其主张可以左右国际舆论，改变合法行为的定义。

因为拥有政治、经济、军事诸方面的绝对优势，霸权国得以发挥几个关键作用：其一，利用自己的影响建立国际制度，“规定合法的行为，禁止非法的行为”，维护公认的原则、规范和决策秩序。其二，提供世界经济的稳定器。包括负责提供最大的商品市场，以减少各国在消除贸易壁垒时遭受的损失；提供反经济周期的资本支持，为陷入清偿危机的国家提供摆脱困境的机会。有的时候这个稳定器也成为一种发动机，为后发国家提供赶超的机会。其三，提供公共物品，比如无歧视的贸易制度、稳定的国际通货、国际安全、纠纷裁定等。在国内经济中这些商品由政府提供，在国际市场上则由霸权国家主持各国分担公共物品的制造和维护费用。

霸权稳定论自出现之后一直面对争议和批评。霸权稳定论关于霸权是全球合作和国际秩序的充分必要条件的主张并不能令人信服。对它的质疑来自实证与理论分析两方面。

从实际情况看，英国和美国是否曾经掌握像霸权稳定论者描述的那种绝对优势地位是很值得怀疑的，尤其是在安全领域。19 世纪的欧洲通常被视为多个强国主导下的均势体系，并非英国一家独大的局面，况且欧洲列强已逐步失去对美洲的控制。将当时的英国称为统治全球的霸主未免过甚其词。而第二次世界大战后的美国在军事领域则始终面临苏联强有力的竞争，既不可能控制东方阵营国家，在第三世界的争夺中也经常处于下风。相比之下，英美在经济领域的优势要明显得多，但保持绝对领先的时间有限。英国在 1870 年之后竞争能力落后于美国和德国，美国在 20 世纪七八十年代遭到日本和西欧的挑战。即便采用宽松的判断标准，英国和美国的霸权也是不完整和短暂的。

至于霸权的存在是否保证了世界经济的开放秩序，是否保证了全球的普遍安全，就更没有确切的结论。一些研究显示，英国推动自由贸易原则的努力得失参半。它往往接受不全面开放的规则和制度，事实上它自己也依靠帝国体系消纳落后产品。[①] 中国学者秦亚青考察了 1946—1988 年期间美国国力的消长和同时期国际冲突的频度，得出的结论是："国际武装冲突频数与霸权国相对国力之间没有霸权稳定理论所假设的逆相关关系。"[②] 美国占据霸权的时候，国际冲突并未减少；美国实力下降的时候，国际冲突也没有相应增加。

霸权稳定论的逻辑推导也受到指摘。许多学者都认为，将集体行动理论套用到全球合作问题上是武断的。奥尔森研究的对象是西方社会中的压力集团。他所谓的大集团其成员数量应以千万计，国际社会中主权国家的数量远不能与之相比。国家政府在全球问题上的合作还是更接近于小集体的行动。再者，即便是全球范围的合作，它所提供的也很少是纯粹的公共物品。各国政府还有意识地减少合作成果的连带性，以控制搭便车倾向。

总之，批评者指出霸权稳定论夸大了全球合作的特殊性。全球范围与区域或集团范围的事务的确有所不同，但并不是本质上的差异。世界秩序仍然是合作的产物，而不是依赖霸权建设和维持的。

四、自由主义理论的发展及其分析

（一）基本逻辑和理论渊源

自由主义国际政治经济学最为基本的逻辑假设是，市场是组织国内和国际经济关系最为有效的手段，唯有遵循市场体系的基本原理，才能加速经济增长，增加经济效益，从而使得每个个体利益最大化，进而提高每个国家的整体社会福利。在国家与国家之间的交往中，国际贸易以及因此而扩大的相互依存关系由于使得各方相互受益，因而有利于国家之间的相互合作，而且也使得相关国家愿意维持现有的国际政治秩序。

与重商主义主张国家权力至上不同的是，自由主义者认为，经济活动的首要目标不是提升国家的权力，而是实现每个个体的富裕。自由主义者假设，每个个体（消费者、家庭以及公司）是社会的基础，而且这些个体都是理性的。他们在追求自我利益的过程中，都在自发地运用他们的理性能力，遵循成本和收益的规则来满足他们的需求和欲望，也就是说，每个个体都努力以尽可能小

---

① 参见［美］罗伯特·基欧汉：《霸权之后：世界政治经济中的合作与纷争》，苏长和等译，上海人民出版社 2001 年版，第 42—43 页。

② 秦亚青：《霸权体系与国际冲突》，上海人民出版社 1999 年版，第 245 页。

的成本来换取最大或最令人满意的某种收益。

与重商主义主张国家应该干预市场不同的是，自由主义者认为，市场是为满足人类需要而自发产生的。市场一旦运行起来，它就会按照自身内部的逻辑而向前发展。在市场中，每个个体均可获得全部的信息从而能够选取最佳的行动方案。在一个完全竞争的市场中，交换的条件是由大量的供给与需求的不断平衡来决定的，而不是由权力来决定。国家或政府只是个人为了保护他们自己的权利而建立的，除非市场运行不下去，或需要提供公共物品，否则，政府不应干预市场或干预得越少越好。

与重商主义认为国际贸易必然导致国家之间相互冲突不同的是，自由主义者认为，尽管国际体系处于无政府状态，但国际贸易可以培育和促进国际体系的和平以及国家之间的相互合作。几乎所有的自由主义者都在强调，国际贸易以及由此而扩大的经济交往使得经济增长在世界范围内得以持续，各国正是从这种增长中成为“绝对”的受益者。经济增长和政治发展没有必然的联系，虽然政治可能影响经济增长的进程，但经济增长最终主要取决于人口、资源和劳动生产率的增长。

自由主义自18世纪在英国产生以后，它就一直是西方社会科学的重要思想支柱和学术意识形态支柱，其间虽然出现了不同的形式和不同的学派，但自由主义将市场体系以及个体利益最大化作为组织国内和国际经济关系最为有效的方法却一直没有变。罗伯特·吉尔平对此曾做过精辟的概括：

> 政治经济学的自由主义观点，体现在美国、英国和西欧其他国家已经形成的经济学学科中。从亚当·斯密到经济自由主义的当代支持者，他们对人类、社会及经济活动的性质均具一脉相承的观点和信念。至今已经发展了许多类型的自由主义——古典学派、新古典学派、凯恩斯主义学派、货币主义学派、奥地利学派、合理预期学派，等等。它们同属于自由主义，但在观点上有很大差异。有的优先考虑平等，主张以社会民主及国家干预来取得这一目标，有的则注重自由和非国家干预，认为经济发展就要以失掉社会平等为代价。不过所有类型的经济自由主义均将市场及价格机制视为组织国内和国际经济关系的最为有效的方法。事实上，我们可以将经济自由主义定义为组织和管理市场经济以便取得最大效益、最高经济增

长以及最大个人利益的一种学说或一套准则。[1]

进入20世纪70年代以后，自由主义又一直是西方国际关系理论以及后来国际政治经济学发展的主流。国际政治经济学的自由主义则是将古典的自由主义政治经济学与20世纪70年代国际关系中的自由主义结合起来，并发展成为相互依存论和国际制度论。

（二）古典自由主义

作为对16、17世纪在欧洲占统治地位的重商主义进行挑战的一种主张，自由主义首先出现在18、19世纪的英国。对此做出奠基性贡献的是英国的经济学家亚当·斯密以及大卫·李嘉图，前者于1776年出版了《国民财富的性质和原因的研究》（又称《国富论》），后者于1817年出版了《政治经济学及其赋税原理》，后人将他们的主张通称为古典自由主义。

亚当·斯密也关注富国裕民，但与重商主义强调国家至上、政府干预以及贸易盈余不同，斯密强调的是个体的劳动生产率、市场体系的力量以及国家之间的自由贸易。关于亚当·斯密的自由主义，我们可以简略地概括为如下几个方面[2]。

第一，劳动分工与交换。劳动分工是斯密自由主义政治经济学的一个最为基本的概念和逻辑出发点，也是古典自由主义政治经济学与古典重商主义政治经济学最为根本的区别所在。在斯密看来，一个国家财富的增进并不取决于拥有金银的数量，而是取决于其劳动生产力的增进，一个社会普遍富裕也主要取决于其劳动生产力的提高，劳动生产力的增进和提高主要是劳动分工（个人分工和社会分工）的结果。

第二，自我调节的市场与价格机制。亚当·斯密经常为人们所提及的就是他关于“看不见的手”的论述。既然交换是人的自然本性中的倾向，分工也是自然形成的，货币是自发发展起来的，那么，交换是如何自然地进行的，是哪些规则决定着交换，换句话说，由交换而形成的市场是如何运行的？在斯密看来，“分工一经完全确立，一个人自己劳动的生产物，便只能满足自己欲望的极小部分。他的大部分欲望，须用自己消费不了的剩余劳动生产物，交换自己

---

① 参见［美］罗伯特·吉尔平：《国际关系政治经济学》，杨宇光等译，上海人民出版社2011年版，第25页。

② 参见王正毅：《国际政治经济学通论》，北京大学出版社2010年版，第70—84页。

所需要的别人劳动生产物的剩余部分来满足，于是，一切人都要依赖交换而生活，或者说，在一定程度上，一切人都成为商人，而社会本身，严格地说，也成为商业社会”①。市场就存在于这个商业社会中。

第三，绝对优势与自由贸易。斯密把劳动分工和专业化的原则进一步推广到国际经济关系中，提出了国际分工的理论，这就是著名的“绝对利益”学说。所谓“绝对利益”或“绝对优势”，是指在某一商品的生产上，一国所耗费的劳动成本绝对低于另一国，在生产效率上占有绝对优势。如果各国都生产自己具有绝对优势的产品然后再相互交换，那么各国就都可以获得绝对的好处。如果每个国家只生产它最擅长的产品，然后用来交换别国所擅长生产的东西，这比各国各自生产自己所需要的一切东西更为有利。所以，国家之间的经济交往并不必然是零和博弈，如果像重商主义那样不加分析地限制外国商品的输入，最终必然无益于国家财富的增加。

李嘉图对亚当·斯密的自由主义政治经济学作了补充和修正，把斯密开创的自由主义政治经济学推向了一个全新的高度，这主要表现在如下三个方面：一是以劳动价值论作为基础，分析了资本主义社会的分配关系；二是指出了亚当·斯密“地域分工论”的局限，提出了著名的“比较优势论”；三是反对国家在货币流通问题上的有害干预，主张建立金本位的货币制度。其中，对后来国际政治经济学的发展产生广泛影响的是他的“比较优势”学说。

亚当·斯密的“绝对优势”论强调，一个国家在哪种商品的生产上占绝对优势，也就是说，相对于其他国家而言生产该产品的成本绝对低，这个国家就应该生产这种商品，然后与其他国家在生产成本上占绝对优势的其他产品进行交换，这样对两个国家都有利。在李嘉图看来，斯密的绝对成本学说其实基于一个逻辑假设和前提，即进行贸易的每个国家都有各自的优势。李嘉图对斯密的假设提出了质疑，李嘉图提出的问题是，假如一个国家在所有产品的生产上都占有优势，而另一个国家在所有产品的生产上都处于劣势，在这种情况下，在所有产品的生产上都占有优势的国家一定要在所有的商品上都发展对外贸易，而在所有产品的生产上都处于劣势的国家就意味着不发展对外贸易？李嘉图以比较利益（比较优势）学说回答了斯密绝对利益学说无法回答的问题。

---

① ［英］亚当·斯密：《国民财富的性质和原因的研究》（上卷），郭大力等译，商务印书馆1981年版，第20页。

李嘉图曾以英国和葡萄牙为例对其比较优势进行分析，最后得出结论认为，一个国家，与另外一个国家相比在所有产品的生产上都处于劣势，但在国内各产业之间或商品生产的成本之间，总有相对占优势的产业或商品，它就可以生产这种在本国内有优势的产品，也就是说和其他国家相比劣势较小的产品以供出口；而对于在所有产品的生产上都占优势的国家，也不必生产所有的产品来出口，只需生产自己国内优势最大的产品以便出口。在这种情况下，贸易对交换双方仍然都有利。因此，决定国际贸易的一般基础是比较优势，而非绝对优势，即使一国与另一国相比，在两种产品生产上都处于绝对不利的地位，国际分工和贸易仍然可以发生。

（三）相互依存论

相互依存是指两方关系的某种状态，在这个状态下，断绝关系或减少双方交流的成本对于任何一方来说大致均等。在国际关系研究中，国与国之间的相互依存关系有两个方面：敏感性和脆弱性。敏感性是指一国对于在另一个国发生的变化的敏感度；脆弱性是指各国应对此类变化时所产生的代价程度。①

相互依存论是20世纪70年代国际政治经济学中的自由主义者在挑战现实主义和经济民族主义的过程中提出的，对此作出重大贡献的是经济学家理查德·库珀于1968年出版的《相互依存的经济学：大西洋共同体的经济政策》，以及政治学家罗伯特·基欧汉和约瑟夫·奈于1977年合作发表的《权力与相互依赖》。

理查德·库珀对自由主义的国际政治经济学最大的贡献，在于他通过提出“相互依存”这个概念对古典自由主义的经济政策主张进行了修正。库珀认为，交通、通信以及技术转让的变革使得民族国家的经济日益相互依存，这种不断增长的相互依存使得追求民族国家经济政策的目标变得更加困难。这种困难主要集中在三个方面②：第一，相互依存提高了每个国家贸易收支平衡的成本，这与古典自由主义者斯密和李嘉图假设的状况有所不同，相互依存使得每个国际收支失衡的范围扩大，程度加强，这种状况促使民族国家不得不将政策的注

---

① 参见［澳］马丁·格里菲斯、［澳］特里·奥卡拉格汉、［美］史蒂芬·罗奇：《国际关系关键概念》第2版，朱丹丹译，北京大学出版社2015年版，第154—155页。

② Richard Cooper, “The Economics of Interdependence: Economic Policy in the Atlantic Community”, in George T. Crane and Abla Amawi, eds., *Theoretical Evolution of International Political Economy: A Reader*, Oxford: Oxford University Press, 1991, p. 110.

意力以及政策工具转向对外平衡的恢复上。第二，由于每个国家的国内政策目标的制定受到其所处的国际经济条件的限制，所以，相互依存放慢了每个国家依据其自身能力达到国内目标的步伐。第三，如果每个国家都采取经济民族主义政策而不考虑相互依存的国际条件，那最终的结果必然是所有国家都陷入更为糟糕的境况。最后，库珀得出结论认为，在一个相互依存的世界中，民族国家取得国家经济政策目标的唯一途径只能是加强国际经济政策协调。

尽管库珀指出了相互依存对民族国家经济政策的制定构成了挑战，并认为只有国家之间的相互合作才能解决这些困难，但库珀并没有意识到经济上的相互依存可以转变民族国家之间的政治关系。而罗伯特·基欧汉和约瑟夫·奈两位政治学家则从相互依存这一事实出发，详细分析了经济上的相互依存是如何改变国际政治的，提出并完善了相互依存理论。

罗伯特·基欧汉和约瑟夫·奈首先对 20 世纪五六十年代盛行的以摩根索为代表的现实主义理论模型提出挑战，摩根索的现实主义主要基于如下三个最基本的假设①：第一，国家作为一个整体是国际政治舞台上最重要的行为体，是国际政治中的决定性因素。这是一个带有双重含义的假设：一是假设国家是最有力量的行为体，二是假设国家是作为一个整体性单位来行动的。第二，军事力量是最为有效的手段，也就是说，武力是一种可以使用的、有效的政策工具，当然，其他工具也是可以使用的，但使用武力和以武力相威胁是行使权力的最有效的手段。第三，世界政治中的问题有等级之分，其中军事安全是首要问题，军事安全这种“高级政治”支配经济和社会事务等“低级政治”。

罗伯特·基欧汉和约瑟夫·奈对现实主义的这些假设逐一提出挑战。② 在他们看来，第一，将国家假设为世界政治的决定性行为体的错误在于没有认识到社会之间联系渠道的多样性，这些联系渠道既包括国家之间的正式外交安排，也包括非政府权势人物之间的非正式的联系，还包括跨国家的诸如跨国公司的行为。第二，关于军事力量是最为有效手段的假设，忽略了在相互依存占主导地位的情况下，军事力量并不总是被当作一个国家反对另外一个国家的手段，比如在解决盟国之间经济问题上的分歧时，军事力量可能是毫无作用的。

---

① 参见［美］罗伯特·O. 基欧汉、约瑟夫·S. 奈：《权力与相互依赖：转变中的世界政治》，林茂辉等译，中国人民公安大学出版社 1992 年版，第 25—26 页。

② 参见［美］罗伯特·O. 基欧汉、约瑟夫·S. 奈：《权力与相互依赖：转变中的世界政治》，林茂辉等译，中国人民公安大学出版社 1992 年版，第 25—26 页。

第三，国家之间关系的议程是由多个并不是按照非常清楚的等级排列的问题构成的。军事安全并不总是国家之间关系议题中的首要问题，许多问题是由通常被认为是国内政策的事务所引起的，在这种意义上，国内问题和对外问题之间的区别并不总是非常明确的。

在此基础上，罗伯特·基欧汉和约瑟夫·奈提出了“复合相互依存”（complex interdependence）概念。在他们看来，复合相互依存的世界政治的特征主要表现为：非国家的行为体直接参与世界政治；世界政治中的问题无法明确地划分等级；武力是一种无效的政策工具。①

有两个概念对于我们理解复合相互依存的世界政治是至关重要的，一是权力的来源，二是国际机制的作用。

在复合相互依存的世界政治中，由于权力的来源变得更加复杂，所以，在考察相互依存中的权力时就有必要区分两个概念，其中一个是敏感性，另一个是脆弱性。所谓敏感性，是指在某种政策框架内各国之间的相互反应程度，也就是说，某国发生的变化导致另一国有代价的变化的速度有多快，所付代价有多大。敏感性不仅要以跨国界的交往数量来确定，而且也以交往变化所付代价对社会或政府产生的影响来衡量。这里有两点值得注意：一是敏感性相互依存产生于一个政策框架内各种政策的相互作用过程中，所以，它的前提假设是这种框架是不变的；二是敏感性相互依存不是某一单一要素的作用，而是各种要素相互作用的结果。所以，敏感性相互依存可以是经济的，也可以是政治或社会方面的。

脆弱性则是指在相互依存被切断时所蒙受的损失程度。用罗伯特·基欧汉和约瑟夫·奈的话来说就是：“从依存的代价来说，敏感性意味着在试图改变局面而作政策变化之前受外部强加代价影响的程度。脆弱性可以定义为行为体因外部事件所强加的代价而受损失的程度，甚至包括政策变化后的情况。由于迅速改变政策通常是难以做到的，外部变化的直接影响一般表现为敏感性依存。衡量脆弱性依存的标准只能是，在一段时间内，为适应变化了的环境而作有效调整应付的代价。”② 也就是说，相互依存的脆弱性程度取决于各行为体获得可替代选择的相对能力以及为此所付的代价。

---

① 参见［美］罗伯特·O. 基欧汉和约瑟夫·S. 奈：《权力与相互依赖：转变中的世界政治》，林茂辉等译，中国人民公安大学出版社 1992 年版，第 26 页。

② ［美］罗伯特·O. 基欧汉和约瑟夫·S. 奈：《权力与相互依赖：转变中的世界政治》，林茂辉等译，中国人民公安大学出版社 1992 年版，第 14 页。

复合相互依存的世界政治受到国家机制的影响，在相互依存论者看来，相互依存关系常常发生在使行为规范化以及控制行为结果的规则、规章以及程序的网络之中，相互依存论者把这些对相互依存关系产生影响的一系列具有主导性的安排称为国际机制（international regime）。国际机制可能由国家之间的协议或条约组成，如1944年布雷顿森林会议上对国际货币所作的安排；国际机制也可能产生于建议性的正式安排，但这些安排从未得以实施；国际机制还可能是暗含的，如第二次世界大战后美国和加拿大之间的关系。由于国际机制有助于提供一种政治框架，所以，它是理解相互依存政治的关键。

相互依存论对国际机制的强调在20世纪80年代后期逐渐发展成为国际制度论。

（四）国际制度理论

20世纪70年代中期以来，国际机制以及国际制度一直是国际关系研究的主题之一，它既是20世纪70年代自由主义向现实主义提出挑战的问题之一，也是20世纪80年代新自由主义与新现实主义论战的主题之一，并且在20世纪90年代中期以后出现了以“国际制度”研究为核心议题的“新自由制度主义”（neoliberal institutionalism）。

虽然相互依存理论提出之后，国际学术界对其赞誉远多于批评，但相互依存论也面临着许多挑战，而对国际机制以及国际制度的深入研究正是在对相互依存理论不断提出挑战和修正过程中完善的。这集中体现在两个问题上：一个是国际机制与霸权国家的关系问题，这主要是霸权稳定论对相互依存论的挑战；另一个是国际机制与国家利益问题，这一问题则主要是国家主义理论对相互依存理论提出的挑战。

霸权稳定论基于世界是无政府的而且权力分布是不均衡的这一现实主义的假设对相互依存论提出挑战。按照霸权稳定论的观点，相互依存的国际机制必须有一个制定者，国际机制也需要维持者，如果国际机制不能得以维持，相互依存的政治经济秩序就会遭到破坏。国际机制的制定者和维持者就是霸权国家，否则就无法解释为什么国家会追求跨国合作与相互依存。

在霸权稳定论冲击下，相互依存论者、特别是基欧汉本人，在80年代对早期相互依存论中所主张的“国际机制”概念作了新的修正，于1984年出版了《霸权之后：世界政治经济中的合作与冲突》（After Hegemony：Cooperation and Discord in the World Political Economy），将现实主义的观点融入自己的理论前提中，提出了“机制功能理论”（Functional Theory of Regimes）①。在其中，他主张，即使在美国霸权衰退之后，相互依存仍然存在，因为机制一旦产生，它有时可以按照自己的逻辑来运行，而国家之所以愿意接受这种机制，主要是因为在某些问题领域的相互依存有利于国家利益。

在霸权稳定论挑战相互依存论的同时，国家主义理论的推动者克拉斯纳则将国际机制引入国家权力的分析之中。他虽然主张从国家权力出发研究世界经济，但同时看到了国际机制对国家利益和权力的影响。克拉斯纳认为②，国际机制对国家利益和权力有四种反馈作用，即机制可以影响评估利益的要素；机制可以改变利益本身；机制可以变为权力的一个来源；机制可以改变国家权力的能力。所以，他得出结论认为，国际机制从来不是独立发挥作用。

尽管关于国际机制的研究成为20世纪七八十年代现实主义和自由主义的重要研究议题，并因此相互论战，但论战的重点主要是围绕国际机制是否起作用进行的，论战的结论自然是处于二分法之中：要么认为国际机制起作用（自由主义和新自由主义），要么认为国际机制不起作用（现实主义和新现实主义）。③

国际制度研究中的这种二分法，主要是源于学者们将国际制度的研究局限于回应现实主义提出的挑战性问题之内，即证明国际制度对国家行为具有重要影响。进入20世纪90年代以后，学者们在顾及现实主义挑战的同时，将国际机制的研究从“国际制度是否起作用”转移到“国际制度如何起作用”上来。研究议题的转向，使得自由主义的国际政治经济学得到了飞速发展，并逐渐形成了“新自由制度主义”，又被称为“国际制度主义”（international institutionalism）④，学者们对制度的根源和动力、制度对国家行为的影响以及制度的形式等理论性问题进行了细致而富有成效的研究，由此形成了国际政治经济学中新的国际制度理论。⑤

---

① Iver B. Neumann and Ole Wæver, eds., *The Future of International Relations: Masters in the Making*, London and New York: Routledge, 1997, pp. 95—102.

② Stephen D. Krasner, ed., *International Regimes*, Ithaca and London: Cornell University Press, 1983, p. 361.

③ 参见［美］彼得·卡赞斯坦、罗伯特·基欧汉、斯蒂芬·克拉斯纳编：《世界政治理论的探索与争鸣》，秦亚青等译，上海世纪出版集团2006年版，第116—120页。

④ Iver B. Neumann and Ole Wæver, eds., *The Future of International Relations: Masters in the Making*, London and New York: Roultledge, 1997, pp. 104—110.

⑤ 参见［美］莉萨·马丁、贝思·西蒙斯编：《国际制度》，黄仁伟等译，上海世纪出版集团2006年版。

第二节　国际政治经济学的研究路径

围绕着国家对外经济政策的国内政治过程与国际经济合作的制度设计这两个纲领性问题，国际政治经济学经过两代学者 40 多年的努力，形成了不同的研究路径。这些研究路径对于我们深入学习和发展当代国际政治经济学是非常重要的。

一、国内政治与对外经济政策

如何分析一个国家的对外经济政策，在国际政治经济学近半个世纪的发展历程中，主要形成如下四种具体的研究路径①：以体系为中心的研究路径、以国家为中心的研究路径、以社会为中心的研究路径和以行业间生产要素流动为中心的研究路径。

（一）以体系为中心的研究路径

以体系为中心的研究路径主要有如下三个最为基本的假设：

（1）世界经济体系是有结构的。世界经济体系是在历史中形成的，不管世界经济体系如何演变，世界经济体系的结构却是既定的，这种结构最为明显的特征是核心和边缘。至于哪些国家处于核心区，哪些国家处于边缘区，在不同的历史时期是经常变化的。

（2）国家是单一行为体，在世界经济体系中，国家是有富裕和贫穷之分的。但在回答为何国家会有富裕和贫穷之分，继承不同的学术传统的学者会做出不同的回答：自由主义者认为，富国之所以为富国而穷国之所以为穷国，这是由比较优势决定的；现实主义者认为，富国之所以为富国而穷国之所以为穷国，是由这些国家采取的不同的国家战略导致的；马克思主义认为，富国之所以为富国而穷国之所以为穷国，是由富国和穷国之间的“不等价交换”导致的。

（3）体系决定国家的对外经济政策选择。一个国家采取什么样的对外经济

① 关于前三种路径富有总结性的经典文献当推 G. John Ikenberry，David A. Lake，Michael Mastanduno，“Introduction：Approaches to Explaining American Foreign Economic Policy”，*International Organization*，Vol. 42，No. 1，Winter 1988，pp. 1-14. 而关于最后一种研究路径富有影响的成果则是 Ronald Rogowski，*Commerce and Coalitions*：*How Trade Affects Domestic Political Alignments*，NJ：Princeton University Press，1989；Michael J. Hiscox，*International Trade and Political Conflict*：*Commerce*，*Coalitions and Mobility*，NJ：Princeton University Press，2001.

政策，是由该国家在世界经济体系结构中的地位决定的。一般而言，拥有比较优势的国家一般处于世界经济体系的核心区，因而倡导自由贸易，而没有比较优势的国家一般处于世界经济体系的边缘区，因而推行贸易保护或战略贸易。

（二）以国家为中心的研究路径

以国家为中心（state centric approach）来研究对外经济政策，在国际政治经济学中一直占据着主导地位。尽管这种以国家为中心的研究路径起源于欧洲社会科学，特别是马克斯·韦伯，但在美国政治学界，将国家作为一个重要变量并置于国际关系研究中，主要始于 20 世纪 80 年代学者们解释发达国家和发展中国家的对外经济政策的差异性，其代表人物有克拉斯纳、斯格波①、卡赞斯坦和吉尔平等国家主义理论的倡导者。这种研究路径的关键是如何定义国家，学者们对此存在着很大分歧。这些分歧可以归为三类：第一类是将国家定义为一种组织结构或制度安排；第二类是将国家看作一个行为体；第三类是将国家看作一种由官员和制度组成的政治结构。因对国家定义的差异，学者们在分析国家的对外经济政策时侧重点不同。

第一类定义将国家定义为一种组织结构或制度安排，其研究的重点是制度或组织惯性。国家作为一种组织结构或制度安排，它是历史形成的，因而是不可逆的。这种组织结构或制度安排一旦形成，就有了某种制度惯性或组织惯性，这种惯性不会因为某个个体或某种观念而产生大的转折。这种制度惯性或组织惯性会对一个国家对外政策的形成产生影响。因此，研究一个国家的对外经济政策的形成，必须首先研究国家作为一种组织或制度的特点。

第二类定义将国家看作一个行为体，其研究的重点是政治家或行政官员的偏好。这种研究路径有一个最为基本的假设，这就是，在一个国家的对外经济政策的决策过程中，也许存在着许多参与者，但相对于其他参与者，惟有政治家和行政官员能够将“国家利益”而不是某种“特殊利益”作为优先考虑的目标。因此，如果将对外经济政策作为一个国家的“国家利益”的组成部分，就应当首先研究政治家或行政官员在对外经济决策过程中的偏好。

第三类定义将国家看作一种由官员和制度组成的国内政治结构，其研究的重点是国家的制度特性如何影响对外经济决策的过程以及官员执行政策的能力。这种研究路径的基本假设是：民族国家并不总是相同的，即使同为民主国

---

① Theda Skocpol, ed., *Bringing the State Back In*, Cambridge: Cambridge University Press, 1985.

家，各国的国内政治结构也是不同的，这种结构的不同一方面是由于国家赖以产生的社会不同，另一方面是由于国家和社会的紧密关系不同。这种国内政治结构的不同，使得国家在对外经济政策决策过程中，无论是作为一种制度还是作为一个行为体，所扮演的角色很不相同，有的国家扮演着“强”角色，有的国家扮演着“弱”角色，而“强”国家与“弱”国家所制定的对外经济政策是完全不同的。

（三）以社会为中心的研究路径

与以国家为中心的研究路径侧重研究官僚政治结构对一个国家对外经济政策影响不同的是，在 20 世纪七八十年代还出现了以社会为中心的研究路径，这种研究路径主要偏重于不同的利益群体是如何通过相互竞争或联盟来影响一个国家的对外经济政策制定过程。该研究路径源于沙特施奈德于 1935 年出版的《政治、压力与关税》（Politics，Pressure and the Tariff），20 世纪 80 年代以来不断被提及的著作主要是加州大学的古雷维奇教授于 1986 年出版的《艰难时期的政治：对国际经济危机反应的比较研究》① 和普林斯顿大学的罗纳德·罗戈夫斯基于 1989 年出版的《商业和联盟：贸易如何影响国内政治结盟》②，前者深化了“阶级联盟”研究路径，后者拓展了“行业联盟”研究路径。

以社会为中心的研究路径主要有如下两个最为基本的假设。

（1）国家利益不是抽象的，实际上反映了国内不同政治集团和社会力量的利益，因此，社会在国家的对外经济政策中起着决定性的作用。在国家对外经济政策的制定过程中，无论是政府官员还是制度本身都并不起决定性作用，特别是在民主国家，我们既不能设想政府官员的利益偏好是一致的，也不能假设制度本身是脱离社会力量的。因为，选举本身就表明政府或制度的偏好受制于社会力量。

（2）对外经济政策是社会中不同的政治集团和社会利益群体博弈的结果。社会不是铁板一块，社会是由不同的政治集团（比如政党）和不同的社会利益群体（例如工业协会、劳工组织、消费者协会等）组成的。在一个国家的对外经济政策制定过程中，这些利益不同的政治集团和社会群体总是通过竞争或联

---

① Peter Gourevitch, *Politics in Hard Times: Comparative Responses to International Economic Crises*, Ithaca and London: Cornell University Press, 1986.

② Ronald Rogowski, *Commerce and Coalitions: How Trade Affects Domestic Political Alignments*, NJ: Princeton University Press, 1989.

盟努力将自己的利益反映在对外经济政策之中。

（四）以行业间生产要素流动为中心的研究路径

无论是以国家为中心的研究路径，还是以社会为中心的研究路径，在某种意义上都是考察一种相对静态的对外经济政策，因为他们都假设国内的利益集团（阶级联盟和行业联盟）是既定的，因而也是稳定的。但这两种研究路径都无法解释，为什么在制定经济政策的过程中，有时会出现阶级联盟，而有时又会出现行业联盟。

20 世纪 90 年代中期以后，出现了以行业间生产要素流动为中心的研究路径（inter-industry production factor mobility），这种研究路径主要研究生产要素在同一国家的不同时期以及同一历史时期不同国家的行业之间的流动对阶级分化的影响程度，代表人物主要是哈佛大学的迈克尔・希斯考克斯，其代表作是《国际贸易与政治冲突：贸易、联盟与要素流动程度》①。

以行业间生产要素流动为中心的研究路径主要基于如下三个基本假设。

（1）政治联盟在贸易政策的制定过程中处于核心地位。贸易会导致社会分化，从而引发国内政治冲突。在贸易政治的研究中，一般将贸易引发的社会分化分为两类：一类是基于行业的社会分化，这类研究明确地假设以行业为基础的政治联盟，主要关注行业集团（又称“特殊利益集团”）与劳工组织在贸易政策制定过程中的冲突，其代表人物是古雷维奇，这种基于行业的社会分化对对外贸易政策的影响被引用的经典证据，是 1930 年美国国会在行业集团游说下通过的《斯姆特-霍利关税法案》。另一类是基于阶级的社会分化，这类研究明确地假设以阶级为基础的联盟，主要关注土地、劳动力和资本的所有者在对外贸易政策方面不同偏好导致的冲突，其代表人物是罗戈夫斯基，这种基于阶级的分化对对外贸易政策的影响为学者们广泛援引的经验证据，是 19 世纪英国工人与资本家联合起来与执政的保守党和土地所有者进行斗争，以支持更加自由的贸易，反对《谷物法案》。

（2）政治联盟并不是稳定的，政治联盟在同一国家的不同历史时期和同一历史时期不同的国家存在着很大差异。在现实的对外贸易政策制定过程中，政治联盟并不完全是基于以行业为基础的联盟或以阶级为基础的联盟。政治学者们曾通

---

① Michael J. Hiscox, *International Trade and Political Conflict: Commerce, Coalitions and Mobility*, NJ: Princeton University Press, 2001.

过研究选举来探讨相关国家的政治联盟状况，在关于选举（比例代表制度或直接选举）是促使政治家迎合广泛的利益（阶级利益）还是迎合特定利益（行业利益），学者们得出的结论是，尽管可以假定在对外贸易政策制定过程中，存在以行业为基础的联盟，但更为基本的却是阶级联盟。在任何国家和社会中，行业联盟和阶级联盟并不完全是固定的，随着利益分配的变化，两者有时是可以转换的。

（3）贸易政策中政治联盟的类型主要取决于行业间生产要素流动的程度。根据行业间生产要素流动的程度来确定贸易政策中政治联盟的类型（是行业联盟还是阶级联盟），是第二代国际政治经济学者迈克尔·希斯考克斯的学术贡献。在他看来，经济学理论中无论是假设生产要素完全流动的斯托尔珀-萨缪尔森模型，还是假设生产要素完全不流动的李嘉图-维纳模型，都是两个极端。在现实中，生产要素在不同的行业流动的程度是不同的。通过对生产要素在历史上六个国家不同行业流动程度的比较，希斯考克斯发现："在贸易政治中形成什么类型的政治联盟，很大程度上取决于一个基本的经济特征：生产要素在行业间流动的程度。行业间要素流动程度高的时候，更容易出现以阶级为基础的联盟；而行业间要素流动程度低的时候，则更容易出现以行业为基础的联盟。"①

以上基于对国家对外经济政策的分析而发展出的四种研究路径，是经过两代国际政治经济学者 40 多年的学术努力逐渐形成的，反映了国际政治经济学在国内政治和国际政治经济之间的相互作用研究方面的不断深入。但在运用这四种研究路径时，有两点尤其值得我们注意：

第一，国家对外经济政策决策过程的复杂性。国家是对外经济政策决策过程的主要行为体，对外经济政策的外部性决定了任何国家的对外经济政策必然会受到其所处的国际体系的影响，同时还受到国家自身组织结构的影响，"以体系为中心的路径"和"以国家为中心的路径"正好解释了这一点，但"以体系为中心的路径"无法解释为什么处于同样体系的国家会有不同的对外经济政策，"以国家为中心的路径"无法解释国家对外经济政策的过程是如何形成的；在对外经济政策的制定过程中，尽管国家是主要行为体，但不是唯一的行为体，任何国家对外经济政策的制定不但要受到阶级联盟的影响，还要受到行业联盟的影响，"以社会为中心的路径"和"以行业间生产要素流动为中心的路

① ［美］迈克尔·希斯考克斯：《国际贸易与政治冲突：贸易、联盟与要素流动程度》，于扬杰译，中国人民大学出版社 2005 年版，第 279 页。

径”分别认识到这一点，但“以社会为中心的路径”无法解释为什么阶级联盟在同一国家的不同历史时期是不同的，以“以行业间生产要素流动为中心的路径”无法解释跨国之间的行业联盟或跨国之间的阶级联盟是如何转化的。所以，四种研究路径的划分，只是为理论研究方便之用，运用任何一种研究路径，都有其自身的优点和局限性。

第二，国家对外经济政策决策过程中问题领域的优先性。以上研究国家对外经济政策的四种路径的合理性和局限性告诫我们，在分析任何国家的对外经济政策决策过程中，不但要看到国家对外经济政策决策过程的复杂性，还要关注对外经济政策中的具体问题领域。在不同的问题领域，政治—经济关联性、国家—社会关联性和国内—国际关联性的程度以及表现并不是完全相同的。比如在贸易领域，由于世界贸易体系是比较确定的，国内的行业和阶级受贸易的影响也是比较明确的，因此，运用四种研究路径中的任何一种都是比较容易理解的，至于具体运用哪一种研究路径，主要取决于具体的国家。在金融货币领域，由于国际金融货币体系是不稳定的，国内阶级和社会联盟也不是非常明显，因此，运用任何一种规范的研究路径都需要谨慎。在直接投资领域，国际多边投资协定远没有贸易和货币领域的国际协定完善，跨国公司不但影响东道国的行业联盟和阶级联盟，而且也影响母国的行业联盟和阶级联盟，因此，即使是运用“以行业间生产要素流动为中心的路径”，也要顾及不同国家宏观经济政策决策中优先考虑的产业。事实上，在现实的国家对外经济政策的制定过程中，很难将世界经济体系、国家、社会和生产要素完全割裂，但在具体问题领域分析中，由于不同的国家有不同的政策偏好，学者们或政策制定者们可以将其中之一作为主要变量来分析具体的国家对外经济政策。

二、国际体系与国际制度设计

国际政治经济学关于国际体系的研究，主要体现在对国际机制/国际制度的研究上。20世纪90年代以来第二代国际政治经济学者关于国际机制/国际制度的研究具有如下三个基本趋向：第一，在理性选择的基础上进一步加强国际体系中国家之间相互合作的研究，以此区别于现实主义/新现实主义对国际体系中国家之间冲突的过分关注；第二，通过国内政治和国际政治经济的关联性来研究国际机制/国际制度，寻求国际机制或国际制度的国内政治根源，由此发展出“新自由制度主义”，以此区别于新自由主义；第三，通过运用经济学的分析工具将国际体系中的国际机制/制度的设计以及相关国家的战略选择变得具有可操作性，以此有别于第一代国际政治经济学者对国际机制/国际制度的研究主要停留在概念的争论中。

（一）机制/制度与国际合作

在假设国家是理性的条件下，机制/制度为什么能阻止国家我行我素的政策行为并促进国家之间的合作呢？研究者们普遍认为，机制/制度在国际合作中主要有如下三种功能。

第一，机制/制度具有强制功能。机制/制度的首要功能是通过使参与者的行为合法化而限制参与者的行为。由于国际体系中的公共物品具有非排他性，这就很容易使得参与国产生搭便车的动机。机制/制度作为相互合作的行为体共同产生的第三方，可以通过强制性的协定或者协议阻止行为体双方的相互背叛或者搭便车行为。也就是说，机制/制度既可以通过积极的措施鼓励成员遵守业已建立的规章、规则、规定和程序，如国际货币基金组织曾为处于金融危机中的韩国和泰国提供贷款，鼓励韩国和泰国政府接受国际货币基金组织的政策建议；机制/制度也可以通过惩罚性的措施对那些违反业已建立的规章、规则、规定和程序的成员进行惩处，如世界贸易组织的争端解决机制主要是基于国际协定来解决各种争端，防止或阻止各种形式的贸易保护主义。机制/制度的强制功能要求参与者应该权利与义务并重。

第二，机制/制度具有监督功能。如何进行利益分配是国际体系中几乎所有国家都关心的问题。一般而言，国际体系中的利益分配主要有四种方式①，即共同获利、共同失利、零和利益（一方获利意味着另一方失利）与和谐利益（一方能够完全主导利益分配）。在这四种利益分配方式中，后两种分配方式主要依靠国家的实力，而前两种方式就不是国家实力所能解决的，需要通过相互之间的合作来解决。机制/制度作为第三方由于具有监督功能，因而也可以帮助成员解决利益分配中的冲突。机制/制度可以通过设定适当的议事日程来了解成员各自偏好的结果，使得双方都能顾及对方的利益偏好，如在关税及贸易总协定的“东京回合”谈判中，尽管发达国家和发展中国家在非关税壁垒上的主张不同，但通过相互协商，最终在非关税壁垒的减让上达成一致；机制/制

---

① David A. Baldwin, ed., *Neorealism and Neoliberalism: The Contemporary Debate*, New York: Columbia University Press, 1993, pp. 29—53, 234—249.

度也可以通过具体的问题领域来建议成本如何分摊，防止双方因成本分摊的争论而导致共同失利，如在关税及贸易总协定的“乌拉圭回合”谈判中，由于发达国家之间、发达国家与发展中国家之间在新的贸易领域的成本分摊上存在着分歧，最后导致关税及贸易总协定的解体。所以，机制/制度虽然并不能解决国际体系中所有的利益分配问题，但机制/制度的监督功能确实可以帮助解决国际体系中因国家之间在利益分配上的争执而导致的共同失利的困境。

第三，机制/制度具有预期和补偿功能。世界政治的无政府状态使得国家间的相互合作存在着许多不确定性。按照基欧汉的研究①，这种不确定性主要有三个来源：一是信息不对称，某些行为体可能比其他行为体对一种形势所占有的信息更多；二是道德风险，某些行为体可能因为短期利益而去追求冒险而不是规避风险的行为；三是不负责任的行为，某些行为体总是做出无法兑现的承诺。国际体系中这些不确定性使得许多国家对合作信心不足，因而在政策上举棋不定，摇摆不决。机制的建立或者制度安排虽然不能完全消除这些不确定性，但至少可以减少这些不确定性。机制/制度所制定的规则使得预期的领域缩小了，因而不确定性相应就降低了；机制/制度促进了信息的广泛交流，所以分配的不对称性得到了缓解；机制/制度关于各种特定议题的具体规定加大了不负责任行为的成本；机制/制度的持续存在使得合作的长期利润可用来补偿即时成本，从而可以缓解道德风险。

（二）国际制度设计与博弈论

国际机制/制度的设计、形成与实施过程，既是国际社会中的不同利益主体讨价还价的战略互动过程，又是国际政治经济利益的博弈过程。与第一代国际政治经济学者相比，第二代国际政治经济学者在国际体系研究方面最为引人注目的进展，就是将博弈论这种分析工具引入国际机制/制度的设计和谈判之中②，从而使得国际机制/制度具有可操作性和可检验性③。博弈论不但使得

① 参见［美］罗伯特·基欧汉：《霸权之后：世界政治经济中的合作与纷争》，苏长和等译，上海人民出版社 2001 年版，第 94—97 页。

② 关于第二代国际政治经济学者对国际制度研究的一些富有影响的成果，参见［美］莉萨·马丁、贝思·西蒙斯编：《国际制度》，黄仁伟等译，上海世纪出版集团 2006 年版。

③ 这方面标志性的成果，参见 Pierre Allan and Christian Schmidt, eds., *Game Theory and International Relations: Preference, Information and Empirical Evidence*, Aldershot: Edward Elgar Publishing Limited, 1994; Andreas Hasenclever, Peter Mayer and Volker Ritterberger, *Theory of International Regimes*, Cambridge: Cambridge University Press, 1997. ［美］莉萨·马丁、贝思·西蒙斯编：《国际制度》，黄仁伟等译，上海世纪出版集团 2006 年版。

“国际合作”在理论上成为可能，而且使得“国际合作”在现实中变得与“冲突”研究一样具有可操作性。这里我们以被国际政治经济学界广泛使用的四种经典二元静态博弈模型为例，分析一下国家之间如何通过战略选择既能阻止国际体系中的“搭便车”现象，也能在国际体系中进行合理的“利益分配”。

1. 协作博弈模型

协作博弈（collaboration game）的经典模型就是大家所熟悉的囚徒困境博弈（Prisoner's Dilemma Game），是国际关系学界研究最为透彻、应用最为广泛的一种博弈模型。在囚徒困境的经典博弈模型（见图 1-1）中，A 和 B 分别代表两个行为体（罪犯），S1（不招供罪行）和 S2（招供罪行）代表他们的行为战略选择。他们的利益在于所受惩罚的轻重程度，其中 4 表示利益最大（所受惩罚最轻），1 表示利益最小（所受惩罚最严重）。囚徒困境的经典模型描述的是如下这样一种情况：两个罪犯（A 和 B）共同参与了一项犯罪活动，在没有串供可能性的情况下，各自选择什么样的战略（S1 表示“不招供”，S2 表示“招供”）来面对法官的审问，从而达到惩罚最轻的效用（4 表示惩罚最轻，1 表示惩罚最重）。法官告诉他们每个人的规则是，如果他们招供将减轻处罚。

		B	
		S1	S2
A	S1	3,3 (P)	1,4
	S2	4,1	2,2 (N)

注：S1表示不招供，S2 表示招供，P表示帕累托最优，N表示纳什均衡。

图 1-1　协作博弈（囚徒困境）

囚徒困境博弈战略选择的结果是：如果双方的战略选择不一致（例如 A 选择 S1，B 选择 S2；或者 A 选择 S2，B 选择 S1），结果是一方自身利益最大化，而对方的利益必然受到损失（4，1 或者 1，4），这样必然导致受损的一方改变战略；如果双方的战略选择相一致（例如 A 和 B 都选择 S1，或者 A 和 B 都选择 S2），其结果是双方的利益效用相同（3，3 或者 2，2）。如果 A 和 B 双方都选择 S1，其效用（3，3）对双方都是最优，但是这种结果很不稳定，因为任何一方都可以通过改变自己的战略达到利益最大化，这样就回到损害对方的局面中（4，1 或者 1，4）；如果 A 和 B 双方都选择 S2，其结果（2，2）最为稳定，因为任何一方都不可能通过改变自己的战略从而使得自己获益更大（纳什均衡），但是，这种战略选择的结果对双方而言只能是次优。

囚徒困境博弈有两个基本特征：第一，囚徒困境博弈的均衡结果对于双方而言都是次优，双方都想摆脱次优的困境，所以，不合作就成为博弈双方主导的战略；第二，在囚徒困境中，因为任何一方都有通过欺骗对方而使得自己的利益最大化的可能，所以，处于囚徒困境中的双方存在着背叛和搭便车的可能性。

囚徒困境博弈对于我们研究国际关系有两点重要启示：一是，国家之间的相互合作是解决囚徒困境的重要途径，而在相互合作中，任何国家都需要获得有关其他国家行为的广泛信息。如果没有信息透明的制度或机制做保证，每个国家出于自身利益最大化的考虑，必然采取不合作的战略，这样，最终的结果只能是次优。二是，解决国家之间的囚徒困境必须有强有力的正式的制度或者机制做保障，通过建立较强的制度或者机制，使得背叛行为付出高昂的代价。如果没有强有力的制度或者机制的监督以及强制力，就很难避免自利国家的背叛行为或者免费搭车行为。在国际关系研究中，囚徒困境博弈被广泛地应用于分析国际体系中的“集体行动”问题或“公共物品”问题。而在国际政治经济学中，囚徒困境通常被运用在两类问题的分析之中：一类是互惠贸易自由化，另一类是资源的集体管理。

2. 协调博弈模型

协调博弈（Coordination Game）的经典模型称为性别大战（Battle of the Sexes）。在该博弈模型（见图 1-2）中，行为体 A 代表丈夫，行为体 B 代表妻子，S1 代表看戏，S2 代表看球。夫妻约定在下班后一起度过晚上的时光，但由于某种原因他们相互之间失去联络，因此两人都面临着是去戏院看戏还是去足球场看球的选择。夫妻二人的面临难题是：妻子更喜欢看戏，而丈夫更喜欢看球，而且他们只有在一起看球或者看戏双方才会很满意；如果夫妻双方分开行动的话，双方都不是很满意。

		B	
		S1	S2
A	S1	4,3 (P,N)	1,1
	S2	1,1	3,4 (P,N)

注：S1代表合作，S2代表背叛，P表示帕累托最优，N表示纳什均衡。

图 1-2　协调博弈（性别大战）

协调博弈中战略选择的结果是：如果双方都选择自己的偏好，即丈夫选择去看球，而妻子选择去看戏，那么，由于他们不能在一起，因此双方都不满意（均为1，1）；如果双方都同时选择一起去看戏，或一起去看球，尽管都会有一方略微做出让步，却能使得双方利益最大化（4，3或者3，4）。

协调博弈有两个基本特征：第一，尽管博弈双方的偏好有所不同（如丈夫偏好看球，而妻子偏好看戏），但必须有一个共同的意愿和选择趋向（例如夫妻双方都希望在一起看球或看戏）。第二，博弈双方必然有一方做出轻微的让步，这对双方都是有利的，但也存在着由于双方在利大利小分配上的争执，最后导致“共同失利困境”（dilemma of common aversion）的可能性，即双方都最不愿意得到的结果。

协调博弈对于国际关系研究的启示是：处于协调博弈中的国家，尽管每个国家都有自己偏好的结果，但由于没有主导战略，所以，双方面临的主要困境是在两种均衡结果中谁将获胜。如果能够通过协定或者协议使得双方在分配问题上达成一致，就可以获得双方利益最大化的结果。到目前为止，协调博弈在国际政治经济学界被广泛应用于三个具体研究议题的分析中：一是发达国家之间进行宏观经济政策协调；二是“二战”后美国和英国关于未来国际经济秩序的博弈；三是欧盟内部关于货币统一的博弈。①

3. 保证型博弈模型

保证型博弈（Assurance games）的经典模式通常被称为猎鹿博弈（Stag Hunt Game）。该模型（见图1-3）中的行为体A和B分别代表是两个猎人，S1表示两个猎人只选择等待时机捕获一只经济价值比较大的鹿；S2表示双方先开枪捕获经济价值比较小的兔子而放弃捕获鹿。猎鹿博弈的经典模型描述的是如下这样一种情况：两个猎人A和B在傍晚的时候一起出去打猎，他们分别在一个猎场的两边等待鹿的出现。如果两个猎人的目标是共同捕获一只经济价值比较大的鹿（S1）的话，他们就必须耐心等待鹿的出现，从而放弃捕获其他动物（如兔子）的机会。假如一只经济价值比较小的兔子出现，只要他们中的任何一个人先开枪（S2），尽管他们会捕获到一只兔子，但由于使鹿受到惊吓而逃离，因而失去捕获鹿的机会。

保证型博弈中行为体的战略选择结果是：如果行为体的任何一方怀疑

① John Ravenhill, ed., *Global Political Economy*, Oxford: Oxford University Press, 2008, p. 77.

		B	
		S1	S2
A	S1	4,4 (P,N)	1,3
	S2	3,1	2,2 (N)

注:S1代表捕鹿，S2代表捕兔，P表示帕累托最优，N表示纳什均衡。

图 1-3 保证型博弈（猎鹿博弈）

对方等鹿的动机（S1），那就可能将对方推向选择先捕获兔子（S2），那结果就是自己的收获最小（1，3 或者 3，1）；如果行为体双方都背叛对方，其结果对双方虽然是均衡的（2，2），但对双方都不是最优的；如果行为体双方能够遵守彼此之间的协定，那结果不但是均衡的，而且对双方都是最优的（4，4）。

保证型博弈有两个最为基本的特征：第一，两个行为体有一个共同偏好的最优结果（4，4），由于双方都没有主导战略，因此，只要双方合作就可能使得双方利益最大化（帕累托最优）；第二，虽然相互背叛在博弈中也有一个均衡结果（2，2），但这个结果对双方而言是次优结果，而不是最优结果，这就不存在搭便车的可能性，所以，行为体双方没有背叛的动机。

保证型博弈给国际关系学者的启示是：在保证型博弈中，国家作为一个行为体，如果其拥有公开透明的内部制度和协调一致的政策，就能通过相互合作使得自己的利益最大化，任何国家的单边行动都不利于其利益的最大化。相反，如果一个国家对他国的动机产生怀疑而采取背叛战略，就不能保证自己的利益最大化。因此，信息的透明度以及国家行为的理性化是保证此类博弈中国家达到利益最优的关键。如果参与博弈的国家的信息是透明的，而且各国的行为是理性的，那么，制度建设就是没有必要的。① 在国际政治经济学中，保证型博弈主要用于全球金融市场或地区金融市场中相关国家如何进行合作的分析中。②

4. 劝说型博弈模型

以上三种博弈模型分析的是在行为体偏好对称条件下的博弈选择，然而，在现实世界中，还存在着行为体偏好不对称的博弈，劝说型博弈（Suasion

① 参见［美］莉萨·马丁、贝思·西蒙斯编：《国际制度》，黄仁伟等译，上海世纪出版集团 2006 年版，第 49—51 页。

② John Ravenhill, ed., *Global Political Economy*, Oxford: Oxford University Press, 2008, p. 76.

Game）就是其中的一种。

劝说型博弈，又称兰博博弈（Rambo games），主要是由德国的学者佐恩和美国学者马丁提出的。佐恩于1990年分析冷战时期联邦德国和民主德国的相互合作时发现这样一种情形①：当集体行动结果可能（通常是）为次优时，行为者为实现自己的利益最优而拒绝合作，除非利己的“兰博们”得到“劝说”：合作有利于他们长期的利益，或者关乎他们从属的共同体的安危，或者与其他问题相关联，在这种情形下，不满意的一方通常会尽量将其他事务牵连进来，以改变自己的不利情形。后来，佐恩借用风靡一时的动作片《第一滴血》的主人公“兰博（Rambo）”（虽处于弱势却是孤胆善战的英雄）的名字将这种情形称为“兰博情形”。而几乎在同时，美国学者马丁在研究作为霸权国的美国与其他国家在对技术出口的控制的合作机制时也发现了同样的情形，马丁称其为“劝说博弈”②。

		B（处于劣势但勇敢）	
		S1	S2
A（处于强势）	S1	4,3 (P)	3,4 (P,N)
	S2	2,2	1,1

注：S1代表合作，S2代表背叛，P表示帕累托最优，N表示纳什均衡。

图1-4　劝说型博弈（兰博博弈）

劝说型博弈（见图1-4）中行为体双方的战略选择结果是：当行为体A将合作作为主导战略，如果行为体B选择合作战略，那么行为体A获得了其最偏好的结果（4，3），但由于行为体B所获得的结果是次优而不是最优，所以，行为体B通常对这种结果不满意；当行为体B采取背叛或者免费搭车行为时，如果行为体A作为惩罚也采取背叛时，其结果要么是行为体A放弃主导战略（1，1），要么是行为体B对得到的结果也是其不愿意的（2，2）；当行为体A坚持其主导战略，同时又能通过策略上的问题联系途径（issue-linkages）给予行为体B以额外补偿时，就可以得到双方都满意的结果（3，4）。

① Michael Zürn，“Intra-German Trade：An Early East-West regime”，in Volker Rittberger，ed.，*International Regimes in East-West Politics*，London：Print Publishers Ltd.，1990，pp. 151—188.

② Lisa Martin，“Interests，Power and Multilateralism”，*International Organization*，Vol. 46，No. 4，1992，pp. 765—792.

劝说型博弈的基本特征有三个：第一，两个行为体的利益偏好是不对称的；第二，强者一方将合作作为主导战略，并愿意单方面提供公共物品；第三，博弈双方不但存在利益分配问题（正如在“协调博弈”中一样），而且还存在着背叛问题（正如在“囚徒困境”中一样）。

劝说型博弈对我们研究国际关系的启示是，在现实的国际体系中，并不是所有的国家在实力和利益偏好上都是对称的，当国家之间在实力和利益偏好不对称且处于优势状态的国家（例如霸权国家）愿意采取主导战略单方面提供公共物品时，强国必须面对其他国家搭便车的挑战。如果强国采取单边行动而允许弱国搭便车，那么为强国所主导的公共物品就会陷入前面所讨论的“囚徒困境”中，而这是强国所不愿意的。如果强国更愿意与其他国家合作，强国就必须劝说或者强迫其他国家来合作，这必然涉及强国与合作国的利益分配问题，使得强国面临新的困境。为了摆脱这种困境，强国通常通过问题联系途径采取两种战略劝说弱国合作①：一种是威胁（减少给弱国的偿付额度）；另一种是承诺（提高相互合作所支付的额外额度）。在这两种战略中，尽管强国都要付出成本（如果威胁没有效果，强国必须承担高昂的成本；如果承诺有效，强国也只能得到次优的结果），但强国在国际层面上却拥有了持久的主导权，这种持久的主导权可以补偿即时付出的成本。所以，处于劝说型博弈中的国家，只要相互之间建立信任，相互合作既能避免搭便车现象，也能进行利益的合理分配。在国际政治经济学研究中，劝说型博弈通常被引用的案例是上文提到的美国对技术出口的控制②与在冷战期间联邦德国与民主德国的合作③。

以上四种博弈模型是博弈论被引进国际关系和国际政治经济学领域后最为常用的模型。博弈模型的引入，主要是帮助我们理解如何加强国家之间相互合作并避免国家之间冲突。在国际体系中，加强国家之间相互合作、避免相互之间冲突的途径也许有许多种，但历史经验表明，机制/制度的途径是其中最具

---

① 参见［美］莉萨·马丁、贝思·西蒙斯编：《国际制度》，黄仁伟等译，上海世纪出版集团 2006 年版，第 46—47 页。

② John Ravenhill, ed., *Global Political Economy*, Oxford: Oxford University Press, 2008, pp. 79—80；参见［美］莉萨·马丁、贝思·西蒙斯编：《国际制度》，黄仁伟等译，上海世纪出版集团 2006 年版，第 46—48 页。

③ Volker Ritterberger, ed., *International Regimes in East-West Politics*, London: Print Publishers Ltd., 1990, pp. 151—188.

可能性和可操作性的一种途径。但我们也必须明白，机制/制度并不能解决所有的国际冲突。由于博弈论被作为分析工具引入国际关系研究中主要是解决国际体系中国家之间的利益分配问题，所以，根据这些博弈模型的基本特征与解决利益冲突的可能性和可操作性，我们可以初步评估出机制/制度对于解决国家利益分配的难易程度：保证型博弈由于是“没有分配冲突的合作博弈”，所以非常容易解决；协调型博弈虽然是“存在分配冲突的合作博弈”，但也容易解决；囚徒困境博弈由于存在着“进退两难境况”，所以很难解决；而劝说型博弈不但涉及利益分配，而且还涉及搭便车，所以最难解决。

（三）博弈论的局限性

尽管经典博弈模型对于理解已有的国际机制/制度与设计新的国际机制/制度非常有用，因为正是由于这些分析工具的引入，才使得国际机制/制度研究超越了20世纪七八十年代的概念争论，从而在现实中具有可操作性和检验性，并在90年代以后逐步形成了以“国际机制理论”为核心的“新自由制度主义”，但我们不能因此过分夸大博弈论在国际关系研究中的作用。博弈论作为一种数学分析工具，有其自身的局限性，这些局限性与博弈论的基本假设密切关联。

一是理性的有限性。博弈论最为基本的假设是，人不仅是理性的，而且是完全理性的，因此，作为理性的个体总是能没有错误地计算出通过最佳的手段达到某种特殊的目的。随着研究的深入，研究者们逐渐发现，人是理性的，但人的理性是有限的，因为任何人不可能是全知的决策者；任何人不可能考虑到所有可能的选择；任何人也不可能考虑到其他人的选择的所有可能的结果。所以，在有限理性假设中的人，与其说将其效用最大化，不如说是效用的满足①。

二是偏好的社会局限性。博弈论还假设，人总是根据自己的偏好进行独立理性选择。但在现实世界中，由于理性的有限性，作为个体的人的行为选择并不总是以理性的方式来进行。特别是在政治活动中，人们通常是通过某种情感来表达他们对某种特殊价值的忠诚，或对某种社会规范的反感。理性选择最大的局限性，就是假设人是抽象的工具理性动物，而忽略了作为个体的人，其偏好选择要受到诸如阶级、意识形态和权力这些社会属性的影响②。特别是当我

① Andrew Hindmoor, *Rational Choice*, New York: Palgrave Macmillan, 2006, p. 16.

② Andrew Hindmoor, *Rational Choice*, New York: Palgrave Macmillan, 2006, pp. 14—15.

们将理性选择用于国家行为的分析时，我们很难忽视国家的意识形态与国家的实力对国家行为选择的影响，这也是为什么当国际关系学者将理性分析工具应用于国家行为选择时反复强调“国家是理性的”的主要原因。

三是集体行动过程的复杂性。博弈论被应用于国际关系研究中必须面对决策过程的复杂性。当任何国家决定是否与其他国家进行合作时，这个决策过程是非常复杂的。一般而言，任何国家的决策过程要受到如下三个政治要素的制约，即该国在国际体系中的地位、该国的特殊实力、该国国内联盟的强弱程度①。换句话说，国家之间形成集体偏好既要受到相互之间业已形成的结构的影响，也要受到不同问题领域的优先性的影响，还要受到相互之间互动过程的影响。尽管博弈论作为一种数学模型，对现实世界的复杂性给予了尽可能的关注，但如果我们认为博弈论已经囊括了国际关系结构和过程的所有变量，就很容易犯简单化的错误，出现政策决策上的偏差。

四是信息的透明度与可信度。博弈论一个最为基本的假设就是所有参与者拥有共同知识，而这主要取决于参与者所拥有的信息。博弈论在理论上已经发展出不同信息状态下的各种模型，诸如完全信息静态博弈、完全信息动态博弈、不完全信息静态博弈、不完全信息动态博弈。尽管国际关系学者已经将这些不同的博弈模型应用于国际关系研究中，并且取得了令人鼓舞的成果②，但这些研究都基于一个假设：无论是在国内政治中，还是在国际谈判中，行为体所拥有的信息都是真实的。而在现实政治市场中，我们不但要分析真实的信息，还要剔除虚假的信息。对于真实的信息，我们可以应用博弈论的模型进行分析，但如果我们将虚假的信息误认为是真实的信息，那结果的可信度就将大打折扣。这就是为什么国际关系学者在应用博弈论分析国际关系时反复强调信息透明度和可信度的一个重要原因。

思考题

1. 分析国际政治经济学中马克思主义理论及其继承和发展。

---

① Pierre Allan and Christian Schmidt, eds., *Game Theory and International Relations: Preference, Information and Empirical Evidence*, Aldershot: Edward Elgar Publishing Limited, 1994, p. 3.

② 这方面被国际学术界广为称颂的著作当推 Helen V. Milner, *Interests, Institutions and Information: Domestic Politics and International Relations*, NJ: Princeton University Press, 1997.

2. 分析国际政治经济学中现实主义的思想渊源及其理论演变。

3. 分析国际政治经济学中自由主义的思想渊源及其理论演变。

4. 比较分析国家对外经济政策研究中四种路径的优点和不足。

5. 试述国际制度设计中四种博弈模型，并举例说明如何应用。

▶ 思考题答题要点

第二章　国际政治经济体系

现代国际政治经济体系于公元1500年之后最早在西欧发展起来，并逐渐扩展到全球。今天，主权国家与市场已经成为组织我们政治经济生活的基本形式。在过去500多年间，主权国家与市场相互作用、相互强化、相互制约：主权国家推动了世界市场的形成和扩展，反过来市场也强化了国家权力。主权国家既是市场拓展的支持者，也可能对市场加以制约或掠夺。主权国家的基本特征是领土国家，在特定的地理范围内具有主权，而市场本质上是跨国的，是超越国界的，因此国家与市场具有内在的互动性。在现代国际政治经济体系中，实现国家发展和强盛需要同时考虑主权国家体系和世界市场的约束。国际政治经济学所强调的就是从国家与市场互动的角度来观察分析国际关系现象。

第一节　国家与市场

国家与市场是组织我们政治经济生活的两种基本方式。国家与市场具有不同的组织原则和运行逻辑，但两者又相互作用、相互改造。

一、国家与市场的组织原则

（一）国家的起源与组织原则

马克思主义对国家起源、本质和功能有深刻的论述。从国家起源来看，国家是社会发展的产物，是阶级矛盾不可调和的产物。恩格斯在《家庭、私有制和国家的起源》一书中，认为从起源上来看，国家是阶级矛盾不可调和的产物；从实质上看，国家是统治阶级实现阶级统治的工具。恩格斯指出：“国家是社会在一定发展阶段上的产物；国家是承认：这个社会陷入了不可解决的自我矛盾，分裂为不可调和的对立面而又无力摆脱这些对立面。而为了使这些对立面，这些经济利益互相冲突的阶级，不致在无谓的斗争中把自己和社会消灭，就需要有一种表面上凌驾于社会之上的力量，这种力量应当缓和冲突，把冲突保持在‘秩序’的范围以内；这种从社会中产生但又自居于社会之上并且日益同社会相异化的力量，就是国家。”① 国家并不是凌驾于社会之上的，而是社会发展的产物，国家产生于阶级矛盾的不可调和。“一个这样的社会，只能或者存在于这些阶级相互间连续不断的公开斗争中，或者存在于第三种力量的统治下，这第三种力量似乎站在相互斗争着的各阶级之上，压制它们的公开的冲突，顶多容许阶级斗争在经济领域内以所谓合法形式决出结果来。氏族制度已经过时了。它被分工及其后果即社会之分裂为阶级所炸毁。它被国家代替了。”②

既然国家是阶级矛盾不可调和的产物，那么国家实质上就是阶级统治的工具。尽管国家采用了一种共同体的形式，但是仍然是统治阶级实施阶级专政的手段。国家实质上是阶级专政，具体含义是指：国家产生是基于统治阶级的意志；国家政权始终掌握在统治阶级手中；国家权力始终是用来为统治阶级利益服务的。③ 而且国家还掌握着有组织的暴力手段，国家具有暴力机关。

国家除了是阶级统治的工具之外，还是从社会分化出来的管理机构。“随着分工的发展也产生了单个人的利益或单个家庭的利益与所有互相交往的个人的共同利益之间的矛盾。”“正是由于特殊利益和共同利益之间的这种矛盾，共同利益才采取国家这种与实际的单个利益和全体利益相脱离的独立形式”。④ 在马克思看来，剥削阶级国家既包括执行由一切社会的性质产生的各种公共事务，又包括由政府同人民大众相对立而产生的各种特殊职能。因此，国家是政治统治职能和社会管理职能的统一。

历史上，国家有不同的形式，比如古代的城邦、帝国、封建王国等。近代以来，国家通常以主权国家的形式出现。第一，主权国家或者领土国家是一个地理概念，界定了特定地理范围内的政治忠诚对象。第二，国家拥有对内对外的最高权力，也就是国家主权。第三，国家合法垄断暴力，暴力是主权者合法掌握的。第四，国家是自为的，“国家理由”或者说国家存在本身是国家统治行为的依据，而不是其他。第五，在欧洲国家的发展过程中，国家和国家体系是共存的。竞争的国家体系的存在避免了欧洲成为整体性的帝国。

---

① 《马克思恩格斯文集》第 4 卷，人民出版社 2009 年版，第 189 页。

② 《马克思恩格斯文集》第 4 卷，人民出版社 2009 年版，第 188 页。

③ 参见王沪宁主编：《政治的逻辑：马克思主义政治学原理》，上海人民出版社 2004 年版，第 111—115 页。

④ 《马克思恩格斯文集》第 1 卷，人民出版社 2009 年版，第 536 页。

（二）市场的发展与组织原则

经济学是研究如何在有限的资源约束条件下最有效率地满足人的需要，是研究为社会提供物质福利的学科。当人类社会作为一个整体存在的时候，经济学考虑的是如何最有效地将个人福利与社会福利联系在一起。“我们的富裕不是作为个人而富裕，而是作为一个富裕社会的成员而富裕。”① 一个经济社会就是要解决两个看似简单的问题：“组成一个系统，以确保能生产出生存所需的商品和服务；安排社会生产成果的分配，以进行更多的生产活动。”② 生产问题和分配问题仍是我们社会组织所面临的挑战。社会需要将资源调配投向生产性用途，而且还要保证有效率的配置。在历史上，指导和决定经济过程的社会制度总的来说有三种：依靠传统运行的经济、由命令运行的经济和依市场运行的经济。传统经济靠的是历史试错过程中习得的方法，通过习俗和信仰得到维持。在传统社会中，生产、分配与社会过程是一体的。命令经济是依靠掌握的暴力作为支持，运用权威来运行经济的方法。命令经济在实现社会变动上具有优势。第三种是市场方式，其运行成本要低于传统和命令经济。市场制度是一种复杂的社会组织模式，是一组关于生产、交换、分配和消费的规则。

市场如何能够自发地产生秩序和效率？亚当·斯密在 1776 年出版的《国富论》中，论述了市场组织经济生产的秘密。

第一，“完全自由”的社会能够产生经济增长，也就是产出的持续增加。经济增长的原因是劳动分工所带来的劳动生产率的提高。为了谋取利润，提高劳动分工水平，资本家会进行资本投资。

第二，市场不仅能够实现增长，还可以将单独的个体变成有效运转的整体。这就是亚当·斯密所讲的“无形之手”。“我们每天所需的食料和饮料，不是出自屠户、酿酒家或烙面师的恩惠，而是出于他们自利的打算。我们不说唤起他们利他心的话，而说唤起他们利己心的话。我们不说自己有需要，而说对他们有利。”③ 在市场的竞争机制驱使下，生产、交换和分配会自动完成。

第三，市场机制不仅可以增加生产，还可以有效使用资源。供给与需求决

① ［美］罗伯特·海尔布罗纳、威廉·米尔博格：《经济社会的起源》，李陈华等译，格致出版社、上海人民出版社 2010 年版，第 6—12 页。

② ［美］罗伯特·海尔布罗纳、威廉·米尔博格：《经济社会的起源》，李陈华等译，格致出版社、上海人民出版社 2010 年版，第 6—12 页。

③ ［英］亚当·斯密：《国民财富的性质和原因的研究》上卷，郭大力、王亚南译，商务印书馆 1972 年版，第 14 页。

定了均衡价格，从而将人的自利动机有效地转变成了社会福利。

第四，市场是自我调节的，秩序在自发、自由的过程中产生。“竞争市场有一个漂亮的结果，即它是它自己的守护者。”①

马克思在批判黑格尔法哲学的基础上提出了“市民社会决定国家”的论断，后来在《政治经济学批判》序言中，对市场逻辑、国家本质和职能以及国家与市场关系作出了深入分析。② 就市场运转逻辑而言，马克思提出了价值规律、剩余价值规律和垄断利润规律等三大基本经济规律。市场的“无形之手”是通过价值规律体现出来的；赚取剩余价值是资本主义生产方式的基本规律，资本家不断追求剩余价值或利润的最大化，这个规律决定了资本主义社会的各方面；资本对利润的追求是通过自由竞争实现的，但是竞争最终不可避免走向集中和垄断。

在理想状态中，国家和市场分别运转，前者提供公共秩序和公共物品，后者使得人类社会更有效地利用资源满足需要。通常，政治学家把经济和市场运行当作常量，而经济学家也把国家提供的秩序、产权保护等当作理所应当。但是在现实中，国家与市场是相互作用、相互影响的。“权力决定了权威和市场之间的关系。除非施展权力和拥有权威的人允许，市场不可能在政治经济功能方面发挥主导的作用。”③ 因此，我们需要了解国家与市场之间的互动。

二、国家与市场的互动方式

经济学假设存在一个完全市场，认为市场是一个能够实现自我调整的机制，市场不会失灵，并且将秩序、法制、产权保护等视为理所当然的事情。而政治学也可能不关心市场，假设市场会自动运转，只考虑官僚决策、公共产品提供。但是在现实中，国家与市场是相互作用的，而且国家和市场还会相互利用，以创造更有利于自己的条件。近代以来，主权国家和市场成为组织我们政治经济生活的主要形式，概括而言两者有如下六种互动方式。

第一，国家扩展市场。分工受市场范围的限制。分工水平越高，越需要市

① ［美］罗伯特·海尔布罗纳、威廉·米尔博格：《经济社会的起源》，李陈华等译，格致出版社、上海人民出版社 2010 年版，第 56 页。

② 参见《马克思恩格斯文集》第 1 卷，人民出版社 2009 年版，第 588—594 页。

③ ［英］苏珊·斯特兰奇：《国家与市场》第二版，杨宇光等译，上海世纪出版集团 2006 年版，第 19 页。

场范围的扩大。政治权力的集中，意味着市场范围的扩大。15 世纪以来，欧洲从封建制过渡到中央集权的君主制是政治权威走向集中的过程，在这些欧洲国家内部，相应地逐渐形成了统一的国内市场。等到重商主义意识形态被发明出来之后，君主们又努力拓展世界市场。“财富是权力，而权力也是财富。”当君主们意识到社会财富增长可以转化为国家军事力量之后，他们有了在世界范围内建立市场的强大动力。从 1492 年哥伦布远航到达美洲，世界市场逐步发展，世界各地的联系变得越来越紧密。

第二，市场能够让国家强大。欧洲近代军事革命一方面增加了军费支出水平，另一方面也使得维持常备军成为必要。在这种条件下，分散的封建军事义务关系在战争中不再具有优势。因此，市场需要一个适应这种变革的政治安排，并且愿意为之提供经济支持。在君主与社会的互动中，逐步发展和完善了税收制度、金融制度，从而君主能够合理地、可持续地从市场中获得财政支持，进行战争或者维持军队。

第三，国家可以借助市场来实现自己的地缘政治目标。当国家间经济关系变得更为紧密的时候，国家可以通过操控市场来影响其他国家行为，包括对外援助、经济制裁、自由贸易协定或者控制资本流动等。比如，乌克兰危机爆发之后，美国对俄罗斯一些大企业施加经济制裁，其逻辑就是将经济制裁给俄罗斯经济带来的压力作为谈判的筹码。

第四，市场会影响国家的组织形式。历史上，欧洲国家处在一个多元竞争的国际体系中。在竞争的压力下，国家需要找到一种能够有效地增加国家收入和支持军费开支的方法。这种方法越有效，国家在体系中的竞争力就越强。君主准备和发动战争都需要从金融市场筹措资金，哪个国家筹集资金的成本越低，就越有把握取得胜利。在市场压力下，欧洲中央集权的君主开始接受社会力量对君权的制约。近代英国是最典型的案例，英国国王接受议会对自己权力的制约，从而增强了英国的战争能力。

第五，开放、稳定的世界市场需要国际关系的支持。世界市场的形成不仅取决于市场自发扩展和调节的力量，也取决于国家的政策选择。在历史上，开放、稳定的世界市场都需要稳定的国际关系相配合。比如第一次世界大战之后，国际社会没能成功重建自由贸易和金本位制，最后世界经济在 1929—1933 年陷入前所未有的大萧条中。霸权稳定论的解释认为导致大萧条的原因是英国实力的下降和美国没有意愿运用自己的力量。开放的世界经济也是一种公共物品，它的维护需要克服搭便车问题。

第六，世界市场会在国家间产生分配性影响，从而影响国内政治过程。国家对世界经济的开放会给国内社会带来分配性影响。一些人是开放世界经济的受益者，也有人会成为世界经济的受害者，而这些被世界经济影响的行为体会参与国内政治过程，支持或者反对某项国内政策。比如自由贸易会让出口行业获益，而进口竞争行业受损，所以在自由贸易政策上，国家就要面临这种国内政治分歧。

三、推动国际政治经济体系变革的要素

近代以来，作为一种政治组织形式，主权国家不断扩展。在国家竞争中，其他的政治组织形式都已经消失，我们现在生活在一个有 190 多个主权国家的国际体系之中。市场也从国家范围扩展到全球范围。今天，资本、劳动、土地等生产要素已经是在世界范围内配置。国际政治经济体系不断变化，包括主权国家体系的建立与扩展、国家兴衰、国际权力结构变动、世界市场的形成与扩展、世界经济的繁荣与危机、核心与边缘的变动等。国际政治经济体系的变革是由主权国家间相互竞争和市场在世界范围内追逐利润所推动的。具体而言，有四种力量推动着国际政治经济体系的变革，包括政治经济发展不平衡、技术进步、制度的适应性以及国家间的战争。

（一）政治经济发展不平衡

马克思主义认为发展不平衡是自然的，进入资本主义阶段以后，发展不平衡会导致国际政治经济体系的变化。资本主义建立了世界市场，实现了国际分工，把世界结成一个政治经济的有机体。在全球范围内，国家和地区的差异性增加了，这种差异性会导致不平衡的发展状况。在一个世界市场时代，这种不平衡会产生国际政治结果。在自由资本主义时代，政治经济发展不平衡的结果是资本主义国家争夺海外殖民地和划分势力范围，而进入帝国主义时代，因为海外殖民地已经瓜分完成，政治经济发展不平衡的结果是帝国主义国家间的战争。

（二）技术进步

技术进步与变革是政治经济发展不平衡的深层原因。国家间竞争和市场逐利要求和推动技术进步。近代以来，技术创新是经济增长的动力之源。技术创新能够让我们更有效地利用资源，提高劳动生产率，从而获得更大的竞争优

势。具有技术创新能力和能够将技术创新迅速应用的社会是具有竞争力的社会。库兹涅兹认为，一个经济纪元是由对一个划时代革新的应用及其衍生发展所决定和塑造的。他认为欧洲近代最重要的革新是航运相关技术的进步，带来了通向美洲的地理大发现和连接东方的水道。[①] 同理，英国在 19 世纪 30 年代之前，其工业优势在于棉纺织业和铁制造业的技术进步。在技术推动下，欧洲人口迅速增长。欧洲中世纪人口在 14 世纪达到顶峰，大约 8 000 万，而现在借助现代技术的发展和生产能力的提高，欧洲人口已经超过 5.5 亿。

（三）制度的适应性

国家间竞争不仅推动技术进步，也要求制度变革。只有建立起有效制度的国家，才会在竞争中获胜，并且随着其在竞争中的胜出，有效制度也会被学习和扩散。制度是将生产要素组合起来的方式。托马斯·孟认为人类社会技术主要有两类：集约性技术和延展性技术。集约性技术是如何提高利用自然效率的技术；而延展性技术是能够提高人类组织协调能力的技术。[②]“制度的一个功能就是提供连续性和稳定性的要素，缺乏这些要素，社会将解体。”[③] 灵活而具有竞争性的制度对环境变化和技术变革敏感，从而能够在竞争中取得优势，进而成为新的国际政治经济体系的构成要素。曼库尔·奥尔森对国家衰落的研究表明，国家衰落的原因在于特殊利益集团和共谋集团出于自身利益的考虑，而降低社会效率和总收入，为了追求集团利益而减弱了社会采用新技术和根据条件变化重新配置资源的能力，从而使得国家走向衰落。奥尔森强调财产权利明晰和契约的公正执行以及没有强取豪夺，才会带来增长的动力。[④]

（四）国家间战争

战争推动国家竞争，进而带来国际政治经济体系变革。近代以来，战争是国家间竞争的重要方式。从 1618—1648 年的“三十年战争”以来，近代欧洲的发展是在战争的砧板上打出来的。很多分析都认为欧洲近代的发展是因为欧

---

① 参见［美］龙多·卡梅伦、拉里·尼尔：《世界经济简史：从旧石器时代到 20 世纪末》，潘宁等译，上海译文出版社 2009 年版，第 197 页。

② 转引自赵鼎新：《中文序》，［英］塞缪尔·芬纳：《统治史》第一卷，王震等译，华东师范大学出版社 2014 年版，第 2 页。

③ ［美］龙多·卡梅伦、拉里·尼尔：《世界经济简史：从旧石器时代到 20 世纪末》，潘宁等译，上海译文出版社 2009 年版，第 9 页。

④ 参见［美］曼库尔·奥尔森：《国家兴衰探源》，吕应中译，商务印书馆 1999 年版；［美］曼瑟·奥尔森：《权力与繁荣》，苏长和译，上海人民出版社 2005 年版。

洲一直存在一个相互竞争的国家体系。“每个国家都会力图称霸，但是永远不会取得成功。”在竞争的体系中，国家为了在竞争中生存和取胜，必然不断改善和提高集约性技术和延展性技术。

技术创新与制度适应性会导致国家间政治经济发展不平衡，政治经济发展不平衡导致国际力量对比的变化，在之前的国际关系中，力量对比变化很可能又会导致战争的爆发。从历史上来看，政治经济发展不平衡、技术创新、制度适应性和战争推动着国际政治经济体系的发展。

第二节　国际政治经济体系的产生

主权国家体系和世界经济形成于15—17世纪。在过去500年，主权国家和世界市场成为组织我们政治经济生活的基本制度安排。主权国家与世界市场共同存在，并相互作用。我们今天仍然生活在一个政治上相互独立的、经济上高度联系的世界中。

一、主权国家与主权国家体系

主权国家与主权国家体系的形成是一个历史过程。现代国家或者主权国家的出现肇始于13世纪。在1212—1214年，法国、英国和西班牙之间的一系列战争初步确定了它们之间的分界线，并成了民族情感形成的基础。① 现代国家正式形成于15世纪，法国、西班牙和英国先后建立起中央集权的君主制，并在战争的烽火中演变成现代主权国家。

主权国家是在中世纪后期的封建主义制度安排基础上发展起来的。封建制是“这样一种制度安排，即土地占有关系中的等级制度与军事关系中的等级制度相互对应”②。君主（领主）将土地分封给自己的臣民，作为交换，他们向君主（领主）缴纳贡赋并承担军事义务。“这种封建统治是一种特别的和非常

① 参见［美］伊曼纽尔·沃勒斯坦：《现代世界体系》第一卷，尤来寅等译，高等教育出版社1998年版，第23—24页。

② ［美］内森·罗森堡、L. E. 小伯泽尔：《西方现代社会的经济变迁》，曾刚译，中信出版社2009年版，第33页。

具有原创性的政治、社会和经济秩序。”① 封建制度既是经济制度，也是社会制度，反映了政治和经济权力的结合。封建制是在罗马帝国解体之后，出于安全与秩序的目的，一种基于土地分封的分散的政治权威体系。在农村，庄园制是封建主义的具体制度安排。庄园既是一个农业为主的经济体系，也是一个权力单位。庄园主既是雇主或地主，也是政治首领。② 在城镇，尽管拥有某些特权和自治权，但是行会建立和维持的“公平价格”和“公平工资”的实践仍然是封建主义的。在封建主义制度下，政治权威是分散的：大大小小的诸侯、贵族和领主掌握着实际的政治权力；君主权威有限，多数情况下，其对国家的统治有名无实。14—15 世纪，欧洲的经济困境和军事技术革新打破了封建主义制度安排，中央集权的君主国开始出现，并获得优势。

在 14 世纪，欧洲封建主义出现了经济困境，曾经的经济扩张停止了，人口下降，土地撂荒。1348 年，黑死病从亚洲传到欧洲，导致欧洲总人口可能减少了三分之一。之后，每隔 10—15 年都会有瘟疫爆发。③ 1337—1453 年，英法之间的百年战争进一步加剧了欧洲的经济困境。因为战争增加了国家的税收负担，进而引起消费缩减，这一时期欧洲经济进入了紧缩期。④ 14 世纪中叶之后，庄园制走向衰落。因为封建负担的加重，这一时期，农民起义遍及西欧各地。而且因为人口减少，农民的谈判能力增强，强制劳动的佃农制被货币农业所取代。

军事技术变革导致封建制度无法有效地为社会提供安全保证和稳定秩序，进一步削弱了封建主义制度。军事技术变革包括步兵的崛起、新的军事制度的确立以及城堡军事价值的下降。弓弩制造和火药使用的发展，使得城市平民组成的步兵团战斗力大增。军事力量核心从原来的封建骑士军团，变成了由步兵（包括长矛手、弓弩手和枪手）、攻城炮兵和骑兵组成的三位一体的军队。⑤ 步

---

① ［法］费尔南·布罗代尔：《文明史：人类五千年文明的传承与交流》，常绍民等译，中信出版社 2014 年版，第 337 页。

② 参见［美］内森·罗森堡、L. E. 小伯泽尔：《西方现代社会的经济变迁》，曾刚译，中信出版社 2009 年版，第 33 页。

③ 参见［美］龙多·卡梅伦、拉里·尼尔：《世界经济简史：从旧石器时代到 20 世纪末》，潘宁等译，上海译文出版社 2009 年版，第 71 页。

④ 参见［美］伊曼纽尔·沃勒斯坦：《现代世界体系》第一卷，尤来寅等译，高等教育出版社 1998 年版，第 16—18 页。

⑤ 参见［美］内森·罗森堡、L. E. 小伯泽尔：《西方现代社会的经济变迁》，曾刚译，中信出版社 2009 年版，第 51—52 页。

兵战斗力的提升也冲击了封建军事制度。因为步兵战斗力的发挥需要更多的训练和纪律，因此开始出现职业雇佣军和职业士兵。最后，攻城火炮的出现结束了城堡的军事价值，封建主义的基础已经动摇。军事技术变革导致军事和战争费用增加，封建领主和贵族们无法负担建设有效军事力量的成本，分散的政治权威需要被集中起来。15 世纪法国的路易十一、英国的亨利七世、西班牙的费迪南和伊莎贝拉就是这样的伟大人物，他们逐步建立了中央集权的君主制度，重建了国家秩序。[①] 因为军事负担的增加，君主们需要寻找新的财源来建立和维持军事力量。法国和英国主要是从封建体系之外，也就是向商人阶级和城镇行会筹措经费。因此，“在英国和法国，不仅服兵役的基本封建义务已失去了军事价值，而且由于维护新军事体系的资金来自封建体系之外，封建租税也只剩下了政治层面的意义”。[②] 君主是在与城市新兴商人阶级的联盟中逐步巩固中央集权的。君主借助军事技术革新所带来的优势击败了封建贵族们的权威，中央集权的君主国开始成型。

现代主权国家体系是在一系列战争中最后形成的。这些战争与起源于 1517 年的宗教改革运动直接相联系。宗教改革不仅分裂了教会，也分裂了欧洲。之后，欧洲国家在宗教争端和政治利益冲突的结合下陷入了长期的战争之中。

1618—1648 年的“三十年战争”催生了现代主权国家体系的建立。这三十年间，几乎全欧洲的国家都被卷入战争之中。三十年战争被称作“最后一场宗教战争”和“第一场近代意义上的民族国家间的战争”。《威斯特伐利亚和约》则被视为现代主权国家体系诞生的标志，因此这一体系也被称为威斯特伐利亚体系。

一方面，《威斯特伐利亚和约》对欧洲力量对比产生重要影响：削弱了西班牙的力量，荷兰独立获得正式承认，法国的力量得到加强。另一方面，《威斯特伐利亚和约》也确立了一系列新的原则，标志着主权国家体系的出现。第一，主权国家是国际关系的基本单元，特定领土范围内的共同体具有相同的政治忠诚对象——主权者或者君主。第二，确定了主权国家的主权原则，在特定领土范围之内，宗教信仰由君主决定。君主将诸侯权力集中于中央，将教皇权

---

① 参见［美］伊曼纽尔·沃勒斯坦：《现代世界体系》第一卷，尤来寅等译，高等教育出版社 1998 年版，第 22 页。

② ［美］内森·罗森堡、L. E. 小伯泽尔：《西方现代社会的经济变迁》，曾刚译，中信出版社 2009 年版，第 53 页。

力排除在国境之外。第三，开创了以国际会议解决国际争端的先例，也是国际法发展的里程碑。

资本主义的兴起是主权国家形成的重要原因。因为生产力的变革，生产关系和社会阶级也发生了改变。资本主义需要主权国家来保护自己的发展，资产阶级逐渐掌控国家政权，进一步发展了主权国家和主权国家体系。

主权国家或者现代国家至少具有以下特征：作为疆域组织基础的民族性原则、政治权威合法化基础的人民主权原则、世俗原则、社会的目的性、经济独立原则以及公民权的概念。① 现代国家这些特征起源于威斯特伐利亚体系，又在美国独立战争、法国大革命和工业革命中不断得到完善。

主权国家体系具有以下特征。第一，主权国家或者领土国家是体系的构成单元，政治权威具有明确的地理边界。在地理边界内，主权意味着对内对外的最高权力。第二，主权国家体系是一个无政府体系，在相互独立的民族国家之间不存在共同的政治权威。第三，主权国家体系是一个大国体系，之后欧洲主权国家体系的演变主要是由大国力量对比所决定的。

15 世纪到 17 世纪，欧洲政治发生了重要变化，主权国家成了基本的政治单元，主权国家体系形成。诸侯权力和教会权力削弱，君主集权于中央，主权者合法垄断暴力；建立起管理国家运转的官僚机构，出现科层制；国家更为有效地征税。

二、国内市场与国际贸易

在中世纪，乡村经济和农业经济占据主导地位，庄园是社会生活和生产的核心。庄园经济不仅是经济生产模式，也是社会和政治组织方式。庄园经济确立了一种领主、教会和农民之间比较稳定的等级关系。庄园经济是一种自给自足的经济模式，很少进行以货币为媒介的商品交换。“庄园制本身是内向型的，经济活动由其习俗和权力关系决定，而不太受庄园外部的市场价格的影响”。② 经济生产和交换基于消费者的直接需要，出售的是自己的劳动产品，购买的是自己需要的劳动产品。作为中世纪社会经济生活的核心组织形式，庄园制具有

① 参见［英］塞缪尔·芬纳：《统治史》第三卷，王震等译，华东师范大学出版社 2014 年版，第 451 页。

② ［美］内森·罗森堡、L. E. 小伯泽尔：《西方现代社会的经济变迁》，曾刚译，中信出版社 2009 年版，第 38 页。

三个特点：人类活动的政治和经济领域的统一、佃农劳动的广泛使用和高度的自给自足。[①] 庄园制下，交换往往具有强制性。商品的生产是根据领主的要求来完成的，劳动也受制于近乎奴隶制的封建关系之中。在封建制度下，对商品交换的价格和劳动应该得到的酬劳都附有道德判断，强调的是“公平价格”和“公平工资”。在当时的意识形态中，价格和工资不是由需求和供给决定的，而是与封建权利和义务捆绑在一起。

随着城市的复兴和人口的扩张，封建主义逐渐解体，市场在组织经济生产中的作用逐渐发挥出来。在中世纪中后期，城市发展首先在意大利开始，然后低地国家、莱茵河流域、法国北部、普罗旺斯和加泰罗尼亚等地的城市也逐渐复兴起来。城市发展与贸易紧密联系，城市的发展通常是贸易兴盛的结果。威尼斯、比萨、热那亚的崛起都和它们商业贸易的成功紧密相关。城市发展同样建立在与乡村经济互动的基础上，农村为城市提供剩余劳动力，城市为农产品提供市场。在城市发展和市场力量的压力下，农村自给自足的庄园经济开始瓦解。城市是建立在交换经济基础上的，城市家庭所需要的粮食、衣物与住房通常是通过市场途径获得的。城镇经济的基础是财产权的保护、契约和自治，而不是封建制的权利或特权。城市的发展也对封建制的权利关系和财政关系提出挑战。城市通常从封建领主手中购买特许状，获得政治自主权，从而得以部分或者全部免除城市对封建领主的义务。在自治权下，城市逐步发展了更多的政治权威和功能，包括征税权力、贸易权力、司法权力、宗教信仰自由等。城市与封建领主之间的矛盾既有政治的，也有经济利益的。

在中世纪，欧洲内部的贸易并没有完全中断。12 世纪，欧洲的生产地区专业化分工就成了中世纪经济的一大特征。欧洲的地理和气候条件使得不同地区具有不同的比较优势，互利贸易空间广阔。在中世纪后期，欧洲形成了各具特色的小区域，这些区域间的贸易得到了很好的发展。“最著名的例子就是总部设在波尔多的加斯科涅的葡萄酒贸易；弗兰德斯的羊毛业严重依赖英国的羊毛的供应；波罗的海地区成为愈来愈重要的谷物来源地，供给高度城市化的低地国家；再往南部，葡萄牙、法国和英国的船只将盐和酒运往北方，回程时载上

---

① 参见［美］内森·罗森堡、L. E. 小伯泽尔：《西方现代社会的经济变迁》，曾刚译，中信出版社 2009 年版，第 33 页。

干咸鱼等货物。”① 封建体系的分散性使得封建领主只能在自己统治的范围内影响经济生产和交换，而区域间的贸易必然更多地符合市场交换原则。当贸易超出了单个封建领主的领地，这种交易的价格更接近市场价格，而不是所谓的公平价格。

欧洲与世界其他地区的贸易也没有中断。意大利城市的繁荣是建立在参与东西方贸易的基础上的，比如威尼斯商人是西欧与拜占庭帝国之间贸易往来的中介。如威尼斯、比萨和热那亚等商业城市控制着从亚历山大港到希腊、小亚细亚、君士坦丁堡郊区，从克里米亚到特拉布宗的贸易。中世纪晚期，欧洲与中国的贸易也持续繁荣，经中亚的丝绸之路，或者经过印度洋的海上贸易之路都持续发展。15 世纪的远距离贸易联系起了欧洲和世界其他地区的经济。之后的 200 多年，海上贸易路线得以发展。在贸易推动下，商业组织和生产组织也纷纷革新，市场体系得以扩大，市场交易原则得以确立。

市场规模的扩大非常重要，因为分工受到市场规模的制约，市场越大，经济活动的专业化就越有利可图，劳动生产率水平才会提高。在中世纪晚期，随着城市的复兴、欧洲内部贸易和外部贸易的兴盛，市场体系也逐渐扩大，在经济生活中发挥了更为重要的作用。

三、主权国家对世界市场形成的推动

主权国家推动了世界市场的形成与扩展。从 16 世纪到 18 世纪，“国家在欧洲世界经济体中起着经济中心的作用”。② 国家的强大与世界市场的扩展是相伴而生的。在从封建制向民族国家转变过程中，君主与城镇新兴商人阶级结成联盟，实现了削弱封建领主权力的目标。君主与城镇新兴商人阶级的联合形成了一整套政策，统称为重商主义。③ 武力与财富是紧密联系的，权力等同于财富，权力创造财富。经济实力可以增强国家权力，而国家权力反过来又可以促进经济增长和国家富强。为应对内部和外部的挑战者，欧洲君主们巩固自身权力的努力推动了市场的扩大。这一时期，也被称作重商主义时期。在这一时

---

① ［美］龙多・卡梅伦、拉里・尼尔：《世界经济简史：从旧石器时代到 20 世纪末》，潘宁等译，上海译文出版社 2009 年版，第 63 页。

② ［美］伊曼纽尔・沃勒斯坦：《现代世界体系》第一卷，尤来寅等译，高等教育出版社 1998 年版，第 173 页。

③ 参见［美］内森・罗森堡、L. E. 小伯泽尔：《西方现代社会的经济变迁》，曾刚译，中信出版社 2009 年版，第 108 页。

期，君主认为黄金才是财富。只有通过鼓励出口、限制进口，才能积累更多的黄金，也就是权力基础。黄金能够帮助君主建立军队、维持官僚体系运转以及进行战争。而军事力量又能够帮助君主获取更多的资源与财富。在君主追求权力的欲望下，一个以欧洲为中心的世界经济将世界其他部分纳入进来，成为原材料产地和奢侈品的供应者。

从15世纪开始，葡萄牙和西班牙的君主开始向海外扩展，寻求新的财富来源。寻找商路的努力沿着两个方向展开：一条路线是从伊比利亚半岛出发，沿着非洲大陆边缘向南航行，探索穿越非洲大陆到达亚洲的商路；另一条路线是从西欧出发，向西航行，绕过大西洋进而到达亚洲。亚当·斯密写道："美洲大陆和经好望角通往东印度群岛的航路，是人类有记载的历史上最伟大、最重要的两个发现。"1492年8月2日，哥伦布得到伊莎贝拉女王的支持，率领一支探险队去发现新航路。在10月中旬，哥伦布船队看到了陆地，后来这里被称为西印度群岛。之后，哥伦布又进行了四次航行，他开启了大航海时代。1519年，西班牙人发现了墨西哥富裕的阿兹特克帝国，从此来自美洲的白银加速了世界市场的形成。

葡萄牙人继续沿着非洲大陆海岸寻找通向亚洲的航路。非洲几内亚海岸已经被纳入欧洲经济之中，粗胡椒、黄金、象牙、棉花、糖和奴隶都通过葡萄牙进入欧洲贸易。① 1497年7月8日，达·伽马率领四条帆船从葡萄牙起航，1498年5月抵达印度的卡利库特港。达·伽马收购了胡椒和肉桂，返航回到葡萄牙。这艘船货物的价值相当于船队费用的60倍，② 经过近百年的努力，葡萄牙人终于寻找到了通向亚洲香料产地的航路。葡萄牙人利用拥有的海军优势，控制了进出印度洋的狭窄海道，破坏了阿拉伯人的商业网络。葡萄牙进一步向东扩展，控制了马六甲海峡，1513年葡萄牙商船抵达广州，并在澳门设立货栈和居留地。葡萄牙人控制了沿线重要的战略要地，从而将印度次大陆、东南亚和中国纳入欧洲贸易中。

麦哲伦最终通过向西穿越大西洋到达了亚洲。1519年9月20日，麦哲伦率领一支船队向西航行，通过了今天的麦哲伦海峡，驶入了太平洋。在克服一

① 参见［美］斯特夫里阿诺斯：《全球通史：从史前史到21世纪》下，吴象婴等译，北京大学出版社2005年版，第412页。

② 参见［美］斯特夫里阿诺斯：《全球通史：从史前史到21世纪》下，吴象婴等译，北京大学出版社2005年版，第413页。

系列困难之后，于1520年抵达香料群岛（东印度群岛）。之后一艘船越过印度洋，绕过好望角，沿着非洲大陆西海岸返航回到了西班牙。君主们对财富的渴求推动了大航海时代的到来，葡萄牙和西班牙的冒险家们发现了把世界其他地区纳入欧洲贸易的途径。

1600—1763年，荷兰、法国和英国也开始走上向外扩张的道路，并最终超过了西班牙和葡萄牙。在“三十年战争”之后，荷兰获得了正式独立，开始寻求通过对外探险来增加国家财富和国家权力。荷兰也沿着非洲大陆西海岸，寻求绕过好望角的航路，挑战葡萄牙在东印度的势力。因为拥有熟练的水手、新的造船技术和优质工业，荷兰人很快就超过了葡萄牙人。在1602年，荷兰成立了荷兰东印度公司，借助国家权力，逐步在东印度群岛建立防务据点，并与当地统治者订立条约，建立联盟。到18世纪时，荷兰在东印度地区建立起了控制庞大地区的帝国。

为避免与西班牙、葡萄牙发生冲突，英国和法国尝试向北发现通过北极到达亚洲的航路以及向北美大陆扩张。当探索新航路失败之后，英国人发现可以利用工业优势从西班牙和葡萄牙控制的航路中获利。英国既能够生产布匹，又能够从非洲贩卖奴隶。这是西班牙殖民地所需要的。当“三十年战争”结束之后，西班牙衰落了，18世纪是英国、法国争夺殖民地和海上霸权的开始。法国人在17世纪初开始在北美大陆建立殖民地，“以圣劳伦斯河流域为开拓殖民地的主要根据地，利用无与伦比的内陆水系向西推进到苏必利尔湖，向南推进至俄亥俄河”①。1682年，法国人声称占有密西西比河流域，并将其命名为路易斯安那。英国人则发现了哈得孙海峡和哈得孙湾，并开始在新英格兰地区建立殖民地。在西印度群岛，英国与法国的殖民地也相互临近，并处于竞争状态。在印度次大陆，英国和法国也在争夺殖民地。因为荷兰人的原因，英国人殖民范围局限在印度次大陆，建立了四个大的据点。之后，法国人也建立了两个据点。在18世纪英法争夺海外殖民地和海上霸权的战争中，英国最终胜出。在1756—1763年七年战争之后，英国几乎完全将法国人赶出了北美大陆和印度次大陆。英国成为当时的海上霸权国家。

主权国家形成之后推动了世界市场的形成和扩展。第一，资本主义的兴起

---

① ［美］斯特夫里阿诺斯：《全球通史：从史前史到21世纪》下，吴象婴等译，北京大学出版社2005年版，第437页。

是推动世界市场形成的关键原因，资本主义对世界市场和原料的追求促使葡萄牙和西班牙的君主们不断进行海外扩张，世界第一次从相互分离的状态变成了一个整体。世界范围内的经济联系得以建立起来。第二，世界市场的贸易内容从原来的奢侈品贸易逐渐发展成了大宗商品贸易。在西班牙和葡萄牙时期，他们在美洲寻求的是黄金白银等贵金属，在东印度群岛寻求的是香料。但是，随着航海技术的发展，荷兰人、英国人将更多大宗商品纳入世界贸易中。荷兰贸易除了香料之外，还包括鲱鱼、盐、木材、布匹、谷物和咖啡等。英国贸易则包括鳕鱼、皮毛、甘蔗、纺织品和奴隶等。第三，主权国家在推动世界市场形成的同时，也为世界市场建立了结构。世界市场形成了中心—边缘结构。拥有权力的国家努力确保自己处于中心地位，而让其他国家处于边缘。在1914年之前，国际贸易结构一般是工业化国家出口工业制成品，从世界其他地区进口所需要的农产品和原材料。

在主权国家的推动下，世界历史进入了全球阶段。马克思认为："各个相互影响的活动范围在这个发展进程中越是扩大，各民族的原始封闭状态由于日益完善的生产方式、交往以及因交往而自然形成的不同民族之间的分工消灭得越是彻底，历史也就越是成为世界历史。"①

四、世界市场对国家权力的影响

在重商主义看来，国家推动世界市场扩张的目的就是获得财富，进而增强国家权力。因此世界市场主要通过以下几种方式影响国家权力。第一，市场为国家权力提供财政支持。西班牙和葡萄牙君主向外扩张的内在动力就是获取更多财富，尤其是黄金白银等贵金属。来自美洲大陆的白银支持了西班牙哈布斯堡王朝长期的争霸战争。另外，随着世界市场的扩大，君主可以通过征税和授予贸易垄断许可获得收入。第二，市场扩大使得专业化成为可能。亚当·斯密曾说："分工受市场范围的限制。"分工提高和专业化水平的提高意味着劳动生产率的提高，这是国家竞争力的基础。第三，市场扩大要求生产能力的提高，带来企业组织形式的变化。随着世界市场的扩大，工场手工业和现代工业相继出现，以满足世界市场的需要。马克思和恩格斯认为："美洲的发现、绕过非洲的航行，给新兴的资产阶级开辟了新天地。东印度和中国的市场、美洲的殖

① 《马克思恩格斯文集》第1卷，人民出版社2009年版，第540—541页。

民化、对殖民地的贸易、交换手段和一般商品的增加，使商业、航海业和工业空前高涨，因而使正在崩溃的封建社会内部的革命因素迅速发展。以前那种封建的或行会的工业经营方式已经不能满足随着新市场的出现而增加的需求了。工场手工业代替了这种经营方式。……但是，市场总是在扩大，需求总是在增加。甚至工场手工业也不再能满足需要了。于是，蒸汽和机器引起了工业生产的革命。现代大工业代替了工场手工业；工业中的百万富翁、一支一支产业大军的首领、现代资产者，代替了工业的中间等级。”① 第四，市场扩大也是“新制度和新秩序产生的原动力，而正是这些新制度和新秩序的产生，推动了大规模技术变革的出现”②。市场扩大带来了技术变革的压力。技术变革也会间接增强国家权力。第五，世界市场形成伴随着金融网络的发展，因为战争支出的增加，君主需要从金融市场筹集军事费用。市场的压力会让国家权力的运用更加法制化和符合规则。

世界市场通过不同的方式影响国家权力。有的国家能够顺应世界市场压力，调整本国经济和制度安排，成为国际体系中的强国，而有些国家无法适应世界市场压力，最终衰落下来。西班牙和葡萄牙是拓展世界市场的先驱，也从市场扩张中获得了大量收益。来自美洲的金银源源不断为西班牙和葡萄牙政府提供金融支持。但是西班牙哈布斯堡王朝在繁荣数十年之后，突然无可挽回地衰落了。除了长期的战争负担之外，西班牙没能适应世界市场也是其衰落的原因。西班牙既没有发展出国际贸易必需的航运业，也没有具有竞争力的制造业。美洲贵金属并没有推动西班牙的制度改革，反倒固化了原来的利益结构。西班牙国王没有远见的经济政策最终让西班牙失去了竞争力。比如，在 16 世纪，西班牙出口纺织品和羊毛。随着世界市场的扩大，对纺织品和羊毛的需求不断增加，供给无法满足扩大的需求。西班牙政府先后在 1548 年和 1552 年通过了两项政策：免除外国纺织品进口关税和禁止国内纺织品出口。结果就是西班牙纺织业失去了机会，丧失了竞争优势。

荷兰和英国则通过成功适应世界市场的压力，做出明智政策选择和制度变革，成为当时最为成功的国家。荷兰发挥自身的优势，成为当时欧洲的贸易中心，将北海、波罗的海、比斯开湾和地中海的港口联系起来。在

---

① 《马克思恩格斯文集》第 2 卷，人民出版社 2009 年版，第 32 页。

② ［美］内森·罗森堡、L. E. 小伯泽尔：《西方现代社会的经济变迁》，曾刚译，中信出版社 2009 年版，第 71 页。

这个区域内，荷兰航运量占到总量的3/4。[①] “他们从波罗的海运来谷物、木材和松脂，分散到欧洲西部和南部，换取葡萄牙和比斯开湾的葡萄酒和盐，还有荷兰人自己的纺织品和鲱鱼。”[②] 其次，尽管荷兰自然资源匮乏，但是荷兰人发展了高价值的产品，而且具有更高的劳动生产率，比如羊毛纺织、造船等。最后，荷兰对贵金属完全免税，这样阿姆斯特丹成为当时的世界金融中心。

从17世纪后半期起，世界市场给英国带来了更多的优势，最先开始了工业革命，并最终成为19世纪的世界霸权。英国在17世纪后半期，在政治上建立起了议会控制的君主立宪制，在经济上建立了英格兰银行，并重新发行货币。一个开放、负责任的政府是英国最重要的制度革新。这使得英国在金融市场上的借贷能力提高，在18世纪与法国的争霸战争中，英国能够以较低成本筹措战争资金。开放、负责任的政府能够制衡少数利益集团对国家长远利益的负面影响。比如在17世纪后半期，英国从印度进口价格低廉的彩色印花棉布。英国毛纺织业因为面临竞争，游说议会通过了《印花布法案》，限制印花棉布进口。但是，英国开始进口白坯布，在英国国内进行印花。在毛纺织业的再次游说下，议会通过了第二部《印花布法案》，禁止陈列或购买印花布。结果是英国企业开始进口棉花，建立了英国本土的棉纺织业。[③]

第三节　国际政治经济体系的发展

19世纪以来，世界市场增强了国家之间的相互依存，各国经济变动的同步性也越来越明显，国际政治经济体系互动也更为突出。政治权力、国际贸易和国际金融之间的关系更为复杂。在19世纪和20世纪国际政治经济体系中，开放的世界经济与稳定的国际关系需要同时存在，两者之一发生变化，另一因素

---

① 参见［美］内森·罗森堡、L. E. 小伯泽尔：《西方现代社会的经济变迁》，曾刚译，中信出版社2009年版，第153页。

② ［美］内森·罗森堡、L. E. 小伯泽尔：《西方现代社会的经济变迁》，曾刚译，中信出版社2009年版，第153页。

③ 参见［美］内森·罗森堡、L. E. 小伯泽尔：《西方现代社会的经济变迁》，曾刚译，中信出版社2009年版，第161页。

也会受到影响。

一、第一次世界大战之前的国际政治经济体系

1500年到1763年是全球开始统一的时期，是从以往“地区孤立主义到19世纪欧洲的世界霸权的过渡时期”。① 在这一时期，民族国家体系和世界市场在相互作用中同时形成。在“七年战争”中被击败的法国爆发了大革命，大革命又带来了拿破仑治下法国再次谋求欧洲霸权的尝试。1799年11月，拿破仑发动雾月政变，开始执掌政权。在拿破仑统治下，法国向外扩张，英国、奥地利、俄国、普鲁士等国组成反法同盟，对抗法国权势扩张。1814年3月，反法同盟联军进入巴黎，拿破仑退位。1814年9月到1815年6月，欧洲国家领导人来到维也纳参加重建国际政治秩序的维也纳和会。维也纳和会创造了“一个西方文明的历史记载中前所未有的现象，即1815—1914年间的百年和平”。② 除了1853—1856年的克里米亚战争，欧洲主要大国之间发生战争的时间都很短暂。19世纪国际政治经济体系都得到了新发展。

维也纳和会上，奥、英、俄、普四国主导和谈，以正统原则、补偿原则和均势原则为基础，重新划分在欧洲和海外殖民地的势力范围。维也纳和会也被称作“战胜者瓜分战败者遗产”的大会。1815年6月，维也纳和会通过了《最后议定书》。《最后议定书》复辟了欧洲的王朝政治，法国、西班牙、那不勒斯、葡萄牙的旧王朝重新掌权，重新划分领土和势力范围。维也纳和会开创的国际政治体系具有下面几个特征。第一，这是一个以欧洲为中心的多极体系。英国、俄国、普鲁士、奥地利和后来恢复大国地位的法国是这个体系中的大国。第二，这一体系运行的原则是均势原则。可以“防止大国之间发生任何持久和破坏性战争的势力均衡体系”是欧洲百年和平的支柱之一。③ 维也纳体系是多极均势的，后来的俾斯麦体系和第一次世界大战前的两大对立均势同盟都是均势政治的表现。第三，建立了“欧洲协调”制度，在和平时期召开会议，商议欧洲的安全问题，寻求共识，共同维持和平稳定。1815年9月，俄国、普

---

① ［美］斯特夫里阿诺斯：《全球通史：从史前史到21世纪》下，吴象婴等译，北京大学出版社2005年版，第455页。

② ［英］卡尔·波拉尼：《大转型：我们时代的政治与经济起源》，冯刚、刘阳译，浙江人民出版社2007年版，第5页。

③ 参见［英］卡尔·波拉尼：《大转型：我们时代的政治与经济起源》，冯刚、刘阳译，浙江人民出版社2007年版，第3页。

鲁士和奥地利的君主组建了神圣同盟。1815 年 11 月，因为担心法国不满维也纳体系，英国建议成立“四国同盟”，定期召开会议，以维持欧洲的和平。1818 年，随着法国加入同盟，四国同盟变为五国同盟。第四，英国是 19 世纪全球的经济霸权国。英国具有海上力量优势，掌控从欧洲经地中海到达印度、东南亚的航线和从欧洲到美洲的航线，从而有效地护卫了英国的海上商业利益。英国在全球许多战略要地建立了军事据点和补给点，以便在世界范围内投射军事力量。第五，正统原则是用来对抗民族主义国家原则的意识形态。但是民族主义发展和工业革命之后工人阶级的崛起使得正统原则的维持越来越困难。五国同盟必须要用军事力量干预来维护正统原则所恢复的旧君主统治。在稳定均势体系的保护下，世界市场取得新发展：国际贸易和金融都有新成绩。

19 世纪是自由贸易的世纪，是从重商主义向自由贸易转变的重要时期。在对英国的战争中，拿破仑采取了大陆封锁政策，希望在经济上削弱英国。1806 年，拿破仑颁布了《柏林敕令》，封锁不列颠岛屿，禁止与英国贸易，法国控制领土上的英国人成为战俘，并没收属于英国臣民的财产等。为了报复拿破仑的大陆封锁政策，英国则禁止中立国家与敌视英国的国家进行海上贸易，迫使中立国家船只驶入英国港口，查验货物和缴纳关税。拿破仑战争结束之后，随着维也纳体系的建立，自由贸易得以发展。世界贸易在 19 世纪 20 年代开始兴盛。19 世纪 40 年代到 1873 年是世界贸易发展最快的黄金时期，贸易总额以 5 倍于人口增长的速度发展，年增长率超过 6%，相当于当时经济增长率的 3 倍。①

英国是 19 世纪世界自由贸易的推动力量。1846 年，英国废除《谷物法》被看作其转向自由贸易的标志。《谷物法》是在 1815—1846 年，英国为了维护国内谷物价格水平，抵制国外进口谷物而制定的一系列保护主义法令。在拿破仑战争中，英国谷物价格直线上涨，英国政府采取了鼓励农业生产的政策。战争结束之后，一方面出于维持国内粮食生产和自足的考虑，另一方面出于保护地主阶级利益的考虑，英国通过对外国进口粮食征收高额关税的手段，来保护国内粮食生产。《谷物法》是英国贸易保护主义制度的核心和象征。而这时，英国工业革命已处于深化发展阶段，从全世界进口粮食来满足本国增长的工业化人口才是最好的选择。《谷物法》通过之后，就引发了反对之声。1820 年，有请愿书提出终止

① 参见［美］龙多·卡梅伦、拉里·尼尔：《世界经济简史：从旧石器时代到 20 世纪末》，潘宁等译，上海译文出版社 2009 年版，第 303 页。

保护性关税和自由贸易的要求。随后，英国出现了反谷物法运动。1839 年，在理查德·科布登的建议下，组建了全国性的“反谷物法联盟”。科布登认为自由贸易是符合自然法的，违背自由贸易不符合国家利益。1841 年，英国政府曾试图降低小麦和白糖的关税，但是提案未获通过，于是重新举行大选。在大选中，辉格党将废除《谷物法》作为竞选主题，利用民众反对《谷物法》的情绪，提出削减谷物关税，而托利党则主张维持现状。托利党赢得选举。但是托利党的新任首相罗伯特·皮尔是自由贸易的支持者。他采取了废除出口税和撤销或降低关税（不包括谷物）等政策，通过征收所得税来弥补关税损失。1846 年皮尔提案废除《谷物法》，尽管遭到自己所在政党的反对，但是在辉格党的支持下，通过了废除《谷物法》的法案。辉格党也成为支持自由贸易和工业产业的政党。之后，英国在 1849 年又废除了《航海法案》。英国坚定地转向了支持自由贸易政策。

英国不仅自己转向了自由贸易，也希望世界其他国家和地区采取自由贸易政策，而且认为在必要时，可以通过武力来扩展自由贸易。英国通过强迫其他国家服从于自由贸易或者开放市场来加强自身的经济霸权。[①] 比如，1840 年英国派出一支舰队进入那不勒斯湾，迫使波旁王室的两西西里王国政府降低关税；英国也是在自由贸易的名义下，强迫奥斯曼帝国最大限度降低关税；还发动两次鸦片战争，迫使中国开放市场等。英国通过推动自由贸易的扩展，事实上扩大和保护了本国的垄断利益。

1860 年英国与法国签订了《科布登-谢瓦利埃条约》，被视为自由贸易体系的重要进展。历史上为了同英国竞争，法国曾对本国制造业采取保护主义政策，对棉布、羊毛等实施进口禁令，并对其他商品征收高关税。克里米亚战争中，英法两国结成联盟共同反对俄国。战争结束之后，法国拿破仑三世政府推动取消保护贸易政策，以发展同英国的关系。1860 年两国签署了《科布登-谢瓦利埃条约》，条约规定英国取消除葡萄酒和白兰地之外所有法国商品的关税；法国则取消对英国纺织品的进口限制，并削减关税，最高关税水平不超过 30%，而实际平均关税水平是 15%。《科布登-谢瓦利埃条约》包括了最惠国条款，这是自由贸易规则的创新。最惠国条款是指如果一方与第三方签订贸易条约，给第三方更加优惠的条款会自动适用于之前条约的缔约方。之后，其他欧

---

① 参见［英］C. A. 贝利：《现代世界的诞生：1780—1914》，于展、何美兰译，商务印书馆 2013 年版，第 150 页。

洲国家也纷纷签订自由贸易条约，关税水平大幅下降。在19世纪六七十年代，欧洲自由贸易水平越来越高。①

因为国家间经济联系更为紧密，世界经济呈现出周期性和联动性。1873年世界经济进入萧条期，世界范围内价格下跌，金融恐慌，生产紧缩。1873年被认为是进入工业化时代最为严重、影响范围最广的第一次萧条。② 因为经济危机，主要资本主义国家都采取了不同程度的保护主义政策。统一之后的德国，在1879年颁布了新的关税法案，对工农业实行保护。因为在普法战争中战败以及德国通过关税保护法案的刺激，法国也有了保护主义的压力。法国在1892年通过了《梅利纳关税法》，对部分农业和对工业采取保护主义政策。尽管英国是自由贸易的旗手和推动者，但也面临国内保护主义的压力。英国国内兴起了“公平贸易”和“英联邦特惠制”的政治运动，并在1887年通过了《商标法》，要求外国商品标明原产地。1873—1914年，国际贸易发展有所减缓，但是总体上国际贸易还是增长的。这一时期，德国和日本的平均关税水平为12%，法国是16%，美国是32.5%。

19世纪不仅自由贸易得到发展，国际货币和金融体系也有了进展。金本位制也是欧洲百年和平的支柱之一，“金本位是19世纪全球资本主义最强有力的组织原则”。③ 金本位制是指国家以黄金来规定本国货币价值，发行的货币能够以官定价格兑换成黄金。英国从1717年开始已经事实上采用了金本位制。根据英国议会法案条款，实行金本位制必须满足三个条件：皇家铸币局必须能以固定价格买卖任意数量的黄金；英格兰银行及其他银行能够即期将债务兑换成黄金；不能对黄金的进出口强加禁令。④ 这意味着黄金成为英国的货币基础，黄金供给决定了国家的货币供给量。1821年，英格兰银行决定其发行的货币可以兑换成黄金。此后在19世纪大部分时间里，英国一直坚持金本位制。美国尽管形式上是复本位制，但在1834年转向了事实上的金本位制，1879年正式通过

---

① 参见［美］龙多·卡梅伦、拉里·尼尔：《世界经济简史：从旧石器时代到20世纪末》，潘宁等译，上海译文出版社2009年版，第307页。

② 参见［美］龙多·卡梅伦、拉里·尼尔：《世界经济简史：从旧石器时代到20世纪末》，潘宁等译，上海译文出版社2009年版，第310页。

③ ［美］杰弗里·弗里登：《20世纪全球资本主义的兴衰》，杨宇光等译，上海人民出版社2009年版，第5页。

④ 参见［美］龙多·卡梅伦、拉里·尼尔：《世界经济简史：从旧石器时代到20世纪末》，潘宁等译，上海译文出版社2009年版，第313页。

立法。在普法战争之后，德国利用法国的50亿法郎赔款，改革货币体系，发行金马克，德意志银行被确立为中央银行和唯一的货币发行机构。德国也成为金本位制国家。斯堪的纳维亚国家在1873年，荷兰在1875年，比利时、法国和瑞士在1878年先后加入金本位制。

将本国货币与黄金以固定价格联系起来，事实上就建立起了固定汇率制。固定汇率制降低了国际经济的汇率风险，不仅推动了国际贸易的快速发展，而且也促进了国际资本流动。19世纪末和20世纪初，跨国资本流动达到了空前规模。1850年之前，英国投资者已经开始购买其他欧洲国家的政府债券，海外投资开办企业等。1914年，英国私人投资者是世界最大的对外投资群体，英国对外投资总额达到约40亿英镑，占世界投资的43%。法国是当时第二大国际投资来源。19世纪上半叶，法国资本所有者已经对邻国进行投资，购买西班牙、葡萄牙、意大利各城邦政府、比利时政府的证券，也投资于比利时的采矿业和制造业等。这一时期，英国、法国和德国对外投资超过330亿美元。在1870年之后，英国储蓄的一半都投资在国外，国外投资带来的收益大体相当于国内生产总值的10%。

欧洲的“百年和平”最终以第一次世界大战爆发而告终。19世纪国际政治经济体系的解体有着国际和国内两方面的原因。从国际层次来看，维也纳体系建立时，“正统原则”是体系运转的价值基础，国家间关系不仅是均势政治，各国还恢复了具有共同价值观的旧君主和贵族的统治。而拿破仑战争所释放出的民族主义力量，已经让“正统原则”无法再持续下去。首先，在19世纪30年代和1848年欧洲革命的打击下，“正统原则”失去了合法性。因此，之后欧洲体系的基础只是权力平衡，而缺少共同理解和价值。其次，工业革命带来的社会阶层变化，新兴工商业阶层和工人阶级的崛起挑战了19世纪的国际政治经济体系。自由市场乌托邦式的和谐与工业化社会深刻的两极分化形成了鲜明对比，自我调节的市场不过是一种理想。①

二、两次世界大战之间的国际政治经济体系

第一次世界大战中断了国际贸易和国际金融。在大战中，参战国为了本国

① 参见［英］卡尔·波拉尼：《大转型：我们时代的政治与经济起源》，冯刚、刘阳译，浙江人民出版社2007年版，第3页。

战争目的，采取了保护主义的政策。在第一次世界大战之后，国际社会努力重建国际政治经济秩序，但是这些努力没能解决国际关系中的核心问题，最后走向了第二次世界大战。1919—1939 年是“二十年休战”，并没有建立稳定的国际政治经济秩序。但是回顾和分析两次世界大战之间的这段历史，也能为我们理解国际政治经济体系提供不同的教训。

第一次世界大战（简称“一战”）结束之后，不仅国际力量对比发生了变化，而且国际政治经济体系也有了新的内容。1919 年 1 月 18 日在巴黎召开解决战后和约问题的巴黎和会，在 6 月 28 日达成了《凡尔赛和约》。《凡尔赛和约》解决了欧洲战胜国和战败国之间的问题，但是远东和太平洋地区还存在激烈的军备竞争。在美国提议下，1921 年 11 月 12 日—1922 年 2 月 6 日，华盛顿会议召开，会议达成了《四国条约》《五国海军条约》《九国公约》。两次会议共同建立了凡尔赛—华盛顿体系。这一新的国际政治体系具有如下特征。第一，这一体系从本质上是维持殖民统治秩序的国际政治经济体系，是帝国主义国家间划分势力范围、争夺世界霸权的产物。第二，凡尔赛—华盛顿体系反映了美国、日本的崛起状况。但是西欧仍然处于中心地位，美国后来没能批准加入国际联盟，而苏联更是被排除在体系之外。第三，国际联盟的成立。国际联盟是集体安全的制度保证。第一次世界大战结束之后，美国总统威尔逊认为欧洲的旧均势政治导致了第一次世界大战，因此主张用集体安全取代势力均衡，建立国际联盟。第四，美国是当时最强大的经济大国，但是因为国内政治原因，没能加入这一国际政治体系。第五，这一体系没能解决战胜国和战败国之间的矛盾，某种程度上还恶化了这种关系。在战胜国之间对如何维持秩序稳定也没有达成共识。《凡尔赛和约》对德国的苛刻条件，使得德国无法成为体系的维护者。战胜国之间，美国与欧洲盟友在如何建立国际秩序上立场不同，法国和英国对欧洲安全威胁的看法不同。第六，十月革命之后，苏维埃俄国建立，提出了反帝国主义、反殖民主义、争取和平的政策。国际政治体系中，出现了无产阶级革命和民族解放运动的潮流。第七，《凡尔赛和约》恶化了大国间的经济关系。凯恩斯认为《凡尔赛和约》强加给德国的赔款远超德国的偿还能力，过高的赔款会使德国经济和欧洲经济无法顺利复苏。①

① John Maynard Keynes, *The Economic Consequences of the Peace*, New York: Skyhorse Publishing, 2007.

“一战”之后，主要国家为了复苏经济，都希望尽快恢复国际贸易和金本位制。因为战争原因，英国放弃了金本位制。战争结束之后，英国努力恢复金本位制度，以继续维护英国，尤其是伦敦在世界金融市场中的地位。英国恢复金本位制需要解决两个问题：具有足够的黄金储备；英镑合理定价。英国政府为了保护战前英国金融机构的投资和贷款，高估英镑，恢复了金本位制。同时为了保证英国工业的竞争力，政府要求降低工人工资水平。法国、美国和其他主要国家也根据国情选择恢复金本位制。1924 年德国在得到美国借款之后，也重新回归金本位制。但是，恢复金本位制的努力是脆弱的，战后的赔款和战债问题使得恢复金本位制的努力失败了。“一战”中，英国和美国是主要的战争经费提供国，战争结束时，协约国内部债务大致为 200 多亿美元，美国占到 50%。战争结束之后，英国、法国等借款国希望美国能够免除他们的债务，而美国认为借款需要全额偿还。另外，法国希望向德国要求尽可能多的战争赔款，一方面可以获得经济增长的资本，另一方面也可以防备德国的重新崛起。法国、英国向德国要求赔偿，希望通过赔款支付战债。对于法国而言，战争赔款不仅能还清战债，而且还有盈余。因此德国赔款问题成了巴黎和会的议题之一。在巴黎和会上，各方没能达成协定，另设立赔款委员会商议赔款问题。1921 年 4 月底，赔款委员会商定德国赔款总额为 1 320 亿金马克（约为 330 亿美元），超过德国国民收入两倍还多。德国赔款的偿付取决于德国生产能力的恢复以及通过贸易顺差获得国际货币或者黄金。1922 年，德国宣布无力偿还赔款，中止赔款。之后，美国银行家道威斯提出了债务重组计划，由美国向德国提供贷款，以帮助德国恢复生产，恢复偿债能力。因此，战后战债和赔款问题的解决都建立在美国持续向欧洲提供资本的基础上。但是 1929 年 10 月，纽约股市先后经历了“黑色星期四”和“黑色星期二”，纽约股市投资者恐慌抛售股票。纽约金融危机导致在整个 20 世纪 30 年代，美国资本持续撤离欧洲，使得欧洲金融体系无法获得足够资本的支持。1929—1933 年，各国在金融危机打击下，并没有采取国际合作手段，而是各自采取保护主义的、以邻为壑的政策，退出金本位制，提高关税水平。在金融危机爆发四年之后，才于 1933 年召开了世界经济会议，希望成员国同意恢复金本位，降低关税水平并促进国际合作。但是这次会议并没有取得成功，各国仍然独自应对。罗斯福在世界经济会议上表示美国重点是恢复国内经济，无法承担过多国际义务。大萧条使保护主义盛行。英国也放弃了自由贸易政策，提高进口关税，加强外汇管制，组建了英镑集团，并且建立了排他的帝国特惠制。美国在1930年通过了《斯穆特-霍利法案》，大幅提高进口商品关税。

由于凡尔赛—华盛顿体系本身存在的局限性，它不仅未能起到维护世界和平、制止战争的作用，更无法解决帝国主义国家之间争夺霸权、划分势力范围和争夺殖民地的冲突。在世界经济危机打击下，国际政治体系终于不可避免地走向战争。1931年日本发动了侵略中国的“九一八事变”、德国走上了军国主义道路，重新武装，废止《凡尔赛和约》的军事条款，并采取军事冒险政策，柏林—罗马轴心形成，最终导致第二次世界大战的爆发。

三、冷战期间的国际政治经济体系

随着“二战”的结束，如何重建国际政治经济体系成为国际社会的首要挑战。“二战”结束之后，从权力结构来看，形成了美苏对抗的两极结构。而且美苏之间呈现出一种紧张的对抗关系，这种紧张对抗被称为“冷战”。世界也分成两大对立阵营：社会主义阵营和资本主义阵营。从国家互动的角度来看，联合国成立是战后集体安全机制的组织保障。此外，民族觉醒和民族解放运动风起云涌，发展中国家作为独立的力量开始登上国际政治舞台。在国际经济体系安排上，战后世界经济呈现出两个突出特征：内嵌式自由主义和多边主义。

（一）冷战期间的国际政治安全体系

战后，在美国推动下，建立起了以联合国为核心的集体安全体系。战争没有结束的时候，美国总统罗斯福就已经开始考虑战后秩序重建的问题。他希望建立一个集体安全组织，以遏制侵略发生，并且恢复世界经济秩序。1944年敦巴顿橡树园会议为筹建联合国奠定了基础。随后的雅尔塔会议，决定1945年在旧金山召开联合国宪章制定会议。1945年4月25日，在旧金山召开了联合国制宪会议。这是一个建立在大国协调基础上的集体安全体系。联合国安理会担负着维护国际和平与安全的重要任务。

在“二战”中，美苏英三大国为了战胜共同的敌人，组成联盟共同反抗法西斯阵营的扩张。随着最后胜利的到来，美苏两国逐渐走向分歧。战后不久，美苏两极格局下，冷战出现。乔治·凯南认为：“欧洲出现的一个基本冲突……是争夺大西洋海权与占有欧亚陆权间的利益冲突。前者要求保留欧洲半岛充满活力和独立的政治生活；而后者偏偏总是追求向西拓展，而且永远也不会找到一个在它看来可以安全停下来的地方，除非到达大西洋。”① 1946年3月5日，丘吉尔在杜鲁门总统的陪同下，在美国威斯敏斯特学院发表了题为《和平砥柱》的演讲。丘吉尔的富尔顿演说讲道：“从波罗的海的什切青，到亚得里亚海边的的里雅斯特，一幅横贯欧洲大陆的铁幕已经降落下来。”丘吉尔已经看到美苏关系的对抗性质。1947年3月12日，杜鲁门总统在国会联席会议上发表咨文，要求对希腊和土耳其提供经济和军事援助。他说：“这就是美国对共产主义暴君扩张浪潮的回答。”这篇咨文阐述的政策被称为“杜鲁门主义”。杜鲁门主义反映出美国反对共产主义、遏制苏联的政策主张。1949年4月4日，美国与其欧洲盟友签署了《北大西洋公约》，建立了北大西洋公约组织。这是美国遏制苏联的同盟体系。1955年5月，苏联与东欧国家举行第二次“欧洲和平与安全会议”，签订了友好合作互助条约，华沙条约组织建立。美苏两极对抗格局日趋明显。

另外，战争削弱了发达国家，这为亚非拉地区民族解放运动的发展创造了有利的国际条件。战后亚非拉地区兴起了规模空前的民族民主运动。在亚洲，中国、朝鲜、越南都通过武装斗争，建立了人民政权；印度、巴基斯坦、锡兰、缅甸、印度尼西亚、菲律宾、老挝、柬埔寨、约旦、叙利亚和黎巴嫩都摆脱了殖民统治，成为独立国家。在非洲，民族解放运动空前高涨，非洲大部分地区都爆发了争取民族独立的群众运动。20世纪60年代，发展中国家推动的不结盟运动兴起，成为国际性的政治运动。

（二）冷战期间的国际经济体系

两极体系、冷战对抗、联合国的集体安全体系以及第三世界的崛起是战后国际政治体系的主要特征。在国际经济方面，战后世界经济具有两个特征：内嵌式自由主义（embedded liberalism）和多边主义。内嵌式自由主义是指政府在完全就业与开放贸易和投资之间的平衡，通过政府干预来补偿那些在自由贸易和资本流动中受到损害的国内群体，反过来也就是说通过政府补偿获得对自由贸易和开放经济的支持。在国际贸易和金融协定中，允许政府可以因为国内因素临时性不履行自己的国际承诺。所谓内嵌式自由主义就是将市场嵌入社会之中。国际经济合作制度化和多边主义是战后世界经济另一个重要特征，1944年布雷顿森林会议上，通过了建立国际货币基金组织和国际复兴开发银行的决

---

① 转引自［美］约翰·加迪斯：《长和平：冷战史考察》，潘亚玲译，上海人民出版社2011年版，第59页。

定。这两大国际组织与关税及贸易总协定构成了战后国际经济的制度基础。

战争尚未结束，美国已经同盟友商议如何重建国际经济秩序问题。1941 年 8 月，罗斯福总统与英国首相丘吉尔在大西洋的战舰上会面，签订了《大西洋宪章》，承诺将恢复世界多边贸易体系，英国接受了美国的意见，准备放弃帝国特惠制。1944 年 7 月，在美国新罕布什尔州的布雷顿森林召开了一次国际会议，探讨国际经济安排问题。在美国和英国主导下，会议通过了《国际货币基金协定》和《国际复兴开发银行协定》，成立了国际货币基金组织和世界银行（国际复兴开发银行的通称）。会议确定美元与黄金直接挂钩，美国承诺其他各国中央银行可以按官价用美元纸币兑换黄金；各国货币又与美元相挂钩，从而建立起固定汇率制。国际货币基金组织负责管理国家间汇率安排，为面临短期流动性困难的成员国提供融资。世界银行则为各国战后重建和贫困国家经济发展提供中长期贷款。“从来没有像国际货币基金组织这样的世界性机构，成员国同意把他们的重要经济政策的决定权交给它。也从来没有像世界银行这样的多边组织，拥有上百亿美元可以贷款给全世界各国政府。”① 在贸易领域，1947 年在日内瓦签署了《关税及贸易总协定》，缔约方同意在互惠原则、最惠国待遇和国民待遇原则下，推动关税减免，取消配额限制等，促进国际贸易多边体系的形成。在社会主义阵营，苏联在 1949 年 1 月发起成立了经济互助委员会，从经济上将自己与东欧盟国联系起来，包括保加利亚、罗马尼亚、匈牙利、捷克斯洛伐克、波兰。② 经合会并不是一个多边组织，实际上是苏联与其他成员国的双边关系，其目的在于抗衡西方联盟。

在布雷顿森林体系下，国际货币金融体系稳定，国际贸易扩展，国家经济增长得到恢复。从战争结束到 1973 年，“新秩序把国际主义和民族自治结合起来，把市场和社会结合起来，把繁荣和社会稳定及政治民主结合起来”。③ 到 1973 年，经合组织成员国的国际贸易水平比 1950 年都提高了两三倍。

世界经济在经过了近 30 年的黄金时期后，在 20 世纪 70 年代初再次经历波折。首先是布雷顿森林体系的终结。从 20 世纪 60 年代开始，随着欧洲、日本

---

① ［美］杰弗里·弗里登：《20 世纪全球资本主义的兴衰》，杨宇光等译，上海人民出版社 2009 年版，第 238 页。

② 此后阿尔巴尼亚、民主德国、蒙古、古巴、越南等国陆续加入经互会。

③ ［美］杰弗里·弗里登：《20 世纪全球资本主义的兴衰》，杨宇光等译，上海人民出版社 2009 年版，第 275 页。

经济恢复及生产能力的增强，美国的贸易地位被削弱，美元面临着贬值的压力。尼克松总统要在维持固定汇率制的布雷顿森林体系和放弃美元与黄金的固定价格之间进行选择。经过权衡，1971年8月15日，尼克松宣布美元与金本位制脱钩。其次是石油危机。1960年石油输出国组织成立。1973年，因为以色列与阿拉伯国家的战争，石油输出国组织开始了提高油价的行动。短时间内，石油价格上涨三倍。这给发达国家经济带来严重打击。1974—1975年，发达国家工业产量下降了10%，几乎所有国家都是失业增加的情况。① 最后是拉美债务危机。在20世纪70年代末，为了控制通货膨胀，美联储连续提高短期利率。美国利率的提高在控制了通货膨胀的同时，也对拉丁美洲国家债务情况产生严重影响。“现有债务是与美国利率挂钩的，美国利率每上升一个百分点，就会使第三世界债务国一年多付40亿至50亿美元利息”。② 1982年，墨西哥宣布无力还债，之后发展中国家新一轮的借贷突然停止。1983年，30多个发展中国家要求重新谈判债务问题。国际政治经济的周期性更为明显。

（三）冷战时期国际政治与国际经济的互动

冷战时期，因为美苏两大阵营的对抗，国际政治经济的互动表现突出。第一，两大阵营不仅是政治安全的联盟，也影响了国际经济活动。世界经济也形成了分别以美苏为核心的两大集团。美国和苏联为各自盟国的经济发展提供资金、技术和市场等。美国的盟国逐步建立起市场经济体系，而苏联的盟国则学习苏联建立起了计划经济体系。第二，美国是稳定、开放的资本主义世界经济的政治保证。美国主要向其盟国提供了稳定开放的世界经济。美国作为霸权国，承担了为盟友提供公共物品的责任。所以在20世纪70年代美国霸权相对衰落的条件下，学界与政界都开始思考霸权之后的世界经济秩序问题，也开启了国际政治经济学研究。第三，国家开始更为主动系统地运用经济手段影响别国政策，维护本国利益。经济援助、经济制裁等手段日益娴熟，主要国家设有专门执行经济援助或者经济制裁的机构。

四、冷战后的国际政治经济体系

1989年至1991年，东欧国家与苏联的国内政治变动结束了冷战。1989年

① 参见［美］杰弗里·弗里登：《20世纪全球资本主义的兴衰》，杨宇光等译，上海人民出版社2009年版，第337页。

② ［美］杰弗里·弗里登：《20世纪全球资本主义的兴衰》，杨宇光等译，上海人民出版社2009年版，第345页。

起，东欧社会主义阵营国家相继变色。波兰、匈牙利首先出现变局，两国先后举行自由选举，反对党上台，开启了中央计划经济向市场经济的转型。然后捷克斯洛伐克、民主德国、保加利亚、罗马尼亚和阿尔巴尼亚相继发生政权更迭，南斯拉夫解体。1991 年苏联解体，美苏对抗的两极格局结束。冷战结束后，国际政治经济体系有两个显著特征：从权力结构来看，出现了美国独大的单极世界，但是世界多极化趋势也日益明显；从国际经济来看，世界市场第一次真正成为世界范围内的市场，几乎所有国家都加入了世界市场。

冷战结束，国际政治体系进入了力量分化组合的调整时期。“世界正处于大发展大变革大调整时期，和平与发展仍然是时代主题。世界多极化、经济全球化、社会信息化、文化多样化深入发展，全球治理体系和国际秩序变革加速推进，各国相互联系和依存日益加深，国际力量对比更趋平衡，和平发展大势不可逆转。同时，世界面临的不稳定性不确定性突出，世界经济增长动能不足，贫富分化日益严重，地区热点问题此起彼伏，恐怖主义、网络安全、重大传染性疾病、气候变化等非传统安全威胁持续蔓延，人类面临许多共同挑战”。①

具体而言，这一时期国际政治体系具有如下几个特征。

第一，从权力结构来看，两极结构及其决定的冷战体系已经结束，短期来看，处于一个美国占据主导地位的单极结构。美国只是相对实力下降，从政治、经济、军事、文化等角度来衡量，美国力量仍然处于优势地位。

第二，从长期来看，世界多极化趋势日益明显。在 2008 年金融危机之后，国际格局更是朝着力量对比相对均衡的方向发展。冷战结束之后，欧洲联合的步伐进一步加快。1991 年签署了马斯特里赫特条约，希望在欧洲国家之间建立更为紧密的联盟。1993 年欧洲共同体升级为欧洲联盟，要求欧盟成员在外交和安全政策上采取统一行动，以达到共同外交与安全政策的最终目标。1999 年欧盟国家实行统一货币政策，2002 年欧元成为欧元区的共同货币。中国经济持续增长，国力日益增强，2010 年中国超过日本成为世界第二大经济体。新兴国家

---

① 习近平：《决胜全面建成小康社会　夺取新时代中国特色社会主义伟大胜利——在中国共产党第十九次全国代表大会上的报告》，人民出版社 2017 年版，第 58 页。

群体性崛起，除中国外，印度、巴西、俄罗斯、南非等国也实现了经济的持续增长。新兴大国的群体性崛起是当前国际政治中的突出现象。

第三，反映权力变动的多种国际制度安排已经建立，并努力在全球治理中发挥更大作用。在2008年全球金融危机打击下，美国为代表的发达国家受到较为严重的打击，二十国集团、金砖国家、基础四国等协调机制的作用日渐增加，国际货币基金组织、世界银行等国际制度也在进行份额改革，以增加代表性和合法性。

第四，非传统安全威胁日益成为国际政治体系关心的问题。比如“9·11”事件之后，恐怖主义对国际安全的威胁得到国际社会的重视，美国在打击恐怖主义的旗号下，发动了阿富汗和伊拉克两场战争。

冷战后国际经济体系也呈现出新的特征。

第一，历史上第一次形成了单一世界市场，市场经济成了配置资源的主要方式。原来的中央计划经济国家大多采取了转向市场经济的改革。

第二，世界经济经历了一轮前所未有的快速经济增长。尽管发达国家经济增长有所减缓，但是发展中国家经济增长显著。发展中国家与发达国家的人均国民收入水平的差距在缩小。比如，从1980年以来，11个亚洲经济体以8%的年均增长率实现了长期的持续增长。

第三，经济全球化持续深入，1994年关税与贸易总协定乌拉圭回合谈判结束，创建了世界贸易组织。世界贸易组织现在有160个成员经济体。世界贸易组织将服务贸易和知识产权纳入以规则为基础的多边贸易体系中。在1980—2011年，世界贸易以每年7%的速度增长，在2011年世界贸易总额超过18万亿美元。商品贸易在数量上增长了4倍，服务贸易增长速度更快，年均增长率为7%，2011年服务贸易总额达到4万亿美元。

第四，全球生产更加紧密地联系在一起，并呈现出新的特征。因为通信和交通技术革命，主要是集装箱、空运、通信和信息技术等技术的发展，全球生产链形成。全球生产链的形成促进了经济发展和贸易增长。全球生产链降低了进入全球经济和建立贸易网络的成本。当前30%的世界贸易是中间产品和零部件贸易，出口商品构成的25%是中间产品或零部件。跨国公司是全球价值链的主要协调者，投入和产出的跨境贸易主要是在跨国公司子公司、合同伙伴和供应商网络中进行。跨国公司协调的全球价值链约占全球贸易的80%。全球价值链中的增加值贸易很大程度是由跨国公司的投资决定塑造的。据估算，跨国公司数量已经超过 11 万家。[1] 跨国公司在全世界范围内建立起了生产、分配、销售网络，全球制造业通过日益复杂的全球供给链联系起来。

第五，发展中国家取得了快速的经济增长，进一步融入世界市场。发展中国家逐渐减小与发达国家之间收入和财富的差距。发展中国家产出占世界产出比例从 2000 年的 23%增加到 2012 年的 40%，发展中国家贸易占世界贸易的比例也从 33%增长到 2012 年的 48%。南南贸易也得到发展。1990 年以来，南南贸易从占世界贸易的 8%增加到 2013 年的 25%。发展中国家经济增长得益于开放的世界市场、通信和交通技术的革命以及贸易模式的发展。全球生产链的形成降低了发展中国家融入世界经济的成本，不需要建立全面的工业基础，只要在特定产业或工业阶段上具有比较优势，一个国家就可以融入世界市场。全球生产链转变了发展中国家与全球经济联系的方式。

第六，因为全球经济联系性的增强，各国宏观经济联动性增强，国际宏观经济政策协调更为必要。因为经济波动对发展具有负面影响，不仅会降低增长速度，也会影响居民收入水平。2008 年全球金融危机再次表明这种全球经济相互依赖的本质。为了应对全球金融危机，需要一个全球性应对。二十国集团成为应对全球金融危机的政策协调平台，其中 11 个国家是发展中国家。这也是发达国家和发展中国家之间紧密联系的政治反映。

五、中国和平发展与国际政治经济体系

中国的和平发展是国际政治经济的重要事件。经过 30 多年持续的高速经济增长，中国已经成为世界第二大经济体，在全球治理中的影响也进一步提升。改革开放以来，中国保持了高速经济增长，2020 年国内生产总值突破 100 万亿元大关，稳居世界第二，对世界经济贡献率超过百分之三十。中国和平发展同国际政治经济体系紧密相关，中国和平发展既受益于国际政治经济体系发展，也影响了国际政治经济体系的发展方向。

（一）国内改革

中国和平发展首先是中国国内改革的结果。1978 年中国共产党十一届三中全会以来，中国开启了改革开放的进程，并在30 多年间取得巨大成就。中国共

---

① 参见联合国贸易和发展组织：《世界投资报告 2013：全球价值链：促进发展的投资与贸易》，经济管理出版社 2013 年版，第 11 页。

产党十八届三中全会通过的《中共中央关于全面深化改革若干重大问题的决定》对此有高度评价："改革开放是党在新的时代条件下带领全国各族人民进行的新的伟大革命，是当代中国最鲜明的特色。党的十一届三中全会召开三十五年来，我们党以巨大的政治勇气，锐意推进经济体制、政治体制、文化体制、社会体制、生态文明体制和党的建设制度改革，不断扩大开放，决心之大、变革之深、影响之广前所未有，成就举世瞩目。"① 国内改革进程从农村到城市，从农业到工业，最后确立了建立社会主义市场经济的目标。农村改革承认并完善了家庭联产承包责任制，实际上是国家承认和保护了农民的自发合约，从而促进了生产力的发展。从 1985 年开始，中国政府尝试价格改革，希望从价格双轨制并为市场决定价格的体制。经过不断尝试探索，在 1992 年之后，终于确定了建立社会主义市场经济的决策，"使市场在资源配置中起决定性作用"②。

（二）对外开放

中国和平发展也是因为国际政治经济体系提供了有利条件。从国际政治来看，和平与发展成为主要国家关心的问题。从 20 世纪 70 年代以来，中美关系实现正常化并恢复外交关系，事实上降低了中国所面临的安全威胁。20 世纪 80 年代末 90 年代初，东欧剧变和苏联解体尽管对中国造成冲击，但是总的来看，中国所面临的和平环境并没有改变。进入 21 世纪以来，中国面临的周边和国际环境总体有利，经济全球化、世界多极化都有利于维护国际和平环境。国际安全政治环境有利于中国集中精力于经济建设与发展。从国际经济来看，中国和平发展也是融入世界经济的结果。"中国的发展离不开世界，世界的发展也需要中国"。外向型经济、对外贸易、吸引国外直接投资、引进先进技术等都是中国取得经济快速增长的重要条件。

（三）中国与国际政治经济体系的互动

"中国的发展离不开世界"，因此中国政府一直坚持统筹国内国际两个大局，推动全方位对外开放，坚持打开国门搞建设，"既立足国内，充分运用我国资源、市场、制度等优势，又重视国内国际经济联动效应，积极应对外部环境变化，更好利用两个市场、两种资源，推动互利共赢、共同发展"③。在新的

① 《中共中央关于全面深化改革若干重大问题的决定》，人民出版社 2013 年版，第 1 页。

② 《中共中央关于全面深化改革若干重大问题的决定》，人民出版社 2013 年版，第 1 页。

③ 《中华人民共和国国民经济和社会发展第十三个五年计划规划纲要》，人民出版社 2016 年，第 14 页。

历史时期，统筹两个大局更是促进中国经济持续健康发展的必要条件。

中国进一步发展也受到国际政治经济体系的影响。中国的持续发展会面临世界体系的四大挑战。①

第一，维护主权与拓展国家生存空间。中国的和平发展会对世界体系形成有形的和无形的、安全的和经济的挑战。一方面，因为中国实力增长，其他国家可能会对中国产生恐惧感；另一方面，在经济上，中国发展受益于世界经济，但是中国经济的进一步扩展，会与发达国家的既得利益形成冲突。

第二，国际市场依存与国内市场结构的调整。对外贸易和直接投资是中国过去 30 年经济快速发展的动力。但是这种出口导向和借助外资的经济发展战略也受到挑战，尤其在亚洲金融危机和 2008 年全球金融危机中表现得更为明显。中国能否成功完成经济发展方式转变在于能否有效解决如下三个挑战：改变国内生产市场的结构、完善国内资本市场以及扩大国内消费市场。

第三，技术转移与技术创新。目前，世界上 80%以上的研发活动仍是在发达国家进行的，发达国家的技术转移仍然是发展中国家新技术的主要来源。中国获得技术转移的主要途径包括直接购买生产线和技术、通过贴牌生产获得技术转移以及跨国公司的垂直型技术转移等。但是当中国经济成为世界第二大经济体，努力向发达经济迈进时，面临着提高科学技术投入、鼓励技术创新的挑战。

第四，参与国际制度建设与国内制度的调整。在过去 30 多年，中国积极参与国际制度和国际组织，既为自身创造了有利的国际环境，也推动了国内制度改革和创新，为经济持续增长和社会进步奠定了制度基础。但是，今天中国面临另外一个挑战，就是在满足国内经济持续增长和发展的同时，如何承担国际社会对中国的国际责任要求。

（四）中国和平发展对国际政治经济的影响

中国是现行国际体系的参与者、建设者、贡献者。中国的和平发展也为世界带来了新的机遇。中国始终秉持共商共建共享的全球治理观，倡导国际关系民主化，支持联合国发挥积极作用，支持发展中国家在国际事务中的代表性和发言权。2008 年全球金融危机以来，中国发挥负责任大国的作用，积极参与和

---

① 参见王正毅：《中国崛起：世界体系发展的终结还是延续?》，《国际安全研究》2013 年第 3 期，第 3—20 页。

推动全球治理体系的改革和建设，不断贡献中国智慧和方案。

同时，中国也是开放型世界经济的建设者贡献者。中国始终支持多边贸易体系的稳定与发展，促进自由贸易区建设，推动建设开放型世界经济。这既是拓展自身开放空间的需要，也体现了维护国际经济秩序的责任担当。

思考题

1. 运用实际案例，比较国家与市场两种制度不同的运行方式。
2. 国家与市场是如何互动的？
3. 试述主权国家的特征及其对国际体系的影响。
4. 第二次世界大战后国际政治经济体系的特征是什么？
5. 中国发展对国际政治经济体系是否构成挑战？为什么？

▶ 思考题答题要点

第三章　国际贸易的政治学

国际贸易是国家间相互联系、相互依赖的重要纽带，也是国际关系的重要形式，广泛地涉及国家的经济利益、安全利益和文化利益。各种国际贸易理论，以经济学的方法和视角系统地阐述了国际贸易的生成机制，无可辩驳地证明了自由贸易的优越性，为国际贸易合作提供了坚实的理论基础。国际贸易的政治学为人们打开一扇新的视窗，引导人们理解错综复杂的国际贸易问题，理解一个不能用纯粹经济学进行推演的贸易世界，理解国际贸易体系中合作与冲突的根源。

第一节　国际贸易的政治影响

贸易，顾名思义，是一切商业交易的总称。一般来说，贸易有国内贸易和国际贸易的区别。国内贸易是指交易活动发生于一国境内，交易标的无须跨越国境流动的贸易。国际贸易通常指跨越国境的商品和劳务交易。① 判断一项贸易是否为国际贸易，"可以根据交易双方的国籍、交易标的是否作跨越国境的流动等原则来确定"②。国际贸易的形式是多种多样的，主要包括货物贸易、服务贸易和技术贸易等，其中货物贸易称为有形贸易，服务贸易称为无形贸易。

国际贸易是国家财富的重要来源，而国家财富往往可以转化为国际权力，这就是国际贸易的政治维度。孟德斯鸠曾说，贸易所至，国旗相随。一方面，国家总是竭其所能地在国际贸易条约中获得有利地位，以确保该国从贸易中获得可观的经济收益。另一方面，国家极力防范国际贸易对本国主权、安全和文化造成不利影响。这说明，国际贸易不但是一个涉及国家间利益分配的经济问题，而且是一个涉及国家间权力分配的政治问题。实际上，任何国家在制定对外贸易政策时，都要在经济利益、政治利益和安全利益上加以权衡。

一、主权问题

主权是无政府状态下每个独立国家至高无上的政治权力，即国家对于内政

① 参见［日］小岛清：《对外贸易论》，周宝廉译，南开大学出版社 1987 年版，第 1 页。

② 程宝库：《世界贸易组织法律问题研究》，天津人民出版社 2000 年版，第 4 页。

外交拥有排他性的最高管辖权。在国际贸易中，实际上存在着两种截然不同的主权观：一种是绝对主权观，一种是有限主权观。绝对主权观是威斯特伐利亚体系的一个基本特征，它强调任何情况下国家都应强化主权。绝对主权观通常以经济民族主义的面目出现，经济民族主义“深切关注国家安全和政治利益在组织与处理国际经济关系中的重要性”①。有限主权观承认经济全球化削弱了主权这一事实，但认为这是一种正常现象，只要主权不是孤立的，它就绝对地具有相对性，将国际组织视为限制国家主权的途径早已有之，国际联盟和联合国的创立本身也包含着类似的意图。②

随着经济全球化和相互依赖的发展，世界各国的经济命脉通过贸易、投资和人员的跨国流动而相互交织在一起。在关税与贸易总协定（GATT）、世界贸易组织（WTO）以及各种各样的区域经济一体化组织中，消除关税和非关税壁垒、保护知识产权等措施对国家的主权提出了挑战。“每轮多边贸易谈判后形成的关税减让表实质上代表着每个成员给予其他成员更多的国内市场。”③ 除了外国商品进入国内市场之外，附着于商品之中的文化和价值观念也随之渗透到国门之内。因此，在多边贸易谈判中，广泛地关注和尽量规避贸易对国家主权的不利影响，已经成为各国政府维护主权利益的一个惯例。

世界贸易组织在关税与贸易总协定的基础上发展而来，管辖权从原来的货物贸易扩展到服务贸易和知识产权等新领域，同时促使农产品和纺织品回归多边贸易体系，这无疑扩大了国家让渡主权的范围。由于世界贸易组织成立了一个具有国际司法性质的争端解决机制，拥有了普遍的强制管辖权，新的争端解决机制使关税与贸易总协定机制下一个国家投反对票就可以阻止争端解决程序的进行成了历史。

世界贸易组织规定，成员方的贸易政策和具体做法都要接受其审查和评估，贸易争端要接受争端解决机制的管辖和裁判，甚至可能受到制裁。因此，任何国家加入国际贸易体系，接受世界贸易组织的规则，就意味着主权国家行动自由受到一定程度的限制。

---

① ［美］罗伯特·吉尔平：《国际关系政治经济学》，杨宇光等译，上海人民出版社 2011 年版，第 44 页。

② 参见王逸舟：《主权范畴再思考》，《太平洋学报》2000 年第 4 期，第 4—14 页。

③ Kyle Bagwell, Petros C. Mavoidis and Robers W. Staiger, “It's A Question of Market Access”, *The American Journal of International Law*, Vol. 96, No. 1, 2002, p. 59.

但是，这种限制是否意味着国家主权的削弱，仍然存在着争议。有的学者认为，加入世界贸易组织肯定弱化了国家的主权，因为加入任何国际条约如WTO，每个成员国的“至高无上的政治权力”都会一定程度上受到条文的制约。正如《奥本海国际法》所说的，“国际法的进步，国际和平的维持以及随之而来的独立民族国家的维持，从长远看，是以各国交出一部分主权为条件的。”[①] 也有学者认为，参与国际条约不但不会减少“主权”，反而是“主权”的体现。

不仅学者有不同的观点，而且不同的国家对此也持有不一致的态度。约翰·杰克逊比较了强大国家和弱小国家的看法。强大国家往往会犹疑应否加入那些按条约而建立的国际组织。它们担心这些组织的决定会与其国内政策背道而驰，影响国内施政。例如，早在 1994 年乌拉圭回合谈判结束后，美国国会就声称世界贸易组织做出的决定超越了美国的法律，对美国主权构成了威胁。1996 年美国资深参议员罗伯特·多尔指责 WTO 争端解决机制干涉美国主权，宣称如果 WTO 在争端解决程序中连续 3 个案件判美国败诉，美国政府就要退出 WTO。可是，对弱小国家而言，能成为这些组织的会员，其“主权”不仅不会减少，反而会有所增加。因为加入这些组织后，弱小国家不再感到孤立无援，不易受到强大国家的威吓。[②] 况且，世界贸易组织只是基于成员方的授予而获得相应的管辖权，无论如何，这种权力都不能超过成员方的约定。

在贸易与主权的关系问题上，关键之处不在于国家主权是强化还是弱化的问题，而是发达国家常常在主权问题上采取双重标准。一方面，发达国家以居高临下的态度对待主权的侵蚀问题，在贸易上经常实行侵略性单边主义，这种模式通常以威胁的方式要求对方削弱其贸易壁垒，如美国制定的 301 条款。[③] 20 世纪 80 年代，美国国会把侵略性单边主义推向了顶峰，几乎达到了狂热的程度，一些议员认为非美国公司在美国的扩张造成了美国经济主权的损失，一致要求重新夺回所谓的“主权”。1988 年，美国国会通过了《埃克森—弗洛里奥修正案》，授权美国总统阻止美国国内企业被国外企业接管，这项法案在国际上受到广泛的批评。

---

① ［美］劳特派特：《奥本海国际法》，商务印书馆 1981 年版，第 101 页。

② 参见刘德喜主编：《WTO 与国家主权》，人民出版社 2003 年版，第 202 页。

③ 参见［美］贾格迪什·巴格瓦蒂：《现代自由贸易》，雷薇译，中信出版社 2003 年版，第 70 页。

另一方面，发达国家在国际上又大肆鼓吹主权让渡、主权软化、主权模糊、主权有限等。在多哈回合谈判中，西方发达国家坚持把社会问题与贸易挂钩，把国内问题国际化，把西方标准强加于发展中国家。这使发展中国家在贸易自由化进程中处于守势，在希望获得贸易和投资自由化的利益的同时，重点是防范风险，特别是维护国家经济主权和经济安全。印度政府就认为，贸易政策也是国家安全政策，印度必须在贸易谈判中时刻保持警惕，保卫自己的国家利益。“WTO 不是一个全球政府，它的权限是国际贸易，因此，不应当试图赋予它本应合法地属于各国政府和议会范围的权力。这就是说，国家主权属于各国政府和议会，WTO 不能取代各国政府行使主权。”①

在经济全球化时代，主权的概念、主权的内涵和主权观都会随着时代发展而变化，发展中国家应辩证地认识贸易与主权的关系。第一，只有国家才有资格让渡主权，这是对国家主权身份和地位的强化。第二，承认主权让渡，并不等于承认主权的可干涉性。第三，互惠的主权让渡使国家彼此享受让渡主权的共同利益，不仅不是主权的牺牲，反而是国家主权的延伸和扩大。第四，发展中国家在参与国际组织时，应坚持主权约束最小的原则。第五，发展中国家在经济发展战略等重大问题上，要坚决防止西方国家或国际组织干预国家主权范围内的政府决策。第六，世界贸易组织本身就是发展中国家维护国家主权的利器。当遭受发达国家单边贸易制裁时，发展中国家可以利用世界贸易组织的原则、规范、规则和程序维护国家主权。当面临发达国家不公平贸易行为时，发展中国家可以利用争端解决机制维护本国正当的贸易利益。

二、人权问题

国际人权公约至少列举了生命权、自由权、发展权等 32 种人权。虽然人权的范畴相当宽泛，但总体上可以分为两类：一类是公民权利和政治权利，一类是经济、社会和文化权利。在此基础上，卡雷尔·瓦萨克提出了“三代人权”的新概念。第一代人权是指公民权利和政治权利；第二代人权是指经济、社会和文化权利；第三代人权是指集体人权，包括民族自决权、发展权、环境权、

① 刘德喜主编:《WTO 与国家主权》，人民出版社 2003 年版，第 216—217 页。

和平与安全权、享有人类共同继承的遗产权等。①

一般公认，人权问题应由联合国人权理事会依据国际人权公约管辖，这些公约包括《世界人权宣言》《公民权利和政治权利国际公约》《经济、社会及文化权利国际公约》及其他国际人权公约。但是，发达国家经常在双边和多边贸易中打“人权牌”，不断利用所谓人权问题向发展中国家发难，以便换取后者在贸易利益上的更大让步，从而使人权成为国际贸易中最敏感、最具争议性的问题之一。

美国对发展中国家长期实行贸易与人权相挂钩的战略。美国认为，人权是目的，贸易只是手段。人权的尊重和保护是所有政府和制度的合法性之本，国际经济制度，包括多边贸易体制，都不能无视人权的存在。基于这一论调，美国不断利用人权问题向发展中国家施加压力，迫使这些国家在重大利益上对美国做出让步。20 世纪 90 年代，美国国会每年都要围绕是否给予中国最惠国待遇问题进行辩论，1993 年美国总统克林顿签署了一道行政命令，将人权与给予中国最惠国待遇相挂钩，宣称美国是否对华延长最惠国待遇，将取决于中国在人权方面“取得全面和重大的进步”。中国政府对美国政府将贸易与人权相挂钩的做法表示强烈不满和坚决反对。来自美国决策圈和思想库的学者也对克林顿政府的“挂钩”政策进行了严厉的批评。1994 年，美国克林顿政府纠正了贸易与人权相挂钩的政策，但出于美国国内政治的需要，人权与贸易问题仍然在中美关系中继续存在。第一，美国需要把中国作为“替罪羊”以对冲特殊利益集团的压力；第二，人权与贸易问题作为中美关系的一个议题，有利于遏制中国对外贸易的持续增长；第三，在人权与贸易问题上对华持续施压，迫使中国对美国做出单方面贸易让步，成为美国改善对华贸易失衡的一种方法。

显然，贸易与人权挂钩的做法违背了世界贸易组织的原则和宗旨，破坏了国际贸易秩序，损害了发展中国家的利益。中国政府一贯认为，发展权是人权的重要组成部分，自由化和非歧视的国际贸易有利于促进社会经济的发展，为人民带来广泛的就业机会，不断提高人民的生活水平。对广大发展中国家来说，与贸易有关的发展权就是最大的人权。

三、劳工标准

早在乌拉圭回合谈判即将结束之际，发达国家就不顾发展中国家的反对，

---

① 参见徐显明：《国际人权法》，北京法律出版社 2004 年版，第 6—7 页。

将“与贸易有关”的劳工标准议案塞进了《马拉喀什建立世界贸易组织协定》的附带声明中，留待世界贸易组织成员继续谈判。这个在世界贸易组织成员中最具争议性的问题，涉及以下几个方面。第一，对劳工标准的界定。从广义来说，劳工标准是指对劳动者的劳动报酬、劳动福利及其他公民权利等所做的规范与要求。而国际劳工组织提出的国际劳工标准的内容则要宽泛得多。迄今为止，国际劳工组织共通过了 190 个国际公约，包括 8 个基本公约，4 个治理公约，178 个技术公约。此外，还有 6 个议定书和 206 项建议。世界上无一国家正式批准上述所有公约。截至 2020 年 3 月，共有 146 个国家批准了全部 8 个基本公约，而满口不离劳工标准的美国只批准了 2 个基本公约。就批准公约的总数来说，法国批准了 127 个公约和 2 个议定书，阿富汗批准了 19 个公约，而美国仅批准了 14 个公约。第二，劳工标准是否应纳入多边贸易体制的问题。发展中国家认为，发达国家把劳工标准塞进多边贸易体制之中的动机是显而易见的，即把劳工标准作为对付发展中国家低成本商品的贸易保护主义工具。发达国家认为，发展中国家生产的商品之所以价格便宜，并不是因为拥有比较优势，而是由于劳工标准低到不能接受的程度。这自然是颠倒黑白的无稽之谈。发展中国家对此一直持抵制态度。

本来，国际劳工标准应由国际劳工组织管辖和实施，但由于劳工标准在贸易谈判中具有的道德价值，在劳工组织和非政府组织的积极推动下，西方发达国家利用话语权和经济优势地位把劳工标准变成了一种新的贸易保护主义工具，即“蓝色贸易壁垒”。在多边贸易谈判以及发达国家与发展中国家贸易争端中，劳工标准已成为最具争议性的问题之一，争论的焦点在于是否需要就最低劳工标准达成全球性协议。

发达国家认为，没有劳工权利就没有自由贸易。发展中国家低劳工标准的产品对发达国家构成了不公平的竞争。所谓血汗工厂、犯人劳动产品和童工制造品对发达国家的国内经济造成冲击，使发达国家的工人工资水平“中国化”或“墨西哥化”。在发达国家企图把劳工标准塞入多边贸易体制失败后，它们开始采取引诱的办法，声称如果贸易伙伴国将劳工标准置于自由贸易协定，那么美国和欧盟将考虑进一步降低关税和非关税壁垒以及给予签约国更宽松的市场准入作为补偿。欧盟把给予发展中国家关税减免的普惠制与劳工标准相挂钩，劳工标准成为欧盟给予优惠待遇的重要评估指标之一。美国则使用纺织品配额作为筹码，迫使别国改善劳工标准，例如，美国给予柬埔寨的服装配额的增长和改善劳工权利相联系，发展中国家对此极为不满。

在发展中国家看来，劳工标准是一种伪装的保护主义，它们担心劳工标准会将它们的产品挡在发达国家的市场之外，劳工问题的政治化成为发展中国家面临的一个重大威胁。印度认为，如果WTO制定最低劳工标准，那么就将削弱发展中国家劳动密集型产品的竞争力，也将减少流向发展中国家的投资。"发达国家利用劳工和环保条件把单方面的贸易限制强加给别人，达到保护主义的目的，这是'非关税壁垒'，是'保护主义的特洛伊木马'。"①1996年7月，为统一发展中国家的立场，"WTO——南方的愿望"国际会议在马来西亚召开，与会国家就劳工标准和国际贸易问题基本达成共识，即一旦发达国家将劳工标准塞进WTO议题之中，发展中国家将团结起来予以抵制。② 同年，在新加坡召开的WTO第一届部长会议上，WTO成员重申了对基本劳工标准的承诺，但认为这个问题应由国际劳工组织处理。"一个促进贸易的组织不能从事那些总是与政治高度相关的，并且经常是出于对某领域主观判断的事情，这些问题超出了世界贸易组织的管辖范围，并且在技术上非其工作人员所能胜任。"③

四、贸易制裁

贸易制裁（Trade sanction）属于经济制裁的范畴，是指一国政府或多国政府通过法令切断与特定国家之间贸易关系或对针对特定国家出口产品征收惩罚性重税的政策和措施。贸易制裁通常分为单边贸易制裁和制度性贸易制裁两种主要形式。单边贸易制裁是指贸易制裁不是根据国际条约，而是由制裁国单方面自主实施。在盛行丛林法则的传统国际经济体系中，单边贸易制裁是一种很流行的做法。一般来说，这种制裁方式不是由贸易问题引起，制裁国的目的往往是为了实现本国在政治、安全等非贸易领域的外交政策。例如，法国在拿破仑帝国时期对英国实行大陆封锁政策，禁止欧陆国家与英国之间的一切贸易往来，就是为了在政治和外交上全面遏制英国的影响。"野蛮体系下的霸权主义常常将它们的意志施加于它们的贸易伙伴，并通过武力迫使贸易伙伴做出单方

---

① 刘德喜主编：《WTO与国家主权》，人民出版社2003年版，第219页。

② 参见朱彤：《发展中国家在WTO中的地位和利益》，经济科学出版社2001年版，第209页。

③ ［泰］素帕猜·巴尼巴滴、［美］马克L.克利福德：《中国重塑世贸》，刘崇献、李红利译，机械工业出版社2002年版，第63页。

面贸易让步。”①

在战后多边贸易体制中，争端解决机制为正当的贸易制裁提供了制度性框架。一个或多个成员国政府可以根据国际条约的授权或世界贸易组织争端解决机制的裁决对另一国不正当的贸易行为实施贸易报复。这种制度化的贸易报复措施通常被限定于产生争端的贸易领域，其目的是强制贸易伙伴改变其有悖于世界贸易组织原则、规范和规则的贸易政策。当然，如果授权报复的国家在发生争端的贸易领域没有能力进行有效的报复，可以选择在其他贸易领域进行交叉报复。虽然交叉报复可能引发贸易战的升级，但在世界贸易组织的争端解决机制中，交叉报复是被允许使用的。

但是，西方国家至今仍不肯放弃单边贸易制裁的“大棒”，它们更愿意选择治外法权的传统方法，以威胁的手段迫使发展中国家在政治、安全议题上做出让步，包括在人权、核不扩散以及反恐等领域配合制裁国的政策，甚至还把贸易制裁用作颠覆其他国家政权的手段。

在现代国际贸易体系中，美国是对其他国家动辄实行单边主义的治外法权和贸易制裁的主要国家。美国实施单边贸易制裁的手段非常之多。首先是国会的立法手段，如制裁古巴的《托里切利法》（the Torricelli Act，1992）和《赫尔姆斯-伯顿法》（The Helms-Burton Act，1996），把同古巴有经贸关系的一些跨国公司列入了制裁的“黑名单”，遭到中美洲六国和加拿大的强烈反对。其次是 301 条款。301 条款有两个重要的规定：第一，如果其他国家没有履行那些已经明确包含在贸易条款中的义务的话，美国可以采取报复性措施；第二，对于美国单方面认为不合理的贸易领域，可以以关税报复为威胁来获取新的让步。② 301 条款又分为一般 301 条款、超级 301 条款和特别 301 条款。美国发起的 301 条款调查，迫使日本、欧共体、韩国、中国台湾地区和巴西等国家和地区与美国谈判，要求它们放弃其贸易做法或放宽对美国产品和服务准入的限制，否则就要招致美国单方面的报复和制裁。单是 1994 年 6 月至 1995 年 6 月期间，美国贸易代表依据《1988 年综合贸易和竞争法》（the Omnibus Trade and Competitiveness Act of 1988）一般 301 条款进行的不公平贸易调查就达 7 次之

① ［美］贾格迪什·巴格沃蒂：《今日自由贸易》，海闻译，中国人民大学出版社 2004 年版，第 96 页。

② 参见［美］贾格迪什·巴格沃蒂：《今日自由贸易》，海闻译，中国人民大学出版社 2004 年版，第 97 页。

多。1994 年 6 月，美国根据特殊 301 条款将中国列为优先调查国家，就知识产权保护问题曾三次向中国施压，同时将其他 8 个国家列入优先观察名单，将 19 个国家列入观察名单。

在特朗普政府上台后，以激进民粹主义为政治理念，以“美国优先”为施政纲领，以收益成本论为思维方式，炮制所谓“美国吃亏论”，大肆宣称自由贸易对美国人民越来越不公平，在全球掀起了一股逆全球化和反自由贸易的高潮。在贸易政策上，由鹰派把持的美国政府更加明目张胆地对其贸易伙伴实施单边贸易制裁。2018 年 3 月 8 日，特朗普政府借口钢铝进口损害了美国的国家安全，向多个国家发出威胁，将对钢铝进口实施调查。4 月 20 日，美国商务部根据 1962 年《贸易扩展法》第 232 条启动了钢铝进口是否威胁美国国家安全的调查，并在 6 月 1 日正式对来自欧盟、加拿大、墨西哥、印度、俄罗斯和中国等国的钢铝产品分别征收 25% 和 10% 的惩罚性关税，特朗普的全球贸易战就此打响。在这场全球性贸易战中，中国被美国定为主要制裁对象。早在 2017 年 8 月，美国贸易代表办公室就根据 1974 年《贸易法》发起了“中国可能损害美国知识产权、创新或技术发展的法律、政策与实践”的 301 调查。2018 年 3 月 22 日美国公布了所谓 301 调查结果，随即对中国价值 500 亿美元的 1 333 种商品发出了关税威胁，虽然中国以最大的诚意与美国进行了艰难的谈判，但特朗普政府仍一意孤行，2018 年 6 月 15 日，美国正式宣布对中国价值 500 亿美元的商品加征 25% 的关税。其中，自 2018 年 7 月 6 日起，对中国价值 340 亿美元共 818 类商品征收惩罚性关税，同时对价值 160 亿美元的中国商品加征关税征求公众意见。特朗普政府对中国正式打响了贸易战的第一枪，这是世界经济史上最大规模的贸易战。特朗普政府对中国实行霸凌主义（trade bullyism）的贸易制裁政策，表面上是要消除双边贸易逆差，实则企图通过极限施压给中国经济戴上枷锁，从而永久性消除中国经济增长的体制性动力。

总体上说，贸易制裁并不是一国的最佳政策选择，不仅效果不佳，而且往往适得其反，通常被制裁国的态度会变得更加强硬。例如，美国在过去 80 年间对外实行过 115 次制裁，其中 60 次是在 20 世纪 90 年代实施的，但奏效者寥寥。① 如果制裁和反制裁引起大规模的贸易战，就会导致贸易关系的破裂，甚

① Capitol News, June 9, 1999.

至导致国际贸易体系的崩溃。况且，在现代多边贸易体制下，贸易制裁作为强权政治的产物，是与世界贸易组织的宗旨和原则相违背的，越来越受到国际社会特别是发展中国家的集体抵制。

第二节 贸易政策制定的国内政治过程

现代主权国家是一个政治共同体，经济要素在统一的国内市场自由流动，而国家之间存在着边界管辖措施，经济要素不能完全自由流动，这就要求各国制定相应的对外贸易政策，以便对跨边界的贸易实施管理。

一、对外贸易政策的制定

对外贸易政策是一个国家为了满足国内外政治经济目标的需要而制定的一整套法律法规和国际贸易协定的总称。由于不同国家存在政治体制的差异，对外贸易政策的决策主体和制定过程是各不相同的，但国家利益的需要通常是制定对外贸易政策的关键因素。世界上的国家众多，本章不一一介绍，在此仅介绍美国、欧盟、俄罗斯和日本的贸易政策制定过程，主要是因为，第一，美国、欧盟和日本都是世界上最发达的经济体，在国际贸易规则的谈判中拥有较一般国家更多的话语权，它们有能力影响国际贸易体制和国际贸易规则的谈判进程。第二，美国、欧盟和日本是中国最重要的贸易伙伴和出口市场，中国与美欧日在经济上存在着较深的相互依赖关系，它们的贸易政策对我国的经济增长具有重要的影响。第三，美国、欧盟和日本分别代表着不同的贸易政策制定模式，每个模式都有着显著的特点。第四，虽然俄罗斯既不是贸易大国，又不是中国大贸易伙伴，但俄罗斯在政治上是中国最重要的战略伙伴，两国在政治上存在深度合作关系，而且未来两国发展经贸合作的前景也非常广阔，因此本节对俄罗斯的对外贸易政策及其制定过程单列介绍。

（一）美国对外贸易政策的制定

美国有着世界上最为复杂的对外贸易政策决策体制。1787 年美国宪法明确了三权分立、相互制衡的原则，国会、行政和司法分别行使宪法赋予的权力。美国宪法规定国会和总统分享对外贸易政策决策权，其中贸易立法权授予国会，对外谈判权授予总统，对外缔约权由国会和总统共享。不过，当总统在国际贸易政策方面的行动与国会相冲突时，国会享有优先权，这就确立了国会在贸易政策决策上的最高权威。①

美国国会在贸易政策决策中拥有五项列举权力，即贸易立法权、设置关税权、批准国际条约权、调查权（干预和监督贸易政策的权力）、确认高级贸易官员人选及设立或撤销对外贸易机构权。美国国会还有一项默示权力，即国会享有授权的权力。正是这项看似不起眼的权力，在1934年美国贸易政策决策体制转型过程中发挥了极为重要的作用。

从1789年到1933年，国会负责贸易立法，制定商业政策，独揽贸易政策的决策大权，并在实践中逐步形成了一种不同于任何其他国家的制度结构。第一，委员会体制。在参众两院分别建立的委员会成为国会提出立法动议或处理贸易法案的重要工具。2013年美国参议院共有20个委员会和4个联合委员会，众议院有21个委员会和4个联合委员会。委员会总体上拥有立法权，作为一个投票集团采取共同行动，可以选择是否对一个贸易法案关闭大门，因而特殊利益集团往往通过相关的委员会对行政机构施加压力。第二，分委员会体制。由于国际国内事务日益繁杂，委员会已经难以应付堆积如山的立法议程，国会决定在委员会增设分委员会。2013年美国参议院共有68个分委员会，众议院共有82个分委员会。随着分委员会的数量增加和立法领域的专业化，分委员会获得了自治地位，其立法权不断膨胀，有“次政府”（sub-government）之称。在分委员会中，国会委员会、政府机构和利益集团紧密联系，相互为对方提供有利的资源，如资金、信息等，它们相互支持，形成了狭小的不受外部干扰的决策圈子。“这种合作性决策具有明显的政治利益倾向，反映了少数人对政策领域的垄断。”② 第三，国际贸易委员会的决策权。国际贸易委员会是一个专门针对贸易救济的裁决机构，《1974年贸易法》使国际贸易委员会有权命令消除不公平的贸易商品，或签署停止、中止有关不公平贸易实践的命令。

美国宪法授权总统负责处理对外关系，因而总统同时享有处理与国际贸易有关事务的权力。一般来说，如果总统和国会在重大政策问题上出现分歧，总统在安全事务上拥有优先权，国会在对外经济事务上拥有优先权。而美国最高

---

① Peter B. Feller and Ann C. Wilson, “United States Tariff and Trade Law: Constitutional Sources and Constraints”, *Law and Policy in International Business*, Vol. 8, No. 1, 1976, p. 107.

② 谭融：《美国利益集团政治研究》，中国社会科学出版社2002年版，第54页。

法院则坚持认为，当总统的倡议和国会的立法之间产生冲突时，国会享有优先权。①

美国宪法授予总统的权力可直接或间接地涉及贸易政策立法权，包括：立法创议权、法案否决权、与国会共享的外交权和军事权、由外交权衍生而来的缔约权、任职权。其中，最为重要的是改革贸易政策的倡议权和法案否决权，在这两个权力的基础上，总统经咨询参议院并取得同意后，有权缔结贸易条约和贸易协定。总统还通过由其任命组成的行政部门对对外贸易政策的制定产生影响，其中包括国务院、财政部、商务部、农业部、劳工部、能源部、国防部、内政部、交通部，以及白宫的一些重要机构如国家经济委员会、国家安全委员会、总统经济顾问委员会、政策发展委员会、行政管理与预算局等。

自1934年以来，随着美国崛起成为世界工业强国，对外贸易事务与对外关系日益纠缠在一起，国际贸易谈判日益成为美国政府处理世界事务的重要议程，而深受特殊利益集团影响的美国国会已难以应付纷繁复杂的国际经济形势，在贸易立法上越来越力不从心，国会被迫行使宪法赋予的“授权的权力”，将对外贸易政策的决策权授予美国总统领导的行政部门。因此，美国总统在对外贸易政策中拥有越来越大的决策权。由于该项权力来源于美国国会的授予，因此国会随时可以“收回”授予总统的这项权力。

（二）欧盟对外贸易政策的制定

欧盟（EU）是一个区域性国际组织，而不是真正意义上的单一主权国家，但各成员国已将部分国家主权委托给欧盟，其中就包括对外贸易政策决策权，因此欧盟拥有制定统一的对外贸易政策的权力，享有对外贸易政策决策者的主体地位。由于欧盟的这一特点，其对外贸易政策的制定可以从两个层次进行分析。

一是欧盟层次。对欧盟对外贸易政策制定起直接作用的机制集中在欧盟层次，其中以欧盟理事会（Council of the European Union）、欧盟委员会（European Commission）和欧洲议会（European Parliament）最为重要。欧盟理事会由各成员国元首或政府首脑组成，是欧盟最主要的立法机构，在对外贸易政策方面拥有法规的制定权、贸易保护措施的最高执行权、贸易协定的缔约权。欧盟理事会又称部长理事会，因为各国在理事会中都有一名政府部长级代

---

① Charles K. Powley, Willem Thorbecke and Richard E. Wagner, *Trade Protection in the United States*, Aldershot: Edward Elgar Publishing Limited, 1995, p. 120.

表。实际上，由于贸易政策的制定技术复杂性日益增长，部长们很少参与技术性的细节问题，部长理事会将对外贸易事项交给由各国贸易官员组成的“133委员会”① 负责。

欧盟委员会在对外贸易政策制定中主要掌握提案权、动议权以及国际协定的谈判权。在欧盟理事会的决策过程中，欧盟委员会也能发挥重要作用。欧盟委员会有权在任何阶段修改或撤回其提案，并且只有当欧盟理事会一致同意时才可以做出违背欧委会意志的决议。欧洲议会的权力主要体现在缔结的贸易协定需要部长理事会批准的同时也需要欧洲议会的批准。

二是各成员国层次。虽然对外贸易政策主要由欧盟决策制定，各成员国也可以通过一系列的渠道对决策过程进行影响。一方面是通过正式和非正式途径控制或影响欧盟理事会和欧盟委员会及其下属的分委员会。另一方面是通过在欧盟与第三国或国际组织的谈判中委派本国代表参加，通过缔结各类混合协定影响欧盟的对外贸易政策。

（三）日本对外贸易政策的制定

日本是位于亚洲东北部的太平洋岛国。人口稠密、资源贫乏、国内市场狭小，在资源和市场两方面都严重依赖于外部世界。第二次世界大战结束后，日本的国民经济凋敝，财政濒临崩溃，人民生活极为困苦。为了振兴经济，追赶欧美，日本政府确立了“贸易立国”的发展战略，并通过贸易立法和建立专门机构来保障这一战略的实施。根据日本宪法，国会是日本的最高权力机构与立法机构，因此，国会拥有对外贸易政策的立法权。战后，日本国会把对外贸易政策以法律的形式固定下来，以保障对外贸易政策的有效执行。日本国会制定的与贸易有关的主要法律包括《外汇与外贸管理法》（1949 年）、《进口贸易管理令》（1949 年）和《进出口交易法》（1952 年）。此外，还有《关税法》《关税定率法》《贸易保险法》《保护灭绝危险的野生动物物种法》《经济合作协定的特定原产地证明书发放相关法律》，等等。除贸易立法权外，由于国会议员可兼任内阁阁员，内阁总理大臣（首相）一般由众议院中多数党领袖担任，因此国会还可通过议员在政府部门的任职，直接影响对外贸易政策的制定和执行。

在贸易立法的基础上，日本政府建立了对外贸易的管理机构，这些机构负

① “133 委员会”是根据《欧共体条约》第 133 条而成立的，负责审查、修改并批准欧委会的提案。参见张汉林等：《WTO 主要成员贸易政策体系与对策研究》，经济科学出版社 2009 年版，第 139 页。

责制定对外贸易政策，并高效地推动政策执行。经济产业省（原通产省）、财务省（原大藏省）是制定和管理对外贸易政策的主要机构，海关、日本银行和日本进出口银行负责对外贸易的日常管理业务。其中，经济产业省是日本最重要的对外贸易管理部门。

以“贸易立国”为国策的日本政府，十分重视出口贸易的发展。早在1945年日本内阁会议就设立了“出口会议”，由内阁总理大臣担任委员长，通产省大臣担任副委员长，委员则由各省厅大臣、中央银行总裁、进出口银行总裁以及来自企业界的代表担任。为了促进出口，1958年依据《日本贸易振兴法》，成立了半官方的日本贸易振兴会（JETRO），它由原日本贸易介绍所协议会、国际博览会协议会和海外市场调查会三个机构合并而成。现在，拥有东京、大阪两个总部，70多家海外事务所以及36家国内贸易信息中心。主要工作是从事海外宣传报道和出版、举办和参加商品交易会、发表市场白皮书，帮助日本企业拓展国际商务，扩大出口，促进对外投资和对日投资，支持日本中小企业“走出去”。亚洲经济研究所（IDE）是日本贸易振兴会下设的主要智库，负责海外市场调查、对日本参与谈判的双边及多边经济合作协定（EPA）开展前期研究，为日本政府顺利进行有关谈判提供支持，同时在协定签订之后，帮助日本企业有效利用已签订的协定。

（四）俄罗斯对外贸易政策的制定

1991年12月25日，随着苏联的解体，俄罗斯联邦宣告成立。虽然俄罗斯是苏联的主要继承者，但对外贸易政策的决策机制相比苏联有很大改变。俄罗斯对外贸易政策的制定起重要作用的机构主要是俄罗斯联邦议会、政府和总统。俄罗斯联邦议会由联邦委员会和国家杜马组成，国家杜马是俄罗斯的立法机构，通过其下设的国际事务委员会、安全委员会、立法委员会、经济政策委员会等以起草和制定国家对外贸易相关法律的形式影响俄罗斯对外贸易政策。俄罗斯政府中负责对外贸易政策制定的具体部门主要是工业与贸易部，该部门负责起草制定对外贸易相关政策法规，对俄罗斯联邦总理负责。在普京担任总理期间，俄罗斯政府在对外贸易政策制定方面的影响力有所提升。俄罗斯宪法规定，俄罗斯联邦总统是国家元首，有权按俄罗斯联邦宪法和联邦法律决定国家对内对外政策，有权任命联邦政府总理、副总理和各部部长，主持联邦政府会议，并有权解散议会。2008年的宪法修正案规定俄罗斯总统的任期由原来的4年延长到6年，进一步加强了总统的权力。因此，在可预见的将来，总统在对外贸易领域的个人意志将对俄罗斯的对外贸易政策制定起到至关重要的作用。

二、国家利益与贸易政策

决定一国采用何种对外贸易政策的国内因素很多，从国家层面考虑对外贸易政策的制定，核心考虑要素就是国家利益。与对外贸易政策相关的国家利益主要包括经济利益、政治利益、安全利益、文化利益和环境利益等五个方面。

（一）贸易政策与经济利益

对外贸易的直接效果就是通过交换产生经济效益，因此，制定何种对外贸易政策会最大程度上促进经济利益的增长是国家的首要考虑因素。一般来说，出口越多，给国家带来的经济利益就越大；而进口越多，则使国家的外汇储备数额减少。从而如果仅从自身的角度考虑，一个国家总是希望通过奖出限入在最大程度上增加本国的经济利益。但在实际的国际贸易中，如果所有国家都采用奖出限入的政策，那么势必导致国际贸易额总量大幅下降，最终所有国家都无法在国际贸易方面实现本国利益最大化。从某一具体产业的角度来分析，在一个产业内发展程度较高的国家倾向于通过本国自身的自由贸易政策及其他努力推动该产业的全球贸易自由化进程，从而扩大市场，使本国的产品出口额增加，赚取更多的经济利益。然而，由于历史原因和国际产业结构发展的不平衡性，美欧发达国家在绝大多数产业领域发展水平都处于领先地位，而对于多数发展中国家甚至最不发达国家来说，本国没有一个产业能够处于全球领先地位。但这并不意味着美欧发达国家必然在所有领先领域都采取自由贸易政策，而发展中国家及最不发达国家必然在所有领域都采取贸易保护主义政策。根据大卫·李嘉图提出的比较优势理论，虽然发达国家大多数产业技术水平都处于全球领先地位，但是不同产业之间的劳动生产率不一样，因此，发达国家为了最大限度地获取经济利益，需要把主要精力放在发展劳动生产率相对较高的产业上面，并通过推动贸易自由化实现自身经济利益最大化。同样，发展中国家及最不发达国家的产业虽然相比发达国家的相同产业较为落后，但是不同产业之间的劳动生产率也存在差异，因此发展中国家及最不发达国家应该主要发展本国劳动生产率相对较高的产业，同时通过推动贸易自由化促进本国具有比较优势的产业增加出口从而实现本国的经济利益最大化。

（二）贸易政策与政治利益

作为国家间关系的一项重要组成部分，对外贸易政策的制定从来不仅仅是一项经济议题。一方面，制定针对某国的对外贸易政策常常需要先考虑与对方国家之间的关系水平。虽然两国关系的好坏与两国的贸易额之间并不总是呈现正比变化，但在大多数情况下，关系较为友好国家之间的贸易额要大于同等条件下关系较为疏远国家之间的贸易额。这是因为除了贸易政策制定者对于友好国家的情感因素考量之外，对友好国家实施更加宽松的贸易政策会使本国获得更加丰厚的预期收益。这其中不仅包括更加稳定的经济收益，更重要的是通过更加宽松的政策会巩固和提升两国之间的关系，这种巩固与提升的程度较之于友好程度较低国家更加可以预期。因此，从维持一国长期稳定外交关系的角度考虑，制定针对特定国家的贸易政策时需要权衡两国长期以来的关系水平如何。另一方面，制定针对某国的对外贸易政策常常与其他政治事件挂钩。由于国家间关系是动态变化的过程，因此一国需要维护和争取的政治利益也在一定程度内不断变化。虽然国家的对外贸易政策具有相对稳定性，不可能完全随着国际事务的动态变化而变化，但是在涉及国家重要政治利益的关键事件上，国家可以有针对性地适时通过一系列贸易政策手段促进本国政治利益的实现。根据本国与对方国家的资源禀赋对比及贸易关系的结构，可以采用限制进口或限制出口等手段。但是利用这些贸易政策手段的前提是能够预期这些手段会起作用，如果本国在对方国家的进口或出口贸易额中所占比例过小，采取上述手段对对方国家影响也很小，就很难起到为本国争取政治利益的目的。

（三）贸易政策与安全利益

虽然世界贸易组织及其前身关税与贸易总协定的目的是推动全球自由贸易的发展，但在很多协定中也都有关于国家安全例外的相关条款①，这些条款的设置是为了在国际贸易中保护国家安全。但由于国家安全的敏感性，贸易保护主义者经常把保护国家安全利益作为推行其政策建议的主要理由之一。在现实决策中，安全利益也是贸易政策决策者重点考虑的因素之一，如何在制定对外贸易政策时既能充分利用这些安全例外条款，又避免被他国批评利用安全例外条款实施贸易保护主义政策是一个两难选择，其中主要涉及三方面的内容。一是军事安全。由于武器贸易有巨大的利润空间，有武器出口能力的国家总是希望能够通过武器贸易为国家创造更多的外汇，同时，为了不损害国家自身的军事安全，在武器装备等涉及国家军事科技相关的贸易方面，国家制定贸易政策

---

① 参见安佰生：《WTO 安全例外条款分析》，《国际贸易问题》2013 年第 3 期，第 125 页。

时主要考虑的因素是两国之间的关系以及本国武器装备更新换代的情况。对待关系不同的国家，武器出口的种类和等级会有很大差异。二是产业结构安全。在从国外进口政策的制定方面，由于一国某个产业的发展处于刚起步阶段，如果完全放开与其他国家在这一产业领域内的自由贸易，很有可能会导致本国这一新兴产业的彻底崩溃。因此，为了保护国内此类产业的发展，国家通常会采用贸易保护主义的政策，对国外这一产业的商品进口、市场准入等方面加以限制。三是金融体系安全。由于绝大多数发展中国家的金融体系发展较晚，本国经济实力对于金融体系的支撑力度也难以与西方发达国家相抗衡，因此在与金融相关的服务贸易领域的政策制定方面，发展中国家会更多地对发达国家金融行业的市场准入进行限制，从而保障本国金融体系的安全，避免国外金融行业进入本国后导致国内金融体系的全面崩溃。

（四）贸易政策与文化利益

文化利益也是影响国家制定对外贸易政策的因素之一。每个国家都有本国独有的文化传统和意识形态，这是由本国国情和历史积淀形成的。文化传统和意识形态作为国家软实力的重要组成部分是国家安身立命的基础。但是，不同国家的文化传统和意识形态差异很大，在国际贸易活动中，各国不同的文化通过直接或间接的方式相互影响，对一国自身的文化利益带来诸多挑战，因此国家在制定贸易政策时必须考虑到这些挑战的影响并采取合适的政策予以应对。

第一，外国文化产业直接对本国文化产业产生冲击。外国文化产业冲击是指一国以文化产品和文化服务等载体向其他国家直接输出其文化。文化产品主要是指图书、杂志、多媒体产品、软件、电影、时装设计等与文化相关的有形商品。与贸易政策相关的文化服务通常不以有形货物的形式出现，而是更多以有偿文化活动（如演唱会等）的形式出现。不论是文化产品还是文化服务都会对本国文化产业产生直接的影响，通过改变国民的文化取向，影响本国文化安全。

第二，进口外国商品中隐含的文化内涵对本国文化产生一定的影响。外国先进商品的进口除了造成本国外汇储备的流失外，更重要的影响是先进商品中附加的生活方式、价值取向等文化内涵会使本国文化受到影响，如肯德基连锁餐饮附加的快餐文化等。针对国际贸易在以上两方面对本国文化利益可能造成的影响，加上文化影响的隐蔽性特点，国家大多采用较为谨慎的文化贸易政策，通过市场准入限制、非国民待遇等非关税手段应对国外文化产业对本国文化产业的渗透。

（五）贸易政策与环境利益

1948 年世界上第一个环保国际组织国际自然保护联盟后，环境保护的观念逐步为世界上大多数国家和政府所接受和认同。然而在对外贸易政策制定方面，国家对于环境因素的考虑并不完全一致。对于发展中国家来说，保护本国的环境利益是一个两难困境。一方面，冷战结束后，经济全球化进程明显加快，为了促进经济增长，增强综合国力，发展中国家积极推动工业化进程。但是，由于经济发展水平和现实国情的巨大差距，大多数发展中国家在资源利用、工业生产等方面的技术还相对落后，因而在工业化的初期和中期阶段往往造成了比较严重的生态破坏和环境污染等问题。另一方面，随着发达国家进行产业结构调整和后工业转型，形成了劳动密集型、资源密集型产业的国际转移。对发展中国家来说，承接发达国家产业的国际转移既有利于促进发展中国家的工业化进程，又在发展中国家造成了严重的环境污染。同时，发展中国家既缺乏环境治理的资金，又缺乏相关技术，因此，发展中国家希望发达国家将低端工业生产加工转移到发展中国家的同时，能够对其提供必要的技术和资金援助用于环境保护，这是发展中国家在制定贸易政策时有关环境利益的基本考虑。对于发达国家来说，世界产业结构的调整引发的制造业向发展中国家转移，导致发达国家自身的制造业竞争力下降。此外，由于 2008 年金融危机的影响，发达国家的经济发展受到巨大冲击，相反一些新兴经济体如金砖集团国家的经济却蓬勃发展。为了改变这种不利地位，发达国家在进口货物中建立了更为严格的环境管理法规和环境标准，人为设立绿色贸易壁垒。名义上是为了保护环境，实际上是为发展中国家的出口设置障碍。与此同时，发达国家利用发展中国家环保意识较弱并急切想要发展的特点，把消耗资源较多、污染环境较重的项目和生产环节转移到发展中国家，从而使本国环境利益得到最大的保护。

由于国家利益概念本身的复杂性，上述五个方面仅阐述了影响贸易政策制定的主要国家利益。在实际贸易政策制定过程中，宏观的国家利益只是能够影响贸易政策的大概方向，一国对外贸易政策细节的最终确定，是不同利益集团相互博弈与妥协的结果。

三、利益集团与贸易政策

利益集团（或压力集团）通常是指意在影响政府政策或行为的有组织的政

治联盟。[①] 虽然不同国家的政治生态不同导致其利益集团表现形式有所差别，但利益集团的利益诉求和行为方式是基本一致的。

（一）利益集团的类型

根据利益集团所代表群体广泛程度可以将利益集团分为集团利益型和公共利益型，同时根据利益集团所追求的贸易政策类型可以分为贸易保护型和自由贸易型，在这两种分类的基础上两两交叉组合，可以得到利益集团的四种不同类型（见表3-1）。

表3-1　利益集团的类型及代表性利益集团

	贸易保护型	自由贸易型
集团利益型	农业集团 劳工集团 弱势产业的工商业集团	优势产业的工商业集团
公共利益型	环境保护集团	消费者群体

1. 集团利益—贸易保护型

这一类型的代表性利益集团主要包括农业集团、劳工集团和弱势产业的工商业集团等。农业集团由于属于传统产业，劳动生产率远低于新兴产业，因此美欧等多数发达国家都对农业采取补贴政策。一旦国家对农业实施自由贸易政策，将会对农业集团的利益造成很大的冲击。因此为了维护农业集团的自身利益，农业利益集团倾向于贸易保护政策。对于劳工集团来说，自由贸易政策会导致部分企业在竞争中被淘汰以及产业结构的调整，从而导致大量劳动力资源在不同产业间转移并造成大量失业或提前退休，从而严重影响产业工人集团的利益。因此劳工集团也倾向于支持贸易保护政策。同样，弱势产业的工商业集团由于其自身发展水平的限制，自由贸易会使得其他国家较成熟的工商业与其竞争，导致自身破产或倒闭。因此刚起步及未发展成熟的工商业集团倾向于支持贸易保护政策。"集团利益—贸易保护型"利益集团的特点在于该利益集团仅代表某个特定群体的利益，且这个特定的群体属于较为传统的行业或较为弱势的群体。

2. 集团利益—自由贸易型

这一类型的代表性利益集团主要是优势产业的工商业集团。优势产业的工

① 参见王正毅：《国际政治经济学通论》，北京大学出版社2010年版，第357页。

商业集团发展的历史一般较长或产业发展较为成熟，在与国内其他产业相比以及与国外相同产业相比都能处于有利地位。针对该产业的自由贸易政策有助于优势产业打开国外市场，提高市场占有率，从而增加该产业的利益。

3. 公共利益—贸易保护型

这一类型的代表性利益集团主要是环境保护集团。环境保护集团所争取的利益是良好的生态环境，具有公共利益的性质，甚至在一定程度上代表了全球的公共利益。但是，在国际贸易体系中，环境保护是一个存在严重分歧的领域，易于被发达国家所操作和利用，变成它们限制发展中国家的商品出口的一种手段，因此环境保护集团本质上可归于贸易保护型利益集团的范畴。

4. 公共利益—自由贸易型

这一类型的代表性利益集团主要是消费者群体。对于消费者来说，同类商品有更多的竞争者会带来更加低廉的价格和更加丰富的可选项，同时，进口贸易自由化还能够减少收入分配的贫富差距，因此消费者群体是自由贸易政策的天然支持者。然而，由于消费者群体的极度分散性和成员广泛性，导致单个消费者很难选择为消费者群体进行活动，而更加倾向于采取“搭便车”的策略。

此外，还有一些特殊利益集团属于混合型。比如垄断产业集团，在和外国进行贸易时希望实行自由贸易，属于“集团利益—自由贸易型”，倾向在本国的贸易中推动国家实施贸易保护主义政策，从而属于“集团利益—贸易保护型”。

（二）利益集团影响贸易政策的方式

虽然利益集团可以分为不同的类型，但是不同的利益集团在影响贸易政策时的方案选择基本上是一致的。利益集团既可以通过直接的方式向贸易政策的制定者表明其利益诉求，也可以通过间接的方式来影响贸易政策的制定。一般来说，当利益集团与贸易政策制定者观点相近时会采用直接的方式，反之则采用间接的方式。不论是直接或是间接方式，都包括一系列具体的影响方式。

1. 利益集团直接影响贸易政策制定的方式

利益集团直接影响贸易政策制定者的方式主要有两种：一是积极参与各层级的选举活动，支持并帮助代表本集团利益的候选人在选举中获胜。利益集团通过把从成员中筹集的经费大量注入各级竞选活动中为候选人竞选提供帮助，候选人为了取得竞选的胜利也需要大量的资金，一旦得到利益集团帮助的候选人竞选成功，必然会在今后的政策制定中提出和支持符合利益集团目标的方案。此外，利益集团还会系统地介入整个选举过程，与有利于自己集团里的候选人建立起良好的关系，为以后的游说活动打好基础。二是直接游说贸易政策制定者，向其表达本利益集团的观点并施加压力，也被称为内部游说。直接游说是利益集团为了说服政策制定者制定出符合本集团利益的政策方案而与政策制定相关人员面对面交流的方式，直接游说主要依靠利益集团在政府的常驻代表、利益集团负责人或其聘请的专职游说者完成。直接游说的方式有很多种，参与议案讨论是较为常见的一种形式，政府部门提出一项议案时要通过各行业的主管部门向企业广泛征求意见，在征求意见过程中利益集团可以充分表达本集团的利益诉求，并努力通过沟通使本集团的利益诉求能够被纳入政府的决策之中。另一种更为直接的游说方式是出席听证会，通过这种方式可以把本集团的主张和要求直接表达给立法者从而直接影响立法者。还有一种直接游说的方式就是个人联系，即利益集团的关键人物利用私人关系接触政治家和高级官僚，政治家们也会经常约见利益集团的代表以听取不同集团对某项政策的看法和建议。

2. 利益集团间接影响贸易政策制定的方式

当直接游说达不到利益集团预期的政策目标，或没有有效渠道进行直接游说时，利益集团就选择间接的方式影响贸易政策制定者，称为间接游说，或外部游说，具体的方式主要有三种：一是联合政党或其他利益一致的团体。虽然利益集团和政党的政治目标不同，但是利益集团与政党类似，都是由具有相同政治或经济理念的成员组成，并有一定的组织结构，而且政党为了在选举中赢得胜利也会拉拢利益集团的成员。因此，当利益集团试图采用间接游说方式时，会寻找利益一致的政党合作或施加压力，由政党把利益集团的利益诉求传达给政府机关。另外，不同的利益集团在某项特定政策方面可能具有相同或相似的态度和利益需求，这样的利益集团之间会在具体的政策建议时结成联盟共同促进或阻碍该项政策的出台。二是制造舆论影响、联合公众和选民。动员公众并进行舆论渲染是利益集团经常使用的手段，目的在于通过舆论造势，借助民意向政策制定者施加压力。利益集团动员公众的办法有很多，诸如在报纸上刊登广告、在电视媒体上进行宣传报道、通过网络发送电子邮件、微博、推特等，通过委托民意调查机构进行民意测验甚至举行游行示威，等等。通过这一系列的手段让政策制定者感到公众的意见已经完全倒向了利益集团这一边，从而迫使政策制定者制定有利于利益集团的政策。三是通过司法部门发起法律诉讼。在司法独立的国家，法律诉讼越来越成为利益团体实现政策目标所能采取的重要手段之一。由于在司法独立的国家里，司法部门有权对行政行为进行司法审查，从而在事实上参与了国家的政策形成过程，因此利益集团也会通过司法诉讼的途径对行政部门施加影响，有时这一途径的影响甚至成为利益集团参与政策形成过程的最终手段。

由于不同国家贸易政策决策机制差异巨大，国家利益的估量难以找到精确的标准，而且国内利益集团错综复杂，利益集团之间的博弈也是多次互动的结果，因此贸易政策制定的国内政治过程是非常复杂的。只有逐步厘清贸易政策制定的国内政治过程，对于国际贸易政治的理解才能解开国内的“黑箱”，从而展示出国际贸易政治的全貌。

第三节 国际贸易体系与国际政治合作

为了促进商品、服务和资本的跨境流动，各国通过协商和谈判，建立以规则为导向的国际贸易体系，推动国际贸易向自由、公平和便利的方向发展。第二次世界大战后国际贸易体系以《关税与贸易总协定》（简称关贸总协定）为制度框架，经过八轮多边贸易谈判，不断降低货物贸易关税。1995 年，关贸总协定完成了历史使命，正式被世界贸易组织取而代之。世界贸易组织将贸易谈判的范围从货物贸易扩展到农产品、纺织品、服务业、投资和知识产权等一系列新领域。但是，如何制定贸易规则与制定何种贸易规则，对成员国的经济文化安全有着重大的影响，因此，国际政治合作始终是国际贸易体系赖以向前发展的基础。

一、关税与贸易总协定的建立与发展

《关税与贸易总协定》（GATT）是 1947 年 10 月由 23 个国家在日内瓦签署的一项多边国际协定。自 1948 年 1 月 1 日生效起至 1994 年 12 月 31 日止，《关税与贸易总协定》一直在部分签字国之间临时适用。《关税与贸易总协定》为战后多边贸易体系奠定了法律框架，它所确立的一整套贸易规则与程序，明确了战后国际贸易的发展方向，促进了贸易自由化的历史进程，为世界经济增长做出了重大贡献。

（一）关税与贸易总协定的建立

第二次世界大战彻底改变了国际政治经济格局，国际体系的实力对比发生了重大变化，英法等传统强国在战争中遭到严重削弱，面临财政和债务危机，挑起战争的德意日法西斯国家彻底失败，而美国则在战争期间迅速崛起，凭借强大的政治、经济和军事实力夺取了世界霸权。实际上，早在1943年美国政府就已开始谋划重建战后世界秩序。1944年7月，在美国召开的布雷顿森林会议宣告国际货币基金组织和国际复兴开发银行的成立。英美两国的政治和经济学家认为，仅仅依靠这两个国际金融组织来协调国家间的经济事务并不足以长久维持国际体系的稳定。只有建立自由的国际贸易体和投资市场，给予所有的国家不受歧视地进行贸易和投资的机会，才能消除诱发世界大战的经济根源，避免灾难重演。①

1945年，联合国的建立为《关税与贸易总协定》奠定了政治基础。联合国根据美国政府关于建立国际贸易组织的提议，组成了筹备委员会。此后两年间，筹备委员会先后三次召开会议，完成了国际贸易组织宪章的起草工作。1947年10月至1948年3月，在古巴首都哈瓦那召开的筹备委员会第四次会议上，美国、英国、中国、法国等23个国家达成了123项互惠减让关税的协定，合称《关税与贸易总协定》，该协定于1948年1月1日生效，开始在部分签字国中临时适用。同时，会议通过了《国际贸易组织宪章》，又称《哈瓦那宪章》（Havana Charter），并送交各国政府批准。1949年4月，杜鲁门政府向美国国会提交了《哈瓦那宪章》，美国国会以未授权总统建立国际贸易组织为由拒绝批准。虽然国际社会建立国际贸易组织的努力归于失败，但《关税与贸易总协定》作为美国总统权限范围内的一项行政协定得以保留，并成为1948年至1994年期间唯一的管理国际贸易的多边机制。

（二）《关税与贸易总协定》的基本内容

《关税与贸易总协定》由序言和四大部分组成。序言列出了23个缔约方的名称，阐明了关贸总协定的目标和宗旨，即缔约方之间的经贸往来“应以提高生活水平、保证充分就业、保证实际收入和有效需求的大幅稳定增长、实现世界资源的充分利用以及扩大货物的生产和交换为目的，期望通过达成互惠互利安排，实质性削减关税和其他贸易壁垒，消除国际贸易中的歧视待遇，从而为

---

①　参见程宝库：《世界贸易组织法律问题研究》，天津人民出版社2000年版，第74—75页。

实现这些目标做出贡献”①。

《关税与贸易总协定》的主体由四大部分组成，共有 38 个条款和 8 个附件。第一部分包含了第 1 条“普遍最惠国待遇”和第 2 条“减让表”。前者规定了所有缔约方在对外贸易中享受的无条件最惠国待遇，后者阐述了缔约方的关税减让承诺。

第二部分包含第 3 条至第 23 条，主要内容是缔约方在贸易活动的具体方面需要遵守的规定。这些规定涉及：国内税与国内法规的国民待遇、有关电影的特殊规定、过境自由、反倾销税和反补贴税、海关估价、进出口规费和手续、原产地标记、贸易法规的公布和实施、普遍取消数量限制、为保障国际收支而实施的限制、数量限制的非歧视管理、非歧视原则的例外、外汇安排、补贴、国营贸易企业、政府对经济发展的援助、保障措施、一般例外、安全例外、协商、利益的损失或损害。

第三部分包括第 24 条至第 35 条，是有关程序方面的规定，涉及关贸总协定的适用范围、投票方式、协定的接受与生效、协定的登记、减让表变更的流程、关税谈判、协定与《哈瓦那宪章》的关系、协定的修订、缔约方的加入与退出等。

第四部分包括第 36 条至 38 条，规定了发展中的缔约方所享有的优惠待遇。在关贸总协定的条款中，并没有给予发展中缔约方优惠待遇的有关规定，但在 1947 年纽约起草会议上决定，总协定条款中应当允许发展中国家在一定条件下为保护工业发展的目的背离关贸总协定的义务。在当时，对发展中国家来说，背离义务的核心问题，就是保留数量限制的手段。② 这就是关贸总协定关于发展中国家优惠待遇的起源。1963 年，关贸总协定第 21 届部长会议决定成立“与欠发达国家有关的法律和组织框架委员会”，负责起草关贸总协定“贸易与发展”一章。1966 年 7 月 27 日，关贸总协定第四部分正式生效。

（三）关税与贸易总协定的谈判回合

在世界贸易组织成立之前，关贸总协定缔约方共发起了八轮多边贸易谈判。前几次谈判均围绕关税减让进行。1964 年 5 月发起的肯尼迪回合（Kennedy Round）首次把非关税壁垒纳入谈判议程，但是没有取得实质性成

---

① 曹建明、贺小勇：《世界贸易组织》，法律出版社 1999 年版，第 4 页。

② 参见张向晨：《发展中国家与 WTO 的政治经济关系》，法律出版社 2000 年版，第 34—35 页。

果。同时，关于发展中国家的优惠待遇问题也是该轮谈判的焦点，但是没有形成具有法律约束力的义务。1973 年 9 月启动了东京回合（Tokyo Round），参与的国家增加到 99 个（包括 29 个非缔约方）。这轮谈判在关税减让和削减非关税壁垒方面都取得了重大的进展，在技术壁垒、补贴与反补贴、政府采购、海关估价、进口许可证程序等方面达成了守则。不过，这些守则并没有得到发展中国家的支持。1986 年 9 月在乌拉圭的埃斯特角城启动了第八轮多边贸易谈判，1994 年在摩洛哥马拉喀什结束，历时八年之久，这就是关贸总协定历史上最著名的乌拉圭回合。乌拉圭回合决定对多边贸易体制进行全面改革，作为谈判的重大成果之一，缔约方决定建立新的多边贸易机构——世界贸易组织。

（四）关税与贸易总协定的作用与局限

由于缺乏国际组织的法律地位，关贸总协定没有秘书处和成员国大会。哈瓦那会议后成立的"国际贸易组织过渡委员会"事实上成为关贸总协定的秘书处。1960 年，关贸总协定的缔约方全体建立了理事会，使关贸总协定成了一个"事实上的国际组织"①。例如，关贸总协定不定期举行缔约方大会，理事会作为一个常设组织，是在缔约方全体大会休会期间的执行机构，关贸总协定总干事和秘书处尽管没有法定权力，但一直负责处理关贸总协定的日常事务，并为贸易谈判提供服务。② 在世界贸易组织成立之前，关贸总协定不辱使命，承担了调节战后国际贸易关系的重任，为国际经济秩序的稳定和国际贸易合作做出了巨大的贡献。

第一，关贸总协定建立了通过多边贸易谈判削减关税和非关税壁垒的制度，促进了缔约方的贸易自由化。乌拉圭回合后，发达国家工业品的关税平均削减 40%，发展中国家工业品关税平均削减 30%，转型国家工业品关税平均削减 23%。新加坡、韩国和印度的贸易加权关税减让幅度高达 50%以上。印度在 1990—1991 年的平均关税高达 144%，乌拉圭回合后平均关税降低到 32. 4%。缔约方平均关税水平降低到 9. 9%。发达国家工业品的平均关税税率降低至 3. 7%。转型国家工业品的平均关税税率降低至 6%。发展中国家工业品的平均关税税率降低到 14. 4%。可以说，关税与贸易总协定在促进贸易自由化方面所取得的成就是史无前例的。

① 何永江：《美国贸易政策》，南开大学出版社 2008 年版，第 296 页。

② 参见张幼文等：《多哈发展议程：议题与对策》，上海人民出版社 2004 年版，第 13 页。

第二，关贸总协定规定了发展中国家的优惠待遇。关贸总协定是经过世界大战洗礼后国际社会谋和平、立正义、求发展的结果。在一些条款中专门规定了对发展中国家的优惠待遇。原则上，关贸总协定对所有缔约方的要求是一致的，但在发展中国家的集体斗争下，还是给予了一些优惠安排，主要包括：发展中国家在市场准入方面可承诺较低水平的义务；发展中国家享有较长的过渡期；发展中国家享有某些程序上的灵活性；发达国家尽“最大努力”对发展中国家实行照顾；发达国家向发展中国家提供技术援助。

第三，关贸总协定为世界各国提供了交流对话的平台。在关贸总协定的八轮多边贸易谈判里，很多非缔约方也参与其中，极大地促进了各国之间的对话与交流。例如，1973 年 9 月启动的东京回合，99 个参与国家中就有 29 个国家是非缔约方。发展中国家在谈判期间还获得与发达国家对话的机会，为自身争取了更多的权益。

关贸总协定在稳定国际经济秩序、管理和规范国际贸易方面发挥了巨大的作用，但也存在着一些显而易见的局限性。

第一，关贸总协定不是一个正式的、永久性的国际贸易组织，而是一个临时条约，不具备作为一个国际组织的国际法人格。关贸总协定最初只有 23 个缔约国，代表性不足。关贸总协定作为一个协商论坛，其权威性和作用范围都非常有限。关贸总协定没有制定规则的权力，管辖权主要限于货物贸易，没有处理服务、农业、知识产权和对外直接投资的职能，更没有处理关税同盟和其他特惠贸易安排的权力。“在 WTO 成立之前，GATT 基本上是完全处理货物贸易问题的制度。”① 关贸总协定的争端解决机制缺乏强制执行力，裁决拖延迟缓，对违反贸易规则的行为制裁无力。在贸易争端的裁决中，争端解决机制采取“一致同意”的决策机制，一个国家的反对票就足以推翻裁决或使裁决无法付诸执行，这一制度性缺陷使关贸总协定的争端解决机制形同虚设。

第二，关贸总协定存在“民主赤字”问题。关贸总协定的“绿屋”制度使特定议题的讨论、磋商和谈判先在少数处于内圈的核心成员间进行，然后视需要逐层向外圈成员延伸或直接向全体成员报告，最后全体成员被要求对来自内圈及紧密层成员的建议进行协商并达成一致，这种又被称为“同心圆模式”的

① Jagdish Bhagwati, “Afterword: The Question of Linkage”, *American Journal of International Law*, Vol. 96, No. 1, 2002, p. 128.

决策机制，其实质是导致多边贸易体制的协商一致原则名存实亡。因此，发展中成员对关贸总协定长期以来存在的由少数发达成员垄断决策程序和决策结果的“民主赤字”现象开始表现出强烈不满。①

第三，关贸总协定成员国的实力不平衡决定了利益不平衡。在运行初期，缔约方中发达国家的数量明显多于发展中国家，发达国家在贸易谈判中占据优势地位，而美国长期发挥着一种领导作用。因此，关贸总协定的谈判一直由美欧等发达国家主导，自东京回合以来，发展中国家的数量有所增加，因为缺乏与发达国家讨价还价的经济实力，数量优势难以转化成谈判优势。因此，虽然关贸总协定规则上没有对发展中国家造成歧视，但发达国家的利益关切总是得到优先考虑，而发展中国家的利益关切往往被故意拖延。总体上看，发展中国家在多边贸易体制中的不利地位很难获得根本性的改善。

二、世界贸易组织的建立与发展

世界贸易组织是在关税与贸易总协定基础上建立起来的调整国际贸易关系的国际组织。它是关贸总协定第八轮贸易谈判，即乌拉圭回合取得的一项重大成果。

（一）世界贸易组织的建立

两次世界大战使国际社会认识到贸易对世界和平的重要性，战后，人类曾梦想建立一个世界性贸易组织。1945 年美国政府向联合国经济及社会理事会提交了国际贸易组织宪章草案，获得联合国经社理事会的通过，但遭到美国国会的拒绝。此后，关贸总协定事实上发挥了国际贸易组织的作用，世界贸易组织正是在关贸总协定乌拉圭回合谈判中产生的。

1986 年 9 月 15 日，关贸总协定缔约方在乌拉圭埃斯特角城召开部长级会议，启动第八轮多边贸易谈判，即乌拉圭回合。这次会议发表的《埃斯特角宣言》确定了乌拉圭回合的主要谈判议题。除了传统的货物贸易关税减让以外，还扩大到非关税壁垒、与贸易有关的投资、与贸易有关的知识产权以及服务贸易等全新领域。

在发起乌拉圭回合谈判的时候，各缔约方并未打算建立一个世界贸易组织来取代关贸总协定，《埃斯特角宣言》也只是确定了谈判的主要议题。1990 年，

---

① 参见张幼文等：《多哈发展议程：议题与对策》，上海人民出版社 2004 年版，第 23 页。

谈判代表们提出了关于建立一个多边贸易组织（MTO）的设想，以便在乌拉圭回合后取代关贸总协定管理各项谈判成果。在各国响应和支持下，建立多边贸易组织从此成为乌拉圭回合谈判的议题，并迅速取得进展。到 1991 年 12 月，关贸总协定总干事、乌拉圭回合谈判委员会主席邓克尔提出体现各方谈判立场的“乌拉圭回合最终协议文件草案”，该草案中就包括了《关于建立多边贸易组织的协议》草案。①

1993 年，在七国集团首脑峰会上，发达国家重申了完成乌拉圭回合的决心，美欧在农业问题上达成的妥协为乌拉圭回合扫清了重大障碍。美国开始考虑建立一个多边贸易组织的必要性，因为无论货物贸易协定、服务贸易总协定还是知识产权协定，都要依托国际组织的法律地位才能得到切实有效的执行。在这种情况下，美国对“邓克尔草案”提出了修改建议，决定把“多边贸易组织”改名为“世界贸易组织”。1993 年 12 月 15 日，乌拉圭回合谈判在日内瓦宣告结束。各国谈判代表签署了一揽子协议，1994 年 4 月 12 日，各方在摩洛哥马拉喀什举行部长级会议，关贸总协定 128 个缔约方的部长们正式签署了一揽子协议，包括 1994 年 4 月 15 日《马拉喀什宣言》和《乌拉圭回合多边贸易谈判结果最后文件》。马拉喀什部长会议还在 14 日通过了《关于建立世界贸易组织筹备委员会的决议》。马拉喀什部长会议后，乌拉圭回合谈判各方建立了世界贸易组织筹备委员会。经过半年多的工作，1994 年 12 月 8 日，在日内瓦国际会议中心举行了世界贸易组织成立大会。关贸总协定第六次特别大会决定：世界贸易组织于 1995 年 1 月 1 日正式生效成立。随着 2015 年阿富汗的正式加入，世界贸易组织已经拥有 164 个成员，另有 24 个观察员政府。世界贸易组织作为一个促进贸易开放的国际组织，一个各国政府谈判贸易协定的论坛，一个解决贸易争端的场所，无愧于当代最重要的国际经济组织之一，它涵盖了世界绝大多数经济体，成员贸易总额达到全球的 98%，享有“经济联合国”之称。

（二）《马拉喀什建立世界贸易组织协定》的主要内容

在乌拉圭回合形成的法律文本中，《马拉喀什建立世界贸易组织协定》及其四个附件规定了世界贸易组织的组织和决策规范、成员实体权利义务规范和争端解决机制。协定宣告了世界贸易组织的成立及其法律地位。

---

① 参见程宝库：《世界贸易组织法律问题研究》，天津人民出版社 2000 年版，第 129 页。

协定的序言阐明了世界贸易组织的基本宗旨。大部分内容与关贸总协定基本一致，不同之处在于它特别强调了服务贸易、环境保护和对发展中国家的关注。

协定正文阐述了世界贸易组织的价值目标、基本职能和决策机制。世界贸易组织有五大职能，即促进本协议和多边贸易协议的执行、管理、运作，以及进一步实现各协议的目标，并对诸边贸易协议的执行、管理和运作提供框架；为成员提供谈判场所；解决成员间的贸易争端；对成员的贸易政策进行评审；与国际货币基金组织和世界银行合作。世界贸易组织的最高机构是部长级会议，由所有成员组成，至少每两年召开一次。在部长级会议休会期间，其职能由总理事会行使。

协定的附件阐述了成员的实质性权利与义务。其中，附件 1 涉及货物贸易协定①、服务贸易总协定和与贸易有关的知识产权协定。附件 2 是关于争端解决规则与程序的谅解。附件 3 是贸易政策审议机制。附件 4 是四个多方贸易协定（又称诸边贸易协定），这些协定仅对签署附件 4 的成员有效。

世界贸易组织既是对关贸总协定的继承，又是对关贸总协定的发展和超越。它沿袭了关贸总协定的宗旨，关贸总协定的许多条文得以保留或仅作适当修改，但它极大地扩展了所管辖的贸易范围。在东京回合之前，GATT 六轮多边贸易谈判的重点都是关税，谈判结果也主要是关税减让表。世界贸易组织把货物贸易、服务贸易和知识产权同时纳入国际贸易体制，它们构成了世界贸易组织的“三根支柱”。更为重要的是，作为一个国际组织，它明确了多边贸易规则的法律地位，在争端解决机制上有了大幅改进。

（三）世界贸易组织的多哈回合谈判

在 2001 年世界贸易组织第四届部长级会议上，《多哈部长宣言》获得通过，成员方一致同意最迟于 2002 年 1 月 31 日启动世界贸易组织成立以来的首轮多边贸易谈判。宣言声明世界贸易组织要继续推动多边贸易，坚持《马拉喀什建立世界贸易组织协定》的原则与目标，承诺抵制保护主义。值得注意的是，宣言特别强调了世界贸易组织对发展中国家，特别是最不发达国家的关注。宣言承认世界贸易组织的大多数成员是发展中国家，并承诺将把发展中国家的需求和利益置于核心位置。这样的措辞可谓是世界贸易组织对发展中国家

---

① 附件 1A 包括《1994 年关税与贸易总协定》和《农业协定》《纺织品与服装协议》《反倾销协议》等有关货物贸易的多边贸易协定。《1994 年关税与贸易总协定》是在 1947 年签署的《关税与贸易总协定》基础上修改而成。习惯上分别称为 GATT1947、GATT1994。

最为重视的一次表态。所以，该轮谈判被命名为“多哈发展议程”，又称“多哈回合”。根据世界银行的统计，启动新一轮多边贸易谈判，将同时引导市场改革。到2015年，全球贸易自由化可每年增加收入2 800亿美元，其中有1 500亿美元将属于发展中国家，并使9.2亿人脱贫。但如果依当时的速度增长，则只能使6亿人脱贫。①

宣言列出了多哈回合涉及的谈判议题，其内容非常丰富。其中，贸易便利化、贸易与竞争政策、贸易与债务和金融、贸易与技术转让、技术与能力建设等均属新议题，这些新议题的设置满足了国际贸易发展的新需要。在农业、服务业、非农产品的市场准入、贸易与投资、贸易与竞争政策、贸易便利化、WTO规则、贸易与环境、贸易与金融和债务、贸易与技术转让、最不发达国家、特殊和差别对待等议题中，宣言提出了专门针对发展中国家的特殊关注和照顾措施。根据《多哈宣言》，多哈回合计划于2005年1月1日前完成，但是由于谈判所涵盖的议题非常广泛且成员之间分歧巨大，谈判几经波折，至今仍未完成。目前为止，多哈回合所经历的几个重要会议包括：坎昆会议、香港会议和巴厘岛会议。

1. 坎昆会议

2003年9月10日至14日，世界贸易组织第五届部长级会议在墨西哥坎昆（Cancun）召开。坎昆会议是中国成为世界贸易组织成员以后参加的首个部长级会议。在这次会议上，农业和“新加坡议题”成为核心议题。以中国、巴西、印度为代表的发展中国家和以欧美为代表的发达国家展开了激烈的博弈。在农业问题上，发展中国家强烈要求发达国家削减农产品补贴并给出取消农产品补贴的最后时间表，但是发达国家不愿做出让步并竭力拖延农业谈判的进程。而“新加坡议题”则受到发达国家的推崇。新加坡议题包括贸易与投资、贸易与竞争政策、贸易便利化和政府采购透明度四个议题，它在1996年的世界贸易组织第一届部长级会议上被提出，由会议的举办地点而得名。发展中国家普遍认为，新加坡议题所要求的义务将加重它们的负担，不利于其政治经济发展。而且，由于发达国家在农业问题上不做出让步，而发展中国家视农业问题的解决为完成其他谈判之前提，所以，发展中国家坚决抵制展开新加坡议题的谈判，导致坎昆会议无果而终。

---

① 参见吴绮敏：《“加时赛”启动“多哈回合”》，《人民日报》2001年11月15日。

2. 香港会议

坎昆会议的失败预示着2005年之前完成多哈回合的愿望彻底落空。为使谈判尽快结束，世界贸易组织第六届部长级会议于2005年12月13日至18日在中国香港召开，通过了《香港部长宣言》。在农业（包括棉花）、非农产品市场准入、服务业等议题上取得了突破。发达成员承诺于2013年年底之前取消所有形式的农产品补贴，并在2006年取消所有棉花补贴。在非农产品市场准入方面，会议同意采用瑞士公式以削减关税，并宣称会充分考虑发展中国家的特殊需要和利益。在服务业方面，会议也重申了对发展中国家的关注。另外，本次会议还宣布为最不发达国家的产品提供免税和免配额待遇。总的来看，香港会议给多哈回合带来一线曙光。

3. 从中止到重启

香港部长会议提出了于2006年结束乌拉圭回合的计划，但2006年6月底召开的日内瓦会议再次宣告失败。紧随其后由美国、欧盟、日本、澳大利亚、印度、巴西组成的核心谈判方召开的紧急会议也无果而终。世界贸易组织总干事帕斯卡尔·拉米建议无限期中止多哈回合，该建议被WTO总理事会会议接受，多哈回合陷入停滞。

但是，不少成员仍然希望恢复谈判。在各方努力下，2007年1月31日在日内瓦举行了全体成员大使会议，一致同意全面恢复多哈回合。由于各方利益分歧巨大，为恢复谈判而多次召开的小型会议均告失败。

多哈回合的止步不前使两年召开一次的世界贸易组织部长级会议中断。直到香港会议四年之后，第七届部长级会议才于2009年11月30日至12月2日在日内瓦举行。虽然部长们纷纷表态希望2010年完成多哈回合，但是并未就农业问题等关键议题进行讨论。2011年12月15日至17日，世界贸易组织第八届部长级会议在日内瓦召开。在这次会议中，俄罗斯、黑山、萨摩亚成为世贸组织的新成员。尽管俄罗斯等国的加入为多边贸易体制注入了新鲜血液，但是多哈回合谈判仍然没有取得突破。

4. 巴厘岛会议

由于发达国家对推进多边贸易体制的消极态度，多哈回合经历了多次失败。在这种情况下，2013年12月3日至7日，在印尼巴厘岛举行的世界贸易组织第九届部长级会议就被视为挽救多边贸易体制的一次机会。果然，这次会议不负众望，在延长20个小时以后，会议发表了《巴厘部长宣言》，通过了

“巴厘岛一揽子协议”。宣言展现了世界贸易组织想要完成多哈回合的决心，并阐述了会议在贸易便利化、农业（包括棉花）和发展问题上取得的成果。在贸易便利化方面，会议达成了《贸易便利化协定》，旨在简化海关及口岸通关程序，促进全球贸易，并确保最迟于2015年7月31日正式实施该协定。在农业方面，焦点问题在于是否应该将政府因为粮食安全而收购粮食的行为合法化，会议决定在一定条件下同意发展中国家为了保障粮食安全而进行收购，并在日后就该问题展开谈判以期形成一个永久解决方案。在发展问题上，会议明确了对发展中国家或最不发达国家提供一系列“特殊而有区别”的政策待遇。

这是世界贸易组织成立以来达成的第一份多边贸易协定，考虑到多哈回合谈判的艰难历程，巴厘一揽子协议可谓是“历史性的重大突破”，重新点燃了希望。但是，多哈回合注定命运多舛，它已经创造了世界历史上最漫长的谈判纪录。而近几年来，全球贸易保护主义暗流涌动，美欧等都出现了逆全球化的动向，这预示着多哈回合的前景更加暗淡。

三、国际贸易体系面临的挑战

第二次世界大战以后的国际贸易体系由关税与贸易总协定确立的多边贸易体制主导，关贸总协定被世界贸易组织取代以后，后者成为举足轻重的国际组织，影响着全球的经济发展。20世纪末以来，以金砖国家为代表的发展中国家群体性崛起，经历了次贷危机的美国和深陷债务危机的欧洲经济增长乏力，世界政治经济格局发生深刻变化。国际贸易体系需要协调更为复杂的矛盾。同时，人类共同面对的环境污染、人口膨胀、食品安全等问题也给国际贸易体系带来新难题。总的来说，国际贸易体系所面临的挑战来自以下几个方面：

（一）世界贸易组织难以处理越来越广泛的议题

世界贸易组织的管辖范围越来越大，除了马拉喀什部长级会议签署的一揽子协议外，2001年11月提出的多哈议程中，各国政府一致同意扩大诸如工业产品、农业和服务等关键领域内现有协定的适用范围，并努力建立一个投资、竞争政策、贸易便利化和政府采购等问题的规则框架。任何其他国家机构掌管的规则都没有如此广泛地适用于全世界或如此深刻地影响着经济结构。[①] 面对

① 参见［新西兰］迈克·穆尔：《没有壁垒的世界——自由、发展、自由贸易和全球治理》，巫尤译，商务印书馆2007年版，第134—135页。

如此广泛的议题范围和一揽子的协议方式，各方很难达成妥协。况且，有的议题触及国家的敏感利益甚至主权利益。世贸组织的成员之间经济水平差异巨大，利益诉求不同。每一次谈判不仅是国家之间的博弈，还掺杂着国家内部各种利益集团的争夺。在决策方式上，世界贸易组织一直遵循着全体一致的传统，而庞大的议题数量和成员数量令全体一致很难实现。世界贸易组织的争端解决机制也并非完美无瑕。争端解决机制是多边贸易规则的核心内容，它的质量直接关乎整个多边贸易体制的命运。但是现行的争端解决机制中还存在一些定义模糊的术语以及不尽合理的措施。发展中国家一直抱怨世界贸易组织的争端解决机制“不符合民主原则”。批评者指出：“导致灾难性结果［即多哈会议］的主要原因，是旨在操纵、带歧视性的过程，这样的过程已给世贸组织、其秘书处和主要发达国家带来了更多的耻辱。”① 此外，多哈回合谈判过程中，发达国家经常举行的“绿屋”会议②把大部分发展中成员排除在外，也饱受发展中国家的诟病。

（二）发达国家与发展中国家的矛盾日益突出

多哈回合停滞不前的根本原因在于发达国家和发展中国家之间存在巨大的分歧。由于经济发展水平不同，发达国家和发展中国家拥有不同类型的比较优势产业，这就造成了它们在具体贸易政策上的利益分歧。农业在许多发展中国家的国民经济中占有很大比重，发展中国家希望发达国家能开放农产品市场，而发达国家倾向于对国内农业进行保护。在新兴议题方面，发达国家总是更加积极主动，而发展中国家则兴趣索然。在利益诉求有差异的同时，多边贸易体系还存在诸多不公平因素。协定的起草、谈判的程序、人员的配置等方面都是发达国家占据主导地位。无论是关贸总协定还是世界贸易组织，权力的天平总是向着发达国家倾斜。这无疑加剧了发展中国家与发达国家之间的矛盾。

（三）区域贸易合作对多边贸易体制的冲击

由于多哈回合谈判前景暗淡，区域贸易协定和双边自由贸易协定成为经济全球化在地理上向前推进的主要动力。根据 WTO 的统计，1948 年至 2019 年，

---

① ［新西兰］迈克·穆尔：《没有壁垒的世界——自由、发展、自由贸易和全球治理》，巫尤译，商务印书馆 2007 年版，第 131 页。

② “绿屋”是多边贸易谈判中经常采取的一种决策方式，即仅邀请少数主要成员参加的非正式磋商。一般来说，多边贸易协定需要先在绿屋会议上获得少数主要成员的支持，然后才将其扩大至所有成员。

包括生效和未生效的在内，全球共签订了695个区域贸易协定（RTAs）。截至2019年，GATT/WTO备案的区域贸易协定（RTAs）达480个，301个协定已经生效。其中，美洲地区和国家参加了154个，欧洲地区和国家参加了99个，东亚地区和国家参加了86个，独联体国家47个，非洲地区和国家35个，中东地区和国家29个，大洋洲地区和国家24个，西亚地区和国家22个。

本质上，区域贸易合作是多边贸易体制的基础和补充。而且，关贸总协定第24条和服务贸易总协定第5条也明确支持发展区域贸易合作。但是，多边贸易规则同时指出区域贸易合作不能破坏多边贸易体制，然而事实却与之相悖，本该促进多边贸易合作的区域贸易合作常常对前者产生消极影响。

第一，区域贸易合作侵蚀了非歧视原则。非歧视原则是多边贸易体制的基石，由普遍的最惠国待遇原则和国民待遇原则组成。虽然区域贸易合作是多边贸易体制所允许的一种例外，但是世界贸易组织为这种例外开出了条件，即不得提高与其他缔约方之间的贸易壁垒。然而，许多自由贸易区都在区域内削减壁垒，区域外高筑壁垒。因为区域内拥有更为优厚的贸易条件，更多的商品和服务会在区域内流动，造成贸易转移效应，将区外国家或地区排除在外，这无疑是对非歧视原则的背离。

第二，区域贸易合作的规则与多边贸易规则的法律关系不清。在多边贸易体制的法律文本里，没有说明多边贸易规则与区域贸易协定的法律关系，这导致在两者存在冲突的领域里没有明确的解决方案。比如，很多自由贸易区都用原产地规则来判断产品能否享受协定中的优惠，这种对来自区域外的产品的明显歧视由于缺乏法律约束而大行其道。在贸易争端解决机制方面更是如此，到底是按照区域贸易协定来处理还是按照多边贸易规则来处理，没有公认的答案。

第三，区域贸易合作转移了国家的注意力。无论是区域贸易合作还是多边贸易合作，都需要耗费大量的人力物力财力，区域贸易合作的盛行必然会影响到国家或地区对多边贸易合作的态度。而且，由于参与方数量较少、权利与义务规定要简单得多，区域贸易合作往往能更快达成，一旦为国家带来实际福利，容易导致其对多边贸易谈判的忽视。

（四）“逆全球化”对多边贸易体制的挑战

2016年以来，英国退欧和特朗普赢得美国总统大选这两大事件，标志着逆全球化从一种思潮转变成为主要发达国家的政策实践。特朗普基于“受害者”思维，对于美国相对实力的衰落，提出了一套“责任归咎”的荒唐逻辑。他认为，美国自始至终是自由贸易者，自由贸易导致美国产业空心化，抢走了美国人的饭碗，美国没有从多边贸易体系中受益。美国之所以失去全球竞争力，主要根源在于其他国家对美国实行了不公平的政策，这些政策使美国成为全球化的输家。因此，特朗普政府出台了一系列带有“美国优先”标签的政策，这些政策反映了美国鹰派中盛行的一种逆全球化、反自由贸易的意识形态。特朗普对包括其盟友在内的贸易伙伴发起全球钢铝关税战，对中国发起全面的大规模的贸易战，多次威胁退出世界贸易组织，滥用301条款、《国家安全法》等贸易救济措施，表明了美国特朗普政府对多边贸易体制持一种蔑视的态度，也意味着美国政府妄图以逆全球化、经济民族主义和贸易战取代多边贸易体制，以挽救美国霸权的衰落。

第四节　中国与国际贸易体系

2001年加入世界贸易组织，标志着中国重新进入国际贸易体系和世界市场体系，标志着中国经济与世界经济、中国市场与世界市场真正实现了相连相通。世界市场的资源配置功能有利于提高劳动生产率，促进企业的国际竞争力，推动中国的经济增长。更重要的是，世界贸易体制的一整套规范和规则的适用，帮助中国革除了计划经济体制的僵化和弊端，推动中国对外贸易体制向适应经济全球化的现代贸易体制转型。

一、中国加入国际贸易体系

1947年10月30日，国民政府签署了《临时议定书》，中国成为关贸总协定23个创始缔约方之一。1950年3月6日，台湾当局退出关贸总协定，1965年又以观察员身份列席缔约方大会。1971年10月，联合国大会通过第2758号决议，承认中华人民共和国的代表是中国的唯一合法代表。关贸总协定根据基本政治问题上一般遵循联合国决议这一原则，取消了台湾当局的观察员资格。当时，中华人民共和国没有申请恢复关贸总协定缔约方地位，从此中国关贸总协定缔约方地位处于空缺状态。

（一）恢复关贸总协定缔约方地位的谈判

1949年至1978年，中国实行计划经济体制。一方面实现了国民经济的恢复和发展，年均经济增长率达到6.8%，国民生产总值翻了一番多。另一方面，高度集中、政企不分、无视价值规律和市场调节作用、国民经济重大比例失调等体制性弊端也日益凸显。1978 年 12 月，党的十一届三中全会确立了实行改革开放的基本国策。改革，就是要把高度集中的计划经济体制转变为社会主义市场经济体制；开放，就是以主动、积极的态度开放市场和参与国际竞争，全面融入世界经济体系。

在改革开放政策的指引下，中国政府启动了恢复关贸总协定缔约方地位的初始程序。1980 年，中国申请成为关贸总协定观察员，次年关贸总协定授予中国观察员地位。1981 年申请加入关贸总协定所管辖的第三个《多种纤维协定》(MFA)，取得了纺织品观察员资格，并于 1984 年签署了第三个《多种纤维协定》。中国政府在申请函中确认无保留地接受多种纤维协定条款，并承诺履行所规定的义务。同时声明作为一个发展中国家应享受与其经济发展水平相当的发展中国家的同等待遇。1984 年，中国成为关贸总协定部长级理事会的观察员，参加部长级理事会会议。

1986 年 7 月 10 日，中国政府提出恢复关贸总协定缔约国地位的申请，并照会关贸总协定总干事，要求恢复中国的关贸总协定缔约国地位。1986 年 9 月 15 日，关贸总协定在乌拉圭埃斯特角城发起第八轮多边贸易谈判，该轮谈判对观察员开放，中国以观察员的身份参加了乌拉圭回合谈判。1987 年 3 月 4 日，关贸总协定理事会决定成立“中国工作组”，审议中华人民共和国政府提出的恢复关贸总协定缔约国地位的申请，标志着中国复关谈判的正式启动。

“中国工作组”向所有方开放，其职权范围为：“审议中华人民共和国提交的贸易制度备忘录，拟订权利和义务议定书草案，提供一个谈判减让表的场所，处理有关中华人民共和国和关贸总协定关系的其他问题，包括缔约方全体作决定的程序和向理事会提出建议。”由此可见，中国复关谈判与乌拉圭回合谈判是平行的，“中国在复关谈判中的出价，也是对乌拉圭回合做出的贡献”①。

根据关贸总协定的章程，并由于中国与关贸总协定的特殊渊源关系，复关申请与加入申请应有所不同，程序上应予简化。然而，中国预期中的程序简化不仅没有成为现实，中国复关谈判反而始料未及地遭遇西方国家设置的重重障碍。发达国家纷纷提高了对中国复关的要价，美国甚至宣称不会允许中国以宽松的条件恢复关贸总协定缔约国地位。尽管中国政府尽了最大的努力，复关谈

① 张向晨：《发展中国家与 WTO 的政治经济关系》，法律出版社 2000 年版，第 174—175 页。

判仍然历尽坎坷，最终未能赶在世界贸易组织成立之前结束谈判。

关贸总协定各缔约方要求与中国谈判的主要问题如下：

第一，关税壁垒。改革开放初期，中国的平均关税率高达35%，远远超过关贸总协定成员方9.9%的平均关税率。发达国家一致要求中国政府承诺大幅度削减工业品的关税水平。

第二，非关税措施。申请方必须消除任何非关税措施，例如配额、许可证、许可和通知的要求等，贸易法规具有透明度和一致性。

第三，市场准入。申请方必须对每一个成员就具体产品的市场准入做出承诺。最重要的是金融服务业的市场准入，如银行、证券公司和保险公司。金融服务业事关国家的经济安全，该领域的开放必须渐进稳妥进行，中国政府对金融服务业的开放一贯持慎重态度。

第四，国有企业的补贴。关贸总协定反对一切出口补贴，中国应取消对国有企业提供的补贴。

第五，人民币可兑换。中国在国际收支经常性交易支付方面实行外汇限制，复关谈判要求中国进行外汇管理体制的必要改革，以实现经常项目的自由兑换。

第六，劳工标准。美国认识到劳工标准的可操作性，试图把劳工问题塞进所有多边贸易谈判之中。

第七，知识产权保护。中国是一个发展中国家，知识产权保护的法律不够完善，企业的知识产权保护意识较为薄弱，存在着仿冒和盗版侵权的现象。美国要求中国政府在知识产权保护领域做出承诺。

由于谈判议题错综复杂，中国政府需要做出全面的让步，而中国实行对外开放政策还不到十年，从政府到企业都对政策调整的风险表示担忧，因此中国政府并不会满足西方国家的漫天要价。这期间，美国国会在最惠国待遇问题上向中国发难，每年都根据中国的人权状况重新表决是否延长给予中国的最惠国待遇。“这种表决已经成为美国反对中国加入世界贸易组织的例行公事。”①

1992年，党的十四大明确提出了建设社会主义市场经济的目标，为复关谈判的重启清除了障碍。1992年10月，关贸总协定中国工作组第11次会议决定，结束对中国贸易制度的审议。复关谈判进入实质性的市场准入谈判阶段。

---

① ［泰］素帕猜·巴尼巴滴、［美］马克·L. 克利福德：《中国重塑世贸》，刘崇献、李红利译，机械工业出版社2002年版，第93页。

虽然中国政府拿出了极大的诚意推进谈判，但以美国为首的西方国家一再抬高要价，致使复关谈判举步维艰。1993 年 12 月 15 日，乌拉圭回合宣布结束。1994 年 4 月 15 日，在摩洛哥的马拉喀什部长级会议上，125 个参加方的绝大多数部长在《乌拉圭回合多边贸易谈判结果最后文件》上签字，中国也是该文件的签字方之一。乌拉圭回合的结束，标志着关贸总协定已基本完成使命，即将被世界贸易组织取而代之，同时意味着中国已不能在世界贸易组织诞生前实现复关进而成为世界贸易组织创始成员国的目标。

（二）加入世界贸易组织

1995 年 1 月 1 日，世界贸易组织正式成立。1995 年 12 月 7 日 ，中国重新提出加入世界贸易组织的申请，复关谈判转变为“入世”谈判。

在双边谈判程序中，共有 37 个成员向中国提出了谈判的要求，其中最重要的最困难的谈判对象是美国和欧盟，墨西哥要求在最后阶段与中国谈判，以迫使中国满足其特殊的索价。美国是对中国要求最多的国家，中国要顺利“入世”就必须先完成与美国的贸易谈判。中美两国进行了世界贸易组织历史上耗时最长的贸易谈判。美国层层设置障碍，中美双边谈判一直未能取得实质性进展。1999 年 4 月，朱镕基总理访美，中美双方签订《中美农业合作协议》并就中国加入世界贸易组织发表联合声明，使得谈判再现一线曙光。

然而，随后发生的中国驻南斯拉夫大使馆被炸事件，再度使中美关系降至冰点，中方中止了谈判。此后，美国总统克林顿多次表示希望重启谈判，双方就轰炸事件达成赔偿协议后，中国从大局出发，同意重启谈判。经过激烈的讨价还价，1999 年 11 月 15 日，中国外经贸部部长石广生与美国贸易代表巴尔舍夫斯基达成了中国加入世界贸易组织的双边协议。议定书规定：中国平均关税税率由 22. 1%下调到 17%；中国对美国有特殊利益的农产品实行更大幅度的关税减让；降低对小麦、玉米、大米和棉花的非关税配额数量；取消出口补贴；允许美国银行、保险、电信企业进入中国；外国公司在中国电信互联网企业可以持股 49%，在“入世”两年后可上升到 50%；农产品平均关税率降至 14. 5%；取消农产品出口补贴。

在中美达成中国“入世”的双边贸易协议之后，美国国会参议院表决通过了《对华永久正常贸易关系法案》（PNTR），扫清了中国“入世”的最后一道政治障碍。此后中国顺利结束了与欧盟、墨西哥的谈判，历时 13 年的“入世”谈判画上了句号。

根据程序，在结束与 WTO 成员的所有双边和多边谈判后，有关货物贸易、服务贸易减让表，加上议定书和工作组报告书，将构成中国加入 WTO 的整个一揽子条件，提交 WTO 中国工作组进行技术性核对后，上报 WTO 总理事会通过。① 2001 年 11 月 10 日，在卡塔尔首都多哈举行的世界贸易组织第四届部长级会议上，中国加入世界贸易组织的决议获得通过。根据 WTO 规定，在加入方向 WTO 秘书处提交本国立法机构的批准文后 30 天内，加入方将正式成为 WTO 成员。2001 年 11 月 11 日，中国政府代表将全国人大常委会批准书交存世界贸易组织总干事并签署《中国加入世界贸易组织议定书》。2001 年 12 月 11 日，中国正式成为世界贸易组织第 143 个成员。

二、中国在国际贸易体系中的利益

世界贸易组织是一个超越国界、致力于促进全球贸易自由化的国际经济组织，作为具有国际法主体资格的国际关系行为体，其管理世界贸易的法律体系具有“准司法”的约束力，因此世界贸易组织又被称为“国际贸易法院”。因此，“入世”是中国经济融入世界经济主流的重要战略举措，是中国全面融入世界经济全球化进程的一个重要里程碑。

中国在“入世”谈判的初期就明确提出了谈判的三项原则：第一，WTO 是一个国际性组织，如果没有中国的参加是不完整的；第二，中国要参加毫无疑问是作为发展中国家参加；第三，中国的参加是以权利义务的平衡为原则的。中国在谈判过程中始终坚持这三项原则，使“入世”对中国政治经济的冲击降到最低，使“入世”的承诺与中国现阶段经济的可承受力相平衡，同时又对中国进行的经济体制改革起到促进作用。

第一，加入世界贸易组织有利于深化经济体制改革。中国“复关”和“入世”的一贯努力是与中国建立社会主义市场经济的经济改革目标及对外开放的基本国策相一致的。中国“入世”将加速中国经济发展并促进中国与 WTO 成员的经济和贸易关系。② 正如 WTO 前总干事素帕猜·巴尼巴滴所说，“对于中国领导人来说，中国“入世”最主要的原因是确保国内改革的继续进行。在很大程度上，中国成功实施世贸组织标准是符合自己国内利益的。世界贸易组织的主

① 参见张向晨：《发展中国家与 WTO 的政治经济关系》，法律出版社 2000 年版，第 176 页。
② 《中国入世议定书》翻译组：《中国入世议定书》，上海人民出版社 2001 年版，第 240 页。

要目标是确保根据国际公认的规则来发展贸易，而中国正是希望引进这种基于规则的制度来促进自己国内的改革。”① 中国政府之所以做出重大让步，就是因为世界贸易组织成员资格以及中国政府对 WTO 规则所做出的一整套承诺将确保中国朝向更开放的方向发展，确保中国搭上经济全球化的快车。

第二，加入国际贸易体系标志着中国对外开放从政策层面上升到体制和制度层面。如果说加入 WTO 前，中国朝着强国目标的经济转轨和制度变迁是一种“诱致性”变迁的话，那么“入世”后的转轨和变迁则具“强制性”，它促使中国在强国之路上，在继续推进国内经济体制改革的同时，必须适应对外部国际经济制度，即多边贸易体制的约束。②“入世”对中国经济格局、经济体制和政府管理经济的职能产生了重大而深远的影响。要求协调国内结构与国际规则之间的冲突，调整法律体系以使之具有一致性、统一性和协调性，凡是与 WTO 的基本规则和运行不相适应的国内法一律应予调整、修改或废除。要求政府转变职能，管理思想和管理模式应符合市场经济的原则和规律，从行政命令式的垂直管理转向规范、公正、透明的服务。各级政府部门都要提高工作效率，简化办事程序，并具备适应 WTO 要求的国际化能力。

第三，加入国际贸易体系使中国获得了公平、透明的国际贸易环境。世界贸易组织致力于公开、公平的贸易竞争和贸易自由化，成员间贸易纠纷的解决依循 WTO 争端解决机制，增加了单边贸易制裁和治外法权的成本，从而使中国获得了更公平、透明的国际贸易环境。“入世”以前，中国已成为世界遭受反倾销指控最多的国家。从 1979 年欧盟对中国糖精提起首例反倾销指控到 2000 年年底，中国出口商品遭受来自 29 个国家和地区的反倾销起诉，共计 412 起，涉案金额 100 多亿美元，涉及的产品类别达 4 000 余种，中国成为国际反倾销指控的最大受害者。而中国法律在反倾销方面却是空白，直到 1997 年才颁布反倾销、反补贴条例。更重要的是，美国对 WTO 之外的国家经常动用单边治外法权，即根据美国国内的反倾销立法，对这些国家的对美出口商品实行贸易制裁。20 世纪 90 年代，美国国会一直对延长中国的最惠国待遇进行辩论和表决，充分说明中国制造面临着国际上单边贸易制裁的威胁，唯有世界贸易组织成员资格才能阻止针对中国出口产品的单边制裁。在 WTO 制度框架下，中

---

① ［泰］素帕猜·巴尼巴滴、［美］马克·L. 克利福德：《中国重塑世贸》，刘崇献、李红利译，机械工业出版社 2002 年版，第 142 页。

② 张幼文等：《多哈发展议程：议题与对策》，上海人民出版社 2004 年版，第 16 页。

国的出口产品得到统一的贸易规则的监管和保护，同时中国还根据 WTO 规则完善了国内的相关立法，整个对外贸易都被纳入国际国内的法律和规则管辖之下，透明的国际经济环境对于中国贸易的发展具有巨大的促进作用。

第四，加入世界贸易体系推动中国贸易快速增长，中国在国际体系中的地位显著上升。中国超越美英法德日等传统西方强国，成为全球货物贸易第一大国。2001 年，中国贸易总额仅有 5 096 亿美元，顺差 225 亿美元。2013 年贸易总额突破 4 万亿美元，实现顺差 2 590 亿美元，中国取代美国成为全球最大贸易国。近几年来，由于金融危机的影响，世界经济复苏乏力，中国对外贸易呈负增长态势，但贸易顺差仍然大幅度上升，2015 年实现贸易顺差近 6 000 亿美元。在经济总量上，中国先后超越英国、法国、德国和日本等西方发达国家，成为仅次于美国的世界第二大经济体，并且正在逐渐缩小与美国的总体经济差距。2001 年，中国名义 GDP 为 1.32 万亿美元，2016 年达到 10.94 万亿美元，人均 GDP 接近 8 000 美元，总体经济规模稳居全球第二位，经济体量相当于日本的三倍。产业结构继续优化，第一产业在国民经济中的占比缩小到 10%，第二产业占 43.9%，第三产业占比达到 46.1%。这些里程碑式的成就，主要应归因于持续推动的改革开放政策和加入国际贸易体系。

现在，中国在国际体系中的地位已经大为提高。中国作为负责任大国，首要任务已经不是如何适应国际贸易体系的法律体系，而是如何参与塑造国际贸易体系的新规则，如何引领国际贸易体系的未来发展方向。国际贸易体系仍然是不平衡的，一是力量不平衡，发达国家继续占据着主导地位，尤其是美国的“国家优先战略”对发展中国家贸易体系的不公正影响，在一定时期内仍将长期存在。二是权利和义务的不平衡，发展中国家的差别待遇没有得到真正的落实。虽然 WTO 协议中均含有延长履行义务期限的优惠规定，却故意模糊“发展中国家”的概念，发展中国家的身份都是“自封的”，能否享受差别待遇还需要经过成本高昂的讨价还价。况且，WTO 要求新加入成员适用“义务追溯”条款①，等于剥夺了这些发展中国家享受差别待遇的权利。三是受益的不平衡。贸易自由化和便利化对发达国家更有利，“工业化国家仅占关贸总协定成员的 20%，但它们将享受乌拉圭回合（协议）所带来额外收入的 70%”②。因此，重

---

① WTO 协议规定：本协议生效后接受本协议的成员，须执行自本协议生效开始的期限内应执行的多边贸易协议中的减让和义务，如同该成员在本协议生效之日即接受本协议一样。

② 张向晨：《发展中国家与 WTO 的政治经济关系》，法律出版社 2000 年版，第 190 页。

塑国际贸易体系的规则势在必行。中国应与广大发展中国家一道，积极参与国际贸易规则的制定，保证国际贸易规则的公正性，使发展中国家真正从国际贸易体系中受益。应通过国际贸易体系服务于发展中国家的利益，促进共同发展，壮大发展中国家的集体力量，为推动建立公正合理的国际政治经济新秩序创造条件。

当然，加入国际贸易体系需要付出一定的代价，国际贸易争端与摩擦并不一定相应减少。中国加入国际贸易体系将面对来自发达国家的商品潮的冲击，外国企业大批涌入中国市场，优胜劣汰成为必然法则。中国商品和投资大规模走出去，在国际市场上与其他国家的商品和投资形成激烈竞争，经济纠纷、贸易争端日益频繁。2016 年，中国共遭遇来自 27 个国家（地区）发起的 119 起贸易救济调查案件，其中反倾销案件 91 起。根据 2016 年欧盟和欧委会发布的报告，全球三分之一的贸易救济措施直接针对中国，在欧盟发起的 73 项反倾销措施中，针对中国产品的案件就高达 56 项。

中国连续 20 多年成为全球遭遇反倾销调查最多的国家，原因在于中美两国签署的《中华人民共和国加入世界贸易组织议定书》中有一条关于中国“非市场经济地位”的规定，即从中国加入世界贸易组织协定生效之日起的 15 年内，美国不承认中国的市场经济地位。按照协议，这一期限在 2016 年 12 月 11 日到期后，中国将自动获得市场经济地位。中国获得市场经济国家地位后，发达国家利用非市场经济国家这一“潜规则”对我国出口商品肆意征收高额关税的便利就受到了极大的限制，长期以来美国和欧盟对我国商品实施大规模反倾销的经济遏制战略就行不通了。中国制造将在国际市场上获得更为公平的竞争环境，同时也有利于缓和大国之间频繁的经贸摩擦，有利于增强中国出口产业的核心竞争力。

然而，美国特朗普政府再次显示了霸凌主义的蛮横态度，2017 年 11 月 30 日，美国贸易代表办公室表示，美国政府已向世界贸易组织提交了一份长达 40 页的法律申请，反对中国自动获得市场经济地位，这是美国政府首次正式公开表明拒绝承认中国市场经济地位的立场，而这种公然违背世界贸易组织协议基本原则的做法还得到了欧盟、加拿大、日本和墨西哥等国家的支持。中国政府对于美国违背在《中国加入世界贸易组织议定书》中做出的承诺，拒不承认中国市场经济国家地位，明确表明了立场和态度。第一，WTO 的多边贸易规则当中并不存在所谓“市场经济国家”的概念，这个概念只不过是极少数国家冷战思维和国内法的产物。第二，中国政府敦促所有 WTO 的成员履行《中国加入世界贸易组织议定书》的承诺。该议定书第 15 条明确规定，自 2016 年 12 月 11 日起，在对华反倾销中，采用替代国价格计算倾销幅度的做法必须终止，这一点是非常明确和不容置疑的。实际上，中国是市场经济国家已成全球共识。迄今为止，全世界已有俄罗斯、巴西、澳大利亚和瑞士等 80 多个经济体主动承认了中国的市场经济国家地位，甚至大多数发达国家，如德国、英国、荷兰和北欧国家等，都极力支持中国获得市场经济国家地位。美国、加拿大和日本等少数国家拒绝承认中国的市场经济国家地位，表明美加日等国仍不愿放弃在世界贸易组织中长期享有的一系列特权，包括继续维持向中国商品征收高额关税的自由，这是对世界贸易组织的贸易自由化原则的公然挑战。关于中国市场经济地位问题的争议，将成为中国与西方发达国家特别是中美之间下一轮博弈的焦点。

思考题

1. 特殊利益集团是如何影响美国贸易政策制定的?
2. 分析中国“入世”对经济增长质量产生的影响和作用。
3. 世界贸易组织和关税与贸易总协定有何联系，有何区别?
4. 为什么发展中国家坚决抵制发达国家把劳工标准纳入多边贸易谈判的做法?
5. 紧密联系世界经济形势，分析美国特朗普政府拒绝承认中国市场经济地位的深层原因。

▶ 思考题答题要点

第四章 国际货币金融的政治学

汇率水平的决定和汇率制度的选择影响着企业、居民、利益集团以及国家之间的利益，必然会引发不同利益主体之间的竞争与博弈。而当这种博弈超越国界便演化为国际货币体系。国际货币体系经历了金本位制、布雷顿森林体系和牙买加体系的演变历程，但是自第二次世界大战以来，金融危机的频繁爆发几乎与国际货币体系的演进如影随形，改革现行国际货币体系的呼声日益高涨。

第一节 国际货币体系与国际政治

国际货币体系的发展经历了金本位制、布雷顿森林体系和牙买加体系三个阶段，频繁发生的金融危机进一步凸显了现行国际货币体系的局限性。如何推动国际货币体系改革，以解决目前全球所面临的经济失衡问题，成为各国的共识。由于国际货币能够给其发行国带来超额经济利益和特殊的政治权力，因而在国际货币体系改革背后，更多地体现了大国之间的利益博弈。

一、国际货币体系的界定与功能

当货币制度问题超出一国国界时，就成为国际货币制度或者国际货币体系的问题。国际货币体系是指国际间交易结算时所采用的货币制度，即关于国与国之间进行支付的一套规定、做法和制度。

国际货币体系一般包括三个方面的功能：第一，国际储备资产的确定。在金本位制条件下，国际储备资产是黄金；在两次世界大战期间是黄金和外汇；在布雷顿森林体系条件下是美元和黄金；在牙买加体系下则是特别提款权（SDRs）以及多元化的货币储备体系。第二，汇率制度的确定。其包含两个层次的内容：其一是汇率水平的决定和维持，其二是实行固定汇率制度还是实行浮动汇率制度。第三，国际收支的调节方式。即当一国国际收支失衡时（盈余或者赤字），应该通过何种方式对国际收支进行调节以达至平衡。

二、国际货币体系的演进

（一）国际货币体系演进的历史轨迹

1. 金本位制（1870—1914年）

金本位制是以一定量的黄金作为本位货币的一种制度。在其鼎盛时期，西方主要的工业化国家几乎都建立了典型的金本位的货币制度，并在此基础上形成了金本位条件下的国际货币体系。在金本位制下，各国中央银行的主要任务是维持黄金与通货之间的官方平价关系。为此，中央银行必须保持足够的黄金储备，国际收支的顺差或逆差是以转移黄金的方式在各国中央银行之间进行结算的。金本位制条件下，国际收支的调节机制是通过大卫·休谟提出的物价—硬币—流动机制理论实现的。假定英国出现国际收支盈余，则会导致黄金的流入，而黄金流入会导致外国货币供应量减少，英国货币供应量增加，进而导致英国物价上涨而外国物价下降，从而导致固定汇率制下英镑实际升值。英镑升值，一方面减少了外国对英国商品和劳务的需求，另一方面增加了英国对外国商品和劳务的需求，需求的这种变化减少了英国经常项目的盈余和外国经常项目的赤字。最终，储备流动停止，两国的国际收支都达到平衡。金本位制通过国际收支的自动调节机制保持了汇率的稳定，并以此促进了国际资本流动和各国经济发展。

然而，各国出于自身利益的考量，往往采用与上述游戏规则相反的行动并且冲销黄金流动。即在外汇储备增加时卖出本国资产，在储备减少时购买本国资产，致使金本位制条件下的国际收支调节机制经常遭到破坏，最终导致金本位制的瓦解。两次世界大战期间，各国通过印制钞票来应付战争所造成的巨大公共支出，同时采取以邻为壑的货币贬值政策，使全球经济为此付出了巨大的代价。

2. 布雷顿森林体系（1944—1971年）

1944年7月，44国的代表在美国新罕布什尔州的布雷顿森林举行会议，起草并签署了《国际货币基金组织协定》。该协定规定：（1）美元与黄金挂钩。各国确认1934年1月美国规定的35美元兑换一盎司黄金的官价，各国政府或中央银行可按官价用美元向美国兑换黄金。为使黄金官价不受自由市场金价冲击，各国政府需协同美国政府在国际金融市场上维持这一黄金官价。（2）其他国家货币与美元挂钩。其他国家政府规定各自货币的含金量，通过含金量的比例确定同美元的汇率。(3)实行可调整的固定汇率。各国货币对美元的汇率，一般只能在法定汇率上下各1%的幅度内波动。若超过此波动幅度，各国政府有义务在外汇市场上进行干预，以维持汇率的稳定。若会员国法定汇率的变动超过10%，就必须得到国际货币基金组织的批准。这就形成所谓“双挂钩”的以美元为中心的国际货币体系，即布雷顿森林体系。

以美元为中心的国际货币体系，在一定时期内对保持资本主义世界货币汇率的稳定发挥了重要的作用，从而促进了国际贸易、国际投资和世界经济的发展。但布雷顿森林体系在发展过程中面临其内在的致命缺陷：以单一主权国家货币作为国际货币，会面临美国国际收支平衡与国际储备资产需求之间不可能两全的内在矛盾，即我们通常所说的“特里芬难题”。各国为了保持本国对外汇市场的强大干预能力必须持有一定数量的美元储备资产，而这必须建立在各国对美国的国际收支顺差的基础之上。各国对美国的顺差意味着美国的国际收支逆差。而美国的巨额国际收支逆差必然影响各国投资者对美元的信心，进而导致该体系的崩溃。随着美国经济实力的衰退，美元危机频繁发生，1971年8月15日，尼克松政府宣布停止用美元兑换黄金，布雷顿森林体系走向终结。实际上，布雷顿森林体系从建立到垮台的过程，也是美国和美元由盛转衰、西欧和日本的重建和兴起的过程，这是资本主义国家经济发展不平衡的必然结果。

3. 牙买加体系（1976年—　）

1976年国际货币基金组织（IMF）临时委员会在牙买加首都金斯敦召开会议，并签订了“牙买加协定”，在这个协定的基础上形成的国际货币体系就称为牙买加体系。牙买加体系实际上是以美元为中心的多元化国际储备和浮动汇率体系。在这个体系中，黄金的国际货币地位趋于消失，美元居于主要储备货币的地位，但其地位不断削弱。

牙买加体系下的多元化的国际储备体系，在一定程度上缓解了“特里芬难题”，使充当国际储备货币的好处和风险由多种货币分担，单个储备货币的危机不会影响整个国际货币体系的稳定。但其国际清偿力的增加仍不能完全满足世界经济均衡增长的需要。它不仅丧失了金本位制条件下的自发调节机制，也没有形成IMF对国际清偿力增长的控制。美国的国际收支状况仍然左右着世界外汇储备的增长。牙买加体系只是将布雷顿森林体系崩溃以后实际发生的深刻变化部分地予以合法化，并没有进行重大的改革。牙买加体系提供了最大限度的汇率安排的弹性，却没有建立稳定货币体系的机制，没有制定硬性的规则或自动的制裁方法，各国可以根据自己的考虑和责任来履行他们的义务。因此，一些理论家认为，牙买加体系是一种“没有制度的体系”，而实际上它是靠浮动汇率制和多种储备体系来运转的。

（二）全球经济失衡与现行国际货币体系所面临的挑战

1997年亚洲金融危机，尤其是2008年美国次贷危机之后，世界范围内的学者开始反思现行国际货币体系发展过程中的种种缺陷和所面对的挑战。现行的国际货币体系不是通过国际间的有效金融合作与协调形成的，而是国际社会对各国自行其是的承认，某种程度上更是对发达国家特别是对经济金融大国自行其是的一种承认。大国的经济金融意志和利益在相当程度上左右着国际金融市场的走势及其稳定性。① 用主权国家货币充当储备货币的国际货币体系是全球经济失衡的内在因素。所谓全球经济失衡是指在全球范围内，以经常账户失衡并且失衡主要集中在少数国家为核心现象的一系列现象的统称。主要表现是作为国际储备货币发行国的美国经常账户赤字庞大，石油输出国、日本、中国和其他东亚各国等新兴市场国家持有大量经常账户盈余；这些国家外汇资产的积累改变了全球资金流动规模与格局，并影响全球范围的经济金融活动。也就是说，全球经济失衡体现的是两个层面的资源重新配置，一是实物层面的资源重新配置，一是资金层面的资源重新配置。② 然而，这种全球经济失衡具有不可持续性。一方面，如果美国的经常账户赤字增长太快，高逆差下美元的币值难以持续稳定。一旦投资者认为美国的贸易赤字难以持续时，美元汇率崩塌式贬值将产生类似于20世纪70年代早期布雷顿森林体系的崩溃，并将终结美国持续已久的贸易赤字。部分学者进一步将其命名为“新特里芬难题”：美国长期巨额国际收支逆差以及由此导致的美元供应的大规模增加，反过来会对美元的币值稳定性提出挑战。另一方面，从资金层面的流动看，部分学者认为，美国难以长期获得低成本资金。因为全球经济失衡加剧将导致各国对美国经济信心下降，使得美国对外融资成本提高，外国投资者所要求的风险贴水提高并最终超过美国资本市场所能提供的资本回报率，美国的经常项目逆差将难以继续通过国际资本的大量流入来维持，最后的结果同样是美元的突然性贬值。不仅

① 参见王楚明：《国际货币体系改革与发展中国家利益原则》，《金融研究》2001年第2期，第88—93页。

② 参见李扬、卢瑾：《全球经济失衡形成机制研究新进展》，《经济学动态》2010年第3期，第87—92页。

如此，在全球经常账户调整过程中，全球资本市场的深化无法有效阻止美元币值下滑，美元汇率调整更依赖商品市场一体化程度。由此可见，为避免美国经常账户赤字的继续积累，全球经济失衡的再平衡机制之一就是美元汇率进行主动性的调整。有学者从实证研究的角度认为，在现代国际货币体系下，主权信用货币充当国际储备资产保持稳定性的条件，是国际储备货币发行国实际经济增长率必须大于或者等于通货膨胀率与国际储备货币收益率之和，以美元为例的实证研究表明，在布雷顿森林体系与现代国际货币体系下，美元国际储备长时间偏离保持稳定性的可持续水平，这为布雷顿森林体系的崩溃提供了新的解释，也为当前的美元困境提供了经验验证。①

也正是基于此考虑，2009 年，中国人民银行行长周小川提出，应该创造出一种与主权国家脱钩、并能保持币值长期稳定的国际储备货币，从而避免主权信用货币作为储备货币的内在缺陷，这是未来国际货币体系改革的理想目标。然而，由于网络外部性与制度变迁的路径依赖性，再加上主权货币发行国不愿轻易放弃独享主权货币发行所带来的巨大既得利益，实现这一变革并非易事。因而，对于外汇储备总量世界第一、经济总量位居世界第二、货物贸易量世界第一的中国而言，加快推进人民币国际化进程、推进亚洲基础设施投资银行和金砖国家储备银行建设，通过“一带一路”建设，实现与亚欧各国基础设施建设的互联互通，鼓励企业实施“走出去”战略，既是化解巨额外汇储备资产依赖单一主权货币所面临的巨大风险的需要，也是中国政府勇于向国际社会提供国际公共产品，勇于承担国际责任，并在此基础上增强中国在未来国际货币体系改革中话语权的现实需要。

三、国际货币体系与国家利益

在现行的国际货币体系中，尽管各种主要货币无须像在布雷顿森林体系下那样盯住美元，但美元依然在该体系中占据主导地位，某种程度上还执行着从布雷顿森林体系延续而来的一些功能。美元仍然是其他货币汇率的重要参考，也是在管理浮动汇率制度下其他国家主要的干预货币，主要的官方储备货币和交换媒介。国际货币能给该货币发行国带来超额的经济利益和特殊的政治权

① 参见陈建奇：《破解“特里芬难题”——主权信用货币充当国际储备的稳定性》，《经济研究》2012 年第 4 期，第 113—123 页。

力。不同国家竞相提高其货币的国际地位以及由此带来的货币竞争现象，成为国际舞台上另一种大国角力的形式，也日益成为国际关系研究中的重要议题。

国际货币是在国际市场上被广泛地用来执行价值尺度、交换媒介和价值储备等职能的货币，其使用主体既包括私人部门，也包括官方部门。作为国际货币，其具有很强的网络外部性和路径依赖性。所谓网络外部性（network externalities），又称为规模经济效应，即该种货币在国际市场上使用率越高、发行量越大，其用于跨国交易的成本就越低，使用该种货币的收益也就越高，相应地，该种货币的国际地位也就会进一步提升。而国际货币发行国的国内经济规模和其对外经济活动（贸易和金融）规模则是一种货币形成网络外部性的两个根本性的经济指标。一种货币在国内层次的流通规模是决定该国货币国际化程度的基础性因素，其在国内的流通网络越大，其产生潜在外部性效应的可能也就越大。同时，其对外经济活动规模越大，则越能建立起国际交易网络。所谓路径依赖性是指，作为国际货币，只要不在国际信誉上遭受根本性伤害，其国际地位将得以长期维持。这两大特征正是国际货币特权的来源。它使成熟的国际货币发行国可以通过操纵该货币获得巨额的经济和政治利益。国际货币所获得的超额经济利益主要包括：[①]

第一，国际货币发行国可以获得大量的国际铸币税。所谓铸币税，是指货币所代表的购买力超过货币发行成本的部分。国际货币的发行国能以很有限的发行成本直接获得在全球市场的购买力。而且，货币在国际市场上发行的规模越大，发行当局所能够得到的国际铸币税就越多。据估计，美国每年正常铸币税收益高达100亿至150亿美元。

第二，通过国内货币政策改变其货币所代表的财富价值，实现财富的国际转移。本杰明·科恩称其为转嫁权（power to deflect）。[②] 国际货币的对内膨胀和对外贬值会使持有该货币资产的外国政府和居民的财富价值缩水，从而为国际货币发行国分担赤字压力。这种收入又称“通货膨胀税”，它是铸币税的另一个变种，其实质就是通过货币超发，来压低外国持有者的实际购买力，进而减少发行国的对外负债。“通货膨胀税”甚至被认为是国际货币发行国“最后

---

① 参见李巍：《货币竞争的政治基础：基于国际政治经济学的研究路径》，《外交评论》2011年第3期，第44—61页。

② Benjamin J. Cohen, “The Macrofoundations of Monetary Power”, in David Andrews, ed., *The International Monetary Power*, Ithaca: Cornel University Press, 2006, pp. 46—49.

的库收”，它也是货币霸权国最容易滥用和危害最大的一种特权。

第三，国际货币的发行国还能单方面享受参与国际经济活动的低廉成本。由于其私人企业在国际贸易结算和国际金融投资中都使用本国货币，不需要持有或者兑换外币，这就大大节省了货币汇兑的成本，便利了国内企业进行计价和结算，从而有利于扩大国际贸易和国际金融的规模。同时，使用本币参与国际经济活动，也可以避免汇率波动的风险，从而降低交易成本。

第四，国际货币发行国可以享有完全独立的货币政策。在资本自由流动的情况下，一国只能在固定汇率制度和货币政策独立性中选择一项。当其他国家都选择以某种货币作为参考本币价格的驻锚货币时，这就意味着只有中心货币国具有独立的货币政策，其他国家的货币政策都得以中心货币国的货币政策为参考标准。而在这个过程中，中心国可以单方面从国内目标来考虑货币政策，而其他国家要么控制资本自由流动，要么放弃盯住中心国的货币，否则只能与中心国的货币政策保持步调一致。① 而中心货币发行国的央行也就成为世界的央行。

第五，国际货币发行国可以维持长期的和规模较大的国际借贷。这种特权被科恩称为拖欠权（Power to delay）。② 美国之所以能够承受作为世界最大债务国的地位，就是因为它是国际储备货币国和“世界银行家”。它直接对外支付美元就可以购买商品，同时，由于美元的国际储备货币地位，其他政府都必须将贸易盈余用作储备重新回到美国金融市场，从而使美国比其他任何国家都更加容易获得大量的廉价贷款，这种廉价贷款一方面助长了美国不受节制的消费，另一方面也保障了美国进行技术创新、国内改革乃至发动战争所需要的、源源不断的资金来源。长期以来，美国之所以在储蓄与消费严重失衡的情况下，仍然保持了总体经济的稳定，就在于以美元为中心的国际货币体系使得美国可以依靠别国的储蓄来消费和发展。国际货币所带来的超额经济利益，体现在发行国从其他国家攫取财富的能力上。

除了超额经济利益之外，国际主导货币还能为发行国带来诸多政治权力资源，主要表现在以下几个方面。③

---

① Charles Kindleberger, "The Benefits of International Money", *Journal of International Economics*, Vol. 2, No. 4, 1972, pp. 424—442.

② Benjamin J. Cohen, "The Macrofoundations of Monetary Power", in David Andrews, ed., *The International Power*, Ithaca: Cornel University Press, 2006, pp. 46—49.

③ 参见李巍：《货币竞争的政治基础：基于国际政治经济学的研究路径》，《外交评论》2011 年第 3 期，第 44—61 页。

第一，象征性权力。货币在政治上具有十分重要的象征价值。在国内层次上，由于国家垄断货币发行，货币便成为国家主权的象征。同样，在国际层次上，货币所具备的权威象征意义，也是一种重要的权力资源。货币更加广泛的国际发行是国际社会中地位和尊荣的重要来源。

第二，依赖性权力。一种货币在国际市场上占据统治性地位就意味着他国都高度依赖该种货币来从事国际经济活动。而依赖关系产生权力关系，绝对的依赖产生绝对的权力。美国因为手握国际主导货币，而从另一个方面拥有了相对于其他国家的国际政治权力。而且，由于当今国际货币体系呈现高度寡头垄断的性质，其他经济行为体对美国的货币依赖程度要高于在其他经济领域的依赖。

第三，操控性权力。国际货币的发行国在国际货币政策的协调中会占据主动地位，它甚至还能操控国际货币关系。这具体体现为它具有改变国际汇率体系的优先性和主动性，因为国际汇率体系是以国际“关键”货币为中心的，“关键”货币改变自身价值，就能扰乱整个货币体系，从而给其他国家调整汇率制造政治上的压力。不仅如此，国际货币发行国还可以利用其作为计价货币的地位，通过控制货币数量影响商品价格，从而形成一种控制市场价格的权力。

正是由于国际货币能带来超额经济利益和特殊政治权力，体现在发行国从其他国家尤其是发展中国家攫取财富的能力上，这也构成大国之间开展货币竞争的经济动力。

第二节　汇率制度选择的国内政治过程

汇率是不同国家之间的货币兑换比率，汇率水平是多因素综合作用的结果。一国究竟采取固定汇率制度还是浮动汇率制度，不仅仅要考虑国家自身利益的最大化，还要综合考虑微观经济主体的汇率偏好以及不同利益集团之间的力量对比。

一、汇率与汇率制度

（一）汇率及其决定

不同国家之间货币的折算比率，称之为汇率（exchange rate）。汇率往往是以一国货币单位所表示的另一国货币单位的“价格”，因此又称汇价。汇率的标价方法有两种：直接标价法和间接标价法。前者是以一定数量的外国货币单位为基准，需用多少本国货币单位来表示，世界上绝大多数国家和地区都采用这一标价方法。例如 1 美元=6.135 0 元人民币。后者则是以一定数量的本币为基准，需要折合多少外国货币单位来表示。英国一直采用这一标价方法。例如：1 英镑=1.568 4 美元。由于美元是目前国际货币体系中的主导货币，因而世界各大金融中心大多采用美元标价法。在直接标价法下，汇率上升，意味着本币贬值，外币升值；汇率下降，意味着本币升值，外币贬值。而在间接标价法下，汇率的升降与本币的升值或贬值趋势是一致的。汇率决定是汇率理论中的核心问题，国内外学者从不同角度对此进行分析说明，形成了多种学说。

1. 金本位制条件下汇率决定机制

在金本位制条件下，由于各国货币都规定了含金量，因而两国货币含金量之比，即铸币平价或者金平价，构成两国货币之间的基准汇率。实际汇率围绕这一基准汇率上下波动。由于在金本位制条件下，货币可以自由铸造、自由熔毁，自由输出输入，当由于外汇供求变化所引起的汇率波动超过一定幅度时，贵金属铸币流通本身的制约机制就会发挥作用。如果实际汇率波动幅度超过运送和熔铸贵金属的费用，人们就不会再去购买外汇。也就是说，在金本位制条件下，黄金输送点决定了汇率波动的范围。即：市场汇率=铸币平价+输送黄金的相关费用。

2. 汇率决定的国际收支理论

汇率作为两种货币之间的比价，其变动取决于外汇市场的供求状况，而外汇供求状况又取决于国与国之间商品进出口和资本流出入所引起的债权债务关系。当流动性债权大于流动性负债时，外汇供给大于外汇需求，因而外汇汇率下跌。反之则会按照相反的方向变动。在 20 世纪 80 年代，美国学者 V. 阿尔盖建立了关于国际收支学说的理论模型。①

国际收支的均衡条件是经常项目差额等于资本项目差额。如用 C_a 表示经常项目差额，用 C_p 表示资本项目差额，则有：

$$C_a = X - M = f_1(Y_f, P_d, P_f, r) - f_2(Y_d, P_d, P_f, r) \quad (1)$$

其中，X 表示一国出口，M 表示一国进口，Y_d 和 Y_f 分别表示国内和国外国

① 参见黄达主编：《金融学》，中国人民大学出版社 2003 年版，第 166 页。

民收入，P_d和P_f分别表示国内外价格水平，r表示现汇汇率。

$$C_p=g\ (i_d,\ i_f,\ r_e-r/r) \tag{2}$$

其中，i_d和i_f分别表示本国和外国利率水平，r_e表示预期汇率。

故均衡汇率可以表示为：

$$r=h\ (Y_d,\ Y_f,\ P_d,\ P_f,\ i_d,\ i_f,\ r_e) \tag{3}$$

这说明影响均衡汇率的因素包括：国内外国民收入、国内外价格水平、国内外利率水平以及人们对未来汇率的预期等。但国际收支学说只是探讨了国际收支状况对汇率变动的影响，并未触及汇率决定的基础。

3. 购买力平价理论

购买力平价理论由瑞典学者卡塞尔提出。该理论认为，两国货币的汇率取决于两国价格水平之比。某种货币国内购买力的下降（表现为国内价格水平的上升）会引起该货币在外汇市场上的等比例贬值，而购买力上升则会引起相应的货币升值。如果用P_{US}表示在美国销售的一个基准商品篮子的价格，用P_E表示同一篮子商品在欧洲的价格，则购买力平价理论所预测的美元/欧元汇率就是：

$$E_{\$/\varepsilon}=P_{US}/P_E \tag{4}$$

认为汇率等于相对价格水平的观点，有时被称为绝对购买力平价。而相对购买力平价是指，在任何一段时期内，两种货币汇率变化的百分比将等于同一时期两国国内价格水平变化的百分比之差。绝对购买力平价反映的是两国价格水平和汇率水平之间的关系，而相对购买力平价说明的则是价格水平变动与汇率水平变动之间的关系。例如美国一年物价上涨10%，而欧洲只上涨了5%，相对购买力理论预测美元对欧元将会贬值5%。

购买力平价成立的基础是一价定律，该理论认为，在没有运输费用和官方贸易壁垒的自由竞争市场上，同样的货物无论在何国出售，其按照同一货币计量的价格是相同的。然而，由于国与国之间运输费用和贸易保护主义的客观存在、大量非贸易品部门（服务业和建筑业）的存在、商品市场上的垄断或者寡头行为，以及不同国家公布的通胀数据所依据的商品篮子的不同，使得购买力平价理论的准确性和科学性受到颇多质疑。

（二）汇率制度及其类型

汇率制度又称汇率安排，是指各国或国际社会就汇率的确定、维持、调整与管理的原则、方式、方法和机构等所做的系统规定。传统上，根据汇率变动的幅度，将汇率制度分为两类：固定汇率制度和浮动汇率制度。在金本位制和布雷顿森林体系条件下，世界各国普遍采用固定汇率制。在金本位制条件下，各国货币含金量之比即铸币平价或者金平价构成基准汇率，市场汇率围绕金平价在黄金输入点和输出点之间上下波动。而在布雷顿森林体系下，美元与黄金挂钩，各国货币与美元挂钩，实行可调整的固定汇率。各国货币对美元的汇率只能在一定范围内上下波动，若波动幅度超过规定的上下限，各国中央银行有义务进行干预，以维持汇率的基本稳定。

浮动汇率制则是在1971年和1973年美元连续两次贬值，固定汇率难以为继、布雷顿森林体系趋于瓦解条件下，多数资本主义国家改行的一种汇率制度。其基本特点是各国对汇价的波动不加限制，听任其随着外汇市场供求关系而涨跌；各国中央银行只是根据需要，自由选择是否进行干预以及将汇价维持在何种水平上。根据政府对汇率的干预程度，浮动汇率制又分为自由浮动和管理浮动。自由浮动是指一国政府不采取任何干预措施，完全听任汇率自由涨落（又称为清洁浮动）。在这种情况下，市场力量在市场出清的水平上决定货币之间的汇率。而管理浮动是指政府为保持汇率相对稳定，采取各种措施影响汇率波动的幅度（肮脏浮动）。管理浮动又可分为两种类型：单独浮动和联合浮动。单独浮动是指本国货币不与任何外国货币保持固定的汇率关系，而是根据外汇市场的供求单独浮动（日元、美元）。实行单独浮动必须具备较高的经济发展水平和拥有大量的黄金外汇储备等前提条件，其好处在于一国可按自身利益对汇率进行调整，而不必顾虑他国的汇率政策。联合浮动，又称蛇形浮动，是指国家集团内各国货币汇率实行固定汇率，规定汇率波动的上下限。当成员国之间的汇率差距超过规定的限度时，有关国家中央银行要进行干预。各成员国相互支持，对成员国以外的其他货币实行自由浮动，如1992年之前的欧洲货币体系（EMS）。

二、国家利益与汇率制度选择

（一）汇率变化对国家利益的影响

汇率变化会对一国国家利益产生诸多影响，这种影响主要包括以下几个方面：

1. 汇率与进出口

一国货币贬值能使本国生产的商品和劳务价格相对于其他国家的价格下

降，从而使本国商品在国际市场更有竞争力进而起到扩大出口的作用；同时也会使本国进口商品价格上升，使得本国市场对进口商品需求量下降进而起到限制进口的作用。汇率贬值到底能在多大程度上起到奖出限入的作用，还在相当程度上取决于进出口商品的需求和供给价格弹性。所谓弹性，是指商品供给和需求对价格变化的敏感度。当价格的微小变化能够引起需求量或者供给量的显著上升，则表明商品的需求和供给富有弹性。概括地说，如果进出口需求对汇率和商品价格变动的反应灵敏，即需求弹性大，那么，一国汇率的下降和相应降低出口商品价格，可以有效刺激出口数量的增加；同样，进口商品价格上涨，也可以有效抑制对进口商品的需求，从而减少进口数量。只有在出口商品需求价格弹性与进口商品需求弹性之和大于 1 的条件下（马歇尔-勒纳条件），汇率贬值才能起到改善一国国际贸易收支状况。此外，一国货币贬值要起到奖出限入的目的，还必须满足两个前提条件：（1）国内物价上涨的幅度必须低于汇率贬值的幅度；（2）贸易伙伴国不采取同等程度的贸易报复措施。

2. 汇率与物价

汇率变动在影响进出口的同时也会对一国国内的物价水平产生影响。从进口消费品和原材料来看，汇率下降必然引起进口商品在国内价格的上涨，进而形成所谓的输入性通货膨胀。至于其对国内物价总指数影响的程度则取决于进口消费品和原材料在 GDP 中的比例。反之，本币升值，在其他条件不变的情况下，进口商品价格有可能下降，从而对国内物价上涨起抑制作用。从出口商品看，汇率下降有利于扩大出口。但在出口商品供给弹性有限的情况下，出口扩大会导致国内市场对出口商品的抢购并进而抬高出口商品的国内收购价格，甚至有可能进而波及一国的物价总水平。

3. 汇率与资本流出和流入

由于长期资本的流动主要以利润和风险为转移，在利润较为稳定且风险较小的条件下，汇率变动对长期资本流动的影响相对较小。汇率变动对短期资本流动的影响较大。当存在本币对外贬值的预期时，国内外投资者就会将以本币持有的各种金融资产转兑成外汇，发生资本外逃现象；同时还会造成对外汇需求加大，进一步引发本币贬值。而在存在本币对外升值的预期时，投资者往往会增持以本币计价的各种金融资产，在引发资本内流的同时进而促使本币汇率的进一步上升，这是一种“自我实现的预言”。

4. 汇率与就业和产出

汇率变动既然能够对一国的进出口、物价和资本流出入产生影响，它也必然会对一国的就业和产出产生重要影响。比如，当汇率有利于刺激出口和抑制进口时，则会由于出口商品和进口替代品生产的增长而推动国内生产规模的扩大和就业水平的提高。而且出口导向部门和进口替代行业的利润增长，甚至会引起一国生产结构的改变。相反，汇率升值则会缩减本国的生产和就业水平。再比如，有利于资本流入的汇率，对于面临资本短缺的国家可以扩大生产规模和提高就业水平；而有利于资本流出的汇率，则可以缓解所在国的资本过剩，提高资本利用效率，进而促进经济发展。

（二）汇率制度选择与国家利益

很多学者认为，浮动汇率制不仅能自动保证汇率的弹性，还能为世界经济带来许多其他的好处。支持浮动汇率制的观点主要有以下三条理由：①

第一，货币政策的自主性。如果各国中央银行不再为固定汇率而干预本国外汇市场，各国政府就能够运用货币政策来达到国家内部和外部的平衡，并且各国不再会因为本国外部的因素导致本国出现通货膨胀或通货紧缩，从而保持本国货币政策的独立性。

第二，对称性。在浮动汇率制条件下，布雷顿森林体系所固有的不对称性消失了，美国不再能够独自决定世界货币状况。同时，美国也有与其他国家一样的机会来影响本国货币对外国货币的汇率。

第三，汇率具有自动稳定器功能。在世界总需求不断变化的情况下，即使没有一个有效的货币政策，由市场决定的汇率的迅速调整也能帮助各个国家实现内部和外部的平衡。在布雷顿森林体系下，汇率重新调整之前那段长时间令人痛苦的投机过程，在浮动汇率制下不会再出现了。

然而，两次世界大战期间以及布雷顿森林体系瓦解后世界各国实现浮动汇率制的实践，也使一些经济学家对浮动汇率制支持者的理由提出了质疑，并且认为浮动汇率制会给世界经济带来不利影响。反对浮动汇率制的理由主要有以下五条②：

---

① 参见［美］保罗·克鲁格曼、茅瑞斯·奥伯斯法尔德：《国际经济学》第五版，海闻、蔡荣、郭海秋等译，中国人民大学出版社 2002 年版，第 540—544 页。

② 参见［美］保罗·克鲁格曼、茅瑞斯·奥伯斯法尔德：《国际经济学》第五版，海闻、蔡荣、郭海秋等译，中国人民大学出版社 2002 年版，第 544—552 页。

第一，纪律性。各国中央银行从固定汇率的责任中解脱出来后可能会实施通货膨胀的政策，换言之，固定汇率制下要求各个国家服从的“纪律”不复存在了，各国可能利用本国货币贬值来实现以邻为壑的政策。

第二，导致不稳定的投机行为和货币市场的动荡。对汇率变动的投机行为可能导致国际外汇市场的不稳定，这种不稳定反过来又可能对各国的内部和外部平衡产生消极影响。而且，在浮动汇率下的国内货币市场的动荡比在固定汇率下更具有破坏性。

第三，不利于国际贸易和国际投资。浮动汇率使得国际相对价格变得更加无法预测，从而对国际贸易和国际投资产生不利影响。

第四，互不协调的经济政策。如果布雷顿森林体系中关于汇率调整的规则被废弃，就会为竞争性货币贬值打开方便之门，而这种竞争性货币贬值对世界经济会产生不利影响。正如在两次世界大战之间实行浮动汇率制时发生的那样，各国可能采纳一些毫不考虑利益相关国处境的政策。这最终会使所有国家都大吃苦头。

第五，更大自主权的错觉。浮动汇率制并不能真正给各国带来更大的政策自主权。汇率的不断变化给宏观经济带来了巨大影响，即使没有固定汇率的正式承诺，各国中央银行也不得不对国际外汇市场进行大量干预。因此，浮动汇率将增加经济中的不确定性，而没有真正给予宏观经济政策更大的自由。

尽管在20世纪70年代石油危机之后，美元与黄金脱钩，国际货币体系进入浮动汇率阶段。但是由于美国依然保持强大的经济政治军事实力，美元又是国际货币的“核心锚”，许多发展中国家尤其是亚洲国家，产业结构都是以制造业出口导向为主，因此在国际结算货币和汇率盯住目标的选择上都难以摆脱美元，普遍存在着“浮动恐惧”的现象，只有采取与美元实行固定汇率的机制，国际贸易和国际投资才能顺利开展。

三、利益集团与汇率制度选择

传统的汇率决定理论主要是从经济规模、要素流动性、通胀水平等宏观经济变量推断一国应该实行什么样的汇率制度，或在多大程度上偏离所谓的均衡汇率。这些宏观视角的汇率决定理论的一个基本特征是：政府是公正无偏的仲裁者，其汇率政策制定追求的目标是社会福利的最大化，而微观经济主体只能被动地接受政府认为“合意”的汇率水平与自上而下的汇率政策安排。微观经济主体对汇率政策的理性预期、政策偏好及其主观能动性则被视而不见。① 但如果考虑政治环境的动态变化，汇率运动将会被更好地理解。政治主要通过两种途径影响汇率：一是通过政治导向的政策影响宏观经济的关键变量，比如，在位总统为了赢得选举采取短期性刺激政策；或者中央银行通过积极干预货币市场对政治驱动的财政行为作出反应。二是通过投资者对选举过程中政策变化的不确定预期影响汇率。这里拟从微观经济主体、利益集团、国内和国际双层博弈的顺序梳理政治因素对汇率的影响及其途径。

（一）微观经济主体对于汇率水平和弹性程度的偏好

从图 4-1 可以看出，出口导向型贸易品生产者和进口替代部门更趋向于汇率贬值。因为对于前者而言，本币贬值会提高出口商品在国际市场的竞争力，从而起到扩大出口的作用；而对于后者而言，本币贬值将会使进口品国内价格上升而导致其需求下降，从而将一部分市场拱手让给进口替代部门。对外投资者与非贸易品和服务提供者则希望本国货币保持强势。因为对于投资者而言，本币强势则意味着同样的本币可以折算成更多的外国股权；而对于非贸易品和服务提供者而言，本币升值将扭转非贸易品和贸易品的国内相对价格水平。

对汇率弹性的偏好程度

对汇率水平的偏好程度	低	高
低	A.出口导向型贸易品生产者	B.国内可贸易进口替代品
高	C.对外投资者	D.非贸易品和服务提供者

图 4-1　开放经济条件下微观主体的汇率偏好组合②

另一方面，根据蒙代尔-弗莱明模型，在资本自由流动的条件下，政策制定者只能在货币政策的独立性和固定汇率两者之间选择其一。出口导向型贸易品生产者和对外投资者更偏好于固定汇率，而对国内货币政策的独立性和国内宏观经济状况（如物价水平）漠不关心。因为固定汇率有利于其贸易和对外投资的决策和核算。而进口替代部门和非贸易品提供者的利益与汇率弹性并无直

① 参见刘涛、金洪飞：《汇率政治经济学研究：一个文献综述》，《世界经济文汇》2012 年第 1 期，第 106—120 页。

② J. A. Friden, "Invested Interests: The Politcs of National Economic Politics in a World of Global Finance", *Interenational Organization*, Vol. 45, No. 4, 1991, pp. 425—451.

接关联，更关注国内经济环境，特别是国内通货膨胀水平，而更倾向于接受较高的汇率弹性。

（二）利益集团对汇率政策的影响

汇率从来都不仅仅是客观经济因素的价格反映，它天然具有货币问题所具有的政治经济学含义，这是因为汇率反映了货币跨越国境的权力，因此国际货币问题不可避免地涉及政治。传统的汇率决定理论从长期来说或许能很好地解释货币之间的兑换趋势，但对于短期波动而言，则很难作出合理的解释。一些学者的研究表明，经济因素对汇率变动的影响更为持久，而政治因素对于解释汇率的短期波动则更具有说服力。从这一角度，汇率也就成了各种利益集团以及国家之间争夺利益资源的政策工具，而汇率的形成也直接反映了政治博弈的结果。对于汇率工具的运用，不仅在固定汇率制下是一种“理所当然”，在浮动汇率制下也是“家常便饭”，不过后者更具有隐蔽性和技巧性。在浮动汇率制下，无论利益集团还是政府都依然拥有大量可以影响汇率变动，尤其是造成某种心理预期的手段，包括制造新闻舆论，建立某种似是而非的因果联系；威胁进行贸易报复，迫使对方作出让步，动用其他包括外交甚至军事制裁等手段达到自己的目的等。汇率制度的选择和调整，其本质是对社会资源的一种再分配和再配置，必然会影响各个利益集团之间的利益分配。为了实现自身利益的最大化，各个利益集团会通过自己参与或者通过影响政策决策者的行为对汇率制度的选择和调整进行博弈。

在西方代议制政体下，利益集团对政府汇率政策的影响渠道主要有：（1）提供政治献金、许诺为政府官员离职后安排“位子”等货币和非货币回报；①（2）行业中巨头企业的口头威胁也是施加压力的手段之一；（3）面向公众的舆论宣传和广告攻势；（4）更一般的情形是让政府自觉意识到某些行业的重要性。

从汇率制度选择的角度，一些学者采用宏观经济和结构变量、制度变量、利益集团变量和政治变量对拉丁美洲的汇率政策的影响因素进行了实证分析，发现政治经济因素的确对汇率机制的决定有重要影响。其中，得到立法部门强烈支持的政府会倾向于选择固定汇率制度；制造业比重大的经济体更倾向于采

---

① 亦即所谓的“旋转门”现象，是指政府决策层或者规制者在其退休之后到其决策所影响的行业部门或者被规制对象所在的部门就业，这实际上是规制者和被规制者之间的一种变相的利益输送，目的在于获得政府的决策或者规制政策更有利于所在的行业或部门。

纳浮动汇率制度或者有限浮动汇率制度；在贸易自由化时期，制造业部门对汇率制度的影响更加明显；一些重要政治事件，例如选举和政府换届会影响名义汇率和实际汇率，具体来说，在选举之前，汇率贬值会推迟，当新政府开始执政时，就会立即出现贬值。

政府规制的俘获理论认为：规制的提供正是适应产业对规制的需求，而且规制机构也逐渐被产业所控制。该理论的基本观点是：不管规制方案如何设计，规制机构对某个产业的规制实际是被这个产业"俘获"，其含义是规制提高了产业利润而不是社会福利。政府规制与其说是为了社会公共利益的目的，毋宁说是特殊利益集团寻租的结果。或许在某些时候，政府规制会给一般公众带来一些有益的因素，但这并非政府规制实际的初衷，它充其量不过是规制的意外结果而已。[①] 斯蒂格勒分析表明，生产者对立法过程的影响较之消费者有明显的优势，这是因为企业数量更少，并且企业可能比它们的消费者有更多同质性，花费较少成本即可组织起来。由于企业数量少于消费者，企业的平均收入高于强加给消费者的人均损失，因而生产者比消费者具有更强的行动激励。所以最后的规制结果必然是有利于生产者，生产者总能赢。[②] 佩尔兹曼进一步完善了斯蒂格勒的理论，并将其进一步格式化、正式化，证明了最优规制价格总是处于净利润为零时的竞争性价格与产业利润最大化的垄断价格之间。由此得出结论：立法者、规制者不会将价格设定为使产业利润最大化得以实现的价格。规制者力求在生产者和消费者之间取得一种微妙的政治平衡。而贝克尔则从利益集团之间的竞争角度进行研究，认为规制活动是由每个集团的相对影响力来决定的，规制主要是用来提高更有势力或更有影响的利益集团的福利。还有的学者将贸易品和非贸易品部门的汇率偏好引入政治周期模型得出结论认为，在一个非贸易品从业人员占人口多数、但贸易品部门主要承受税收压力的国家，执政党为了赢得竞选，往往在选举前通过本币升值以迎合非贸易品部门的利益，而一旦获得连任，则会在选举结束后通过本币贬值以讨好贸易品部门。对于中国而言，由于直接或者间接在出口部门就业的劳动力占到整体劳动力就业的 1/4 左右，而且，由于我国整体出口商品国际竞争力不强，出口行业利润对人民币汇率的依赖程度过高，政府在制定汇率政策的时候，为了尽可能

① 参见肖兴志：《规制经济理论的产生与发展》，《经济评论》2002 年第 3 期，第 67—69 页。

② George Stigler, "The Theory of Economic Regulation", *The Bell Journal of Economics and Management Science*, Vol. 2, No. 1, 1971, pp. 3—21.

扩大就业并在此基础上维持社会稳定，通过各种政策手段尽可能化解人民币不断升值的压力成为政府的不二选择。

（三）双层博弈视角下的政府间汇率竞争与合作

双层博弈（two-level games）理论，揭示了国际冲突与合作事件背后往往交织着复杂的国内利益博弈这一事实，提出国际谈判应被理解为两个层面的博弈：（1）在国内层面，存在着各个利益集团相互之间，以及政府和利益集团之间的博弈，每个利益集团都会出于自身利益最大化的考量尽可能影响政府的决策过程。（2）在国际层面，则是政府进行国家间的利益博弈，他们总是最大限度维护本国强势利益集团的利益诉求。国内不少学者利用这一双层博弈框架对中美汇率博弈现象的研究结果也表明，美国国内的制造业行业协会、工会组织等利益集团的游说活动在很大程度上左右了美国的汇率外交；而中国的汇率决策也同样是国内各种政治经济利益平衡的产物。还有学者从国际政治经济学的角度对人民币汇率升值的争论进行了解释。首先，国际政治力量的干预使得人民币汇率变动有悖于经济运行的基本现实，因而存在着单向升值的悖论；其次，美国在人民币升值的进程中发挥着主导作用，其参众两院针对人民币汇率而提出的议案是人民币升值的直接导火线；最后，包括利益集团、选举周期和政党派系等因素在内的国际政治力量确实促进了人民币汇率的升值，同时也加快了人民币升值的进程。①

第三节　金融危机与国际政治合作

国际资本市场的发展、资本跨国流动规模的不断扩大与流动速度的不断提高，使得各国之间的货币与金融联系日益密切，在某一国家或者某一经济体出现的金融与债务危机很快便会传播到其他国家或者经济体，从国内、区域的金融与债务危机发展为全球性金融与债务危机。当代国际金融危机是多种因素共同作用的结果，但现有的国际金融组织及其相关制度安排存在的缺陷和不足是重要原因。如何有效预防和控制国际金融危机对国际经济和国际关系带来的消

---

① 参见李子联：《政治与汇率：人民币升值的政治经济学分析》，《世界经济与政治》2011 年第 9 期，第 136—147 页。

极影响已经成为国际社会共同面临的问题，需要各国共同努力，强化金融监管的国际合作，共同推进国际货币体系改革和新国际货币体系的形成。

一、国际资本市场与金融危机

（一）概念界定及解释

全球化背景下，资本跨国或者跨境流动已经成为资源跨国或者跨境配置的重要方式，资本流动是国际资本市场形成和发展的前提条件，没有资本跨国或者跨境流动就不可能有国际资本市场的形成和演变。国际资本市场与国际货币市场已经成为国际金融市场的主要组成部分和主要类型。

这里，国际资本市场是指利用各种金融工具对各种金融产品进行长期跨国（跨境）交易的跨国金融市场组织、规则体系及相关场所的统称。国际货币市场则是指利用各种金融工具进行短期跨国（跨境）金融产品交易的金融市场组织、规则体系及相关场所的统称。事实上，长期与短期是一个相对的概念，一般把期限超过一年的跨国（跨境）金融交易称为长期跨国（跨境）金融交易，把期限短于一年的跨国（跨境）金融交易称为短期跨国（跨境）金融交易，长期跨国（跨境）金融交易形成国际资本市场，短期跨国（跨境）金融交易形成国际货币市场。当然，国际货币市场与国际资本市场密切相关，不能截然分开，彼此相对于对方而存在，两者存在相互转化的可能性。根据金融工具与金融产品的差异差别，我们还可以把国际资本市场细分为国际债券市场、国际股票市场、国际中长期信贷市场及国际中长期金融衍生品交易市场等多种类型。国际货币市场上交易的主要金融工具和金融产品包括短期信贷业务、可转让定期存单、商业票据、银行承兑汇票等，其中短期信贷业务又涉及银行短期信贷业务和银行同业拆借业务。

金融危机是国际社会中的重要政治经济现象，对当代国际关系产生着重要而深远的影响。这里，金融危机是一国或者一个地区出现急剧的货币贬值、大规模的债务违约、大范围的银行及相关金融机构破产倒闭的社会现象的统称。根据不同标准，可以把金融危机区分为不同的类型。根据发生危机的金融领域不同，可以把金融危机区分为货币危机、政府债务危机、银行及企业信用危机等不同类型。根据发生地和影响范围，可以把金融危机区分为国内金融危机、区域金融危机与国际金融危机。随着经济全球化和区域经济一体化程度的不断提高，国际金融危机越来越成为金融危机的主要类型。

国内金融危机是指在一国或者某一经济体内出现的金融危机，例如2009年出现的迪拜主权债务危机、2014年12月出现的俄罗斯卢布危机。区域金融危机是指在少数国家或者经济体发生的金融危机，例如1997—1998年最早在泰国出现并迅速蔓延到东南亚多个国家的东南亚金融危机、2010年最早在希腊出现并迅速蔓延到欧洲其他国家的欧洲主权债务危机等。国际金融危机则是指在全球大多数国家或者经济体发生的金融危机，例如1929—1933年出现的国际经济与金融危机、2008年最早在美国出现并迅速蔓延到全球主要经济体的国际金融危机。

国际资本流动（international capital flow）是指资本在不同国家或者地区之间的单向或多向转移、配置与再配置。一般而言，国际资本流动主要指货币或者金融资本的跨国转移与配置。国际资本流动涉及大量的跨国货币与金融交易活动，例如国际信贷安排、国际援助、国际投资、国际债权债务增加变动等多方面的内容。根据不同标准，可以把国际资本流动区分为不同类型。根据持续时间长短，可以把国际资本流动区分为短期国际资本流动与长期国际资本流动，一般把持续时间在一年之内的国际资本流动称为短期资本流动，把持续时间超过一年的国际资本流动称为长期资本流动。国际资本流动是多种因素共同作用的结果，对国家之间的政治经济关系产生影响。

（二）国际资本市场形成的政治条件与经济动因

国际资本市场的形成与发展是多种因素共同作用的结果，但政治与经济是关键影响因素。

国际资本流动是国际资本市场形成的重要条件。国际资本流动必须在一定的政治条件下进行，存在着内在的经济激励和外部约束条件。国际资本流动的政治条件包括三方面内容：一是政治权利许可，资本跨国流动得到相关国家、地区或者相关组织的政治权利认可，包括资本流出国、资本流入国、利益相关国和相关国际组织的政治许可；二是政治利益均衡，国际资本流动只有在不损害相关各方政治利益并可能带来递增政治利益的条件下才可能发生，资本跨国流动会对相关国家、地区、国际组织的政治资源和政治权力配置产生影响，影响到相关国家、地区、国际组织的政治生态系统，导致政治利益的调整与配置，只有相关政治利益主体的利益达到某种程度的均衡状态，国际资本流动才可能发生；三是政治预期可行，无论是资本流出国还是资本流入国，预期资本流动可能带来政治递增收益或者至少不会带来政治利益损失。国际资本流动还必须具备一定的经济条件，也就是资本跨国流动有经济动因。国际资本流动的经济动因主要包括三个方面：一是追求资本利得和投资收益，也就是资本所有者通过跨国或者跨境资本转移与再配置活动增加收益；二是规避汇率风险，也就是规避因为汇率变动给资本所有者带来的经济风险；三是规避通货膨胀和利率风险，也就是规避因为通货膨胀和利率波动导致的经济风险。

国际资本市场的形成与发展也必须具备一定的政治与经济条件。国际资本市场形成与发展的政治条件包括三方面的内容：一是稳定的政治环境，金融工具的市场交易特别是长期市场交易活动必须在稳定的政治环境下进行，参与金融工具交易的任何行为体都需要一个稳定的政治环境以降低交易的政治风险；二是成熟的政治制度，如果政治制度不成熟则必然导致政治动荡和政权不稳定，增加资本市场交易风险，也难以稳定资本交易预期；三是规范的法规体系、组织机构和相关制度安排，资本市场交易需要一个成熟、高效和有序的市场秩序特别是金融市场秩序，一个规范有序的法规体系、组织机构和制度安排是成熟市场秩序特别是金融市场秩序的基础。国际资本市场的形成与发展还必须具备一定的经济条件，主要包括三方面：一是资本跨国自由流动，如果资本不能够跨国流动，则跨国资本需求者和供给者不能够进行资本市场交易；二是资本跨国供给与需求，如果没有跨国资本需求，则国际资本市场的形成缺乏推动和引导力量，如果没有跨国资本供给，则国际资本市场的形成缺乏推动和促进力量；三是稳定的市场交易环境和交易秩序，没有成熟稳定的市场交易秩序和交易环境，则难以降低资本跨国交易成本和风险，也不可能吸引大量的国际资本参与市场交易活动。

（三）国际资本市场、国际资本流动与金融危机

国际资本市场、国际资本流动与国际金融危机之间存在着密切的相关关系。国际资本流动是国际资本市场形成的必要条件，也是导致金融危机跨国传播的重要推动力量，国际资本市场的发展变化又影响国际资本流动规模与范围、金融危机的国际影响效应。国际资本市场、国际资本流动与国际金融危机之间存在着如下两方面的关系。

第一，国际资本流动是国际资本市场形成和发展的前提和基础，也是金融危机跨国传播的主要媒介和推动力量。如果资本不能够跨国流动，国际资本市场就成为“无源之水、无本之木”。没有资本跨国流动，就没有国际资本市场。国际资本流动规模及其变化直接影响国际资本市场的规模及变化，国际资本流

动规模越大，则国际资本市场交易规模也越大，反之亦然。国际资本流动速度越快，则国际金融市场交易频率、效率也越高。一国或者某一经济体的金融危机，可以通过国际资本市场交易与国际资本流动向其他国家或者经济体传播，形成区域性或者全球性的国际金融危机。

第二，国际资本市场、金融危机也影响国际资本流动。表现在四个方面：一是国际资本市场影响国际资本流动的规模与速度，国际资本市场规模越大则越能够引导资本跨国流动，国际资本市场交易和资本配置效率越高，则越能够促进资本跨国流动速度的提高；二是国际资本市场地理区位影响国际资本流动的地理方向和空间分布，因为国际资本市场交易中心大多分布在西方发达国家，国际资本流动仍以发达经济体为主；三是国际资本市场交易方式、交易结构直接影响国际资本流动方式和流动结构；四是金融危机影响国际资本流动的方向，金融危机引起的不确定性、风险与资本收益差会导致一些国家或地区的资本向其他国家或地区转移。

简言之，国际资本流动规模、方向与结构直接决定国际资本市场规模、地理区位和结构，国际资本市场规模和结构也直接影响资本跨国流动规模和结构，国际金融危机是国际资本市场发展和资本跨国流动的产物，三者之间存在着密切的互动影响关系。

二、金融危机与国际金融组织

（一）金融危机产生的国际政治与经济背景

金融危机是在一定的国际政治与经济背景下形成和演变的，特别是区域性和国际性金融危机更是国际政治与经济演变的结果。

金融危机产生与演变受到国内和国际政治因素的深刻影响。如果一国内部出现金融危机，则表明该国国内政治结构和治理模式存在着某种缺陷或者不足，导致该国的企业信用、政府信用或者主权信用下降到一定程度并最终出现大规模的信用违约现象。区域性金融危机的发生，则表明出现金融危机的多个国家或者经济体存在着相同的政治结构和治理模式缺陷，或者彼此之间的政治关系和区域政治治理安排不足以防止大规模信用违约的出现。国际金融危机的出现则表明全球政治治理结构和模式存在着缺陷，不足以控制大规模信用违约在全球范围的扩散。金融危机产生有着深刻的制度与政治原因，主要表现在三个方面：一是金融投机与信用违约行为的制度约束弱化，金融市场上的投机行为和系统性信用风险缺乏有效的制度约束；二是政府对金融市场监管失效，存在着阻碍金融市场有效监管的政治利益集团；三是治理金融投机与信用违约的国际合作机制的政治基础薄弱，国际社会的政治冲突与利益矛盾阻碍了金融危机全球公共治理机制的构建与有效运行。

金融危机是在一定经济运行背景下出现和演变的，其本身就是一种特殊的经济现象。金融危机发生的经济动因，主要表现在三个方面：一是一国或者多国的企业特别是银行或者非银行金融机构经营状态恶化，当企业债务积累到一定程度，出现大规模的企业信用与债务违约现象，便出现企业或者银行信用危机，也就是企业信用特别是银行信用违约导致的金融危机，例如2007年在美国出现的次级贷款危机。二是一国或者多国的政府预算收入不足以抵偿政府支出和政府债务，当政府预算收支不平衡或者赤字积累到一定程度，出现大规模和破坏性的政府债务违约现象，便出现政府债务危机也就是政府信用违约导致的金融危机，例如2010年出现的欧洲主权债务危机。三是以一国的主权信用作为担保的金融交易活动或者金融工具配置，当该国主权信用不足或者主权信用下降到一定程度导致与主权信用相关的金融交易或者金融工具出现大规模的信用或者债务违约现象时，主权债务危机即国家信用违约导致的金融危机便会发生，例如2009年出现的迪拜主权债务危机。

（二）国际货币基金组织成立的政治经济背景及影响

国际货币基金组织是一个政府间国际金融组织，是“二战”后为了维护国际金融秩序而创立的国际组织，该组织是根据1944年7月在美国新罕布什尔州布雷顿森林举行的联合国与联盟国家国际货币与金融会议上签订的《国际货币基金协定》，于1945年12月27日在美国华盛顿成立的。该组织于1947年3月1日起正式运作，1947年11月15日正式成为联合国的一个专门机构，目前有189个会员国（截至2017年4月30日）。该组织与同时成立的世界银行同为目前国际社会最主要的两大国际金融机构。国际货币基金组织、世界银行与世界贸易组织已经成为“二战”后国际经济、贸易与金融秩序的三大制度基础。该组织宣称的目标为促进全球货币合作、金融稳定、为国际贸易提供便利、促进就业与可持续的经济增长并降低全球贫困。

国际货币基金组织成立的主要目标是稳定“二战”结束后的国际货币与金融秩序，特别是稳定战后的国际汇率体系、促进战后世界经济与金融重建。国际货币基金组织的成立结束了“二战”以前的国际金融不稳定和混乱局面，成为战后布雷顿森林体系的重要支柱。国际货币基金组织的成立与发展是特定历史条件下国际政治经济格局演变的产物。“二战”结束后，德国、意大利和日本成为战败国，英国和法国也遭到重创，这些国家的国际政治与经济地位都存在不同程度的下降，美国经济实力和政治影响力持续上升，美元国际地位也持续上升，为以美元为主要储备货币的国际货币体系的构建和形成创造了国际政治与经济条件。国际货币基金组织的成立，为战后国际货币与金融秩序的建立和稳定创造了国际组织条件，促进了战后世界经济的恢复与发展，特别是欧洲和日本战后经济的恢复和发展。

国际货币基金组织作为全球最主要的国际金融机构，对世界经济和政治都产生着重要影响，主要表现在三个方面：一是该组织促进了战后国际货币与金融秩序的构建，促进了战后国际货币与金融市场的稳定，成为推动国际贸易与世界经济稳定发展的重要力量。二是该组织在促进全球货币与金融市场稳定的同时，已经成为欧美和日本等发达经济体影响和干预国际货币与金融秩序的主要组织工具。以欧盟、美国和日本为代表的西方发达经济体成为该组织的主要控制者和既得利益者，自该组织成立以来，该组织的主要负责人大都由欧洲人担任，新兴和发展中经济体在该组织中的份额和投票权比重相对较低。三是该组织也为广大发展中国家和新兴经济体的国际收支平衡和经济发展提供了可能的投融资工具、市场及相关制度安排，同时也对一些发展中国家与新兴经济体的货币主权与金融稳定产生了消极影响。

（三）金融危机与国际货币基金组织的相互关系

国际货币基金组织成立以来，国际社会出现了多次金融危机，金融危机与国际货币基金组织之间存在着相互作用与相互影响。自国际货币基金组织成立以来，国际社会先后经历了多次经济与金融危机，例如20世纪60年代出现的美元危机，1973年中东战争、石油危机引发的西方国家经济危机，1987年美国华尔街黑色星期一金融危机、1982年拉美债务危机、1994—1995年墨西哥金融危机、1997—1998年东南亚金融危机、2008年由美国次贷危机引发的国际金融危机、2009年迪拜主权债务危机、2010年欧洲债务危机、2014年12月俄罗斯出现的卢布贬值危机等。一方面，国际货币基金组织成立以来国际社会频繁出现各种类型的金融与经济危机，表明该组织在预防和控制金融危机方面存在着诸多缺陷和不足。另一方面，金融危机的出现和治理又推动了国际货币基金组织的改革。

第一，国际货币基金组织应对金融危机存在诸多缺陷。金融危机的不断出现显示国际货币基金组织存在内在缺陷。国际货币基金组织作为一个政府间国际金融组织，维护国际货币与金融市场的稳定是其成立的重要宗旨，也就是预防和控制金融危机是其重要职责，但它不能够实现成立之初的预定目标，主要原因有三：一是该组织治理结构存在着不平衡和不公平性，以美国、欧盟和日本为代表的发达经济体占有该组织的最大份额和最多投票权，广大发展中国家和新兴经济体的份额和投票权不足，严重弱化了该组织的代表性；二是该组织平衡国际收支的金融工具不足，虽然在 1969 年的年会上创设特别提款权（Special Drawing Right，SDR）作为储备资产和记账单位，但始终摆脱不了储备资产不足和金融工具有限的困境；三是该组织的运行效率低下，因为要协调多方面的利益关系特别是发达经济体之间的各种利益关系，而且美国占有份额过高和投票权过大，导致一些重要的方案如果得不到美国的支持便不能够通过和实施，严重影响了该组织的运行效率和公平性。

第二，金融危机不断发生推动国际货币基金组织的改革。金融危机的不断发生，一方面暴露了国际货币体系特别是国际货币基金组织存在的内在缺陷和不足，另一方面也迫使各个成员国或者利益集团推动该组织不断变革以适应新的国际经济环境。例如，20 世纪 60 年代为了应对美元危机和“特里芬难题”，国际货币基金组织创设了特别提款权作为新的国际储备资产和记账单位以应对美元作为国际储备资产的不足。2008 年最早在美国出现并迅速蔓延到全球的国际金融危机推动国际货币与金融治理体系的不断改革与完善，促使二十国集团（G20）逐渐替代七国集团（G7）承担全球经济治理中的部分职能，共同应对国际金融危机，推动了国际货币基金组织的改革。

简言之，金融危机与国际货币基金组织之间存在着相互影响关系，金融危机的不断出现，表明国际货币体系及其主要构成部分的国际货币基金组织存在着诸多缺陷和不足，金融危机又成为推动国际货币基金组织改革的重要力量。

（四）金融危机治理与国际金融组织改革

如何预防和有效控制金融危机带来的风险和消极影响是国际社会共同面临的重要任务，需要对以国际货币基金组织为代表的国际金融组织进行必要的改革，才能够适应国际经济与政治格局的变化，实现其稳定国际货币与金融市场的目标。

金融危机治理和国际金融组织改革紧密相关，国际金融组织改革是治理金融危机特别是国际金融危机的重要途径，金融危机风险控制与治理机制构建及改进能够推动国际金融组织的改革进程。为了提高预防和控制金融危机的能力，国际金融组织需要在两个方面推进改革：一是根据世界经济发展的新格局，调整国际金融组织特别是国际货币基金组织的份额结构和投票权结构，增加以中国为代表的新兴经济体和广大发展中国家的份额和投票权，增加国际金融组织的代表性和公平性；二是改革国际金融组织特别是国际货币基金组织的组织机构，提高组织的决策与运行效率，与国际货币基金组织和世界银行等国际金融组织创立之初相比，目前的国际货币与金融市场规模更为庞大、组织体系更为复杂，产生系统性与非系统性风险的因素更为复杂，如果不能够提高组织的决策、运行与执行效率，则不可能有效预防和控制金融危机及其所带来的风险。

如何对金融危机进行有效治理并以此为途径推动国际货币体系改革特别是国际金融组织改革，是国际社会在未来相当长时间内需要解决的问题，需要在两个方面做出努力：一是改革不合理的国际货币体系，增加新兴经济体和发展中国家的话语权，提高国际社会应对金融风险特别是国际金融风险的能力；二是加强各国在货币与金融领域的国际合作，提高各国对国际资本市场的监管能力，促进全球国际货币与金融市场监管体系的构建与完善，推动全球金融风险预防与控制体系建设。

三、金融监管的国际合作

（一）金融全球化及政治经济影响

这里，金融全球化是指人类金融活动全球范围扩展与金融资源全球范围配置的统称。金融全球化涉及六方面的内容：一是人类金融活动特别是金融交易活动由国家、地区向全球范围扩展；二是金融资源、金融工具与金融产品由国内和区域内配置向全球范围内配置转变；三是金融产品与金融交易规则在全球范围内由不统一向统一转变；四是金融工具与金融交易产品价格及其变化在全球范围内由差异向趋同方向转化；五是金融市场由国家、区域分割向全球一体化金融市场转化；六是国内与区域金融交易中心由分散向全球联网转变。金融全球化是经济全球化的重要构成部分和核心基础，没有金融全球化就没有经济全球化，金融全球化能够为经济全球化创造金融市场条件和基础。

金融全球化对国际社会的政治与经济活动产生了深远影响，深刻地改变着人类国际政治经济活动与国际政治经济格局。金融全球化对国际经济的影响主要表现在四个方面：一是资本在全球范围内流动给单一国家或经济体产生聚集与扩散效应，降低资本全球流动成本的同时增加了资本流动的全球风险；二是金融交易工具与金融产品价格的全球趋同深刻地改变着国际分工与合作的模式，导致产业跨国配置与跨国转移；三是全球货币与金融市场的形成，引导经济资源的全球配置，促进全球资源与产品市场的一体化；四是金融机构网络化与全球化分布导致全球性的资本并购活动，促进金融机构与非金融机构的相互竞争与合作。金融全球化对国际政治的影响主要表现在三个方面：一是全球金融活动对一国政治活动的影响程度加深，全球金融因素更多渗入政治决策和相关政策的制定及实施；二是不同国家之间的宏观政策特别是宏观货币政策通过全球金融市场相互影响，跨国资本流动影响与改变着各国不同社会阶层和政治利益集团的利益结构、政治利益偏好和政治预期；三是全球金融活动不仅改变一国或者一个地区内部的政治权力结构与政治利益关系，还深刻地影响国家之间的政治与外交关系，政治金融化与金融政治化两种社会现象同时存在。

（二）金融危机对国际关系的影响

金融危机的发生与演变深刻地影响甚至改变着国际关系的内容与结构，不仅影响国际政治与外交关系，还影响国际经济与金融关系。具体而言，金融危机对国际关系的影响表现在如下几个方面。

第一，金融危机影响国际政治与外交关系。金融危机的出现表明现有的政治体制和政治结构存在着缺陷和不足，特别是金融事务治理能力和监管体系存在缺陷和不足。为了应对金融危机，国内政治与国际政治都会做出反应。由此影响国际政治与外交关系，表现在两个方面：一是金融危机引起一国国内不同政治利益群体或者集团的政治利益和政治偏好变化，导致社会各阶层的政治利益关系调整，进而改变一国国内的政治权力结构，引起一国对外政策调整，进而影响国家之间的政治与外交关系；二是金融危机对国家之间的政治关系产生冲击和影响，导致现存国家之间政治与外交关系的调整，因为金融危机会改变不同国家的政治利益关系和政治偏好，金融危机可能给一些国家带来政治利益的同时也可能损害另外一些国家的政治利益，金融危机还可能改变一些国家的政治偏好和政治预期，促进国家之间政治与外交关系的调整与重构。

第二，金融危机影响国际经济关系。金融危机对国际经济关系的影响表现在三个方面：一是金融危机冲击现存国际贸易关系，金融危机可能冲击影响国家的进出口商品结构，导致国际贸易规模、商品结构与贸易方式的改变与调整。例如受到金融危机严重冲击的国家的进口能力必然下降，导致该国缩减进口，消费者收入水平的下降使得消费者调整自己的消费偏好和消费结构进而影响国际贸易商品结构和贸易方式。二是金融危机冲击现存的国际货币与金融关系。受金融危机冲击最为严重的国家会出现货币贬值和货币信用下降，其在国际货币与金融市场上的融资能力会下降，融资成本和风险上升；受金融危机冲击和影响相对较小，或者没有受到金融危机冲击与影响的国家或者经济体的货币可能升值和货币信用上升，由此改变国际货币与金融关系。三是金融危机冲击与影响国家之间的经济地位、国际分工与合作关系，有可能弱化部分国家或经济体的经济地位和在国际市场上的竞争力，强化另外一些国家或经济体的经济地位和市场竞争力，促进现存国际合作与分工格局的改变与调整。

简言之，金融危机直接影响国家之间的政治关系与经济关系，促使现存国际政治关系与经济关系的改变与调整，进而影响国际政治经济格局与秩序的调整与变革。

（三）金融全球化风险与金融监管国际合作

金融全球化必然导致资本跨国流动规模不断扩大，资本流动速度不断加快，对国际金融市场产生较大的冲击与影响，也给金融监管带来挑战与风险。一般而言，金融监管是指一国政府部门特别是中央银行或者货币当局对从事金融活动的银行或者非银行金融机构及其从事的金融业务进行监督和管理活动的统称。金融监管的主要目的是维护金融市场的稳定运行和降低金融交易风险。

金融全球化给一国或者一个地区的政府部门对金融机构与金融活动的监管带来多方面的冲击与影响，增加了监管风险。这里，金融全球化导致的监管风险是指在金融全球化背景下各国金融监管部门不能够对金融机构与金融活动进行有效监管导致的不确定性和风险，主要表现在五个方面：一是监管覆盖不到位导致的监管敞口风险，金融全球化使得一国的金融监管部门不可能对所有的金融机构与金融业务进行全覆盖监管；二是监管工具与手段不足导致的监管技术风险，金融全球化的过程也是一个金融工具、金融产品与金融制度不断创新的过程，一些新的金融机构、金融工具与金融产品的出现，使得传统的监管工具和手段失效；三是监管制度不健全导致的监管制度风险，金融全球化导致的新兴金融活动、金融工具与金融产品大量出现，传统的监管制度难以满足监管需求；四是监管主体缺位导致的监管缺位风险，金融全球化作为经济全球化的重要内容，伴随金融市场规模的扩大和资本跨国流动速度的提高，一些金融机构、金融活动、金融产品和金融业务可能找不到相应的监管机构，出现监管者缺位现象；五是国际协调与合作缺陷导致的国际监管合作不足风险，金融全球化的一个重要特征便是金融机构的全球化与金融业务的全球化，仅仅依靠一国或一个地区的金融监管机构很难进行全方位监管，需要金融监管领域的国际合作，但金融监管的国际合作往往落后于金融全球化的进程。

金融全球化及其产生的金融监管风险，给各国的金融监管部门提出了挑战，仅仅依靠某一国家或地区的单一金融监管部门难于对金融部门及相关金融活动进行有效监管，金融监管的国际合作成为必然选择。金融监管的国际合作，是指在金融全球化背景下各国金融监管部门之间相互协调配合、分工合作对跨国金融机构、跨国金融活动与跨国金融业务进行监督管理。

在金融全球化背景下，金融监管的国际合作成为国际社会有效预防与控制金融危机及其风险的重要措施。金融监管国际合作主要通过三种途径实现：一是各国监管部门之间的分工合作与协调配合，对跨国金融机构与金融业务进行无缝隙监督管理；二是各国在金融监管规则和制度安排方面相互协调配合，构建全球统一的金融监管规则及其制度体系，促进各国之间的监管规则与制度的对接与相互协调；三是各国共同组建跨国金融监管协调组织，在全球范围对各国的金融监管设施和资源进行优化配置，提高全球金融监管效率。

第四节 国际货币体系与中国

现存国际货币体系由西方发达国家推动形成和主导，存在着诸多缺陷和不足，不利于广大发展中国家特别是以中国为代表的新兴国家维护自身的货币与金融利益。国际社会存在着推动国际货币体系改革、构建新的国际货币体系的内在经济与政治动因。中国作为全球新兴经济大国，特别是作为全球主要货物贸易大国、制造业大国和新兴大规模开放经济体，已经成为推动国际货币体系改革和新国际货币体系构建的主要推动力量。中国倡导筹建的国际金融组织例如亚洲基础设施投资银行、新发展银行、丝路基金等已经成为推动国际金融组织多元化发展的重要标志，中国倡议的“一带一路”建设和人民币国际化已经成为推动国际货币体系改革的重要因素。中国需要制定相应的战略与政策持续推动国际货币体系改革。

一、当代国际货币体系的特征及局限性

（一）国际货币体系与当代国际货币体系特征

当代国际货币体系是“二战”结束后在以美国为代表的西方发达国家主导下形成和发展起来的，适应了当时的国际政治经济发展的需要，在一定历史阶段成为维护国际经济稳定运行的国际经济制度基础。但随着国际政治经济格局的变迁和调整，特别是各种类型的国际金融与债务危机的不断出现，其存在的缺陷和不足也充分暴露出来。为了继续维护国际货币与金融市场的稳定，降低汇率波动和金融市场动荡导致的风险，需要对目前的国际货币体系进行必要改革。当代国际货币体系表现出四方面的特征：

其一，随着美国在世界经济中的地位下降，以美元为本位货币的国际储备货币体系面临信用不足问题，美元难于单独继续担当国际基准货币的角色，国际社会需要具有充分信用基础的新的基准货币作为国际储备货币基础。

其二，国际货币基金组织作为主要的国际货币与金融市场的调节机构，难于继续承担维持国际货币与金融市场稳定特别是汇率体系稳定的职能，需要改革其治理机制、份额结构和投票权结构，提高其决策、运行与实施效率。

其三，随着以中国为代表的新兴国家和经济体的发展，国际货币体系需要改革以适应新兴国家和经济体的发展要求，反映新兴国家与经济体的货币与金融利益。现存国际货币体系是在“二战”结束后建立和发展起来的，反映当时国际经济格局和国际货币与金融现实，目前的国际经济格局与战后初期的国际经济格局差异甚大，国际货币体系需要不断改革以适应新的国际经济格局。

其四，随着经济全球化的推进特别是金融全球化程度的不断提高，国际收支不平衡的调节工具需要不断创新，有效预防和控制各种类型的金融危机与金融风险需要创新性制度安排，国际货币与金融领域的新变化、新特点和创新要求推动着国际货币体系的改革。

（二）当代国际货币体系的局限性

当代国际货币体系存在诸多缺陷和不足，改革成为历史与现实的必然。如果不能够对当前的国际货币体系进行系统的改革和完善，就不可能构建公平合理、高效有序的国际货币与金融秩序，更不可能构建国际政治经济新秩序。当

代国际货币体系的缺陷和不足主要表现在四个方面：

其一，国际储备货币体系缺陷。以美元、欧元为代表的西方经济体的货币已经难以承担国际储备货币的职能，美元作为一种单一信用货币，随着美国在全球经济中相对地位下降，其作为国际储备货币的基础已经动摇，这也是国际货币与金融市场波动的重要根源，在经济全球化特别是金融全球化背景下单一主权信用货币难以承担国际储备与基准货币功能。

其二，国际汇率制度缺陷。汇率体系和汇率制度存在缺陷，汇率波动不仅增加了国际贸易风险，还导致国际金融市场的动荡，甚至引发货币与金融危机，例如1997—1998年东南亚国家货币汇率的急剧贬值引发的东南亚金融危机、2014年12月俄罗斯卢布汇率的急剧波动对俄罗斯经济和国际金融市场的消极影响等。

其三，国际货币基金组织缺陷。国际货币基金组织不能够发挥其应当承担的职能。国际货币基金组织治理缺陷显著，效率低下，难以承担稳定国际货币与金融市场的职能，也难以预防和有效控制国际金融风险和危机的发生与跨国传播。国际货币基金组织的治理结构不合理，以中国为代表的新兴经济体没有获得与其经济地位和政治影响力相称的份额和投票权，以美国、欧盟、日本为代表的发达经济体的影响力和话语权超出其政治与经济地位，大多数亚非拉发展中国家在该组织中缺乏话语权和影响力。国际货币基金组织对会员国的宏观经济运行的监测职能不到位，可动用的金融资源有限，对处于危机中的国家救助不力。

其四，国际货币与金融监管制度缺陷。在经济与金融全球化背景下，资本跨国流动规模越来越大，流动速度越来越快，银行与非银行金融机构更多地在全球范围内布局和从事业务活动，系统性与非系统性货币和金融风险与金融危机跨国转移特征越来越显著，现有的货币与金融监管体系还不能够满足现实的需要。目前的国际货币体系下出现的一系列国际货币与金融危机，就是国际货币与金融监管体系不健全的表现。

简言之，现存国际货币体系存在主权储备货币信用下降、国际汇率体系不健全、国际金融机构治理结构不合理、国际货币与金融监管机制不健全等多方面的问题，需要国际社会共同努力推进国际货币体系改革进程，才能够弥补国际货币体系存在的缺陷和不足并加以改进和完善。目前，西方国家出现民粹主义、贸易保护主义等逆全球化思潮及社会运动，也对国际货币体系产生冲击并带来不确定性。国际货币体系改革面临诸多困难，进展迟缓，一个重要原因在于缺乏改革的内生动力和外部压力。

二、当代国际货币体系改革的政治动因与方向

（一）当代国际货币体系改革的政治动因

当代国际货币体系以美元和美国国家信用为基础，由美国和欧盟为主导并主要维护西方发达国家的政治诉求与政治利益，不能够反映新兴和广大发展中国家、地区的政治诉求与政治利益。随着美国经济与政治在全球地位和影响力的相对下降，美元作为全球主要基准货币与储备货币的地位下降，作为美元信用基础的美国综合国力和政治地位的相对下降，直接导致目前的国际货币体系的稳定性存在风险。同时，全球新兴国家与经济体在国际政治体系中的地位相对上升，使得这些国家或经济体有政治意愿和政治能力推动国际货币体系改革，存在着推动国际货币体系改革的政治动因。国际货币体系改革是在一定的政治条件下，由具有改革意愿和改革能力的国家或者政治力量推动进行的。事实上，国际货币体系改革过程也是一个现有国际货币体系下既得政治利益集团与新兴政治利益集团的政治博弈过程，因为国际货币体系的改革过程也是国际社会各种行为体的政治权力与政治利益的再调整与再配置过程，既得利益国家或者国家集团必然阻碍改革推进，利益受损国家或者国家集团是推动改革的主要力量。目前，影响国际货币体系改革的政治力量和政治因素主要涉及两个方面：

其一，新兴经济体和广大发展中国家是国际货币体系改革的主要政治推动力量。因为现有国际货币体系并不能够完全反映这些国家或者经济体的政治诉求与政治利益，例如以金砖国家为代表的新兴经济体，在国际货币与金融事务的话语权与其政治和经济地位不相称，特别是在国际货币基金组织、世界银行等主要国际金融机构中的份额和投票权低于其在国际社会中的政治与经济地位。国际货币体系改革有利于提高新兴和广大发展中国家在国际货币体系中的话语权和政治影响力，以中国为代表的新兴经济体和广大发展中国家也是国际货币体系改革的主要政治受益者。

其二，某些发达经济体成为国际货币体系改革的主要政治阻碍力量。以美国、欧盟、日本为代表的发达经济体是目前国际货币体系的主要创建者和既得利益者，这些国家或者经济体对推动现有国际货币体系改革的积极性有限，这些国家或者经济体是国际货币基金组织、世界银行等国际金融机构的政治主导者，例如美国在国际货币基金组织占有最大份额和最高比例投票权，对国际货

币基金组织的重大决策具有关键的否决权，如果得不到美国和欧盟的同意和认可，国际货币基金组织的任何改革措施都不可能实施。

简言之，国际货币体系改革过程也是不同国家或者国家集团的政治利益博弈过程，直接影响不同国家在国际货币与金融市场中的政治利益和政治地位。

（二）国际货币体系改革方向

为了改变现存国际货币体系的上述缺陷和不足，需要推进国际货币体系改革。国际货币体系改革需要在五个领域取得进展和突破：

其一，改革国际储备货币制度，消除选择单一主权货币作为国际储备与基准货币存在的“特里芬难题”，特别是消除牙买加货币体系条件下的美元本位制度导致的储备货币信用下降引发的风险，构建适应国际政治经济新格局的新兴国际储备货币体系，改变国际社会对单一主权货币的过度依赖现象，推进多元国际储备货币体系及制度建设，提高以人民币为代表的新兴经济体货币的国际化程度并把其纳入新兴国际储备货币体系。

其二，改革国际货币基金组织。现有国际货币与金融组织，特别是国际货币基金组织与世界银行的治理结构不能够满足金融全球化发展的需要，需要在三个方面推进改革：一是提高以中国为代表的新兴经济体在国际货币基金组织中的份额和投票权，适当降低西方发达经济体在国际货币基金组织中的份额和投票权，增加该组织的公平性、透明性和地区平衡性；二是改进国际货币基金组织的管理结构，提高该组织的效率，特别是提高该组织对国际货币与金融市场的监督与管理能力、对成员国出现国际不平衡时的危机救助能力和干预能力；三是加强该组织对广大发展中国家或地区的贷款规模和救助能力，促进广大发展中国家或经济体的货币与金融市场稳定；四是提高该组织对国际金融风险与危机的应对能力和效率。

其三，改革国际汇率制度。现存的国际浮动汇率制度存在诸多缺陷，增加了国际贸易与金融活动的汇率风险，阻碍了国际贸易投资一体化和金融全球化进程，需要从三个方面改革国际汇率制度：一是构建稳定的汇率形成机制，减少不同货币兑换的汇率波动幅度并尽可能消除汇率波动导致的风险；二是在汇率市场化过程中有效预防和控制各种投机性套汇与套利交易活动，降低投机资本对某种货币的恶意攻击，维护稳定的国际货币与金融交易秩序；三是防止国际收支过度不平衡导致汇率过度波动和货币急剧贬值及其在国际间传播，构建稳定有序的国际资本流动机制及相关制度安排。

其四，组建新的国际货币与金融组织，强化货币与金融监管领域的国际合作。为了弥补现有国际货币与金融组织的缺陷和不足，特别是国际货币基金组织和世界银行存在的治理结构不合理、内在改革动力不足和外在改革条件约束，需要建立区域性或者全球性国际货币与金融组织，强化对国际货币与金融市场的监督和管理，为货币与金融领域的国际监管合作创造国际组织条件。例如2014年中国倡导成立的亚洲基础设施投资银行，由金砖国家发起组建的新发展银行和应急储备安排，就可以弥补国际货币基金组织、世界银行与亚洲开发银行的某些不足，推动国际货币与金融组织治理结构改进和制度变革。

其五，构建新的国际货币与金融规则与制度体系，改革旧的不适合国际经济与政治发展特征与趋势的国际货币与金融规则与体系。随着经济全球化特别是金融全球化进程的不断推进，新兴经济体和广大发展中国家的经济发展和政治地位的提高，国际政治与经济格局处于不断的改变与调整之中，一些旧的、不适应国际社会发展需要的货币与金融制度需要被淘汰，一些新的国际货币与金融规则和制度需要不断构建和提供，国际货币与金融规则与制度体系需要不断创新和改革。

简言之，国际货币体系改革涉及国际储备货币制度、国际汇率制度、国际金融组织、国际金融监管、国际金融规则与制度体系等多方面的内容。

三、中国的金融战略措施与政策选择

（一）国际货币体系改革对中国的意义和影响

国际货币体系改革对中国的改革开放与持续发展具有重要意义。中国作为快速发展的新兴大国，需要一个公平合理和高效运行的国际货币体系。现存国际货币体系主要维护和体现西方发达经济体的货币与金融利益，并不能够充分反映以中国为代表的新兴经济体和广大发展中国家的货币与金融利益。国际货币体系改革对中国的意义和影响主要表现在三个方面。

其一，增加中国在国际货币与金融体系中的影响力和话语权。虽然中国已经成为全球第二大经济体，但中国在全球性与区域性国际金融组织中的地位和影响力与其地位不相匹配，特别是在国际货币基金组织中的份额和比例过低，不利于维护中国和其他发展中国家货币与金融利益。国际货币体系改革的一个重要方向就是增加以中国为代表的新兴经济体在国际货币基金组织中的份额和投票权，消除以美国为代表的西方发达经济体对国际货币基金组织的垄断和控制，使得该组织治理结构能够适应国际经济与政治新格局的需要。

其二，为人民币国际化创造良好的国际货币与金融环境。改革国际储备货币体系，使国际社会逐渐摆脱美元单一储备货币信用下降导致的各种困境，促进多元国际储备货币体系的构建，也就是增加以人民币为代表的新兴经济体货币在国际储备货币中的份额和影响力，有利于人民币成为多元国际储备货币的重要一员。人民币的国际化过程也必然伴随着国际货币体系的改革过程，两者之间存在互动影响关系。人民币国际化有利于缓解国际储备货币不足及储备货币信用不足问题，增加国际储备货币的选择空间。国际货币体系改革能够弱化美元、欧元、日元、英镑等发达经济体货币对国际储备货币市场的垄断地位，增加国际储备货币选择的竞争性与民主性。

其三，为中国金融开放和国际化发展创造良好的外部条件。中国金融开放和国际化发展需要良好的外部条件，国际货币体系改革有利于稳定国际汇率体系、预防和控制国际货币与金融市场的不确定性与风险，提高国际社会应对货币与金融风险和危机的能力。扩大资本市场的对外开放、推动人民币在资本项目下的可兑换性是中国金融对外开放的重要内容，这些都必须在一个稳定的国际货币与金融环境中进行。国际货币体系改革的一个重要目标便是构建一个稳定的国际汇率体系、国际储备货币体系、国际金融监管与协调组织，同时帮助国际收支不平衡程度超出合理范围的经济体平衡国际收支，对金融风险与危机进行有效治理，这些都有利于中国金融对外开放和国际化发展。

简言之，国际货币体系改革有利于提高中国在国际货币体系中的影响力和话语权，促进人民币国际化并为中国金融对外开放和国际化发展创造良好的外部货币与金融条件。

（二）中国的金融战略措施

中国作为快速发展的新兴大国，已经成为推动国际货币体系改革的主导力量。新中国成立后，我国赢得了国家独立和民族解放，在全国范围内发行统一货币并建立了国内货币体系及完整的金融制度。但在1978年改革开放以前，受到国际环境和国内计划经济因素的综合影响，中国参与国际金融活动的积极性不足，不具备推动国际货币体系改革和制定国际金融战略的条件。改革开放以来，随着中国综合国力的持续增长，中国作为全球第一货物贸易大国和第一制造业大国，在国际货币体系及国际金融市场中的地位和影响力持续增强。随着人民币国际化程度日益提高，中国作为全球储备货币大国和金融大国的地位日益稳固，已经成为推动国际货币体系改革的主导力量。中国的金融战略措施也受到国际社会广泛关注和重视。

中国在推动国际货币体系改革中需要制定相应的战略目标、战略规划与战略措施。中国推动国际货币体系改革的战略措施是指中国就国际货币体系改革制定的各种全局性和长远性谋划与举措，主要包括如下三方面的内容。

其一，积极推进国际储备货币多元化，稳定国际汇率体系与汇率制度，促进国际储备货币选择的市场化与民主化。目前的国际货币体系以美元和欧元等少数发达经济体的信用货币作为国际主要储备货币，其主要缺陷在于信用不足和币值不稳定，存在显著的“特里芬难题”，这也是导致国际货币与金融市场波动甚至引发金融危机的重要原因。单一信用储备货币体系另一个缺陷在于储备货币发行国的宏观货币政策与财政政策的外部性带来的消极影响，削弱了其他国家的货币主权和宏观经济政策特别是宏观货币政策的有效性。只有推动国际储备货币的多元化和国际储备货币选择的市场化与民主化，才能够降低单一国际储备货币带来的国际金融市场的不稳定性和货币贬值风险，防止储备货币发行国对外转化货币与金融风险，努力维护非储备货币发行国的金融市场稳定。

其二，积极推动人民币国际化，使人民币成为国际主要储备货币。人民币国际化是指使人民币在全球范围内发挥贸易结算货币、投资货币与储备货币的功能的过程，是推动国际社会储备货币多元化与多样化的重要途径，也是维护新兴国家和广大发展中国家的货币利益的重要战略举措。人民币的国际化是一个持续不断的历史过程，需要持续不断的努力并克服各种可能的障碍，主要是来自以美元、欧元为代表的国际主要储备货币的竞争压力和国际货币既得利益集团的阻力。2013 年人民币超过欧元成为国际贸易结算的第二大货币，中国香港、新加坡、英国伦敦等离岸人民币交易中心的建立和完善，表明人民币国际化已经取得了阶段性进展。2016 年 10 月 1 日，人民币正式加入特别提款权（Special Drawing Right，SDR）货币篮子，表明人民币与美元、欧元、英镑和日元共同成为主要国际储备货币。

其三，大力推进国际货币基金组织改革，推动创建新的国际货币与金融组织。“二战”后，国际货币基金组织为战后国际货币与金融市场稳定和经济恢复发挥了积极作用，但随着国际社会经济全球化、金融全球化与区域经济一体化程度的不断提高，特别是新兴和广大发展中国家经济与政治地位的不断提高，国际货币基金组织存在的缺陷逐渐显示出来，需要进行改革，同时也需要建立新的区域性与全球性国际货币与金融组织以满足国际货币与金融市场发展的新需要。无论是国际货币基金组织改革还是新国际货币与金融组织的创建，都需要有一个强大的政治经济力量推动，中国作为世界第二大经济体和新兴大国，需要而且能够承担起推动国际货币基金组织、世界银行等国际金融组织改革的重任，同时也需要并能够推动新的国际货币与金融组织创立的任务，例如中国已推动组建了新发展银行、亚洲基础设施投资银行、金砖国家应急储备安排、丝路基金等。

简言之，中国需要在国际储备货币多元化、人民币国际化、国际货币基金组织改革、新国际货币与金融组织创建等方面制定相应的战略目标、战略规划与战略措施，以推动国际货币体系改革。

（三）中国的政策选择

中国在推动国际货币体系改革过程中，除了制定相应的战略目标、战略规划与战略措施外，还需要制定相应的政策，以落实战略规划与战略措施，促进战略目标的顺利实现。值得注意的是，大国之间的政治冲突和经济利益矛盾已经成为影响国际货币体系改革的重要因素。2017 年美国特朗普政府上台执政后发动的以中国为主要攻击对象的全球贸易摩擦和冲突便是典型的例子，对国际金融市场产生不确定性冲击，已经对国际货币体系改革产生消极影响。中国在制定和实施相关政策以推动国际货币体系改革时，需要强调如下三个方面。

其一，充分发挥中国的大国影响力和综合比较优势，推动国际货币体系改革。中国作为新兴大国和国际货币体系改革的主要推动力量和获益者，需要承担起推动国际货币体系改革的历史责任。一是通过共建“一带一路”，提高我国对外开放程度和国际化发展水平，推动中国与沿线各国之间的人民币贸易区和人民币货币区的形成和发展。二是积极推动国内自由贸易区建设和国际自由贸易区建设，积极推动上海、广东、福建和天津的国内自由贸易区建设，同时积极推动中国与东盟、上海合作组织等的自由贸易区建设与谈判，促进商品与要素的国际流动。三是积极参与双边与多边货币合作谈判，推动双边与多边货币区建设，预防和控制国际货币与资本市场风险，稳定国际货币与金融秩序。四是倡导并推动全球性与区域性国际货币与金融组织创建，从内部和外部两个方面推动国际货币基金组织和世界银行的治理结构变革。

其二，逐步推进资本项目对外开放，促进资本跨国流动。资本项目对外开放与资本跨国流动是推动人民币国际化的重要政策措施。只有推动资本项目逐步对外开放，才能够为人民币国际化创造条件，扩大人民币在国际货币与金融市场的使用范围，也才能够通过人民币国际化推动国际储备货币的多元化。但资本项目对外开放和资本跨国流动会带来风险，需要根据中国的经济发展水平、国际市场需要和抗风险能力逐步推进。

其三，稳步推进弹性汇率制和利率市场化。没有汇率的市场化也就是汇率弹性机制的形成，人民币的市场自由兑换和自由流通目标难以完全实现。人民币的市场自由兑换与自由流通是人民币成为国际货币特别是国际储备货币的重要条件，也是促进人民币发挥贸易结算、资产定价和国际投资功能的重要前提，更是人民币在一定市场范围和一定程度替代其他储备货币的需要。但弹性汇率和利率市场化会给人民币货币与资本市场、中国宏观经济运行带来风险，需要在保持人民币货币与资本市场和中国宏观经济稳定的条件下稳步推进。

总之，中国需要充分发挥自己的大国影响力和综合比较优势，积极推进国际货币体系改革，逐步推进资本项目对外开放，促进资本跨国流动，稳步推进弹性汇率制和利率市场化，通过人民币国际化和参与国际货币合作促进国际储备货币体系的多元化、国际金融组织的治理结构变革和新国际货币与金融制度的构建。

思考题

1. 汇率变动会对一国国家利益产生什么样的影响？
2. 各微观经济主体和利益集团对于汇率水平和弹性有着什么样的偏好？
3. 作为国际货币发行国可以获得哪些超额的经济利益和政治利益？
4. 金融危机产生有什么样的政治与经济背景？金融危机如何影响国际关系？
5. 国际货币体系改革的政治动因是什么？当代国际货币体系存在哪些缺陷和不足？

▶ 思考题答题要点

第五章　跨国生产的政治学

以跨国公司为主体实施的跨国投资对当代全球政治经济有着重大影响。跨国公司聚集着规模庞大的财富，蕴藏着雄厚的技术力量，资本的跨国流动对国家经济增长、国内财富再分配以及国家间关系调整都有复杂的影响。

从国际政治经济学的角度考察跨国公司及其对外直接投资，主要探讨两大核心议题：第一，跨国公司与民族国家的关系。第二，从全球层面考察跨国公司在全球配置资源时给全球经济增长及稳定带来的挑战。

第一节　跨国生产与跨国公司

19 世纪中后期欧洲体系向全球体系扩张，带动了地区分布的各个经济系统逐渐收拢为一个全球性的经济体系。早期的跨国生产蕴藏于国际贸易之中，发达国家通过贸易逐渐产生了一批跨国公司。第二次世界大战之后，跨国公司开始进行大规模投资。美国成为全球最强大的国家之后，通过一系列政治安排，推动了美国公司成为全球性公司，在欧洲和发展中国家进行直接生产，替代了一部分国际贸易，并形成了产业内和公司内贸易新模式。随着欧洲复兴、日本经济崛起，跨国公司迎来了一批新成员。到了 20 世纪 80 年代中期，跨国生产的增长率超过贸易，成为全球经济的主要形态。如今，以跨国公司为主体的贸易投资成为全球经济的主要推手。

一、直接投资与间接投资

在市场经济体系中，自负盈亏的公司是经营主体。企业的主要功能是在自由市场中为消费者提供产品。如果没有企业提供各类产品，那么人与人之间的交易就需要比较多的参与者，以保证交易顺利进行。企业的出现正是为了弥补市场机制的不完善，通过企业这一组织形式将不少交易环节产生的成本内部化，降低生产和销售等经营成本，提高交易的频率和效率。

由于生产所需的原料、劳动力和土地等价格在各个地方有差异，如果能够充分利用这些资源禀赋差异，企业就能进一步降低经营成本。而为了获得更高的利润，或者暂时获取更大份额的市场，企业通常会扩大经营的地域范围，跨地区布局其生产和销售，有的企业甚至进入国际市场。一般而言，早期进入国际市场的企业多数是通过进出口的方式，到后期有不少企业则直接到东道国进行生产。随着越来越多的企业通过贸易和投资的方式参与国际市场，原来相对独立的民族国家的经济形态就逐渐演化为地区性，乃至全球性的一个大市场。全球经济的发展表明，有能力在全球范围内配置资源的企业一般竞争力较强，从而能够获得更多的利润。有资料认为，21 世纪初的全球进出口中，大约有三分之二是以跨国公司主导的企业内贸易完成的。① 到 2010 年，这一比例增加至 80%。由此可见，跨国生产在全球经济中的重要性非常突出。②

按照联合国贸易和发展会议在 1993 年版的《世界投资报告》中的权威定义，跨国生产通常指公司到国外进行直接投资、在东道国产生的所有活动。③一般而言，直接投资指的是外国法人对一家本国企业拥有 10%以上的控股权，且在东道国经营中获得长期的利益；而间接投资主要是指时长在一年之内的证券类投资，比如股票的买卖等，不涉及控股权。尽管近些年来，一些国家参照国际货币基金组织的第六版《国际收支和国际投资头寸》以及经济合作与发展组织的第四版《关于外国直接投资统计基准定义》，基于资产/负债原则统计外商直接投资（Foreign Direct Investment，FDI），但联合国贸发会议认为基于流向原则统计更有利于制定投资政策。因为，后者以直接投资的来源国或目标国以及投资者进入的特定市场为分析对象。④

按照生产的最终产品类型，跨国生产可以分为货物和服务，这种划分是非常重要的。货物类直接投资，最突出的特征是按照产品的价值链进行，跨国公司整合全球资源的能力在这类产业投资上体现最明显。20 世纪 70 年代后期以来，日本跨国公司在东亚创造的、基于生产链基础的对外直接投资具有典型性。从全球对外直接投资的构成来看，服务业直接投资的重要性呈现出快速上

① Peter Dicken and Global Shift, *Mapping the Changing Contours of the World Economy*, the 5th edition, London: SAGE Publications, 2007, p. 34.

② United Nations Conference on Trade and Development, *Global Value Chains and Development: Investment and Value Added Trade in the Global Economy* (*A preliminary analyasis*), Geneva: United Nations, 2013, p. 16.

③ United Nations Conference on Trade and Development, *World Investment Report* 1993: *Transnational Corporations and Integrated International Production*, New York: United Nations, 1993, p. 115.

④ 参见联合国贸易和发展组织编：《世界投资报告 2015：重构国际投资机制》，冼国明、葛顺奇总校译，南开大学出版社 2015 年版，第 4 页。

升趋势，其增速要比其他产业部门来得快。服务业的跨国生产，包括研发和销售，对于提升跨国公司的竞争力至关重要。通常而言，与可贸易的货物不同，服务业的特点是本地化和即时性，这种特性对跨国公司的服务能力、市场把握能力和售后服务水平等要求更高。

跨国公司通过直接投资这样一种内部化行为控制了多国的企业，而利用非股权控制方式增强全球竞争力的举措也越来越多。这些非股权形式（Non-Equity Mode）介于直接投资与贸易之间，包括合同制造、服务外包、订单农业、特许经营与许可证、管理合同、特许权以及战略联盟等。按照联合国贸发会议的估算，2010 年非股权活动创造了超过 2 万亿美元的销售额，在发展中国家雇用了 1 400 万～1 600 万的工人。在所有这些非股权形式创造的销售额中，合同制造与服务外包占 55%～65%。①

二、跨国直接投资的历史与现状

历史上的大型公司与国家政权有密切联系，比如荷兰和英国的东印度公司。这些公司不仅拥有垄断性贸易权，而且还拥有自己的军队，乃至代政府直接管理殖民地。这些公司的历史使命随着英国工业革命的推进而逐渐退出历史舞台，因为国王的权力受到影响力日渐提高的资产阶级的约束。新兴的资产阶级要求英国推行自由贸易，而东印度公司的垄断地位不利于这种政策主张。得益于工业革命开始的持续高速经济增长，以追求资本增值为主要目的的新兴阶层大量兴起于英国。

英国工业革命的一个重大政治结果是资产阶级占据了国家政权的统治地位，这一阶级利用国家力量向全球拓展市场。1848 年 2 月，马克思和恩格斯以德文发表《共产党宣言》一文，他们指出，“资产阶级挖掉了工业脚下的民族基础”，“一切国家的生产和消费都成为世界性的了”，新的工业部门将从地球上“极其遥远的地区”运来原材料，并将生产的产品供给“世界各地消费”。②

英国主导了 19 世纪的国际分工，经济实力地位提升之后，按照霸权稳定论的逻辑，霸权国要求实行开放贸易和建立一个开放性的世界经济。鸦片战争是英国对待农业国的一个选择，强行打开市场，将中国沿海、沿江等交通便利

① 参见联合国贸易和发展组织：《世界投资报告 2011：国际生产和发展的非股权形式》，经济管理出版社 2011 年版，第 162—163 页。

② 《马克思恩格斯文集》第 2 卷，人民出版社 2009 年版，第 35 页。

之地纳入英国的市场体系中；废除《谷物法》主要是便利从工业后进国进口粮食满足英国日渐增长的城市人口的需求；与法国签署的双边自由贸易协定，则是为了分化欧洲大陆。这些重大的政策变革将英国的开放模式推向全球。

随着英国与欧洲国家实力差距的进一步扩大，对外投资成为资产阶级营利的另一个重要方式。19 世纪末期，英国资本家的投资主要流向了非殖民地市场，西半球是首选地点。在第一次世界大战（简称“一战”）前的 50 年里，西半球吸纳的英国投资是其余地区吸纳量的三倍。1865—1914 年，英国在美洲的投资占其对外投资总额的 37%，而欧洲大陆只有 9%。“一战”以前，英国的对外直接投资占到全球一半，第二位的美国只占总额的 19%。①

战争对直接投资的打击很大，无论是“一战”还是“二战”，严重损耗了欧洲包括英国在内的对外直接投资。“一战”削弱了欧洲一些国家的地位，美国则成为很多国家借贷的对象国。欧洲的衰落为美国企业向海外扩张提供了机会，而欧洲重建本身则为美国企业进军欧洲打开了大门。随着美国产业和金融日渐发展成熟，资本充足，许多美国大公司和银行开始寻求海外扩张和投资机会，但当时的主要投资目的地是加勒比海地区，这与美国在这一地区的霸权性地位紧密相关。

美国霸权奠定的开放性国际秩序为美国公司在欧洲的扩张提供了条件。美元成为国际储备货币，纽约成为全球金融中心，以降低关税为目标的关贸总协定大肆宣扬自由主义经济政策理念，加之美国人均收入高涨推动了产品的创新，美国跨国公司成了美国权势的象征。美国强悍的军事地位对美国跨国公司的海外扩张至关重要。冷战初期，美国在欧洲的驻军最多，对外直接投资往往跟着军队走。在这一点上，美国的经验与英国等早期的对外投资国并无不同。但我们也得注意以下事实，1973 年第四次中东战争爆发后，美国资本大量撤离该地区。投资存量从 1973 年的 2.26 亿美元骤减为-64.32 亿美元，战争结束后才有所恢复，但直至 1980 年美国对中东地区的投资存量才完全恢复至战争前水平。同一时期，美国对其他地区的直接投资都是正增长，尤其是对欧洲（如图 5-1 所示）。

到了 20 世纪 80 年代初，随着发展中国家整体力量的上升以及国际规范变

① 参见［美］托马斯·K. 麦格劳：《现代资本主义：三次工业革命中的成功者》，赵文书、肖锁章译，江苏人民出版社 1999 年版，第 76—77 页。

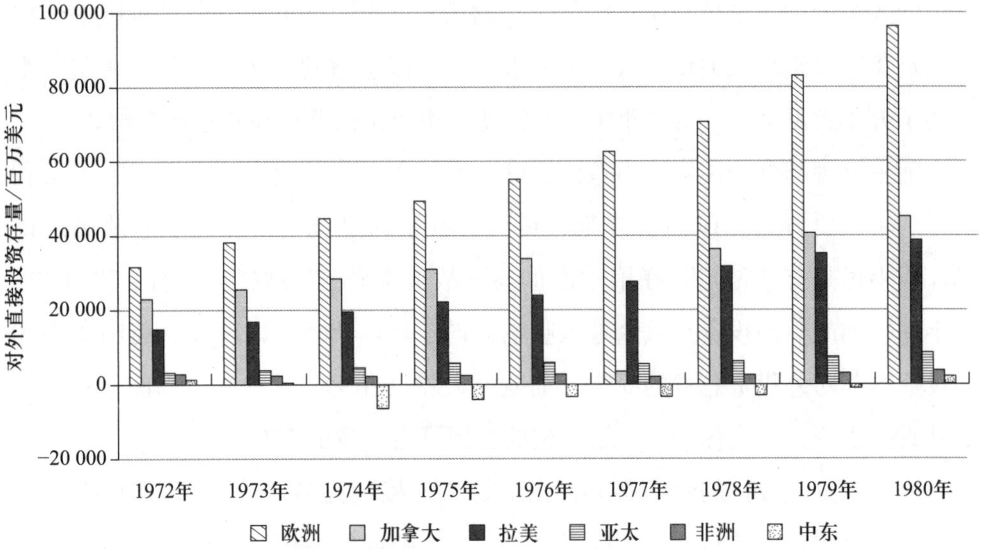

资料来源：美国商务部经济分析局

图 5-1 20 世纪 70 年代美国对外直接投资存量的地区分布

迁，投资领域的那种南北对抗不像其他经济领域那么强烈。一方面，尊重主权原则成为国际规范，东道国可以借主权之由拒绝外资进入本国，跨国公司必须遵守东道国的法律和规章制度；另一方面，一批发展中国家经济起飞之后，具备了一定的消费能力，跨国公司为了争取这些市场，愿意接受东道国的约束。

从 20 世纪 80 年代中期开始，对外直接投资的流量增速迅速超过世界贸易和世界收入增长，世界经济进入了一个新的分水岭。欧洲和日本的跨国公司已经成长起来，并即将形成与美国公司抗衡的力量。从国际政治经济学角度看，有两个重要启示：第一，发达国家对外投资的主要目的地并不是发展中国家，而是以相互之间的投资为主，内在机理要比雷蒙·弗农的产品生命周期理论更为复杂；第二，美国霸权的经济基础遭到其同盟国的挑战，世界投资流量上升的政治基础正从美国一国的霸权扩散为众多发达国家之间的相互依赖。

当前，国际直接投资和跨国生产已经构成全球经济的重要基础。据联合国贸易与发展会议估计，2010 年，跨国公司经营产生的增加值总计 15.6 万亿美元，占当年全球 GDP 的 25%，其中在母国生产的约占 14.3%，国外分支机构的附加值约占 10.5%（外国部分约为 6.6 万亿美元）。① 如表 5-1 所示，2016 年，

① United Nations Conference on Trade and Development, *World Investment Report 2011: Non-Equity Modes of International Production and Development*, Geneva: United Nations, 2011, p. 25.

跨国公司外国分支机构经营产生的增加值达到 8.4 万亿美元。衡量跨国投资广度和复杂性的主要指标包括流量和存量，2016 年对外直接投资流出量近1.5 万亿美元，累计流出量达到 26 万亿美元。相比之下，2016 年全球货物和服务出口额约为 20.4 万亿美元，是 1990 年的 4.6 倍。2016 年全世界的 GDP 总量约为 75.3 万亿美元，是 1990 年的 3.2 倍。显然，对外投资的增速远快于国际贸易和 GDP。另外，从跨国公司的销售额、出口和就业看，跨国公司对全球经济的直接贡献非常巨大。2016 年跨国公司销售总额为 37.6 万亿美元、出口 6.8 万亿美元、雇用人数达到 8 214 万人。

表 5-1 跨国生产和对外直接投资的若干指标（单位：现值 10 亿美元）

	1990 年	2005—2007 年平均	2016 年
FDI 流出量	244	1 459	1 452
FDI 流出存量	2 254	15 184	26 160
跨国并购	98	729	869
分支机构销售额	5 097	19 973	37 570
分支机构的增加值	1 073	4 636	8 355
分支机构出口	1 444	4 976	6 812
分支机构就业（千）	21 438	49 478	82 140
GDP	23 464	52 331	75 259
货物和服务出口	4 424	14 952	20 437

资料来源：UNCTAD, *World Investment Report 2017*: *Investment and the Digital Economy*, Geneva: United Nations, 2017, p. 26, Table 1.4.

就全球流出的投资存量分布而言，发达经济体仍然占据绝对主导地位，但发展中经济体上升较快。1980 年，发达经济体流出的对外投资存量为 4 772 亿美元，发展中经济体为 710 亿美元，分别占世界份额的 87%和 13%。2000 年，发达经济体流出的对外投资存量达到了 6.7 万亿美元，发展中经济体达到 7 544 亿美元，分别占世界份额的 89.9%和 10.1%。2015 年，发达经济体流出的对外投资存量达到了 19.4 万亿美元，发展中经济体达到 5.6 万亿美元，分别占世界份额的 77.6%和 22.4%。① 2016 年，发达经济体的对外直接投资流出量下降了

① United Nations Conference on Trade and Development, *World Investment Report 2016*: *Investor Nationality*: *Policy Challenges*, Geneva: United Nations, 2016, p. 200.

11 个百分点，只有约 1 万亿美元，但其占比仍然达到 2016 年全球总流出量的 72%。①

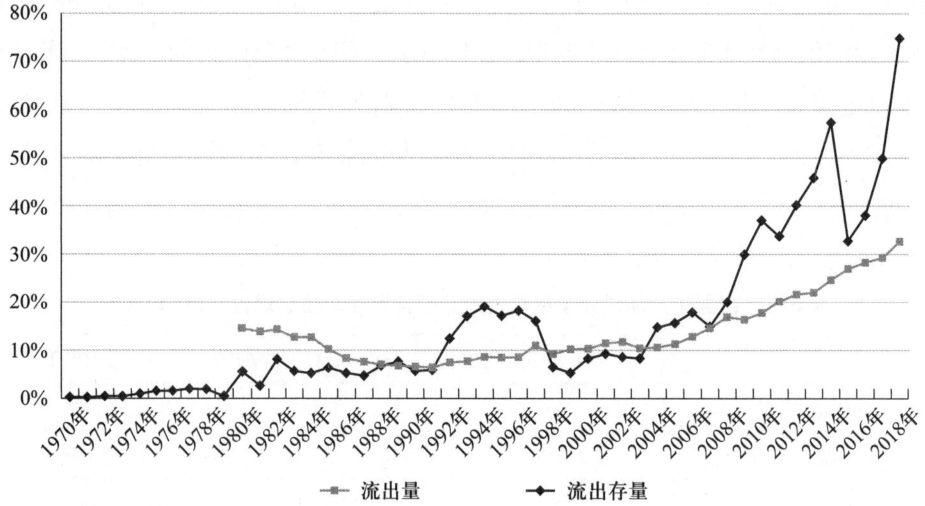

资料来源：联合国贸发会网上数据库

图 5-2　发展中经济体占发达经济体对外直接投资的比重

冷战结束后，全球经济的快速融合推动了发展中经济体的对外直接投资发展，特别是东亚经济体对外投资开始处于高速增长期，使得整个发展中国家的对外投资增速明显高于发达经济体。如图 5-2 所示，21 世纪以来发展中经济体流出的外资增速比较快，其流出量占发达经济体流出量的比重从 2001 年的 9.5%上升至 2014 年的 66.8%，但转年又大幅度下降，2016 年为 36.7%。从存量的发展轨迹看，20 世纪 80 年代初占比曾达到 14.5%，此后发展中国家的对外直接投资存量占发达国家比重曾一度下降至 1991 年的 6.4%。冷战结束后占比才又开始继续攀升，但直至 2007 年才恢复到 1980 年的占比水平，1980—2007 年的年均占比只有 10.2%。2008 年国际金融危机以来，发展中经济体对外投资增速显著快于发达经济体，2012 年发展中国家对外投资存量占发达国家比重首次超过 20%，2016 年达到 29.1%。就此而言，国际直接投资格局没有发生根本性变化，经济发展程度更高的发达国家在对外直接投资领域仍然占据主导地位。这一事实对当前国际政治经济发展具有极为重要的启示意义，来自发达国家的跨国公司主导资本积累、技术革新与管理创新。对一大批仍处于经济起

① United Nations Conference on Trade and Development, *World Investment Report 2017: Investment and the Digital Economy*, Geneva: United Nations, 2017, p. 13.

飞过程中的发展中国家来说，吸引来自发达国家的跨国资本仍然是对外经济政策的核心任务之一，开放政策与加大合作仍然是主流。

三、国际直接投资的动因

既然跨国竞争对企业的要求那么高，显然不是所有在国内进行生产的企业都能到外国进行投资。对理论界来说，一个需要回答的问题是企业为什么能够进行跨国生产？从国际政治经济学角度而言，有如下几种理论解释跨国生产的兴起。需要注意的是，这些理论彼此之间也有很深的联系。

第一种，英国跨国公司理论家约翰·邓宁发展的国际生产折中理论。邓宁认为，一家有竞争力的企业是选择出口还是选择到东道国进行直接生产，取决于企业的特定竞争优势、在东道国的区位选择以及企业内部经营管理获得的能力。用邓宁的术语来表示，企业特定优势就是所有权优势（ownership advantages），简称为“O”；区位优势（location advantages），简称为“L”，而内部化优势（internalization advantages）简称为“I”，合起来就是 OLI 理论。严格意义上说，1977 年邓宁创立的生产折中论并非一种理论，更多是一种不同理论要素的分析框架。该框架要回答三个至关重要的问题：第一，外国企业到东道国进行生产时如何与东道国国内企业竞争？第二，跨国公司是否会选择某种特定的区位安排其生产经营活动？第三，为什么企业选择股权投资而不是通过许可证、出口、合资企业或者合约联盟进入东道国？就目前而言，这三个问题仍然是思考跨国生产的必备问题。

第二种，寡头垄断论。从理论渊源看，邓宁的生产折中论中的所有权特定优势源于产业组织经济学，更进一步而言则来自企业理论。20 世纪 70 年代后期，当邓宁选择企业所有权优势作为其分析框架的第一个支柱时，很大程度上受到了麻省理工学院毕业的经济学家斯蒂芬·海默的影响。1960 年，在日后成为国际政治经济学重要创始人的金德尔伯格的指导下，海默完成了《民族企业国际化：一项对外直接投资的研究》博士论文。在这篇开创性论文中，海默系统论证了不完全竞争推动企业跨国生产，以及企业为了进一步获取这种垄断性市场权力才到海外投资。海默认为，企业的这种特定优势可以是以比其他企业更低的价格获取生产材料，可以是更有知识或控制力去提高生产效率，也可以是更具有销售能力或生产差异化产品的能力。

海默的贡献之所以重要，是因为在他之前的正统经济学者都没有严肃对待跨国公司。绝大多数分析企业对外直接投资行为的理论，都倾向于假定企业的这种决策主要是源于不同国家之间的利息差异。换言之，对外直接投资与证券投资没有什么区别。如果外国资本市场的利息更高，那么企业没有理由不到外国证券市场去逐利。但是，正如海默的理论所显示的，企业还可以有别的办法去获得利润，不一定非得进行对外直接投资。到海外投资，正是为了确保企业本身所具有的某种特定优势能够延长下去，并通过控制这种海外的生产反过来巩固其在国内的垄断地位。

第三种，经济剩余论。在宏观上，对国家之间的跨国资本流动进行出色分析的首先是马克思主义经典作家列宁。1917 年 4 月，列宁发表了《帝国主义是资本主义的最高阶段》。这本名著概括了 19 世纪后期到 20 世纪初期资本主义从自由竞争向垄断竞争发展的 5 个基本特征：(1) 生产集中和垄断；(2) 金融资本和金融寡头；(3) 资本输出；(4) 各个资本家同盟分割世界；(5) 列强分割世界。[①] 列宁认为，到了 19 世纪后期，少数富裕国家在国际市场上处于垄断地位，在这些国家中，国内市场饱和，有利可图的投资场所和机会并不太多，特别是那种在经济高速增长时期的高额利润不太多了。尽管在这些发达的资本主义国家中，也有一些地区和产业相对欠发达，但这些相对过剩的资本，为了继续获得较高的回报率，并不愿意投资于本国的农业或投资回报率低的产业，而更乐意向海外进行投资。因此，资本输出是资本主义制度体系演进到垄断阶段的结果。

第二次世界大战结束后，对大型公司行为的分析日益重要，其中也包括对其海外投资的分析。与列宁在 20 世纪初期选择的分析对象主要是英国、法国和德国等欧洲国家不同，“二战”结束后马克思主义者对跨国生产的分析，主要对象均是美国跨国公司，比如上文提到的海默。1957 年，美国马克思主义经济学家保罗·巴兰在《增长的政治经济学》一书中延续了列宁的分析框架，用“经济剩余”这个概念分析了美国跨国公司的对外投资行为动机及其后果。巴兰利用公开的资料指出，1923 年，占美国公司总数 0.26%的 1 026 家企业，获得了全部公司净收入的 47.9%，到了 1951 年，占公司总数 0.23%的 1 373 家企业，获得的利润占总利润的 54%，其中的 747 家最大的公司获得的利润占到总利润的 46.5%。因此，“二战”后美国市场的垄断局面得到了进一步强化。这

① 《列宁专题文集 论资本主义》，人民出版社 2009 年版，第 97—213 页。

些大企业有着很强的技术能力，内部经济和规模报酬递增效应都比较明显，生产能力大于国内市场的消费能力。那么怎么来消化经济剩余呢？巴兰认为，这个时候开创一种国际经济关系就非常重要了，对外贸易为经济剩余提供了一条渠道，而贸易更重要的影响是为资本出口提供了机制。①

第四种，产品周期论。正是在讨论贸易和投资的关系时，哈佛大学经济学家雷蒙·弗农 1966 年在《产品周期中的国际投资和国际贸易》一文中提出了对外直接投资的产品周期论。弗农认为，任何一个产品都有生命周期，经历创新阶段、成熟阶段、标准化阶段等几个阶段。新产品一般首先出现在高收入国家，比如当时的美国。企业开发出新产品首先用于国内市场，然后逐渐出口到外国。高收入国家的劳动力成本高，这意味着生产商在国内生产产品时成本也高，一般等到产品到了成熟阶段后，即产品的成本主要是由劳动力成本决定时，企业通常开始寻找低成本的生产地，这个时候生产商不再从本国向外国出口产品，而是选择到生产成本较低的出口目的地进行直接生产。在这些国家生产的产品既可以用于当地消费，也可以进一步出口到收入更低的国家，甚至回流到美国。20 世纪 70 年代以后，东亚新兴工业化经济体的崛起就是利用这种逻辑参与国际分工体系，以相对低廉的成本生产出高收入国家需要的产品，不断调整工业结构，迈向城市化，取得了显著的经济增长。

弗农理论的关键是资本输出国和资本输入国之间存在着比较高的人均收入差距。对于很多劳动密集型产业来说，选择劳动力成本更低的国家进行生产比较有利。但随着生产的持续进行，劳动力获得了较高工资之后，消费能力增强，带动了广义上的产品成本扩张。到了 20 世纪 60 年代末，西欧、日本的人均收入快速接近美国。弗农的产品周期论逐渐不能用来解释发达国家之间的直接投资，而当代全球经济的很多投资是在发达国家之间进行的，这就需要新的理论加以解释。这也是 20 世纪 70 年代后期，邓宁将内部化优势理论加入 OLI 分析框架的重要原因。企业理论的发展提供了新的解释，比如交易成本学说认为，跨国公司通过高超的跨国协调能力和组织能力节省了大量的成本，提高了国际竞争的能力和效率。

---

① 参见［美］保罗·巴兰：《增长的政治经济学》，蔡中兴、杨宇光译，商务印书馆 2014 年版，第 152 页、205 页。

第五种，边际产业论。这一理论的倡导者小岛清以日本跨国公司对外投资的经验为理论创新依据，特别重视政府的宏观经济政策的影响。20 世纪六七十年代，日本企业在进行对外投资时存在如下一些特征：企业规模较小，行业是充分竞争的，地域分布在亚洲和拉丁美洲。小岛清依据日本企业的投资行为总结认为，一国应该从已经或即将处于比较劣势的产业开始对外直接投资。“边际”的含义也主要是指一些丧失比较优势的产业以及一些丧失竞争力的边际性企业或者部门。这一点显然不同于弗农所总结的美国模式，即在国内处于高度竞争力的企业的对外投资。

日本企业对外投资受到一些宏观因素的影响。比如，日本国内各生产要素逐渐稀缺，关键资源的进口缺乏保障。同时，日本劳动密集型产业的贸易竞争力开始下降。这些因素迫使当时并不具有国际竞争力的日本企业不得不走出国门，而日本政府为了保障这些企业的利益，也出台很多有利的支撑政策。政府和企业相结合是日本对外投资的典型特征。此外，需要注意的是，边际产业论在概括投资和贸易关系时，认为是互补型的，即日本企业对东道国进行投资后，东道国与日本的贸易将随之增加。这一点与美国的模式也不同，后者是替代型的。

跨国生产并非只是企业决策者基于经济算计的结果，从根本上讲跨国生产比国内生产更加注重国际政治环境的变革。跨国生产通常来自经济发展程度较高的国家，上文提到的理论家在分析跨国生产时也都选择当时最强大的国家或者公司。这种选择并非毫无规律，而是源于跨国生产的政治原因。跨国生产需要有一个强大的母国与开放和稳定的国际秩序。

长期以来，研究跨国公司的学者都假定跨国公司来自发达国家，跨国公司相当于发达国家经济实力的代名词。围绕发达国家的跨国公司对外投资活动，学术界产生了“主权困境”“依附论”以及重商主义模式等几种关于国家和跨国公司关系的理论模式。这几种理论模式的关注点是国际体系与国家层面的政治经济关系，特别是公司力量能否挑战国家力量，而来自发展中国家的跨国公司往往比较弱小，无论是在体系层面还是国家层面都难以形成系统性的挑战，因此还不足以吸引欧美国际关系研究学者的广泛关注。

对国际政治经济学的理论发展而言，拉美的跨国公司向外进行直接投资却导致“依附论”的破产，融入资本主义世界经济并不一定导致经济的完全依附，拉美国家通过调整政策也能产生自己的跨国公司。1990 年，东亚发展中经济体对外投资存量占发展中世界对外投资存量的47.5%，首度超过拉美。进入20世纪90年代后，东亚新兴工业化经济体的对外投资扩张十分迅速。据联合国贸发会议数据，2004年，发展中国家对外投资的大约2/3来自拉美和东亚，而发展中国家和地区对外投资100强公司中，有78家来自东亚。2013年，亚洲发展中经济体对外投资存量占整个发展中国家的70%，拉美占26%。从20世纪90年代后期以来，亚洲公司的对外投资占比已经超过20世纪七八十年代拉美的水平。讨论发展中国家对外直接投资，势必要分析东亚，特别是东亚何以超越拉美成为世界上最重要的发展中外资输出地。

第二节　跨国生产的政治经济结果

跨国公司在全球布局生产，对国际体系变迁和国家权力都有重大影响。一方面，发达国家的跨国公司倾向于在发达国家进行投资，使得发达的北方和欠发达的南方这种结构固化，依附理论是发展中国家看待跨国公司的一种典型观点。来自发展中国家的跨国公司则倾向于在发展中国家投资，促进了一批欠发达地区的经济增长，从而缩小了与发达国家的差距。另一方面，跨国公司具有很强的行动能力，有些大型公司的资金实力甚至超过一些国家，对国家权力产生着非常复杂的影响。从方向上看，跨国公司对母国和东道国都产生影响，特别是以经济增长、就业、国际收支等表现的经济福利。从层次上看，除了国家整体的利益之外，由于直接投资进入的行业和地区不同，在收益和损失的国内分配上差异极大，从而引发不同的国内政治效应。

一、作为国际关系行为体的跨国公司

人们对大型公司的恐惧由来已久。16、17世纪的东印度公司曾协助荷兰和英国两个崛起国管理海上贸易，为殖民主义的蔓延起到了推波助澜的作用。某种程度上，20世纪五六十年代依附论的产生，也是拉丁美洲国家见识到大型跨国公司对小型经济体的强大压力在学术界的反映。跨国公司对日常生活的渗透已经无所不在，对国家政治经济发展的介入很深。美国的大型公司不仅承担非政府的各种基金，也是美国对外经济战略中的主要承包商，对东道国政治经济影响深远。美国较早认识到大型跨国公司对国际关系的影响，在冷战时期美国

政府也曾动用过公司颠覆拉丁美洲国家的政权。

体现跨国公司影响力的一个典型例子是“全球500强”的发展演变。1990年，美国《财富》杂志将美国500强工业企业和美国之外的500强企业两类评选榜单合并，1995年又将工业企业和服务业企业合并成一张榜单。合并之后形成的“全球500强”新榜单，将500强企业的进入门槛从6亿美元销售额提高到22亿美元，500强的首尾两家企业销售额的差距从220倍缩小到70倍，这反映出跨国企业竞争的激烈程度更胜以往。从榜单所列企业的产业和规模来看，石油、钢铁和汽车等传统行业的基础地位依然不可动摇，但运用高技术改造传统行业的企业也获得很高的位置，比如沃尔玛。跨国公司发展的总体产业趋势是多元化，银行、石油和汽车等少量产业集中了较多大型跨国公司，其他多数产业领域的大型跨国公司较少。

21世纪初，反全球化运动达到一个高潮，担心世界经济日益受到跨国公司的控制。在反全球化人士看来，按照销售额计算，2000年前100大经济体中有51个是跨国公司。但这种观点混淆了按销售额计算的公司实力与按照附加价值计算的GDP，其实两者并不能直接比较大小。联合国贸发会议依据附加价值重新计算跨国公司实力，发现在前100大经济体中，大概只有29个是跨国公司，且只有埃克森美孚石油公司和通用汽车公司进入前50名。经济大国的规模远大于企业。2000年，前100大跨国公司只贡献了全球GDP的4.3%，相当于英国的GDP，最大的10家跨国公司对全球GDP的贡献与韩国经济总量相当。39家跨国公司的实力总计达到近7 580亿美元，相当于全球第八大经济体，处于意大利和加拿大之间。鉴于跨国公司具有的全球运营能力，显然其整体的经济权力影响力要远远大于意大利或者加拿大。

辨识跨国公司与国家的权力关系，需要深入认识两者在战略目标、技术能力、功能和责任方面的差异，两者既冲突又相互依赖。对公司而言，最重要的目标是利润最大化，但国家的目标是多元的，经济增长只是战略目标之一，尽可能促进就业也是重要目标。在获取技术的倾向上，国家更加希望留在主权界限范围内，而跨国公司则充分利用全球各个有利区位安排研发活动。但与此同时，企业和国家之间又具有互补性。国家需要企业创造物质财富和更多的就业岗位，而企业也需要国家提供良好的基础设施、训练有素的劳动力大军以及公平公正的制度环境等。

无论是作为冲突者还是合作方，跨国公司已经是国际关系中不可忽视的重要行为体。可以从跨国公司国际化水平高低度量这种影响力。第一，国际化水平越高意味着跨国公司在全球的分支机构越多，跨国公司就更加需要发展出新的管理模式，协调各个分支机构的活动，以提高竞争力，这方面最突出的一个表现是价格转移能力。第二，跨国公司国际化程度低，意味着与母国的联系依然很深。尽管像美国那样通过公司实现国家外交政策的时代已经过去了，但是不可忽视的是国际社会仍然非常关注公司是否得到国家政权的支持。比如，对中国这样的新型资本输出国，一些国家就分外关注国有企业的对外投资行为。

联合国贸发会议用跨国化指数度量跨国公司的国际化程度。该指数由三个指标构成，分别是国外资产占公司总资产的比重，国外销售额占总销售的比重以及国外雇用劳动者占总雇用人数的比重，三个指标平均分配权重。尽管2008年全球金融危机后，世界上最大的100家跨国公司的国际化扩张态势趋缓，但对比21世纪初已经有了很大提升。2000年至2012年，国外资产占总资产比从40.6%上升到61%，国外销售额占比从50.9%上升至66%，国外就业占比从50%上升到60%。上升幅度最快的是国外资产占比，其次是国外销售额，最后是就业人数占比。与世界总体水平相比，发展中国家跨国公司的国际化程度还比较低。2012年，发展中国家前100大跨国公司三个指标的占比分别为27%、44%和39%。按照跨国公司拥有绝对控股权的子公司所在国数量计算，前100大跨国公司平均在41个东道国开办这类分支机构，而在全球前15大跨国企业中，最多的东道国数达到111个。前15大跨国公司中，主要是欧洲公司，其中德国公司占5家，而美国公司只占2家。

自美国跨国公司进行大规模海外生产以后，跨国公司的转移定价问题就一直是政府关注的焦点。跨国公司在各子公司之间交易时，通常以内部定价的方式发生。公司总部根据各国的经济情况和税收政策调整各交易方的价格，子公司越多，这种调整的幅度和空间就越大。借助于避税双重征税协定，跨国公司可以在低税率的国家申报从全球各地赚取的利润。如果母国公司的所得税比东道国高，那么跨国公司就可以通过压低公司内贸易的产品价格，将利润从母公司转移到子公司，从而降低整体的税收负担。在这方面最典型的是发达国家跨国公司在所谓“避税天堂”的离岸金融中心设置子公司。据美国审计署发布的一项研究，2007年美国前100大跨国公司中，有83家在“避税天堂”设立子公司，这些子公司占到国外子公司总数的11%到66%不等。通过转移定价方式，奥驰亚集团、英迈等公司没有给美国联邦政府交过税，而美林集团、雷曼兄弟也只不过分别上缴了 50 万和 2.5 万美元而已。

跨国化程度低的跨国公司则与母国联系紧密，这意味着母国特性将决定性影响这类公司的战略和经营。20 世纪 90 年代，有关跨国公司是否正趋向于无国籍化的争论日渐兴盛。有的学者认为，跨国公司已经成了真正的全球公司，不属于哪一个特定的国家。从联合国贸发会议提供的数据看，跨国公司的国际化的确在进一步发展中，但到目前为止还不能说几万家跨国公司都成了全球公司。联合国贸发会议在构建国际化指数时已经指出，即便某一家跨国公司的指数值较高，实际情况也可能是跨国公司的分支机构集中在某一个国家，而不是分散到多个国家。1993—2002 年，前 100 大公司的跨国化指数值从 51.6 上升至 57，欧洲、美国和日本的跨国公司的国内和国外经营基本是一半对一半，且欧洲公司的跨国化程度要高于美国和日本。

母国特性对跨国公司经营行为的影响是巨大的。它不仅影响投资的部门专业化，也对组织管理架构有作用。从跨国投资的理论来看，东道国因素自身会影响吸收的外资情况，反过来母国特性也显示在跨国投资的行业差距和跨国公司的结构上。一项比较发达国家母国特性如何影响对外投资的研究发现，尽管发达国家对外投资中第一产业、制造业和服务业的比例比较稳定，但产业内部的细分产业构成还是有很大差别。

从行为体来看，企业的战略目标一致性强，但决策模式差异大。如同政治制度影响一国对外决策制定一样，跨国公司总部与分支机构之间的关系也受组织结构影响，公司的对外投资决策有强烈的国别差异。跨国公司对国际关系的影响，除了通过国际体系层面的政治经济力量对比，更主要的是通过经营项目来影响东道国的发展。在此过程中，跨国企业经理层发挥了独特的作用，这些人往往也影响一国经济政策的制定，同时也有可能是国际经济组织的参与者。

二、跨国公司对国内政治的影响

按照跨国投资的进程，国家的决策者有两类考虑。第一，在投资没有进入国内之前，决策者希望通过改变政策和改善环境来吸引外资；第二，投资进入国内之后，由于产生了分配性效应，决策者要考虑应对投资的受损者和获益者将游说政府进一步改变政策。

在第一类问题上，学术界的研究热点主要围绕政治体制的引资能力问题展开。如果研究结论认为民主制度更能吸引外资，那么决策者为了吸引更多的外资，就必须逐步改善政府治理模式，维持承诺的可信度。反之，则继续强化政府对经济资源的管理和控制。但无论哪一种体制，政府都有改善公司经营环境的共性。

跨国公司的直接投资希望进入高增长率的市场，但一旦进入之后又希望避免出现政治风险。无论是追求高增长率还是评估政治风险，政治体制因素都很关键。从经济增长的历史看，自1820年以来世界经济进入高增长时代是由英国工业革命推动的，此后一大批西方国家经历了民主深化和经济的高速增长，民主体制也长期被认为有益于促进经济增长。相对而言，民主推动经济增长是一个比较长期的因果机制判断。而政治风险则更突出短期性，一项投资进入东道国之后需要若干年才能产生回报，此时稳定的投资环境就有利于投资者作出投资决策。

目前，关于民主体制是否降低政治风险存在两种截然不同的观点。① 第一种观点认为，民主体制有利于降低政治风险。支持这一论断的证据主要是三种机制：（1）在民主体制下，推翻某一项既定政策较难。由于选民的偏好是多元的，决策者很难出于某一单一目的推翻前任政府的决策。而且，制衡体系也有利于维持某一项政策。（2）民主体制提供了公开的渠道供投资者影响决策进程。这种制度安排有利于增强决策的透明度，从而提高投资者的信心。（3）民主体制下的决策者需要考虑违背承诺带来的声誉受损问题，前瞻性强的领导人不会轻易因短期利益而侵犯与投资者签署的协议。

认为民主体制不利于降低政治风险的也有三类支持机制。（1）民主体制的一个核心特征是政府的轮换更迭，政党轮替将带来政策的不稳定性。在选举季，执政党和在野党的政策就很不一样，执政党利用政治商业周期改变宏观经济政策，而在野党在赢得选举后要兑现对选民的政策承诺。（2）利益集团中的反对派也能通过影响决策过程改变外资政策，从而打击某一项投资。（3）在大选期间选民对各类议题高度关注，当权派和反对派往往利用选民对某议题的意见给外资施加压力，以此博取选票。

尽管学理研究认为总体上民主体制更有利于吸引外资，给出的政策建议也

---

① Nathan M. Jensen, et al., *Politics and Foreign Direct Investment*, Ann Arbor: The University of Michigan Press, 2012, pp. 30—33.

是希望东道国加强法治、产权保护和兑现承诺。但是，这种见解应用于实际时也需要进一步斟酌。一方面，西方社会对发展中国家的民主体制的界定从来不是固定不变的，有的国家的民主体制是有名无实的。另一方面，正如上文强调的，直接投资本身是多样化的，产业领域也不同。从非民主国家向民主国家的转型本身带来诸多问题，也不一定有利于吸引外资。因此，在政治体制的变革上，要重实际的吸引外资效果，而不是博取虚名。

总体而言，经营环境好的国家吸引的外资较多，这一点也为世界银行的全球营商环境报告所证实。根据世界银行 2013 年版的《营商环境报告》，营商环境好的一些国家要比位于中等程度的国家吸收更多的外资，比起垫底的 10 个国家成绩更是高出近 40 倍。而且，如果一个经济体的营商环境得分趋近于“前沿”水平一个百分点，那么每年可多吸收 2.5 亿至 5 亿美元的外资。此外，该系列报告还指出，政府在改善国内营商环境时，也能对外资产生同等的效应。总体来看，这一系列的报告倾向于强调更加高效的监管程序与更有力的法律制度和产权保护之间的紧密性。但该系列报告也承认，涉及监管程序和成本的领域要比那些涉及法律制度的领域更容易进行改革，这些领域包括开办企业、登记财产、办理施工许可、电力供应、缴纳税款和贸易手续等。

当外资进入东道国之后，在国内的生产经营将对东道国的就业、产业竞争和地方政府的税收等产生非常不同的分配性效应。不管在哪一种政治体制下，外资的受损者和获益者都将围绕下一步的政策展开行动。

从理论上讲，直接投资的集体行动逻辑是贸易政治逻辑的颠倒。因为就直接投资的受益者而言，通常都集中于某个行业和地方，地方上通过税收和就业直接获得了外资的收益，但是外资对国家安全、产业竞争甚至某些特定政策的补贴等方面的影响却被分摊到全国。因此，对外资的开放，往往是成本比较分散，而受益者却非常集中。例如，中央政府会限制某些外资进入特定产业，这一般是基于国家安全或者经济安全考虑，但是，对于地方政府而言，它们更关心的是能否获得税收和就业。这就意味着，一个国家的政治制度特别是在政策工具的供给上如何分配不同部门、不同层级政府的权威就极为重要。

外资的流入将改变国内不同集团的力量对比，大体上可以将它对国内不同利益集团的影响分成两大类：第一类，将外资仅当作资本对待，那么随着外资流入的增多，国内资本的资本存量将提高，由于资本存量提高将导致资本的稀缺性下降，人们将更轻易地获得资本，这将导致资本的价格下跌，从理论上讲这更有利于工人，从而改变了资本家和工人的力量对比。第二类，从产业角度来看，同一行业内不同类型的国内生产者对待外资的态度十分复杂。由于现代分工体系的深化，一条完整的生产链往往经由跨国公司的分割，被不同的国家乃至同一个国家的不同地区所分享。在生产链的不同位置上，国内企业对待外资的态度会很不同。一方面，与外资不发生直接竞争的生产者希望引进外资，以便通过与强大的外资企业发生关联提升自己的竞争力。但另一方面，很多中小企业也惧怕外资企业进入之后失去竞争力，因此往往动员一些力量阻止外资企业的进入。

三、跨国生产对国家权力的影响

在国际关系中，关于国家权力的定义和构成要素有多种说法。但无论哪一种理论，都不否认经济对国家权力的重要性。对外直接投资对国家权力产生影响，其实质主要是如何影响东道国的经济增长和这种增长的可持续性。直接投资无论是流入还是流出，都会影响一国经济，比如资本、税收和就业的增减。另外，外资引发的经济增长能否控制在东道国手中，即国家的自主性是否受到损害也是人们关心的核心问题。20 世纪 50 年代以来，关于外资是否有利于东道国经济增长，大体上经历了从否定到肯定的发展历程。

依附论认为跨国公司在发展中国家的投资造成发展中国家的不发展，使发展中国家不得不依附于发达国家构建的国际经济体系。早在 1950 年，发展经济学家汉斯·辛格就指出，来自发达国家的对外直接投资，不利于欠发达地区的发展，并导致全球发展的不均衡。① 辛格当时立论的主要依据是，进入欠发达地区的外资主要进入了原材料部门，而不是现代工业部门。原材料部门的需求缺乏收入弹性，技术变革的好处以低价的形式进入了消费者手中，而不是以高收入的形式进入生产者手中。在经济下降期，原材料的价格跌势尤其高于制成品，发展中国家出口原材料获得的收入无法购入发展所需要的机器设备，难以发展现代制造业。而只有培育出现代制造业，才能真正促进经济的持续增长。

以辛格等人论述发展中国家贸易条件恶化为开端，关于国家经济长期得不到发展的认识进一步深化，国家之间的依附关系可总结为三种形式：第一种是殖民地依附，在贸易关系上，欧洲宗主国安排被殖民国家出口单一经济作物，

---

① Hans Singer, "The Distribution of Gains between Investing and Borrowing Countries", *American Economic Review*, Vol. 40, No. 2, 1950, pp. 473—485.

被殖民国家的生产取决于宗主国的国内需求，国际分工关系是刚性的。第二种是金融—产业依附，主要发生在19世纪后期和20世纪上半期，霸权国通过控制原材料和农业产品影响被控制国的命运。依附国的生产结构取决于这些产品的出口情况。第三种是“二战”后跨国公司主导的技术—产业依附。这种情况的实质类似于哈佛教授雷蒙·弗农总结的对外直接投资的产品周期论，发达国家始终掌握着技术前沿，而接受投资的发展中国家能否发展出符合国内市场需求的产品，取决于这些跨国公司是否愿意进行大量的技术转移。

关于跨国公司与第三世界国家的经济依附关系主要有两个层次的观点①：第一种观点认为，第三世界国家从对外直接投资中获得的收益微不足道，或者说这种收益的分配更加有利于跨国公司而不是东道国。东道国认为，跨国公司不应该攫取过高的利润，而跨国公司则认为跨国生产本身是企业通过特殊技能才实现的，企业应该得到这部分垄断租金。对跨国公司和东道国而言，双方商定何种价格成了博弈的焦点。这种博弈既取决于跨国公司投资的项目特性，如果投资项目的固定投资需求较少，固定成本低、技术可变，且市场复杂，那么东道国的谈判地位就比较弱。同时，也取决于东道国的政治经济情况，如果东道国市场规模大、经济增长率高，法律制度比较完善，那么在与跨国公司谈判时地位更有利。当然，在这两者之外，某一项目在国际市场中是否充分竞争也会影响谈判，如果国际市场存在多家公司能够完成这类项目，显然东道国就拥有更多选择的余地。

第二种观点认为，跨国公司到东道国投资后，将对东道国的本地经济产生四大类的负面影响。首先，跨国公司通常具有很强的竞争力，一旦进入东道国，倾向于利用自身具有的优势地位，收购本地企业，将在东道国建立的附属企业和收购来的本地企业都纳入其全球战略中，服从于跨国公司而不是东道国的发展需求。其次，跨国公司的生产函数②是在母国完成的，资本、技术和劳

① Theodore H. Moran, "Multinational Corporations and Dependency: A Dialogue for Dependentistas and Non-Dependentistas", *International Organization*, Vol. 32, No. 1, 1978, pp. 79—100.

② 此处“生产函数”指的是一种最优的资源配置方式。总体上，这种观点的核心是跨国公司是在发达国家产生的，因而跨国公司的资源配置方式主要产生于发达国家，它有一系列的制度约束，并不一定能够在东道国复制。而且，跨国公司为了使其在母国的竞争力保持下去，会从东道国截取一部分资源，目的是回归母国并加强公司在母国的竞争力，因为只有在母国保持优势地位，公司才能继续对外投资。至于东道国被截取了资源之后能否实现最优的生产，则不在跨国公司的考虑之内。

动力的最优配置难以完全复制到东道国，一旦进入东道国，只会利用东道国中对其生产最有利的要素，但这种要素配置却不一定让东道国的资源达到最优分配。再次，跨国公司进入东道国后，有可能不是从母国拿出资本输入到东道国，而是通过在东道国的资本市场借贷实现再投资，此举将不利于东道国的收入分配。跨国公司具有良好的信誉，在东道国经济扩张时期，容易从资本市场获得资金，而本国企业则不容易获得资金。因此，在外国投资多的领域，本国企业很可能难以生存。最后，跨国公司的产品改变了东道国消费者的口味和习惯，此举将不利于东道国的文化。产品周期论表明，东道国的产品更新与跨国公司的母国是紧密联系在一起的，跨国公司可以通过不断生产新产品改变东道国消费者的忠诚度。

学者们在总结依附理论时的主要历史经验来源于拉丁美洲。依附理论认为，拉丁美洲经济的落后主要源于外部的资本主义经济势力入侵。在依附论学者看来，世界经济呈现的中心—外围结构，并不是自发形成，或者天生就是如此。发达国家在发展经济、成为发达国家的过程中，不断地从发展中国家获取原材料，而将高工资的劳动生产都留存在发达国家。发达国家运用政治、金融、商业、技术和文化优势建立了特权，而跨国公司是这种综合竞争能力的典型产物。“二战”后，尽管美国取代英国成为世界新霸权，但依然无法改变这种结构。

以依附论为指导的拉美在对外经济发展战略上提出进口替代。在冷战背景下，这种经济理念的政治含义被放大，当时美苏正为争夺势力范围而竞争，美国拿出了现代化理论来指导美国的对外援助与跨国公司的对外投资。其代表性思想是 W. W. 罗斯托 1960 年提出的经济增长五阶段论，罗斯托认为经济发展过程可以概括为传统社会、起飞前、起飞、走向成熟和大众消费时代等五个阶段。[①] 罗斯托担任美国总统肯尼迪的顾问，他的经济发展思想对美国政府的政策产生了深远影响，美国试图让发展中国家相信，欠发达地区也可以达到美国的发展水平。一个有力的证据是，发展中国家的沿海地区以及若干大城市，由于和美国等发达国家相联系获得了较大发展，而其内陆农村地区则落后于沿海地区。美国力图让发展中国家相信，发展中国家之所以不发展乃是因为发展中

---

① 参见［美］W. W. 罗斯托：《经济增长的阶段：非共产党宣言》，郭熙保、王松茂译，中国社会科学出版社 2001 年版。

国家的内部原因，是历史传统与文化决定的，而非外部的资本主义世界经济结构所决定。而依附伦则认为，发展中国家占据统治地位的阶级，其利益已经被帝国主义所捕获，没有能力在国家利益基础上进行发展，不仅延缓了经济增长，还加剧了社会的不平等。

但拉美的地区性经验也不足以推广到其他地区。按照美国经济分析局提供的数据，20 世纪 60 年代起，拉美地区吸收的美国外资远不如西欧和加拿大多，且拉美在美国对外投资中的占比从 1966 年的 18.8%下降至 1973 年的 16.6%，也就是说随着依附论思想而产生的国有化、充公等政策造成了外资占比的下降。西欧与加拿大吸收大量的美国外资，既有政治原因，也有经济原因。20 世纪 70 年代初，加拿大首设外资审查局管理流入的美国外资，以防备美国外资的过度流入，但有研究表明，美国外资流入加拿大，不仅提高了加拿大企业的资源配置效率，也向加拿大转移一部分技术，由此促进了加拿大生产率的提高。

与此同时，发展经济学本身也在逐渐超越旧有的经验性判断。一方面，辛格等人对发展中国家贸易条件恶化的论述依赖于分析的商品和时间段，事实上，1972 年之后发展中国家的贸易条件得到大幅度改善。另一方面，20 世纪 70 年代，发展经济学崛起，而经济增长研究相对停滞。造成这种现象的一个重要原因是，增长研究过于关注模型建构的技术条件，20 世纪 70 年代发达国家的重大经济挑战是经济滞涨和短期波动，而发展经济学更关注经济增长模型对发展中国家的适用性。有两个经济增长模型对 20 世纪 70 年代发展中国家的决策产生过重要影响，一个是注重储蓄的哈罗德-多马模型，一个是注重技术的索洛模型。这两个模型都强调资本积累对经济增长的重要性，但后者更加突出了技术的重要性以及政府通过改变政策鼓励企业采用更为劳动密集型技术的可能性。由于将技术设定为增长的重要条件，那么对低收入国家而言，从国际市场上引入技术将是更便捷的办法，这一点尤其适用于通过外资转移技术。

各国政府日渐认识到资金、技术和国际市场对一国经济增长的重要性。进入 20 世纪 80 年代后，拉美吸收的美国外资占比进一步下降，1984 年只占到美国流出外资存量的 12%。与此相对，世界其他地区吸收的外资继续扩张，甚至包括原来的资本输出国家美国、英国等。外资被认为流向收入水平高的国家和地区，而且对收入增长起到了促进作用。

从20世纪90年代初起，有关外资促进经济增长的研究得到广泛开展。联合国贸发会议投资报告，将各国政府外资政策转向欢迎外资归因于“跨国公司是增长动力”之故。这一转变非同寻常，因70年代贸发会议对外资持严厉的批判态度。1992年的世界投资报告认为，外资对经济增长施加作用的机制主要有如下几种：促进实物资本形成、技术和人力资源发展等传统的生产函数要素，通过扩大投入和产出实现贸易效应以及改善经营环境和可持续发展等。① 2002年，经济合作与发展组织在《对外直接投资与发展》报告中认为：对外直接投资通过技术外溢，帮助形成更好的人力资本，促进国际贸易一体化以及建立更有助于发展的商业环境来促进东道国经济增长。在该报告所评估的14份文献中有11份认为，外资流入有助于东道国的收入增长和全要素生产率提高。② 简而言之，外资促进经济增长的机制主要分为两大类：第一类是改善生产要素，第二类是结构性的要素之间重新匹配带来的优化。

尽管理论上外资通过上述机制可以促进东道国经济增长，但经验研究也表明这种促进作用还取决于东道国自身的状况。一般而言，制度较完善、人力资本较高的东道国更加容易从外资中获益，而经济发展程度很低、社会发育较慢的一批最不发达国家，通常难以从跨国公司的生产网络中学习到如何更好地得到生产的收益。从这个角度看，东道国政府的发展水平、外资政策以及整体的商业环境十分重要。

第三节　跨国生产的国际管理机制

无论是东道国还是母国，都面临直接投资全球流动带来的挑战。对母国而言，需要通过一定的跨国机制保护这种海外的投资，对东道国而言则需要从本国发展的角度审视如何更好地利用这类投资。然而，管理跨国生产的国际机制不如国际贸易和国际金融领域那样完善，到目前为止，仍然没有一个类似世界

---

① Transnational Corporations and Management Division, Department of Economic and Social Development, *World Investment Report 1992: Transnational Corporations as Engines of Growth*, New York: United Nations, 1992.

② OCED, *Foreign Direct Investment for Development: Maximising Benefits, Minimising Costs*, Paris: OCED, 2002, p. 66.

贸易组织或者国际货币基金组织的国际机构全面管理直接投资的全球流动。

一、双边投资协定的特征

20世纪后半期以来，国际经济领域的一个突出特征是国际投资协定（IIAs）的增多。根据联合国贸发会议统计的数据，截至2014年末，各类国际投资协定增加至3 268个，其中双边投资协定2 923个，其他类型的投资协定345个。① 不过需要注意的是，自21世纪初以来，国际投资协定的增速已经放缓。

从国际政治经济学角度看，主要关注IIAs引发的三大问题。第一，国际投资协定演变的动力是什么？第二，双边投资协定（BIT）构成了当前国际投资体制的主要内容，那么这类制度对东道国吸引外资起了多大的作用？第三，怎么理解双边投资协定多样性？

有关跨国投资管理体制的演变基本可以分为三个阶段。第一阶段是殖民主义时期，有关国际投资的法律条款散落在国际惯例法中，缺乏系统的投资保护条约。这一时期比较突出的是拉丁美洲国家出台了以阿根廷法学家命名的卡尔沃主义（Calvo Doctrine），认为外国投资者享有的待遇不应超过本国国民。而欧美国家则综合使用外交和军事力量保护投资，例如美国第二十六任总统西奥多·罗斯福就援引门罗主义，授权美国军队干涉西半球事务以保护美国居民，这一“罗斯福推论”直到富兰克林·罗斯福总统推行针对美洲的“睦邻政策”（Good Neighbor Policy）才宣告结束。

在殖民主义时期，贸易是当时国际经济交往的主要内容，各国动用武力保护的主要是通商的权利。而跨国投资的历史要晚于贸易，并没有为英帝国崛起提供足够分量的支撑，英国缔造的霸权时代的突出特征是通过双边贸易协定规范和推动自由贸易。在美国崛起的过程中，这种双边贸易关系的制度框架被改造为“友好通商航海条约”（FCN），有关投资的条款也被纳入这一条约之中加以推行，但并不充分。

第二阶段是“二战”结束后到冷战结束前，这一阶段投资体制变革的突出特征是发展中国家与发达国家的对抗趋于激烈。一方面，发达国家成功地将双

---

① United Nations Conference on Trade and Development, “Recent Trends in IIAS and ISDS”, *IIA Issue Note*, No. 1, February 2015, p. 2.

边的贸易协定转变为多边的关贸总协定，但并没有在投资领域也形成这样一种框架，失败的原因主要在于霸权国美国的国内政治。结果，美国转而革新“友好通商航海条约”，1946—1966 年期间达成了 21 个此类协定，并将对投资的保护从个人转向公司法人，大力推动美国跨国公司的全球经营。另一方面，一批新独立的国家希望掌握自己的命运，在依附论等思想的影响下，认为外资是资本主义剥削发展中国家的工具，因而采取了国有化等措施。1960—1974 年，在 62 个国家发生过 875 起对跨国投资的征用。

对部分西欧国家而言，并没有如同美国那样的权力地位，因此不得不创新保护投资的 BIT。某种程度上，联邦德国因惧怕对外投资的政治风险，而主动同一批发展中国家缔结 BIT。1959 年 11 月 25 日，联邦德国与巴基斯坦第一个签署了 BIT，该条约于 1962 年 4 月 28 日生效。此后，法国（1960 年）、瑞士（1961 年）、荷兰（1963 年）、意大利和比利时、卢森堡（1964 年）、瑞典和丹麦（1965 年）、挪威（1966 年）等相继与发展中国家缔结 BIT，以此保护本国的海外投资。进入 20 世纪 70 年代后，随着建立国际经济新秩序的呼声高涨，英国（1975 年）、奥地利（1976 年）、日本（1977 年）纷纷开始缔结这类条约，美国也于 1977 年在卡特政府时期首次缔结 BIT，谈判过程直到 80 年代初才完成。

美国在“二战”后推行的 FCN 与 BIT 在名称上有很大差异，但两者的内容其实很相似。某种程度上，BIT 继承了绝大多数 FCN 的内容，包括保障国民和最惠国待遇，公平和公正待遇，有效的补偿和限制汇兑管理等。发达国家和发展中国家签署 BIT 的动机也比较简单，一方是通过签订协定保护投资，另一方是以此吸收外资。但鉴于时代环境的整个氛围是对抗性的，这一时期的 BIT 数量很有限。

第三个阶段是冷战结束以来的时期，BIT 大规模增多，尤其是发展中国家之间签署数量剧增。20 世纪 90 年代以后，发展中国家之间签署的 BIT 数量上升十分明显。根据联合国贸发会议的统计，亚太地区国家在 20 世纪 90 年代签署 697 个，而整个 80 年代不过 98 个。① 亚太地区国家支持 BIT 的原因主要在于，东亚国家和地区通过施行出口导向政策，积极引进外资实现了持续较高的

---

① United Nations Conference on Trade and Development, *Bilateral Investment Treaties: 1959—1999*, New York and Geneva: United Nations, 2000, p. 6.

经济增长，这不仅高于拉丁美洲，也优于撒哈拉以南非洲国家。因此，东亚国家和地区的发展证实了外资有利于东道国的经济增长。

在每个阶段上推动跨国投资协定发展的动力并不一致，国际学术界目前关注重点是 BIT 的演进动力。有学者根据推动力的不同，将 BIT 的大规模扩张划分为三个阶段，并依次用承诺的可信性、相邻国家的竞争和仲裁制度的损伤来解释 BIT 的兴起、扩张及增速的放缓。大体而言，1959—1989 年达成的 BIT 数量为 400 个左右，而 1990—1999 年达成的 BIT 数量大约为 2 000 个，2001 年以后数量仍然在增加，但增速明显放缓。① 第一阶段的特征是 BIT 签署的双方是作为资本输出国的发达国家和作为资本进口国的发展中国家，发展中国家通过签署 BIT 这样一种制度性承诺，让投资者对东道国的投资环境放心。通常这个时期的 BIT 重点关注投资的准入、投资进入之后的国民待遇和争端解决机制。

第二阶段的特征是大量发展中国家之间签署 BIT。1970—1975 年南南国家签署的 BIT 占总量的 10%，而到了 1996—2000 年则上升至 55%。南南国家签署 BIT 的一方往往并不是资本输出国，并不是为了从另一方吸收外资，而是出于进一步推进市场化改革的需求才签署 BIT。在全球经济领域，BIT 已经成为贸易投资自由化内容的机制，成了全球经济规范和标准的一部分。发展中国家通过签署 BIT，向国际社会做出承诺进一步开放市场。

在第三阶段，签署 BIT 的增速放缓。其原因是部分发展中国家被跨国公司拉入国际仲裁进程，投资争端解决机制开始加速运行，对多数发展中国家而言，难以付出高额成本应对跨国公司的诉讼挑战。BIT 作为发展中国家整体外资政策框架的一部分，其增速放缓也与发展中国家政策自由化进程趋缓一致。联合国贸发会议每年发布各国在管制外资政策方面的动态变化信息，尽管大多数国家仍然采取自由化政策，但其变化趋势自 2004 年以后逐渐放缓，2008 年全球金融危机后更是出现了投资保护主义潮流。

这就涉及第二个大的问题，即 BIT 对发展中国家吸引外资的效果到底怎么评估。如果效果并不明显，那么发展中国家放缓签署 BIT 的速度就不会打击引资的成绩。早期的研究成果认为 BIT 的签署在帮助发展中国家吸引外资方面的

---

① Srividya Jandhyala, Witold J. Henisz and Edward D. Mansfield, "Three Waves of BITs: The Global Diffusion of Foreign Investment Policy", *Journal of Conflict Resolution*, 2011, Vol. 55, No. 6, pp. 1047—1073.

作用不太大。[1] 但2005年的一篇文献则表明，BIT对发展中国家吸引外资具有积极作用，因为发展中国家签署了BIT就意味着相对于外资放弃了一部分政策自主性，此外国内制度较差的国家从签署BIT获得外资的边际效应更强一些。[2] 总体而言，目前对BIT促进外资流入的评估还难以给出完全确定的结论。

对BIT对外资流动影响力的争论反映出外资问题的复杂性。长期以来，围绕哪些因素决定外资流动，通常看法是经济因素发挥了决定性，比如一国的市场规模、经济增长率、劳动力素质等，但外资进入发展中国家存在着多个阶段的演化过程，在进入之前东道国的政治稳定发挥了至关重要的影响，进入之后则是经济因素起到决定性影响，但经过一段时间的经营，东道国很可能与跨国公司再度就收益的分配问题进行谈判。另外，也有一些技术问题存在。众所周知，世界各国收集的外资数据并不完全，一般发达国家的数据比较齐全和丰富，发展中国家往往较难收集这类数据。特别是，外资的类型对BIT的敏感度不同。对自然资源和市场寻求型外资而言，BIT的重要性要弱一些，但问题在于各国收集的外资数据难以体现这种类型化。

因此，为了吸引特定类型的外商直接投资（FDI），各国是否有必要对BIT进行特殊的设计呢？世界银行2005年完成的一份调研报告曾认为，很多投资者在进入东道国之前并不关注该国签署的BIT内容，直到发生了问题才去翻检BIT是否有助于保护外资。[3] 对国际政治经济研究者而言，国际经济领域的国家间制度如何设计才能更有效地分配收益是近年来的关注点。国际法学者首先关注到BIT的多样性问题，因各国在签署BIT时重点放在如何解决争端上，有的国家选择更为制度化的仲裁机构解决与跨国公司的纠纷。对国际政治经济学而言，重点在于解释国家选择什么样的仲裁机制。在这方面有三种解释性理论，分别强调承诺可信度、母国的权力与偏好和谈判双方的理性选择。有研究认为，母国的权力与偏好的解释力更强一些，BIT条约内容的多样性并不是随机的，而是谈判双方较强大的一方——多数时候是资本输出国——实施资本扩

---

① United Nations Conference on Trade and Development, *World Investment Report 1998: Trends and Determinants*, New York and Geneva: United Nations, 1998, p. 117.

② Eric Neumayer and Laura Spess, "Do Bilateral Investment Treaties Increase Foreign Direct Investment to Developing Countries?", *World Development*, Vol. 33, No. 10, 2005, pp. 1567—1585.

③ The World Bank, *World Development Report 2005: A Better Investment Climate for Everyone*, The World Bank and Oxford University Press, 2004, p. 177, Box. 9. 2.

张的一种战略性安排。

二、多边投资协定的特征与困境

美国成为资本主义世界霸主之初试图吸取大萧条的教训，从多边领域推动贸易和投资的自由化，但最终只是在贸易领域获得了成功，而投资问题则被纳入升级版的 FCN 中。为了应对发展中国家的国有化浪潮，1965 年由世界银行牵头组织签署《解决国家与他国国民之间投资争端公约》，进一步成立了“解决投资争端国际中心”（ICSID），当前多数仲裁案由该机构裁决。当时的发展中国家盛行依附论思想，发展中国家通过在联合国获取的投票权，致力于经济独立，反击跨国公司的经济殖民。对当代影响甚大的联合国贸发会议成立于 1964 年，第一任秘书长由依附论的创始人之一阿根廷经济学家普雷维什担任。联合国贸发会议成立伊始，就致力于出台一份管制跨国公司的行动守则，由于美国在联合国内极力阻挠发展中国家的行动，联合国贸发会议的努力难见成效。

在双边投资协定增多的 20 世纪 90 年代，各类地区性贸易协定中出现了规范投资内容的条款。从本质上讲，这种趋势反映出跨国投资和贸易关系的变迁。在早期阶段，贸易投资关系被认为是替代性的。因跨国公司选择到海外生产的一个动因是规避贸易壁垒，通过在东道国直接生产服务于当地市场。随着以关贸总协定为主导的多边贸易谈判进程的发展，各国在关税壁垒领域的限制已经非常微弱，而世界经济也从 20 世纪 80 年代开始逐步进入了投资引导贸易的时代，跨国公司主导的产业内贸易和公司内贸易成为全球贸易的主要推手。1995 年诞生的世界贸易组织（WTO）也将投资议题纳入其中，主要包括投资相关的贸易协定（TRIMs），投资服务协定（GATS）以及知识产权协定（TRIPs）。根据 WTO 的规则，各国可以就投资引发的贸易问题经由 WTO 仲裁。

在 WTO 框架内管制投资并没有完全解决国际性的投资制度建设问题。20 世纪 90 年代双边投资协定急速增加，新兴市场开始相互竞争外资，一批发展中国家成长为资本输出国，原本较为简单的发达国家与发展中国家对立的状态已经退潮，实用主义和合作成为主流。在全球化时代，投资自由化成为经济全球化的有力工具。经合组织（OECD）首先呼吁成立一个多边国际投资协定（MIA），但 1998 年发布了一份声明之后，宣告结束相关谈判。有分析认为，OECD 的努力之所以失败是因为各成员国在投资自由化方面存在着高度共识，从多边投资协定中继续获益的边际效应是递减的，为了达成一个综合性的协定而付出极大的谈判成本不划算。在 OECD 推进的多边谈判失败之后，发达国家转而大力推动欧盟内部的投资协定谈判，并进而主张由 WTO 继续主导多边投资协定。

大约从 2000 年起，联合国贸发会议主张要推进建立多边投资协定。众所周知，联合国贸发会议的立场基本是以发展为核心界定投资。从发展角度看，发达国家倡导成立 MIA 限制发展中国家对投资的管制，这一做法忽视了历史上发达国家在吸收外资时也出台过多种类型的保护政策。一旦成立一个完全自由化的国际投资协定，那么历史上发达国家曾经采用过的投资相关保护手段就被剔除到合法的工具范畴外，而这对现在处于发展进程中的国家是不公平的。

联合国贸发会议推进建立多边投资协定的努力得到大多数发展中国家的欢迎。多数发展中国家认为，基于可持续发展目标进程设定投资管制政策应该成为基调，应改革现有的国际投资体制。然而，发达国家基本上倾向于微调。按照联合国贸发会议的总结，目前有四种改革路径。

第一种是维持现状，在加入新的国际投资协定时避免做出改变。持这种观点的国家多数为资本输出国或者还没有进入投资争端的国家，他们主张维持现有的条约可以保障政策连贯性，给投资者发出友好的信号。而投资争端是高度政治化的。由于越来越多国家呼吁改革，维持现状的主张越来越受到挑战。

第二种主张脱离国际投资协定体系，单方面终止现有条约或宣布废止多边仲裁公约。持有这种主张的国家一般是国内争论比较激烈的国家，他们认为脱离现有的体系，可以不受投资争端解决的条约约束，更好地实行国内公共政策。但这种观点忽视了即便退出 IIAs，预期实现的物质收益也不能马上得到。

第三种主张有选择性地调整，修改未来条约的模式，但对现有条约的核心内容和主体保持不变。持这种观点的国家希望积极应对目前体系带来的一些挑战，但与此同时要保持政策的连贯性，以建设性姿态参与投资体系。而且，这种选择性的改革也与可持续性和其他政策目标兼容。局部微调，核心不动。这种方式的优势是随时可以进行改革的测试和调整，但不足也在于它不能应对既有条约的挑战，不能完全应对条约和其他政策的互动，除非这种选择性涉及核心的内容比如最惠国待遇条款。从未来发展的角度看，有的利益相关者得不到满足。

第四种主张系统性改革，全面解决国际投资协定体系的问题。从 2014 年

10月参加联合国贸发会议主持的“改革国际投资协定体制”会议的各国代表发言来看，新一轮国际投资体制改革的总体目标是加强国家对外资的管制能力。

在四种改革路径中，只有少数国家坚持维持现状，很多拉丁美洲国家属于第二种，大部分发达国家属于第三种，大部分发展中国家属于第四种。

总体来看，未来新一代的国际投资体制势必要平衡投资者和东道国的关系，赋予东道国更多的管制能力，与此同时也要求新体制考虑可持续发展问题，平衡公共利益和跨国公司收益。

三、投资协定的国际合作

在直接投资成为全球经济的重要组成部分之后，围绕国际投资的多边制度建设却始终跟不上投资扩大的步伐。从原因来看，早期的投资协定增多主要源于发展中国家要克服时间不一致性问题，即投资者在进入东道国之前如何才能相信东道国政府保护投资，解决方案是东道国与母国签署双边投资协定。此后一个阶段，随着部分发展中国家也发展为资本输出国，保护海外的投资成为多数国家的重要目标，各国也想尽一切办法向国际社会显示吸收外资的诚意，BIT 数量极速扩增，各利益相关方的目标比较一致，利益纠纷还处于潜藏期。

目前围绕投资协定的国家间协调主要关注三大问题。第一个问题是，鉴于发展中国家越来越卷入投资争端，如何让仲裁案更均衡成为首要难点。20 世纪 90 年代发展中国家签署的 BIT 陆续在 21 世纪生效，这些协定赋予跨国公司更多的权利，特别是行使国际仲裁的权利。据联合国贸发会议 2015 年 2 月公布的材料，比起 2012 年 54 例和 2013 年的 59 例案子等高峰年份，2014 年的争端下降到 42 例。但仲裁案合计达到了 608 例，101 个政府已经卷入裁决中。①

绝大多数案子都是投资者诉东道国。容易发生争端的领域是建筑、供水和下水道服务、电信、金融服务、采掘、油气生产等。基本上属于基础设施领域。值得关注的是，针对发达国家的案子在增多。2014 年，60% 的案子针对发展中国家和转型国家，剩余 40% 是针对发达国家的。与此同时，前来申诉的跨国公司多数来自发达国家，在 2014 年的 42 例案子中有 35 例来自发达国家。从

① United Nations Conference on Trade and Development, “Recent Trends in IIAS and ISDS”, *IIA Issue Note*, No. 1, February 2015, p. 5.

历史来看，来自美国、荷兰、英国、法国、德国、加拿大等国家的跨国公司基本上占到 80%的份额，而阿根廷、玻利维亚、委内瑞拉、捷克、埃及、加拿大等是主要的应诉国。阿根廷代表在 2014 年 10 月的“改革国际投资协定体制”会上曾强调，跨国公司滥用征用概念是导致阿根廷被诉的主要原因。阿根廷因经济危机一度取消了比索兑换美元 1∶1 的政策，导致跨国公司使用“间接征用”起诉阿根廷政府，因为国内经济动荡发生的政策变革得不到现有的 BIT 的认可。由此可以推断，发达国家跨国公司在投资时间久、经济形势不稳定的地区容易发生这类争端。在这 42 起案子中，33 例被纳入国际投资争端解决中心，6 例在联合国贸易法委员会，2 例是在斯德哥尔摩商会，1 例通过位于巴黎的国际商会解决。大体上，以往案子的仲裁场所选择与此比例接近。

发展中国家显然在重新评估 BIT 的收益和成本，大规模修改旧的 BIT 模式。按照经合组织的一份报告，绝大多数国家在条约签署前，很少分析或者关注法律含义和经济成本，尤其是发展中国家的很多利益相关者并不注意条约的法律含义。目前有 173 个国家签署了 BIT，其中 91 个国家发生过投资争端案子。在这些国家中，中低收入国家占了 54%。从卷入数量看，在 OECD 收集的 401 个案子中，中低收入国家多达 335 个，其中阿根廷多达 39 个。[①] 仲裁案的增多使得东道国更加关注条约的法律含义以及围绕条约的解释和履行过程中产生的政治影响。

第二个问题是在双边条约增多的同时，地区一体化进程对各类投资协定的相互协调带来挑战。比如，北美自由贸易区内的投资条款影响到墨西哥的政策调整。而欧盟东扩之后，就迫使新成员国对此前签署的一批 BIT 重新加以修改。对一大批签署这类 BIT 的发展中国家而言，修改条约的国内成本高昂。

第三个问题是出现了“超大型区域协定”（mega-regional agreements）。比如 FDI 流入量最多的泛太平洋经济伙伴关系协定（TPP）、GDP 份额最大的美欧跨大西洋贸易与投资伙伴关系协定（TTIP）以及涉及人口最多的区域全面经济伙伴关系协定（RCEP）。这些协定涉及投资的规则制定，特别是一些新的领域，比如国有企业、主权财富基金和如何合作管制等议题，一旦达成将对全球投资规则和流向产生重大影响。

---

① Kathryn Gordon and Joachim Pohl, “Investment Treaties over Time: Treaty Practice and Interpretation in a Changing World”, *OECD Working Papers on International Investment 2015/02*, OECD Publishing.

目前，出现了新一轮加强对跨国公司管制的潮流，主要有两种趋势，分别代表着不同的利益群体。

第一种是反全球化人士主张的。这种观点认为跨国公司的权力过大，已经影响到东道国维护本国公共利益的能力。比如全球投资正义网络（Network for Justice in Global Investment—NJGI）认为，21世纪以来的一些投资争端判例证明外国投资者正在发起一场反对东道国政府的运动，包括2000年美国柏克德公司（Bechtel）诉玻利维亚案、2009年美国太平洋联合有限公司诉萨尔瓦多案、2010年世界第一大烟草公司菲利普·莫里斯公司诉乌拉圭案。这些案子反映出投资协定与国际仲裁庭之间合谋，为跨国公司争取利益创造条件。

仔细对照新一轮反全球化人士的观点与20世纪60年代依附论的主张，既有相似之处，即指责跨国公司侵犯了东道国的自主能力，但也有不同之处，第一个不同主要表现在对仲裁体系的不满。新的主张认为，要进一步改革仲裁体系，赋予东道国上诉的权利，以便东道国在仲裁失败后可再次选择仲裁，同时也要求培养独立的仲裁力量。此外，这类主张还认为，跨国公司首先应该在国内的当地法庭进行仲裁，以减少东道国应诉的成本。第二个较大的不同则在于全球范围内已经兴起了一股加强企业社会责任（CSR）建设的规范，跨国公司在东道国经营时必须考虑到社区、公益和可持续等因素，否则不仅将招致当地的反感，还很可能引发非政府组织（NGO）的抗议。

第二种加强管制的力量来自政府，主要的问题是跨国公司的避税逃税问题。针对国际媒体广泛报道金融危机后大型跨国公司出现的避税逃税问题，2012年6月在墨西哥举行的G20会议在最后声明中认为要“阻止税基侵蚀和利润转移”，12月的金融部长会议上进一步加以阐述。某种程度上为了应对世界经济增长乏力的挑战，欧美领导人纷纷表示要加强对跨国公司的税收管制。2013年2月，OECD发布了名为《解决税基侵蚀和利润转移》的报告，认为全球范围内投资地与税收交付地的分离趋势日益明显。① OECD强调，一些跨国公司通过战略安排，仅支付了5%的公司税，而更小的一些公司则需要支付35%的公司税，这很不公平。其次，一些离岸金融中心通过帮助跨国公司实施这一战略从中获得了不对称的收益，导致很多OECD国家税入减少。

总体来看，国家希望能够继续强化征税这一主权功能，但在数字经济时代

---

① OECD, *Addressing Base Erosion and Profit Shifting*, OECD Publishing, 2013.

对跨国公司的管制难度也在增强。尤其值得关注的是，跨国公司通过全球价值链重组了全球生产体系，创造了基于多个主权国家的“微型跨国公司”。这增加了鉴别各个生产进程以及利润分配的难度，各国不得不在大量数据收集和分析上加强合作。

第四节　跨国生产与中国

从国际投资和经济发展程度看，中国是对外投资的后来者。当中国企业凭借国内广阔的市场发展壮大走向国际时，国际市场的竞争程度和规则的复杂性远比美国和日本企业当年走向海外时更甚。如今的中国深处相互依赖的世界，中国企业的国际化与国内、国际两个大局的转变密切相关。在国内要注重社会主义市场经济体系，在国际上要重视美国霸权主导的体系。与美日相比，中国对外投资仍处于早期发展阶段，未来的发展前景非常广阔，但也面临着一系列的挑战，需切实追踪国际环境变迁，学习领先国对外投资的经验，加强对外投资的评估。

一、引进来与中国的外商投资政策

20 世纪 70 年代末期，当中国主动打开国门，实施改革开放基本国策时，吸引外资被认为是一项体现中国融入国际社会的举措。进行与投资相关的国内立法和签署投资相关的协定是体现这种融入的政策信号。邓小平对有关外资立法能体现承诺和国际信用这一点有清晰的认识。1979 年 5 月 31 日，在会见日本自民党众议员铃木善幸一行时，邓小平表示：“中国准备搞一个投资法。这个立法本身就表明中国的政策没有变。有关的专利法、国际贸易法、国际经济关系法，以后都要逐步搞出来。没有这些法，今后如果打官司，我们总会输，而且还有一个国际信用问题。”① 1979 年 7 月 1 日，五届全国人大二次会议通过《中华人民共和国中外合资经营企业法》。这一立法“为外国企业在华经营提供

① 中央文献研究室：《邓小平思想年谱（一九七五—一九九七）》，中央文献出版社 2011 年版，第 236 页。

了一个基本框架”。①

在合资法通过之后，中央迅速选定了引资地点。按照直接投资理论的总结，东道国的区位优势是极为重要的，基础设施优良、法治完善、劳动力成本低的区域具有竞争优势。但中国的特点是选择在过去不受重视的边缘城市进行试验，1980年中央决定在广东和福建两省建立特区，特别是在四个沿海小城市中对外资政策进行大规模的优惠化。1984年，特区和经济技术开发区的模式扩大到沿海14个城市。

几乎在国内层面展开政策变革的同时，中国政府也逐渐参与国际层面的投资制度，但相关规定是高度选择性和保守的。1982年3月29日，中国与瑞典签署第一个双边投资协定（BIT）。1983年9月6日，中国与日本签署第一个避免双重征税协定（BTT），截至1988年已同20个国家签署这类协定，主要是欧美日等发达国家，但也包括了亚洲的新加坡、马来西亚和泰国。

20世纪80年代中期当中国决定在沿海地区向外资开放时，国际环境发生了极大的变化。20世纪90年代以前，东南亚地区吸收外资最多的两个国家分别是马来西亚和新加坡。亚洲国家和地区吸引外资乃至发展模式对中国的影响是巨大的，整个外资政策发生了从“允许”到“鼓励”的转变，特别是产业政策和税收激励方面作了较大调整。1986年4月12日，六届全国人大四次会议通过《中华人民共和国外资企业法》（简称《外资企业法》），该法明确规定对外资企业“不实行国有化和征收”，其目的是为了消除外国投资者的疑虑、增强对华投资的信心。1986年10月，国务院出台《关于鼓励外商投资的规定》（即著名的二十二条规定），对引进先进技术和出口的外资给予特别优惠。此后，中国开始占据发展中国家吸引外资第一位的位置。

中国经济的飞速发展得益于开放的亚太地区形势，得益于快速融入东亚生产网络。冷战结束与美日经济关系的深度调整，是中国20世纪90年代建设社会主义市场经济的重要国际背景。中国通过进一步改革开放，加速吸引外资，推进出口导向的发展战略。由于中国拥有大量廉价劳动力，在欧美经济制造业转移过程中获得了大发展的机会，承接了大量的出口加工工业，加速了国内产业升级和产业工人培训。为了进一步提升中国经济发展的空间，中国政府决定

---

① Lee Branstetter and Nicholas Lardy：《拥抱全球化》，载［美］劳伦·勃兰特、托马斯·罗斯基编：《伟大的中国经济转型》，方颖、赵扬译，上海人民出版社2009年版，第547页。

申请加入 WTO。

20 世纪 90 年代后期至 21 世纪初，为了与 WTO 的国际投资规则接轨，中国对外资政策逐步做了系统性修正。2000 年 10 月，对《外资企业法》进行修订，对出口或者技术先进的外资企业改为“鼓励”政策，而不再像此前那样给予特殊优惠，将“本地购买”条款改为由企业自行决定在国内市场还是国际市场购买。2001 年 4 月，国务院进一步出台了《外资企业法实施细则》，显著地修改了相关规定，特别是删除了国内外市场销售比例，这一条很大程度上是跨国公司针对中国国内市场而提出的。7 月 4 日，在全国外资工作会议上，中国表示鼓励外商特别是跨国公司参与国有企业的改组改造，这一政策转变具有十分重要的意义，延续了 90 年代以来的国有企业改革，但重要的背景是世界经济结构调整迈入新阶段。“十五”时期，中国引资工作发生三个转向：从资金到技术、管理和人才；从加工工业到高新技术产业；从工业领域向服务业领域。这一趋势在“十一五”规划、“十二五”规划中进一步得到体现。

2008 年全球金融危机造成的外资格局变化促使中国加快政策调整。一方面缘于宏观经济形势恶化，从发达国家流出的外资迅速减少，全球外资流动从 2007 年的 2 万多亿美元下降到 2009 年 1. 2 万亿美元，目前仍未恢复至危机前水平；另一方面则确实如前文提及的，多数国家出台外资政策限制外资的流出，偏好外资的政策日趋缩减。另一项没有引起广泛关注的变化是，金融危机以来发达国家流入中国的外资迅速减少，而来自港澳台的资本增速明显，但港澳台资本对中国产业升级的贡献却逐渐减少。为了应对新的国际形势，中国前所未有地放宽外资进入的领域，同时对外资增加了国家安全审查和战略性产业考虑。在“十二五”规划中，外资政策继续强调优化结构，即引导外资投入高新技术产业、节能环保、新能源、现代服务业等领域，同时也强调要做好外资并购安全审查。

中国对于全球投资领域格局的变化作出重要判断，即加快与欧洲和美国进行双边投资协定的谈判，这被普遍视作中国将推进外资政策进一步开放的信号，同时也是中国参与全球投资治理的最佳途径。也就是说，中国外资政策进一步开放与中国的全球目标紧密关联，将随着中国投资地位变化和利益格局变迁，而进一步显现出支持一个开放式世界经济的特征。

在中国的发展大战略中，引进外资是必要的组成部分，而中国的经济成长也与吸引外资密切相关。2013 年 11 月公布的党的十八届三中全会文件，其主旨就是“使市场在资源配置中发挥决定性作用”和更好发挥政府作用。① 报告提出建设开放型经济新体制，包括放宽投资准入、加快自由贸易区建设和扩大内陆沿边开放。从内容排序上看，未来开放型经济新体制的构建中，投资的权重将超过贸易。这也预示着，市场竞争压力将越来越成为中国外资政策变革的主要动力。2015 年 10 月结束的十八届五中全会也表示，要进一步完善法治化、国际化、便利化的营商环境，全面实行准入前国民待遇加负面清单管理制度，有序扩大服务业对外开放。2017 年 10 月举行的中共十九大又进一步提出，“实行高水平的贸易和投资自由化便利化政策，全面实行准入前国民待遇加负面清单管理制度，大幅度放宽市场准入，扩大服务业对外开放，保护外商投资合法权益。凡是在我国境内注册的企业，都要一视同仁、平等对待”。②

二、走出去与中国的对外投资政策

1997 年亚洲金融危机的爆发为中国重新思考对外经济战略提供了宝贵机会。1997 年 9 月，党的十五大政治报告第一次谈到对外投资，“鼓励能够发挥我国比较优势的对外投资”③。而 2002 年 10 月的十六大报告则明确提出，“实施‘走出去’战略是对外开放新阶段的重大举措。鼓励和支持有比较优势的各种所有制企业对外投资，带动商品和劳务出口，形成一批有实力的跨国企业和著名品牌”④。其中提到的“各种所有制企业”包括了民营企业，这显然是十五大以来国企改革的一项重要成果。

2004 年起，中国对外投资已经有了突破性发展，而三年后的政府工作报告公布了对“走出去”的扶持策略，其中提到了“能源资源互利合作”。2007 年党的十七大报告中强调：“创新对外投资和合作方式，支持企业在研发、生产、销售等方面开展国际化经营，加快培育我国的跨国公司和国际知名品牌。积极开展国际能源资源互利合作。”⑤ 到了十八大，党的政策明确表示，加快走出去步伐，“增强企业国际化经营能力，培育一批世界水平的跨国公司。”⑥ 与 21 世

---

① 《习近平谈治国理政》，外文出版社 2014 年版，第 95 页。

② 习近平：《决胜全面建成小康社会 夺取新时代中国特色社会主义伟大胜利——在中国共产党第十九次全国代表大会上的报告》，人民出版社 2017 年版，第 35 页。

③ 《江泽民文选》第 2 卷，人民出版社 2006 年版，第 27 页。

④ 《江泽民文选》第 3 卷，人民出版社 2006 年版，第 551 页。

⑤ 《胡锦涛文选》第 2 卷，人民出版社 2016 年版，第 634 页。

⑥ 《胡锦涛文选》第 3 卷，人民出版社 2016 年版，第 632 页。

纪初的规划相比，十八大政治报告的目标更为宏大，主要体现在鼓励培育“世界级”跨国公司上。十九大报告则强调：“创新对外投资方式，促进国际产能合作，形成面向全球的贸易、投融资、生产、服务网络，加快培育国际经济合作和竞争新优势。”①

与英美日历时百多年的政策演进体系相比，中国对“走出去”政策的推进相当之快，美国与日本是跨国投资的领先者，但是中国通过快速学习，特别是通过大规模地招商引资促进本地经济成长，认识到在国际市场竞争需要培育一批具备国际影响力的公司，以资本的力量改善中国经济增长的外部环境。目前，中国是签署双边投资条约和避免双重征税协定数量居世界前列的国家，对跨国公司经营规范和竞争规则的重视一直未曾间断。

但与此同时，我们也要看到在管理中国企业走出去的制度方面，中国目前还没有一部与国际惯例接轨的境外企业投资法，因此对境外投资主体、投资形式、审批程序、资金融通、技术转让、利益分配、企业管理、争议解决等问题还缺乏足够明晰的体系性规则。党的十六大之后，为了响应“走出去”的实施，中国政府在政策体系上进行了大规模的改进。2004 年 7 月 16 日，国务院通过《国务院关于投资体制改革的决定》（以下简称《决定》）。该《决定》区分了“由国务院投资主管部门核准”与“由地方政府投资主管部门核准”两大类别的项目，并细分了以行业和金额为基础的核准和备案制度。从《决定》来看，核准中国企业进行境外直接投资的关键点，在于项目的资金额度以及是否是资源类项目。2014 年 11 月 18 日，国务院发布《政府核准的投资项目目录(2014 年本)》（以下简称《目录》），大大缩减需核准项目的类别，目录规定，第一，涉及敏感国家和地区、敏感行业的项目，由国务院投资主管部门核准；第二，前款规定之外的中央管理企业投资项目和地方企业投资 3 亿美元及以上项目报国务院投资主管部门备案。

目前，中国已经是全球第二大资本输出国，年度对外投资规模超过 1 000 亿美元。中国对外投资进入了飞速发展的阶段，截至 2016 年底，中国对外直接投资累计净额（存量）达 13 573. 9 亿美元。② 在中国对外投资的区域分布中，

① 习近平:《决胜全面建成小康社会　夺取新时代中国特色社会主义伟大胜利——在中国共产党第十九次全国代表大会上的报告》，人民出版社 2017 年版，第 35 页。

② 参见中华人民共和国商务部、中华人民共和国国家统计局、国家外汇管理局:《2016 年度中国对外直接投资统计公报》，中国统计出版社 2017 年版，第 4 页。

亚洲占有绝对压倒性优势，其次是拉美，然后是欧洲。中国对欧洲国家和美国的直接投资金额实际上都很小。从国际经验看，如果是一个成熟的经济体对外投资，那么一般对发达国家投资多，这与日本、韩国的对外投资类似。中国对外投资的产业构成一直在变动。从数量上看，进入有色金属、煤炭以及原油的采矿业类投资占中国总的对外直接投资的比重已经大幅度下降。中国对外直接投资覆盖了国民经济所有行业类别，截至 2016 年末存量在 1 000 亿美元以上的行业有 5 个：租赁和商务服务业、金融业、批发和零售业、采矿业、制造业。

中国对外直接投资与亚洲经济体对外投资的兴起具有直接关系。在亚洲对外投资增长过程中，日本排在第一位，其次是韩国、新加坡、中国台湾和中国香港"四小龙"的发展。总体而言，对外投资和经济发展高度匹配。中国早期的经济发展主要是通过融入地区生产网络实现的，东亚的这种地位有助于中国企业快速学习到对外投资的经验。中国投资的飞速增长源于中国在东亚地区分工地位的上升。20 世纪 90 年代前期，东亚生产网络格局的变化还不够明显，日本的主导地位依然不可撼动。但随着中国经济总量最终跃居世界第二、亚洲第一，亚洲内部的投资格局也发生了变化。

从直接投资理论与产业升级研究成果来看，进行境外直接投资的国家，其产业结构将随着投资增多而逐渐优化。发达国家和新兴工业化经济体的产业结构演进已经证明了这一点。当然，这种效应的大小还取决于投资的规模、投资的动机、投资的地区以及企业的学习能力等。

积极实施"走出去"，提高对外直接投资规模和质量，应与中国产业结构向更高等级发展的要求相一致。也就是要依靠对外直接投资推动产业结构由低级向高级发展，不断提高第三产业在国民经济中的比重，推动知识密集型和技术密集型产业发展，大力发展新兴产业，特别是战略性新兴产业，促进国内产业由低附加值向高附加值转型。截至 2016 年末，中国对共建"一带一路"国家的直接投资存量达到 1 294.1 亿美元，占中国对外直接投资存量的 9.5%。①随着中国不断创新对外投资新理念、新战略和新机制，今后仍将是中国对外投资大发展的时期。作为新时代我国实行全方位对外开放的重大举措、推行互利共赢的重要平台，共建"一带一路"是中国实现社会主义现代强国梦想的必然

① 参见中华人民共和国商务部、中华人民共和国国家统计局、国家外汇管理局：《2016 年度中国对外直接投资统计公报》，中国统计出版社 2017 年版，第 22 页。

之举。

目前，中国正积极实施“一带一路”倡议，推进共建“一带一路”国家的互联互通。这是中国经济迈入新常态之后实施的一项重大规划，是以企业走出去、加强区域经济合作为核心的新型多边、多层次合作机制。

思考题

1. 跨国生产的政治动因在各个阶段的主要特点是什么？
2. 跨国公司引发的政治经济结果具有何种特性？
3. 未来国际投资体制改革的方向是什么？
4. 中国的对外投资对母国和东道国将产生何种影响？
5. “一带一路”倡议如何影响中国对发展中国家的投资？

▶ 思考题答题要点

第六章　发展与转型的政治学①

20世纪50年代以来，随着世界体系向全球的扩展以及90年代以来经济全球化的深入，在世界体系中出现了两类国家：一类是前西方殖民地，它们在政治上建立独立主权国家之后开始寻求经济和社会发展之路，经过20多年的努力，成为新兴工业化国家（NICs）或地区（NIEs），例如韩国、新加坡、马来西亚、印度尼西亚和菲律宾；另一类是20世纪90年代以前实行社会主义计划经济的国家，在冷战结束前后，开始了国内政治、经济和社会转型，其中，俄罗斯和东欧国家直接进入资本主义世界体系，推行资本主义市场经济。与此同时，中国和越南虽然加入世界体系，但推行社会主义市场经济。尽管在转型的具体路径上有所差异，但这些国家被国际社会通称为“转型经济体”。随着发展中国家，特别是新兴工业化国家和20世纪90年代以来的“转型国家”在贸易、投资、资本流动以及劳动力流动诸领域对世界体系影响的扩大，发展和转型问题成为国际政治经济学关注的一个重要研究议题。

第一节　发展与转型概述

经济增长、经济发展和经济转型是20世纪50年代以来国际学术界研究发展中国家经常使用的学术概念，也是不同时期的发展中国家制定经济政策频繁使用的政治动员术语，因此准确把握经济增长、经济发展和经济转型这些概念的基本含义，不仅有助于我们分析当今国际学术界盛行的各种理论，而且也有助于我们理解发展中国家推行的不同的经济政策。

一、经济增长、发展与转型的含义

（一）经济增长与经济发展

尽管关于经济发展的定义是一个非常复杂的问题，但学者们一般主张将经济发展和经济增长区别开来。所谓经济增长，一般是指一国经济在一定时期内

---

① 本章主要根据王正毅《国际政治经济学通论》“第十四章”和“结语”部分修改而成。

（一般期限可以短至一年）实际的（即按不变价格计算）产值或收入的增长。而经济发展则是指，一个国家按人口平均的实际收入在一个长时期内增长的过程，条件是处于“赤贫线”下的居民人数不再增加，收入分配不会变得更不公平。具体来说，经济发展的含义主要包含三个基本因素①：

1. 经济发展与收入增长

经济发展强调的是一国人均实际收入的持续增长，具体地讲包含三层含义：第一，收入必须是实际收入，即消除通货膨胀影响以后的收入；第二，收入必须是人口平均收入，如实际收入每年增长 2%，而人口也每年增长 2%，那么经济就无发展可言；第三，收入增长是在一个长时期内，比如 20 至 30 年。

2. 经济发展与国内结构调整

经济发展不但包括收入增长，而且还包括国内经济结构、社会结构和政治结构的进步或改善。在经济结构方面，第一产业产值所占比例减少，而第二、第三产业产值所占比例提高；社会结构方面，文盲在人口中的比例日趋下降，而中产阶层的家庭在全国全部家庭中所占比例扩大；在政治结构方面，民主政治的方式日渐普及，而传统的权威阶层逐步退出政治舞台，等等。在这些结构变化中，经济不发达现象渐告消失，低下阶层的生活水平提高，劳动生产率趋于上升，显性失业和隐蔽性失业逐步减少，非正常外贸转为正常，等等。总之，经济发展不仅是一个量的概念（如增长概念那样），而且是一个多层面的质的概念，涉及经济、社会、政治、文化多个层面。

3. 经济发展与外部经济条件的改善

经济发展不仅包括国内方面，而且还包括国际方面。经济发展在国际方面最为重要的是贸易条件的改善。所谓贸易条件，是指具有代表性的单位出口产品价格与单位进口产品价格之间的关系或比率。如果相对于进口商品价格的出口商品价格下降了，称为一个国家的贸易条件“恶化”。对于一个国家而言，当其出口价格相对于进口价格下降时，每一单位进口产品的实际或社会的机会成本就会上升，换句话说，为了保证总收入不变，就必须出口更多的产品和动

---

① 关于学术界对发展的含义比较全面的论述，读者可以参见［美］M. P. 托达罗：《第三世界的经济发展》上册，于同申等译，中国人民大学出版社 1988 年版，第 121—132 页；［美］M. P. 托达罗：《第三世界的经济发展》下册，于同申等译，中国人民大学出版社 1991 年版，第 7—15 页；［美］德布拉吉·瑞：《发展经济学》，陶然等译，北京大学出版社 2002 年版，第 6—38 页。

用更多的稀有生产资源。

(二) 经济转型与转型经济体

相对于发展而言，转型（transition）作为一个专门术语出现在国际社会主要开始于20世纪90年代。随着1989年“柏林墙”的倒塌，中东欧原来实行社会主义制度的国家无论是在政治制度还是在经济体制上均发生了巨变，转型作为一个范畴是专门用来特指这些国家，即“转型经济体”（transition economy）。

而“转型”作为一个专业术语进入学术界则颇费周折①。在经济学界，最先是发展经济学家将其从发展型的体制获取的经验移植到这些处于转型进程中的国家的研究中，并将“转型经济体”作为发展中国家的一个特例来进行规范性研究，直到2000年经济学家热若尔·罗兰出版《转型与经济学》（Transition and Economics）才使得“转型”本身的规范性研究达到了一个新的水准。在政治学界，对转型中的国家的研究在开始主要停留在事件的描述性上，之后，学者们才开始探讨这些国家的经济增长和政治制度之间的关系②。

二、经济发展与国际政治经济体系

无论是发展中国家的发展，还是转型国家的转型，在经济全球化时代的今天都面临着前所未有的挑战。原因主要有二：第一，发展中国家的发展和转型国家向市场经济转型的初始条件（国内和国际）与发达国家在200年前处于发展阶段的初始条件完全不同，因为后者在200年间的增长和发展大多是以牺牲殖民地国家的生产资源为代价的，而今天的发展中国家的发展无法完全效仿发达国家曾经的经验。第二，随着资本、技术、劳动力在全球市场中的流动，经济全球化将发展中国家和转型国家放在一个共时状态中，发展中国家和转型国家不但要与发达国家竞争，而且相互之间也处于竞争中。

发展与转型所面临的挑战引起了国际社会的广泛关注，为此，世界银行曾于1991年和1996年分别出版《世界发展报告1991：发展的挑战》和《世界发展报告1996：从计划到市场》。之后，国际学术界对于发展和转型的研究更是不遗余力，正是在这种背景下，发展中国家的发展和转型经济体的转型与发展

① 参见［丹］奥勒·诺格德：《经济制度与民主改革：原苏东国家的转型比较分析》，孙友晋译，上海世纪出版集团2007年版，第43—48页。

② 参见［丹］奥勒·诺格德：《经济制度与民主改革：原苏东国家的转型比较分析》，孙友晋译，上海世纪出版集团2007年版，第12页。

问题成为国际政治经济学重要的研究议题。

国际政治经济学将发展和转型纳入其研究议题，主要集中在如下三个方面：

第一，全球经济增长与收入分配。在过去500年，世界的GDP和人均GDP在整体上一直呈现增长状态，但无论是就地区还是就国家而言，增长却是极不平衡的。国内生产总值和人均国内生产总值虽然不是衡量一个国家实力的全部指标，但却是衡量一个国家在全球政治经济体系中地位的重要指标，其中一个典型表现就是，世界银行一直按照这项指标（即人均国民总收入，GNI）将全世界的国家分为四类国家：即低收入国家（2020年为1 035美元及其以下），中等收入国家（2020年为1 036~4 045美元），中高等收入国家（2020年为4 046~12 535美元）以及高收入国家（2020年为12 536美元及其以上）。全球经济增长与收入分配的不平衡成为一个世界性难题。国际政治经济学集中研究的一个命题是：建立什么样的国际机制才既能推动全球经济增长又能保证收入分配公平？

第二，全球化与政府发展政策的制定。推动全球经济的增长与发展，既是国际社会的责任也是各国政府的重要政策议题。尽管各国政府在推动经济发展的目标上是一致的，但在制定具体的发展政策上并非完全相同，例如英国和美国推行的“放任自流”的发展政策（又称自由主义），欧洲小国推行的“社会福利”主导的市场经济（又称合作主义，corporatism），日本和法国推行的“政府主导型”的市场经济（又称国家主义），新加坡推行的“儒家资本主义”，中国推行的“社会主义市场经济”等。在看到这些政府发展政策成功的同时，我们也必须看到那些失败的政府发展政策，例如非洲、拉丁美洲和部分亚洲国家的发展政策。这向国际政治经济学提出了一个课题：国际发展可能吗？如果可能，各国政府制定的发展政策有哪些共同的要素？

第三，可持续发展与环境问题。20世纪70年代以来，随着全球贸易和投资自由化，一个最为直接的结果是，发展中国家在追求经济增长的同时面临着环境不断恶化的挑战。从1972年6月联合国在斯德哥尔摩召开联合国人类环境会议到1992年6月联合国在巴西里约热内卢召开世界环境与发展大会，再到2015年联合国大会上各国领导人基于可持续发展目标而通过的《2030年可持续发展议程》，环境问题一直是国际社会关注的问题。环境不断恶化不但制约着发展中国家经济的持续发展，而且对全球经济增长提出了挑战。经济增长与环境的关系不仅成为广大发展中国家面临的问题，也成为全球经济增长面临的问题。由环境而导致的可持续发展问题向国际政治经济学提出了一个重要研究议题：如果国际发展是可能的，那么，各国政府如何相互合作建立一种国际机制来保证这种国际发展是可持续的?

三、经济转型的路径及其政治影响

（一）转型的政治经济学：规范性研究与实证性研究

对“转型”进行政治经济学分析，一般是指将政治过程融入经济问题的分析之中，如贸易、宏观经济政策、公共财政和劳动力等经济问题。关于“转型”的政治经济学研究，在国际学术界主要有两种研究路径①：一种是规范性政治经济学研究（Normative political economy）；另一种是实证性政治经济学研究（Positive political economy）。

1. 规范性政治经济学研究：决策过程与政治约束

转型的规范性政治经济学研究，主要是指对改革的决策过程所受的政治约束条件进行研究。学者们相信，在改革者们设定改革议程的过程中，福利最大化并不一定是改革者们关注的首要问题。一般而言，改革议程的设定必然受到政治条件的约束，这种政治约束主要有两种②：一种是事前政治约束，另一种是事后政治约束。所谓事前政治约束是指阻碍决策的可行性的约束，这意味着对改革方案必须进行妥协，必须制定对受损者可行的补偿方案，或意味着激进改革方案的决定必须一拖再拖；所谓事后政治约束是指决策已经制定并看到后果以后的反作用和逆转约束，试图通过创造不可逆转性来加以处理。如同我们前面所指出的，规范性研究重点回答的问题是“应该如何”（should be），所以，关于转型的规范性研究主要是提供政策建议。

2. 实证性政治经济学研究：利益集团与立法机构

与规范性研究不同的是，实证性研究重点回答的问题是“为何如此”（why be），所以，关于“转型”的实证性政治经济学研究，重点是分析利益集团的冲突，比较利益集团在不同的国家和不同的时间如何通过影响立法机构而达到

---

① Gerard Roland, “The Political Economy of Transition”, *William Davidson Working Paper Number 413*，参见世界银行网站。

② 参见［比］热若尔·罗兰：《转型与经济学》，张帆等译，北京大学出版社2002年版，第40—41页。

权力平衡的过程。因为，在转型国家的经济转型中，政治制度和立法制度本身就是转型过程的一个重要组成部分，或转型过程的一个重要产品，所以，通过分析政治制度和立法制度的变化及其对经济过程的影响，就将政治制度和立法制度作为了一个内生变量而不是外在的变量。在过去十多年关于转型的政治经济学研究文献中①，运用实证方法最为引人注目的是研究“寻租”（rent-seeking）问题。比如，当在制度结构中探讨寻租的程度和结果时，学者们一般通过收集数据、建立模型来回答如下这样的问题：具有有效表决权的行为体数量的变化，权力分散程度的变化，政治制度的选择（总统制还是议会制），立法机关结构的变化。

总之，关于转型的实证性政治经济学研究到目前为止主要有如下两个特征：第一，这种研究主要关注的是改革的初始政治和社会条件，而不是初始的经济条件。第二，这种研究关注转型过程中“为何如此”的问题，诸如为何出现寻租问题、不平等问题等，因此，与大量的运用规范性研究提出政策建议不同，关于转型的实证性研究主要是帮助人们进行知识积累，因而其成果主要局限在学术界。

（二）“大爆炸模式”与“渐进模式”

就转型经济体的转型路径而言，被国际社会广泛接受的主要有两种：一种是俄罗斯和东欧国家推行的“大爆炸模式”；另外一种主要是基于中国转型经验的“渐进模式”。

“大爆炸模式”：“大爆炸模式”作为相关转型经济体的一个具体的路径与“华盛顿共识”（Washington Consensus）这个概念密切相关。“华盛顿共识”作为一个概念，最早是华盛顿国际经济研究所的经济学家威廉姆森于1989年在总结位于华盛顿的国际货币基金组织、世界银行和美国财政部对处于危机中的发展中国家经济改革政策建议所达成的共识的基础上提出的，后来被通称为“华盛顿共识”。“华盛顿共识”共有10条建议，威廉姆森将其概括为三个核心要点，即宏观经济稳定、市场化（私有化）和贸易自由化（对外开放）。这一观点不但在理论上得到了世界顶尖大学的著名经济学家的认可和支持，而且在现实中塑造了国际货币基金组织的政策导向。

---

① Gerard Roland，“The Political Economy of Transition”，*William Davidson Working Paper Number 413*，参见世界银行网站。

导致“华盛顿共识”在20世纪90年代以来颇为盛行的原因并不只是“华盛顿共识”在学术界的创造性，而是持这种观点的经济学家被相关“转型经济体”邀请作为顾问指导这些国家进行转型的实践。其中，哈佛大学经济学家杰弗里·萨克斯在“华盛顿共识”的基础上提出了著名的“大爆炸模式”（the big bang）或“休克疗法”（shock therapy），被俄罗斯和许多东欧国家作为其转型的路径，由此形成了这些“转型经济体”最为著名的“大爆炸模式”。

“渐进模式”：与“大爆炸模式”相对应的是“渐进模式”（gradualism）。“渐进模式”无论是作为一种具体的转型路径，还是作为一个学术概念的产生都与“大爆炸模式”不同。第一，作为一种具体的转型路径，“大爆炸模式”是先有理论总结，然后是已有理论的具体运用，即西方学者对国际货币基金组织、世界银行等为西方发达国家主导的国际组织提出的政策建议进行总结（华盛顿共识），然后是这些西方学者被俄罗斯和东欧国家邀请作为顾问来指导转型而提出的。“渐进模式”则是中国在实行改革开放以后立足于本国的具体实践摸索出来的，后来才被证明是一种可行的路径。如价格的双轨制、企业的增量改革（建立三资企业、乡镇企业）、贸易的逐渐开放等。第二，作为一个学术概念，与“大爆炸模式”相关联的“华盛顿共识”强调的是规范性，即应用规范经济学的模型来指导转型和改革的实践，它所追求的最优目标，所采取的战略是过程完全服从目标，优先考虑的是改革过程的不可逆转性。而“渐进模式”严格意义上并不是一个具有规范性的学术概念，而是一个实证性的概念。它所强调的是“干中学”（learning by doing）或“学中干”（doing by learning），虽然它所追求的终极目标也是宏观经济稳定、市场化和贸易自由化，但它所采取的战略是充分考虑过程的复杂性，优先考虑的是克服那些可能导致改革过程逆转的要素，对于次优目标也可以接受。

无论是“大爆炸模式”还是“渐进模式”，实际上涉及转型过程中的四个核心问题[①]：次序（sequencing）、范围（scope）、阶段（phasing）、步幅（pace）。

（1）次序问题。次序问题是“改革议程”初始阶段最为重要的问题，也是两种模式在改革初始阶段“议事日程”的分水岭。表现之一，是政治体制改革

① Gerard Roland, “The Political Economy of Transition”, *William Davidson Working Paper Number 413*，参见世界银行网站；参见［丹］奥勒诺格德：《经济制度与民主改革：原苏东国家的转型比较分析》，孙有晋等译，上海世纪出版集团2007年版，第26—27页。

优先还是市场经济优先。在中欧和东欧改革的过程中，政治体制改革显然先于市场经济改革，而在中国，市场经济改革则优先于政治体制改革。表现之二，是大规模私有化还是所有权的逐渐变革。在中欧、东欧和俄罗斯改革的过程中，大规模的私有化是所有权改革的重点，而在中国则主要推行“增量改革”，即在进行国有企业股份制改革的同时，允许乡镇企业和私人企业逐步发展。

（2）范围问题。“大爆炸模式”主要基于新自由主义的思想，主张市场应该在改革过程中占据主导地位，政府对经济改革的干预应该保持到最低程度。而“渐进模式”则是基于新结构主义，主张政府应该采取积极的干预政策，通过工业政策和社会政策逐步建立市场经济。

（3）阶段问题。主要涉及改革的措施，是稳定化和自由化优先，还是制度重组优先。“大爆炸模式”主张，应该从“价格适当”入手，创造良好的经济环境，促进企业重组并优化资源分配的效率。“渐进模式”则主张，应当将关注点放在维护现存企业的机构制度和人力资本上。

（4）步幅问题。“大爆炸模式”基于新古典主义的假设，认为一旦建立起经济代理人，他们就会迅速适应新的正式制度，因此，这种模式主张，在民众还没有清楚认识之前、或在政治对抗情绪产生之前迅速发起大规模的改革，从而使得改革不可逆转。而“渐进模式”则是基于历史制度主义的假设，即改革在非正式制度和信息方面是缓慢推进的，这种模式认为，如果改革得不到民众广泛的政治支持，改革的整体进程就会夭折。

（三）制度变革、市场经济与全球化

尽管转型经济体在具体的改革战略和转型路径上有所不同，但所有转型经济体改革的目标（宏观经济稳定、市场化和贸易自由化）以及所面临的挑战却是相同的。其中，有三个挑战是几乎所有转型经济体都面临的：国内制度变革、市场经济的确立和国际化。

1. 国内制度变革与国内政治约束

所有转型经济体面临的首要的共同挑战就是大规模的制度变迁。20 世纪 90 年代以来，尽管转型经济体在转型的具体速度和实施的顺序上有所差异，如俄罗斯采取的“大爆炸模式”的改革，中国采取的是“渐进式的改革”，而部分东欧国家采取的则是“折中式的改革”（在某些领域采取“大爆炸模式”的改革，而在另外一些领域采取“渐进式的改革”），但通过大规模的制度变迁来推动经济增长和发展几乎是所有转型国家的共同目标和特征。这种大规模的制度变迁

体现在转型国家国内政治、经济和社会各个层面上。在政治层面上，研究者们关心的是政治制度和经济利益集团的关系，换句话来说就是，各种不同的经济利益集团如何影响政治决策进程，是维持还是打破现存的制度安排。在经济层面上，学者们讨论最多的是激励机制和所有权的关系，也就是说，是通过大规模的私有化还是通过国有企业来推动经济增长。在社会层面上，学者们争论最多的是两个问题：一个是法律制度和社会规范之间的关系，是立足于既存的社会规范来建立法律制度还是将发达国家的成文法律完全引进。另一个是民主改革和收入分配的关系，是通过民主政治的改革来重新建立收入分配机制还是完全通过市场建立收入分配机制。所以，研究发生在转型国家中的这种大规模制度变革成为我们理解转型国家经济发展政策的基础。

而在转型经济体进行大规模制度变革的过程中，政治约束条件起着至关重要的作用。政治约束条件既包括国内政治约束条件（结构性的和功能性的），也包括国际政治约束条件。关于国内政治约束条件，学者们已经进行了大量的研究，这为我们理解不同转型经济体采取不同的转型模式奠定了基础。但关于转型经济体制度变革的国际政治约束条件，以往研究转型的政治学家和经济学家给予的关注并不是很多①，而这正是将转型经济体的转型完全看作一种国内制度选择的局限性所在，也是需要国际政治经济学在未来需要进行深入研究的一个重要课题。正如转型经济学家罗兰所指出的：

我提出地缘政治因素起了重要的作用，这是一个在转型开始时被低估了的因素，我自己肯定低估了这一因素。试图理解转型的经济学家一般认为转型是向民主政体和市场的转变。如果我们拉开一些历史的距离，我们会发现转型也代表了一个重要的地理上的运动，即中欧和波罗的海国家向西方的移动。如果我们相信地缘政治因素在中欧起着重要因素，那么在比较中欧与俄罗斯时不考虑这一因素就有严重缺陷。要理解转型过程的政治约束的影响，最好去观察大国的经验，大国必须在没有很多外部帮助的情况下，靠自己的力量去完成转型过程，在这里，对俄罗斯和中国加以比较才是有意义的。②

---

① 罗兰本人后来承认，他早先关于俄罗斯和东欧的研究忽略了“地缘政治”。参见［比］热若尔·罗兰：《转型与经济学》，张帆等译，北京大学出版社 2002 年版，第 313 页。

② 参见［比］热若尔·罗兰：《转型与经济学》，张帆等译，北京大学出版社 2002 年版，第 313—314 页。

2. 市场经济、私有化与国际政治约束

所有转型经济体面临的第二个共同挑战就是从传统的中央计划经济向市场经济的转型。经济学家们一般认为，与中央计划经济相比，市场经济的核心就是私有产权的建立，市场化就是私有化。在这一核心理念或意识形态驱使下，在转型经济体中出现了一场规模宏大的私有化运动。然而，经济学家却大多忽略了一个事实，即私有化进程也受政治条件约束。正如罗兰所意识到的：

经济学家的立场令人啼笑皆非的一面是，他们让个人在市场上追求个人利益，却不让他们在政治上有同样的追求。的确，直到最近，经济学家已经太长时间忽略了隐藏在政治下面的经济学。政治家和利益集团担心他们从经济改革中可能受到的潜在损失是合乎理性的。经济学家没有理由忽略隐藏着的政治约束条件，就像他们不能忽略预算约束条件或激励约束条件一样。①

就经济意义而言，在西方国家，私有化通常被认为是进行资源有效配置的一种手段，并被认为是在社会中进行利益再分配的一种形式，所以，私有化进程必然受到利益集团和官僚机构这些政治条件的约束。利益集团和官僚机构的结构不同，私有化政策也会有很大差异。已有的研究成果表明②，转型经济体出现了四种私有化政策：面对外部人的大规模私有化，这主要发生在捷克；面对内部人的大规模私有化，这主要发生在俄罗斯；自上而下出售给外部人，这主要发生在民主德国；自下而上出售给外部人，这主要发生在匈牙利和波兰。

在比较这些私有化政策的不同时，除了关注其国内政治约束条件之外，另外一个不可忽视的就是国际政治约束条件。几乎所有的转型经济体在转型过程中最为棘手的问题是如何解决资本短缺和技术落后，因而，融入现行的全球经济体系，吸引外国直接投资、寻求援助、拓展对外贸易成为所有转型经济体的共同选择。而主导全球经济体系的国际制度（如国际货币基金组织、世界银行、欧洲复兴和开发银行、亚洲开发银行）也就自然成为制约转型经济体建立市场经济的国际约束条件。一项关于俄罗斯和东欧国家私有化经验的研究发

---

① 参见［比］热若尔·罗兰：《转型与经济学》，张帆等译，北京大学出版社 2002 年版，第 26 页。

② 参见［比］热若尔·罗兰：《转型与经济学》，张帆等译，北京大学出版社 2002 年版，第 230—236 页。

现[1]，国际制度/机制对这些转型经济体私有化和市场经济的影响主要包括如下四个方面：第一，借贷条件。这些国际制度对转型经济体建立市场经济支持的政策就是迫使其进行私有化。比如，世界银行 1991 年给罗马尼亚贷款的前提条件是要求其 4 500 个国有企业在三年内完成私有化。欧共体在 1993 年曾同意给立陶宛 1 亿美元贷款以帮助其推进私有化改革，但贷款分两期拨付，第二期是否拨付以及何时拨付主要取决于其私有化进程。在 1999 年国际货币基金组织与俄罗斯的谈判中，为获得贷款，俄罗斯政府同意将 7 个主要公司的股份私有化，并同时答应提高中小企业的私有化水平[2]。第二，支持私有化项目。在现行的国际制度中，支持产权改革和私有化项目是这些国际制度和机制推行经济自由主义意识形态的一个最重要的标志。对转型经济体而言，要想融入现行的国际经济体系并从中受益，就必须推行产权改革和私有化运动。比如，1990—2001 年欧盟花费 10.44 亿欧元支持东欧和波罗的海 12 个国家进行产权改革。世界银行对私有化项目的支持更是不遗余力：1991 年配额 2.8 亿美元给波兰用于公司重组和私有化；1999 年配额 7 500 万美元给塞尔维亚用于农业改革，包括私有化；1996 年为乌克兰提供 3.1 亿美元贷款用于公司改革和私有化；1992 年提供 6 亿美元支持俄罗斯的私有化改革[3]。第三，改变国内政治平衡。为了传播基于经济自由主义的意识形态，国际社会通过经济力量来改变转型经济体的政治格局。也就是说，凡是那些承诺进行私有产权和自由市场改革的领导者和国家，就能获得国际社会的援助。第四，支持教育改革。为了改变计划经济体制下人们接受的理念（苏联式的经济学），国际社会积极推动转型国家的年轻一代进行市场经济的观念重塑，在吸引大批学生去欧美国家进行西方经济学和社会科学学习的同时，世界银行还为转型经济体提供专门的资助项目，进行西方经济学的训练。比如，世界银行于 1997 年为俄罗斯提供 170 亿美元贷款，其中7 100万美元用于经济学和社会科学教育的改革[4]。这项研究表明，全球经

① Hilary Appel, *A New Capitalist Order: Privatization and Ideology in Russia and Eastern Europe*, University of Pittsburgh Press, 2004, pp. 22—36.

② Hilary Appel, *A New Capitalist Order: Privatization and Ideology in Russia and Eastern Europe*, University of Pittsburgh Press, 2004, p. 24.

③ Hilary Appel, *A New Capitalist Order: Privatization and Ideology in Russia and Eastern Europe*, University of Pittsburgh Press, 2004, p. 28.

④ Hilary Appel, *A New Capitalist Order: Privatization and Ideology in Russia and Eastern Europe*, University of Pittsburgh Press, 2004, p. 30.

济体系和国际机制对于转型经济体市场经济进程的约束是不能忽视的，这也是国际政治经济学必须加以深入研究的课题。

3. 国际化与全球经济体系的治理

所有转型经济体面临的第三个共同挑战就是在国际化进程中如何参与全球经济体系的治理。大规模制度变迁以及市场经济的建立，不仅体现在转型经济体国内政治、经济和社会层面上，而且也体现在转型经济体的对外经济政策以及融入全球经济体系的过程中。随着 31 个转型经济体融入或逐渐融入全球经济体系，有一个重要研究议题被提到国际政治经济学的议事日程上，即如何管理全球经济体系。

关于如何管理全球经济体系，目前的争论主要集中在如下两个具体议题上。第一，是否存在一种共同价值。国际社会能否相互合作来管理全球经济体系成为今天面临的首要难题。在贸易领域，自由贸易和贸易保护主义的争论一直持续到最近的世界贸易组织谈判之中；在对外直接投资领域，直到今天仍未能就多边投资协定达成一致；在金融和货币领域，对国际货币基金组织的指责和改革国际货币基金组织的呼声一刻也没有停止过；在环境保护和全球气候领域，尽管相关国家动议和呼声不断，但由于对标准的不同理解而进展缓慢。所有这些表现在具体问题领域的未解之题，都涉及一个共同的基本问题：是否存在一种共同价值？如果存在，那么这种共同价值在个人、社会、环境以及制度、权力和发展问题上的共同标准是什么？如果不存在，这是否意味着国际社会的合作是有限度的？第二，是否存在一个普遍有效的发展路径。这是国际社会争论的另一个重要问题。这不仅体现在单个国家发展政策的制定上，而且也体现在全球经济的管理上。在国际政治经济学领域，关于全球经济治理的争论，按照吉尔平的总结，目前主要形成三种流派，即新自由制度主义、新中世纪主义和跨政府主义①。新自由制度主义主张，民族国家在国际事务中继续发挥作用，但国际制度已经成熟到足以应对全球经济的挑战。如果国际社会发现制度的缺陷，国际社会可以合作创立新的制度或修改已有的制度。新中世纪主义则认为，由于跨国经济力量和互联网的出现，以民族国家为单位的分析已经过时，国际社会正在出现一种新的合作形式。跨政府主义主张，民族国家继续

---

① 参见［美］罗伯特·吉尔平：《全球政治经济学：解读国际经济秩序》，杨宇光等译，上海人民出版社 2013 年版，第 419—442 页。

存在，但面对新的跨国之间的问题，民族国家应该将这些问题托付给跨国机构来处理。无论是哪种主义，都无法回避一个基本问题，即是否存在一个普遍有效的发展路径？如果存在，是已有发展路径的一种，还是国际社会还没有发现或总结出来？如果不存在，是否意味着国际社会的合作是不可能的？

第二节　世界体系与国家发展战略的选择

发展是单一国家行为而且存在一种普遍的发展模式，还是一种区域或世界行为而且受制于所处的国际环境？处于同样国际环境的国家，为什么有的国家通过发展而成为富裕国家，而另外一些国家却依然贫穷？这是自第二次世界大战结束、西方殖民体系解体以来国际社会一直在争论的议题，并因此产生了富有广泛影响的四种理论：经济成长阶段理论、新古典结构变动理论、国际依附理论和发展型国家理论。其中，前三种理论主要出现在 20 世纪 50 年代至 80 年代，而最后一种理论则在 20 世纪 90 年代盛行，直到今天仍处于争论之中。

一、经济成长阶段论

关于发展的第一种理论是基于西方发达国家的历史经验而提出的线形经济成长阶段论。20 世纪 50 年代对于发展中国家发展的研究主要集中在“经济成长阶段”的概念上。其中，最为典型的是罗斯托的经济成长阶段论，这种理论曾被誉为发展中国家发展经济的“经典”。

经济成长阶段论认为，人类社会的经济增长都要经历如下五个阶段：即传统社会阶段、为发动创造前提条件阶段、发动阶段、向成熟推进阶段以及高额群众消费阶段。①

经济成长阶段论有两个最为基本的假设：第一个假设是，发展是单一国家的发展。对于任何发展中国家，经济增长面临的最大约束就是“资本约束”，所以，发展中国家的经济增长和经济发展的诀窍就是，只要增加储蓄（国内储蓄和国际储蓄）和投资，就能促进经济增长。第二个假设是，存在一个普遍的发展模式，发展可以是线形的。不论各个国家在历史、文化习俗、资源的禀赋

① 参见［美］罗斯托：《经济成长的阶段：非共产党宣言》，商务印书馆 1962 年版，第 10 页。

上有何差异，都可以走一条普遍的发展道路，遵循一个普遍的发展模式，这个模式就是西方发达国家曾经走过的模式。所以，只要新独立的发展中国家遵循西方发达国家所走过的道路，就能成为现代化的国家。换句话说，发展中国家要想发展就必须走发达国家曾经走过的道路，只有效仿西方发达国家，才能成为政治、经济和社会都发达的国家。

经济成长阶段论的基本假设因为无法适应发展中国家的现实条件而不断被修正（如哈罗德-多马模型①和索罗模型②）。透过经济学家们的规范模型，我们可以发现，所有持线形经济成长阶段论的学者们，其理论前提假设都面临着如下两个困境③：第一，发展中国家面临的不仅是“资本约束”，而且还面临着管理能力、技术工人和发展规划执行的挑战。西方经济学家经常举例认为，欧洲由于接受了“马歇尔计划”的援助，因而经济得到飞速增长，但这些经济学家忽略了一个事实，即发展中国家与接受“马歇尔计划”援助的欧洲国家在生产结构与制度上存在着很大的差异。第二，发展中国家是国际体系的一个重要组成部分，在这个体系中存在着许多无法控制的影响发展中国家发展的要素。所以，发展中国家的发展绝非是自己一个国家所能完成的，20 世纪 70 年代初智利阿连德政府的失败就是一个典型。

二、新古典结构变动理论

关于发展的第二种理论是立足于发展中国家的市场结构而提出的结构变动理论。结构变动理论研究的核心议题是④：发展中国家创造什么样的经济机制，才能使得国内经济从以仅能维持生存的传统农业为主，转变为以现代化、城市化、多样化的制造业和服务业为主。这种理论以新古典价格、资源分配理论和现代计量经济学为工具来描述这种转变是如何进行的。

在新古典结构变动理论的旗帜下，关于发展中国家的结构变动的研究出现

---

① 参见［美］德布拉吉·瑞：《发展经济学》，陶然等译，北京大学出版社 2002 年版，第 46—52 页。

② 参见［美］德布拉吉·瑞：《发展经济学》，陶然等译，北京大学出版社 2002 年版，第 57—63 页。

③ 参见［美］M. P. 托达罗：《第三世界的经济发展》上册，于同申等译，中国人民大学出版社 1988 年版，第 98—99 页。

④ 参见［美］M. P. 托达罗：《第三世界的经济发展》上册，于同申等译，中国人民大学出版社 1988 年版，第 99 页。

了许多不同的理论，其中最具代表性的是阿瑟·刘易斯的“两部门剩余劳动”理论模型和霍利斯·钱纳里的发展模式的经验分析。

（一）刘易斯的“两部门模型”

“两部门模式”（dual-sector model）由诺贝尔经济学奖获得者 W. 阿瑟·刘易斯于20世纪50年代中期提出①，后来经过费景汉、拉尼斯②等人加以修改、公式化并进一步扩充，主要探讨劳动力的转移与现代部门的产量和就业增长的关联性。该模式认为，任何欠发达（国家）经济都是由两个部门组成的：一个部门是人口过剩的、劳动边际生产率等于零、仅能维持生存的传统农业部门；另一个部门是劳动生产率比较高的城市现代工业部门。在此基础上，刘易斯有三个最为基本的假设：第一，从农村农业部门到城市现代工业部门的劳动力的转移率与现代工业部门的资本积累率成正比。第二，农村存在着剩余劳动，而城市里的就业则是充分就业。现代部门的就业增长与这个部门的产量成正比。第三，现代部门存在着一个完全竞争的劳动力市场，这个市场保证在农村剩余劳动力被完全吸收以前城市实际工资是不变的。

在这三个基本假设前提下，劳动力转移与现代部门的产量和就业增长的关系可以概括如下：首先是传统农业部门的剩余劳动力向现代部门转移，由于传统农业部门转移的劳动力是剩余劳动力，所以，当它们转移后实际上并不影响传统农业部门的产出总量。而城市现代工业部门由于只是得到这些剩余劳动力的供给，城市的工资水平就可以保持不变，城市工业部门的产量就可以增加。当城市工业部门的产量增加后，由于工资水平不变，资本家就可以将全部利润投资到同类设备上，这样就可以吸收更多的农村剩余劳动力。这样的过程可以一直持续下去，直到农业部门没有过剩劳动力为止，在这种状态下，城市工业部门必须提高工资水平，而传统农业部门为了不让劳动力转移也必然提高工资，这时传统的农业部门和城市的现代部门将得到均衡发展。

尽管刘易斯的两部门模型对于解释发展过程中部门之间的相互作用具有极

---

① W. Arthur Lewis,“Economic Development with Unlimited Suppliers of labor”, *The Manchester School of Economic and Social Studies*, Vol. 22, No. 2, 1954.

② Gustav Ranis and John C. H. Fei, “A Theory of Economic Development”, *American Economic Review*, Vol. 51, 1961.

为重要的理论价值，但其暗含的三个假设在现实中受到了挑战①：劳动力的转移率与现代工业部门的资本积累率成正比的逻辑前提是，资本家获取的利润必须重新投入到和现存的资本同样的设备上，如果资本家将利润投入到更加节约劳动的资本设备上，或以资本外逃的方式进入发达国家的银行，那么，对劳动力的需求并不一定增加；刘易斯模型关于农村存在着剩余劳动力而城市里的就业则是充分就业的假设，忽略了在欠发达国家现实中，城市也存在着广泛的剩余劳动力；刘易斯模型关于城市现代部门工资水平不变的假设也有悖于欠发达国家的现实，事实上，即使是在现代部门失业率不断上升的情况下，由于工会讨价还价能力的提高以及跨国公司雇用制度的作用，城市现代部门的工资水平也有不断上升的趋势。

（二）钱纳里的“结构变动模型”

与刘易斯模型只把储蓄和投资作为产业结构变动的动力不同，哈佛大学经济学家霍利斯·钱纳里在考察 1950—1973 年期间 101 个发展中国家经济发展的经验发现②，增加储蓄和投资是经济增长的必要条件，而不是充分条件，一个国家的经济增长与该国的经济结构整体变动密切相关，这就是著名的“结构变动模型”。

按照钱纳里等经济学家的定义③，发展中国家的结构转变主要是指，随着人均收入增长而发生的需求、贸易、生产和要素使用结构的全面变化。钱纳里等人通过对 1950—1973 年发展中国家的经验进行时间序列和截面的比较实证分析，得出如下五个结论：

1. 随着人均收入的增长，生产结构的转变表现为农业生产向工业生产转移。

2. 随着工业生产在国民生产总值中份额的增长，物力和人力资本的积累也在不断地增长。

3. 随着生产结构的变化和资本（人力和物力）积累的增长，国内需求的

---

① 参见［美］M. P. 托达罗：《第三世界的经济发展》上册，于同申等译，中国人民大学出版社 1988 年版，第 102—104 页；杨敬年编：《西方发展经济学文献选读》，南开大学出版社 1995 年版，第 200—246 页。

② H. B. Chenery and M. Syrquin, *Patterns of Development, 1950—1973*, London: Oxford University Press, 1975.

③ 参见［美］H. 钱纳里、［美］S. 鲁宾逊、［美］M. 赛尔奎因：《工业化和经济增长的比较研究》，吴奇等译，上海三联书店 1989 年版，第 48 页。

结构也在发生变革。

4. 随着生产结构的变化，国际贸易（进口和出口）有所增长，在总出口中工业产品的比重相对上升，而在总进口中工业产品的比重相对下降。

5. 随着工业生产的增长和城市移民的增加，社会经济过程也会发生相应的变化，特别是就业结构发生变化，即从事服务业和工业的劳动力比率在上升，而从事初级产品制造业的劳动力比率在下降。

总之，钱纳里的结构变动模型最大的贡献在于：新古典理论在分析经济增长时主要立足于要素供给的增加和劳动生产率的提高这些要素积累，而结构的转变只是增长的副产品，经济学界称为“从供给方面的分析”。结构变动模型在分析经济增长时则立足于发展中国家的结构变动，认为长期的结构变动是经济增长的动力，所以，后来的学术界将其称为“从需求方面的分析”。

三、国际依附理论

关于发展的第三种理论是主要立足于发展中国家所处的国际体系而提出的国际依附理论。国际依附理论研究的核心问题是：发展中国家在国际政治经济体系中所处的依附地位是如何影响这些国家发展的。

由于对线形阶段理论和结构变动理论的幻想的破灭，20 世纪六七十年代，在国际学术界出现了颇为流行的国际依附理论。国际依附理论有时也被称为新殖民主义依附，其代表人物是前面提到的西奥托尼奥·多斯桑托斯。

在国际依附论者看来，尽管随着殖民主义的结束，发展中国家在政治上成为有独立主权的国家，但其经济和社会发展仍然没有脱离发达国家主导的国际经济体系，因而是一种“新殖民依附”。与以前的殖民主义相比，新殖民主义有如下三个基本特征：（1）新殖民主义与殖民主义的第一个区别在于，殖民主义主要是指“二战”之前西方宗主国家与殖民地之间的关系，殖民地在政治和经济上完全依附于宗主国家，没有独立的国家主权；而新殖民主义则是指“二战”后西方发达国家和发展中国家之间的关系，发展中国家尽管在政治上成为有独立主权的国家，但在经济上仍然依附于发达国家。（2）新殖民主义与以前殖民主义的第二个区别在于，殖民主义的依附大多是殖民地国家被动接受的；而新殖民依附则主要是由发展中国家的某些收入高、社会地位高、政治权力大的统治阶级少数上层人物主动选择的，这些统治阶层的利益依附于诸如跨国公司、国家双边援助机构以及由富国控制的多边国际组织。（3）在殖民主义时期，殖民地的经济恶化状况（资源、贫困与国内经济结构的单一和不平衡）主要是宗主国的掠夺造成的；而在新殖民主义中，发展中国家经济状况的持续恶化和人民生活水平的下降，不但是由于国际资本主义体系中贸易条件的恶化，而且是由发展中国家国内有政治权力的上层人物和买办集团的决策造成的。

基于以上“新殖民依附”的特征，国际依附论者主张，无论是遵循线形阶段模式制定发展战略，还是接受新古典结构变动模式推动发展，都不能改变发展中国家在国际经济体系中的依附地位，所以，要想改变发展中国家落后的经济状况，不但需要改变现存的国际经济体系的结构，而且更需要改变发展中国家内部的政治和经济结构。

20 世纪 50—70 年代提出的发展理论或基于西方发达国家的历史经验（诸如线形阶段增长理论），或立足于发展中国家的市场结构（诸如二元经济结构模型），或着眼于发展中国家所处的国际体系（诸如国际依附理论），尽管在立足点上有所不同，所得出的具体结论也有所差异，但三种理论在一点上似乎是相同的，即三种理论都忽略了国家在经济发展过程中的作用。进入 20 世纪 80 年代，随着东亚新兴工业化国家和地区的兴起，国家在经济发展过程中的作用成为学术界争论的焦点。

四、争论中的“发展型国家”模式

关于发展的第四种理论是基于评估国家在经济发展中的作用而提出的“发展型国家”模式（developmental state paradigm）。“发展型国家”模式起源于 20 世纪 80 年代末和 90 年代初关于“东亚奇迹”的争论，其核心是基于日本和东亚地区其他新兴工业化经济体的成功经验，强调国家在引导经济发展方面所起的核心作用，以此挑战新自由主义以市场为核心的各种理论。之后，“发展型国家”模式因 1997—1998 年的亚洲金融危机而导致了世界范围内的争论，这种争论一直延续到 2007—2008 年全球金融危机之后的今天。

（一）问题的起源

随着 20 世纪 60 年代日本经济的起飞、70 年代“亚洲四小龙”和东盟新兴工业化国家的成功，东亚地区的发展成为学术界关注的焦点：东亚地区的成功是否是一种新的发展模式？较早对这一问题进行探讨并引起国际社会关注的著述是艾丽斯·阿姆斯登于1989年出版的《亚洲的下一个巨人：韩国和后工业化》① 以及罗伯特·韦德于1990年出版的《驾驭市场：经济理论及政府在东亚工业化过程中的作用》②，前者对韩国工业化进行了分析，后者对中国台湾地区的工业化进行了总结，尽管两者在具体的分析上存在着细微的差异，但在强调政府在经济发展中的作用这一点上是一致的。随后，世界银行于1991年出版了《世界发展报告1991：发展的挑战》③，但报告并不认为日本和东亚地区的成功是一种独特的发展模式，相反，报告认为，日本和东亚地区的成功正是遵循市场经济规律（减少国家在经济中的干预作用、调整产业结构并实施出口导向型战略）的结果。报告出版之后，引起了日本的强烈不满。作为世界银行的重要成员，日本要求世界银行对东亚国家的成功进行实证研究④。正是在日本的强烈要求下，世界银行设立"东亚奇迹研究项目"，并于1993年出版了单行本《东亚奇迹：经济增长和公共政策》⑤。特别值得一提的是，世界银行从没有以"东亚奇迹"为题出版过世界发展报告，相反，世界银行于同年出版的发展报告的题目是《世界发展报告1993：健康投资》⑥，这种状况在某种程度上反映了世界银行为欧洲和美国的新古典经济学家所主导的状况。

《东亚奇迹：经济增长和公共政策》于1993年出版之后，关于东亚经济是否是一种奇迹以及政府是否应该在经济发展中起作用，在学术界和国际社会出现了广泛的争论，其中，最为著名的是美国经济学家保罗·克鲁格曼于1994年在美国《外交季刊》发表的《东亚奇迹的神话》⑦，认为东亚经济的增长来源于要素的投入，而非生产率的提高，因此并不是奇迹，而是一种"神话"。四

---

① Alice H. Amsden, *Asia's Next Giant: South Korea and Late Industrialization*, NY: Oxford University Press, 1989.

② Robert Wade, *Governing Market: Economic Theory and the Role of Government in East Asian Industrialization*, NJ: Princeton University Press, 1990.

③ World Bank, *World Development Report 1991: The Challenge of Development*, Washington, D. C.: World Bank, 1991.

④ Robert Wade, "Japan, The World Bank, and the Art of Paradigm Maintenance", *New Left Review* 217, 1996, pp. 3—36; [美] 罗伯特·吉尔平：《全球政治经济学：解读国际经济秩序》，杨宇光等译，上海人民出版社2013年版，第352—354页。

⑤ World Bank, *The East Asian Miracle: Economic Growth and Public Policy*, NY: Oxford University Press, 1993.

⑥ World Bank, *World Development Report 1993: Investment in Health*, Washington, D. C.: World Bank, 1993.

⑦ Paul Krugman, "The Myth of Asia's Miracle", *Foreign Affairs*, Nov/Dec., 1994.

年之后，世界银行又以世界发展报告的形式出版了《世界发展报告 1997：变革世界中的国家》①，再次掀起关于国家在经济发展过程中是否发挥作用的讨论。而 1997—1998 年发生的亚洲金融危机以及 2007—2008 年全球金融危机的爆发，使得关于“发展型国家理论”的争论达到了前所未有的程度。

（二）东亚经济增长：“奇迹”还是“神话”?

对于东亚地区的经济增长，“奇迹论”与“神话论”各执一词，双方的争论主要集中在如下三个方面②：（1）就经济增长的来源而言，“奇迹论”认为，政府的作用表现为对人力资本和实物资本的有效动员、积累与投入，如较低的人口增长率、比较高的教育水平和职业培训、较高的储蓄率和投资率。“神话论”则认为，东亚的资源只有一次性使用的贡献，没有经济效率提高的明显证据，相反，在一些国家却呈现出技术使用效率和资源配置的副作用。（2）就经济增长的政策而言，“奇迹论”认为，东亚地区政府的作用在于成功而有效的产业政策、对资源（如劳工、信贷以及外汇）有选择的干预、通过对外经济政策促进贸易（扩大出口以及正确组织出口）以及合理地引进外资和技术。而“神话论”则认为，东亚地区并不具备这种所谓的“共同制度”，而且也没有任何迹象表明这种贸易战略与产业政策对经济效率有特别的推动作用。（3）就经济增长的机制而言，“奇迹论”认为，东亚地区政府的作用在于对政府与企业之间的协调、交换信息以及财富分享的管理，重视民主和政府权力资源的节俭和使用。而“神话论”则认为，近年东亚成功的传奇与 30 年前苏联成功的历史之间没有什么差别，靠的是“斯大林式”的动员资源，实际上是直接的行政管理与经济的扭曲。

（三）经济发展与国家的作用

在关于东亚经济增长争论的背后，本质上是以市场为中心的新古典结构变动理论以及后来的“华盛顿共识”与因“东亚奇迹”而兴起的“发展型国家”模式之间的争论，这场仍然在延续的争论所涉及的核心问题其实就是：国家在经济发展中能否起作用以及起何种作用。

---

① World Bank, *World Development Report 1997: The State in a Changing World*, Washington, D. C.: World Bank, 1997.

② 参见熊性美、盛斌：《东亚经济增长中的要素积累、生产率与政府政策》，载王正毅、[美] 迈尔斯·卡勒、[日] 高木诚一郎主编：《亚洲区域合作的政治经济分析：制度建设、安全合作与经济增长》，上海人民出版社 2007 年版，第 302 页。

其实，各国官方、世界银行以及经济学家们在过去半个世纪对于经济发展的认识也是在不断深化的，正如吉尔平观察到的：

在20世纪60年代，世界银行只是把经济发展看作解决一些关于有效利用资源和资本转移等相关的具体问题而已。到70年代和80年代初，经济发展强调贸易自由化和消除因政府干预而造成的市场配置失当（即进行结构调整）。在80年代末，重点转向宏观经济调整，目的在于消除通货膨胀和宏观经济不稳定（即“华盛顿共识”）。90年代末，世界银行和许多经济学家开始认识到经济发展要求对社会做出改造。①

20世纪80年代拉丁美洲国家的债务危机以及1997年亚洲金融危机使人们逐渐认识到，无论是以国家为主导的发展（东亚的经验和苏联的经验），还是不依靠国家的发展（拉丁美洲的结构调整经验）都不是经济发展的成功之路②。经济发展不只是贸易自由化和宏观经济调整，还需要有适当的“政治制度”和“社会基础”，因此，国家必须置身于经济发展之中。

尽管国际社会对于经济发展所依赖的具体的政治和社会基础远没有达成共识，但通过对发展中国家经济发展的经验和教训的总结，在如下三点上似乎已经达成共识。

第一，政府政策的可信度。推动经济成功发展的首要因素是政府宏观政策的可信度③。政府政策的可信度最重要表现集中在两个方面：一个方面是制定稳定的财政政策和货币政策（特别是汇率政策），例如，1990—1995年，在世界范围内的80%的对外直接投资主要流向12个发展中国家，因为这12个发展中国家是高度稳定的而且管理是以高效著称的。另一个方面是透明而有效的立法和司法体系。例如，在对58个国家在1974—1989年投资环境的不确定性调查中，高度的腐败、实际汇率的反复变动和法律规则的缺乏是影响投资的三大要素。

---

① 参见［美］罗伯特·吉尔平：《全球政治经济学：解读国际经济秩序》，杨宇光等译，上海人民出版社2013年版，第363页。

② Robin Broad, John Cavanagh and Walden Bello, “Development: The Market Is Not Enough”, *Foreign Policy*, No. 81, 1990—1991, pp. 144—162；［美］罗伯特·吉尔平：《全球政治经济学：解读国际经济秩序》，杨宇光等译，上海人民出版社2013年版，第362页。

③ Joseph E. Stiglitz and Lyn Squire, “International Development: Is it Possible?”, *Foreign Policy*, No. 110, Special Edition: Frontiers of Knowledge, 1998, pp. 138—151.

第二，公平的收入分配与公共部门的投入。如果说稳定而可信的宏观经济政策有利于投资，进而有利于一个国家财富的创造，那么收入分配与公共部门的投入则涉及财富的分配①。在收入分配方面，政府最为重要的作用就是通过制定公平的收入分配制度使得经济增长有助于减少贫困；而在公共部门建设方面，政府的作用在于加强对公共部门的投入，包括基础设施、教育、医疗卫生、电力和通信，以便让更多的人分享经济增长的成就。

第三，可持续发展战略。政府在经济发展中另外一个不可忽视的作用就是制定可持续发展的战略。如果说社会主义中央计划经济的失败主要是由于其忽视了市场机制，而基于市场的“结构调整”政策则没有将可持续发展纳入其议事日程，那么，在重新思考国家在经济发展过程中的作用时，制定可持续发展战略将应该是国家在经济发展中不可推卸的责任。

第三节 中国道路与世界体系②

20 世纪后半叶，在国际政治经济中最为引人注目的事件之一便是中国正在进行着三种转型：即从落后的农业社会向城市化的工业社会转型；从高度集中的计划经济体制向充满活力的社会主义市场经济转型；从半封闭半开放经济向全方位开放经济转型。与俄罗斯不同的是，这种转型既没有带来大规模的社会混乱，也没有导致国家的解体。相反，伴随着改革和开放政策的实行，中国经济从 20 世纪 90 年代以来一直得以持续增长，并于 2010 年取代日本成为世界第二大经济体，“中国道路”受到国际社会的广泛关注。

一、关于中国转型的两种不同理论解释

围绕着中国的顺利转型和强劲的经济增长，在国际学术界曾出现过两种截

① Joseph E. Stiglitz and Lyn Squire, “International Development: Is it Possible?”, *Foreign Policy*, No. 110, Special Edition: Frontiers of Knowledge, 1998, pp. 138—151. Robin Broad, John Cavanagh and Walden Bello, “Development: The Market Is Not Enough”, *Foreign Policy*, No. 81, 1990—1991, pp. 144—162.

② 本节主要在王正毅的《理解中国转型：国家战略目标、制度调整与国际力量》（《世界经济与政治》2005 年第 6 期）的基础上修改而成。

然相反的观点。一种为“趋同论”，认为中国的经济增长不过是旨在通过制度性的改革和调整实现“正常市场”或“标准市场”的“改革开放”政策的自然结果；另一种为“实验说”，这种观点认为，中国强劲的经济增长是一种独特的发展过程的一部分，有着缜密的制度设计，或者说有着某种程度的制度改革，尤以“价格双轨制”为代表，尽管这一过程并不具有明确、连贯的目标、发展顺序和节奏。

1. “趋同论”（Convergence school）

“趋同论”的重点是强调国际力量对于推动中国经济快速增长的作用。1978 年以来改革开放政策的历史经验表明，尽管中国的对外开放步履维艰，但中国政府一直在努力通过对外开放政策，实现从封闭、半封闭经济向开放型经济转型。就对外贸易政策而言，中国从 1986 年开始申请恢复关税及贸易总协定成员国地位，前后经历 15 年，最终于 2001 年成为世界贸易组织的成员。同时，中国还积极加入亚太经合组织（APEC）、签订中国—东盟自由贸易协定、推动双边自由贸易协定的签署，通过这些努力，中国目前已经成为全球第一大贸易国。就吸引外资而言，中国努力创造市场环境以吸引外国直接投资。从 1979 年设立的经济特区以及随后 1984 年沿海 14 个城市的开放，到 1992 年之后各地设立“经济开发区”和“高科技园区”；从 2007 年开始实施“自由贸易试验区”战略以及 2013 年加快实施“自由贸易区战略”，再到 2018 年宣布将海南建设成自由贸易港，中国一直在不断地为构建开放型经济进行体制创新。这些吸引投资政策，使得中国成为全球吸引外国直接投资最多的发展中国家，中国也因此成为世界第一大工业生产国。在对外贸易和吸引外国直接投资的推动下，中国的 GDP 总量最终于 2010 年超越日本而成为世界第二。正是在这种意义上，“趋同论”认为，中国在经济上的成功主要得益于贸易和外国直接投资这些国际力量。但“趋同论”明显不能解释如下两个事实：第一，中国开放的初始条件无论是在政治上还是在经济上与 20 世纪六七十年代亚洲国家完全不同。在经济上，与其他在“二战”一结束就开始鼓励发展以市场经济为基础的资本主义的东亚国家和地区不同，中国是一个从社会主义计划经济向社会主义市场经济逐渐转型的国家；而在政治上，东亚大部分国家和地区，如日本、泰国、菲律宾、韩国、新加坡等是美国的盟友，因而能够轻易地进入美国市场，或者以美国为中心的世界市场，构成学界所称的“联盟经济”，而中国只是从改革开放以后才开始学习如何与美国在经济上打交道的，因此，中国不得不谨慎地回应美国主导的国际力量。第二，同为转型国家，采用国际金融组织的政策建议，打破现存的国家机构而直接进入资本主义体系的俄罗斯出现了经济停滞，而有选择地利用国际力量的中国却在经济上持续增长，社会转型相对平稳。所以，国际力量是持续增长和顺利转型的必要条件，而非充分条件。

2. “实验说”（Experimentalism school）

“实验说”的重点是强调国内制度调整对中国经济增长和顺利转型的贡献。中国从社会主义计划经济向社会主义市场经济转型过程中的宏观经济政策表明：无论是在20世纪50年代开始的工业化和原始资本积累过程中，还是在90年代以来在保持经济强劲增长的同时，从社会主义计划经济向社会主义市场经济的转型过程中，政府都扮演了一个非常积极的角色。50年代，政府主要是通过制度建设、投资和技术激励以及苏联的援助，重点发展资本密集型的重工业，建立了社会主义计划经济。80年代以后，政府推行了一系列“导向性政策”，如投资导向性政策、地区导向性政策和工业导向性政策，并进行了一系列制度性调整，如行政分权，在农村实行“家庭联产承包责任制”，在城市实行“生产经营责任制”，以促进和保持经济的强劲增长，逐步向社会主义市场经济过渡。但这种主张至少不能很好地解释如下两个相互关联的问题：国际因素（诸如外国直接投资、对外贸易）对中国经济增长和顺利转型是否有实质性的贡献？如果有，国际力量是通过何种途径影响中国宏观经济政策的？

显然，无论是“趋同论”还是“实验说”都不足以全面解释中国经济的持续增长和顺利转型。问题的关键是，在中国过去40年持续的“改革开放”政策的推动下，有哪些国内因素是中国政府在推动和维持经济增长过程中优先考虑的因素？又有哪些国际力量在中国经济增长过程中发挥了作用？这些国际力量如何或通过何种方式推动了中国经济的持续增长？下面，我们将中国的经济增长和顺利转型放在一个更广阔的背景中，从国内约束和国际因素的关联性对中国的渐进式转型模式进行政治经济分析。

二、国家战略目标、国内约束与制度调整

追求经济持续增长、维持社会稳定是中国在转型期间追求的国家战略目标。在中国过去40年宏观经济政策的制定过程中，有三种国内约束一直是中

国政府制定宏观经济政策优先考虑的目标，也是中国政府维持经济增长和进行社会转型的关键所在。这三种约束是：中央和地方的关系、政府和企业的关系、富裕和贫穷的关系。

1. 中央—地方的关系

“权力下放”是中国从社会主义中央计划经济向社会主义市场经济转型所采取的一个重要政策，因而，中央政府与地方政府的关系是研究中国经济转型的第一个关键因素。中国的“权力下放”始于1980年的财政改革，在1984年的外贸体制改革和1993年的税制改革中得到进一步发展。“权力下放”的目的在于将中央集中的经济权力下放给地方政府，以解决在计划经济体制下长期存在的中央政府权力过度集中的问题，从而充分调动地方政府的积极性。“权力下放”的结果是地方政府拥有了批准外国投资项目、专营贸易、设立投资特区、确定外国投资公司税率、建立贸易公司、进行出口补贴、以官方汇率配给外汇、外汇交易市场的直接准入的权力，同时在地方经济方面也具有了更多的自主权，如建立产业项目及为了促进当地经济发展建立本地市场①。随着各省，特别是沿海地区的经济增长，中央政府逐渐从对经济领域的直接指令中撤出，转而对经济进行“宏观调控”，包括行政管理、财政和税收管理、金融管理和法律、社会的改革，从而为中国从社会主义计划经济向社会主义市场经济转型奠定了制度性基础。

“权力下放”这一政策的实施确实给予地方政府以更大的权力发展地方经济，但同时也削弱了国家管理宏观经济的能力。“权力下放”的消极结果主要表现在：第一，经济过热和相伴而生的通货膨胀、物资短缺、财政和贸易赤字；第二，由于地方保护主义导致的国内市场分割；第三，地方政府之间为争取外贸和外国投资的竞争；第四，地方政府对企业行为的干涉和寻租行为②。更为严重的是，尽管随着税收改革的施行，从1994年开始，中央的金融情况逐步好转，但在整个90年代，中央政府却始终是财政赤字③。这主要是因为中央政府必须给予内地各省份财政补贴，这在某种意义上也限制了国家管理宏观经

① Susan L. Shirk, *How China Opened Its Door: The Political Success of the PRC's Foreign Trade and Investment Reforms*, Washington, D. C.: The Brookings Institution, 1994, p. 31.

② Susan L. Shirk, *The Political Logic of Economic Reform in China*, Oakland: University of California Press, 1993, p. 182.

③ 参见国家统计局：《中国经济统计年鉴2002》，中国统计出版社2003年版，第265页。

济和应对潜在危机的能力。例如，1997—1998 年亚洲金融危机结束后，中国政府不得不采取扩张性的财政政策。为了增加基础设施建设投入，中央政府投入了两笔大额的财政刺激资金（1998 年 120 亿美元和 1999 年 72 亿美元）。这导致 1999 年财政赤字从原先不足 GDP 的 2%增至 4. 2%①。

“分税制”之后，中央政府和地方政府的权力（事权）和利益（财权）初步得以明确，中央政府的财政得以保证，实现了财政国家化的目标。但同时也出现了另外一个难题，这就是地方政府债务问题。各地为了发展地方经济和社会事务，不但没有削减财政开支，相反却继续扩大地方政府财政支出，最终出现了大量地方政府债务。根据《关于 2016 年中央和地方预算执行情况与 2017 年中央和地方预算草案的报告》，2016 年年末，全国地方政府债务余额 15. 32 万亿元，将年度地方政府债务控制在限额 17. 19 万亿元以内。

为了解决权力下放而导致的这个怪圈，从根本上解决中央政府和地方政府的利益分配以及权力责任问题，建立现代财政和税收体制在 2013 年 11 月召开的中央十八届三中全会上被列为重要的议事日程，其具体方案在 2014 年 6 月 30 日中央政治局会议上获得通过，并给出了时间表，2020 年基本完成本次改革。与此同时，为了加强对政府预算与转移支付的依法管理，《预算法》在 2014 年 8 月 30 日召开的全国人大常委会获得通过，并于 2015 年 1 月 1 日开始正式实施。

2. 政府—企业的关系

政府与企业之间的关系是理解中国转型的第二个关键因素。1984 年后，在中国将改革的重点从农村转向城市工业部门后，政府和企业的关系开始成为中国改革优先考虑的课题。政府和企业关系的复杂性在于，它不仅包括中央政府和国有大中型企业之间的关系，也牵涉地方政府与国有企业、乡镇企业间的关系。它的敏感性则主要因为它被认为是社会主义市场经济和资本主义市场经济的分水岭。

与捷克和俄罗斯的大规模私有化的经济转型不同，中国通过最优顺序选择进行部分性改革，处理政府与企业之间的关系。

20 世纪 80 年代，为了促进工业发展，在改革政府与企业关系方面主要采取了三项重要措施。第一，在保持国家对企业所有权的基础上，对国有企业的

① 参见亚洲开发银行网站。

管理进行改革，其主要手段包括："扩大企业自主权"（1978—1982年）、所得税（1983—1986年）和生产经营责任制（1986—1988年）。第二，伴随着权力下放，将乡镇企业的管理权交由地方政府，这样，乡镇企业很快便成为80年代中期和90年代初期中国经济的重要增长点。第三，鼓励私营企业和外国投资企业的发展，这就是通常所称的"三资企业"（中外合资企业、中外合作企业和外商独资企业）。

在这三项措施中，最为艰难的是国有企业的改革，尽管它是最受重视的。据统计，在20世纪70年代后期，国有企业的产出贡献率占近80%，但到了1990年，国有企业的产出贡献率下降到50%左右①。此外，世界银行统计数据表明，尽管吸收了60%的国内投资，获得了高达国家财政1/3的补贴②，但在1995年10万多个国有工业企业中，只有不足10%的企业能够维持基本生存。与国有企业形成鲜明对比，乡镇企业却成为中国经济增长的驱动力，同期私营企业和"三资"企业的产出贡献率也由零增长到10%③。非国有企业在国家经济结构中比例的增加促进了90年代中期市场经济的进一步改革。

从90年代中期开始，各个产业部门所有制的改革和市场化开始被列入政策范围，这就是著名的"抓大放小"政策。具体措施是，中小型企业（包括乡镇企业）通过扩大股权、合资和出售等方式，实现非国有化。到1997年年底，50万个乡镇企业中有1/3被出售或者转为股份公司。1999年3月15日第九届全国人民代表大会第二次会议通过了《中华人民共和国宪法修正案》，私人企业被赋予完全的合法性④。

回顾中国政府与企业关系的改革过程，这种通过最优顺序选择方式进行的部分性改革在促进顺利转型方面，有着自身优势。由于这种改革方式中一旦发

---

① Susumi Yabuki, *China's Political Economy: The Giant Awakes*, New York: Westview Press, 1995, p. 47.

② Tony Saich, *Governance and Politics of China*, New York: Palgrave, 2001, p. 233.

③ Susumi Yabuki, *China's Political Economy: The Giant Awakes*, New York: Westview Press, 1995, p. 47.

④ 宪法第十一条："在法律规定范围内的城乡劳动者个体经济，是社会主义公有制经济的补充。国家保护个体经济的合法的权利和利益。""国家通过行政管理，指导、帮助和监督个体经济。""国家允许私营经济在法律规定的范围内存在和发展。私营经济是社会主义公有制经济的补充。国家保护私营经济的合法的权利和利益，对私营经济实行引导、监督和管理。"修改为："在法律规定范围内的个体经济、私营经济等非公有制经济，是社会主义市场经济的重要组成部分。""国家保护个体经济、私营经济的合法的权利和利益。国家对个体经济、私营经济实行引导、监督和管理。"

生逆转时所需承担的成本要小于全面改革，因此在政治上具有较高的可接受性。按照转型经济学家罗兰的观点，如果改革初期所给的信号给人足够的希望（如强劲的经济增长），那么改革将在更大的支持中继续推进；如果早期改革的信号不足以吸引大多数人，改革会更倾向于回到原状，以减少经济改革带来的政治风险。①

3. 富裕—贫穷的关系

富裕和贫穷的关系是认识中国经济改革和转型面临的第三个关键因素。不断增加的失业和不断扩大的收入差距，成为中国经济进一步改革的社会约束因素。第一，这与大部分国有企业的效率低下直接相关，特别在那些传统的制造业部门。国有企业一直被视为中国经济的支柱，是中国社会主义市场经济的基础，因此，国有企业改革的成功与否一直被视为中国经济从社会主义计划经济向社会主义市场经济转型的关键性指标。但在 20 世纪 80 年代，国有企业普遍亏损，而从 1985 年到 1990 年，政府对亏损企业的补贴数额却在逐年增加，“三角债”的现象一直存在②。进入 90 年代，国有企业中近 40%的企业亏损，超过 20%的银行投资借贷给亏损企业③。第二，失业被冠以一个独特的名称——“下岗”。80 年代和 90 年代早期，下岗职工主要是指那些城市国有和集体企业中的富余劳动力，下岗后，原来的工作单位仍然承担了他们的福利，他们享有最低工资，因此这些下岗职工并不被计入“失业”。但 1997 年后，下岗工人不再被视为原工作单位的雇员，从而成为中国失业大军中的主要成员。第三，收入差距的扩大。除了众所周知的农村家庭与城市家庭总收入之间的差距以及沿海省份和内陆地区的收入差距以外，还出现了不同经济部门之间收入差距的不断扩大。

为了维护社会稳定，为经济的进一步改革创造社会基础，中央政府采取了两个非常重要的政策，以此推进经济和社会的转型。一是采取“分而治之”的

---

① Gerard Roland，“The Political Economy of Transition”，*William Davidson Working Paper Number 413*，参见世界银行网站。

② Susumi Yabuki，*China's Political Economy*：*The Giant Awakes*，New York：Westview Press，1995，pp. 51—52.

③ Elizabeth Economy，*China Confronts the Challenge of Globalization*：*Implications for Domestic Cohesion and International Cooperation*，New York：Rockefeller Brothers Fund，Inc.，1998，p. 12.

策略，而不像俄罗斯那样进行强制性的转型[①]。二是开始建立由中央政府管理的社会福利保障体系[②]。

进入21世纪之后，全面解决城乡之间、地区之间和行业之间收入的差距，更是成为中国共产党和中国政府着力解决的问题。习近平明确指出："中国特色社会主义进入新时代，我国社会主要矛盾已经转化为人民日益增长的美好生活需要和不平衡不充分的发展之间的矛盾。我国稳定解决了十几亿人的温饱问题，总体上实现小康，不久将全面建成小康社会，人民美好生活需要日益广泛，不仅对物质文化生活提出了更高要求，而且在民主、法治、公平、正义、安全、环境等方面的要求日益增长。同时，我国社会生产力水平总体上显著提高，社会生产能力在很多方面进入世界前列，更加突出的问题是发展不平衡不充分，这已经成为满足人民日益增长的美好生活需要的主要制约因素"。[③]

三、国际力量与制度调整

尽管政府在推动经济和社会转型中一直扮演着关键性角色，但我们并不能因此而忽视国际因素的作用。与其他转型国家相同，中国在推动经济增长和转型过程中也面临着种种国内约束，但中国的独特之处在于，政府不断进行国内制度调整，使得国际因素有利于国内的改革，从而逐渐打破经济和社会转型所面临的国内约束。在中国过去40多年改革开放的历史进程中，有三种国际经济因素缓解了中国改革开放进程中所受的国内约束，成为中国转型的三大国际动力，这三种国际因素是：直接投资与贸易、海外华人商业网络和国际工业生产周期。

1. 直接投资与贸易

外国直接投资（FDI）与对外贸易在推动中国经济增长方面扮演了关键性的角色。

就直接投资而言，根据统计，从1979—2008年，中国吸引外国直接投资总

---

① Gerard Roland, "The Political Economy of Transition", *William Davidson Working Paper Number 413*，参见世界银行网站。

② Wang Zhengyi, "Conceptualizing Economic Security and Governance: China Confronts Globalization", *The Pacific Review*, Vol. 17, No. 4, 2004, pp. 523—545. Tony Saich, *Governance and Politics of China*, NewYork: Palgrave, 2001, pp. 241—271.

③ 习近平：《决胜全面建成小康社会 夺取新时代中国特色社会主义伟大胜利——在中国共产党第十九次全国代表大会上的报告》，人民出版社2017年版，第11页。

额达到 8 526.13 亿美元[①]，成为同时期全球吸引外国直接投资最多的发展中国家。尽管经历了 2008 年全球金融危机，但全球跨国直接投资的总体上仍然呈增长趋势，发达国家主要通过跨国并购，而发展中国家和转型经济体则主要依靠绿地投资[②]，其中，流入中国的外国直接投资一直在稳步增长，2010 年为 1 057.35亿美元，2015 年达到 1 262.67 亿美元。[③]。就对外贸易而言，根据统计，中国对外贸易占 GDP 的比重从 1978 年的 9.65%上升到 1992 年的 30.62%，2006 年甚至飙升到 65.62%，之后虽然有所回落，但 2015 年仍然维持在 40.46%。[④] 在吸引外国直接投资和对外贸易的推动下，工业占 GDP 的比率在 1995—2010 年达到 46.7%[⑤]，中国因此成为世界性的生产工厂。更为重要的是，中国不但因为其对外贸易依存度成为全球市场中最为开放的国家之一，而且因为其吸引外国跨国公司的直接投资而成为全球生产链的一个重要组成部分。

外国直接投资和对外贸易对中国经济增长和转型的贡献主要表现在两个方面。

第一，为中国加入并塑造全球价值链提供了宝贵经验。在中国过去 40 年的发展过程中，飞速增长的对外贸易和大量外国直接投资的进入，不仅直接推动了中国经济的持续增长，而且也促进了技术转移和本地产业的升级。中国获得技术转移的途径大致可分为如下三类[⑥]：第一类是直接购买生产线和技术。这种技术转移最为突出地体现在 20 世纪 80 年代的家电业（彩电、冰箱和洗衣机）以及 90 年代初的消费类电子产品。第二类是通过长期的“贴牌生产”获得技术转移。从 1979 年 4 个经济特区的设立到 1984 年沿海 14 个城市的开放，在所设立的出口加工区进行“贴牌生产”直接推动了中国的对外贸易，中国也从这种“贴牌生产”中获得了巨大的技术收益。“贴牌生产”涵盖纺织品、家

---

① 参见王正毅：《国际政治经济学通论》，北京大学出版社 2010 年版，第 495 页。

② 参见联合国贸易和发展组织：《世界投资报告 2012：迈向新一代投资政策》，经济管理出版社 2012 年版，第 4、47 页。

③ 参见中国国家统计局：《中国统计年鉴 2016》，表 11—13 利用外资情况。

④ 数据来源：世界银行数据库，经作者整理得到。

⑤ The World Bank and Development Research Center of the State Council of the People's Republic of China, *China 2030: Building a Modern, Harmonious, and Creative High-Income Society*, 2012 International Bank for Reconstruction and Development/International Development Association or The World Bank. p. 9.

⑥ 参见王正毅：《中国崛起：世界体系发展的终结还是延续?》，《国际安全》2013 年第 3 期，第 18 页。

电产品、电子消费品、通信器材等。第三类是“跨国公司的垂直型技术转移”。通过吸引跨国公司进行直接投资，跨国公司提供培训和技术支持，合作解决生产和设计问题，这使得中国成为国外跨国公司生产网络的一个重要生产基地。这类技术转移最为突出地体现在20世纪90年代以来中国的汽车工业以及信息产业的发展中。正是这些技术转移，使得中国的制造业整体水平得到了显著提升，推动了中国制造业的自主创新，并进一步为中国企业走出去、响应“一带一路”倡议奠定了基础。

第二，促进中国从国家战略高度加快构建开放型经济新体制。吸引外国直接投资和扩大对外贸易，对于促进中国构建开放型经济体制发挥了重要作用。从1979年设立的经济特区以及随后1984年沿海14个城市的开放，到1992年之后各地设立“经济开发区”和“高科技园区”，再到2007年开始实施“自由贸易区”战略以及2013年加快实施“自由贸易区战略”，中国一直在不断地为构建开放型经济进行体制创新。正如习近平所指出的，“加快实施自由贸易区战略，是适应经济全球化新趋势的客观要求，是全面深化改革、构建开放型经济新体制的必然选择，也是我国积极运筹对外关系、实现对外战略目标的重要手段。我们要加快实施自由贸易区战略，发挥自由贸易区对贸易投资的促进作用，更好帮助我国企业开拓国际市场，为我国经济发展注入新动力、增添新活力、拓展新空间。加快实施自由贸易区战略，是我国积极参与国际经贸规则制定、争取全球经济治理制度性权力的重要平台，我们不能当旁观者、跟随者，而是要做参与者、引领者，善于通过自由贸易区建设增强我国国际竞争力，在国际规则制定中发出更多中国声音、注入更多中国元素，维护和拓展我国发展利益”①。

2. 海外华人商业网络

在促进中国经济增长方面第二个重要的国际力量就是海外华人商业网络，这与印度形成了鲜明对比②。海外华人商业网络在中国经济增长中所起的作用主要表现在两个方面。

第一，尽管外国直接投资在中国经济的起飞中发挥了关键作用，但在过去的40年中，绝大部分的外国直接投资都是直接或者间接通过这种海外华人商

---

① 《习近平谈治国理政》第二卷，外文出版社2017年版，第100页。

② 联合国贸易与发展会议：《世界投资报告2003：促进发展的外国直接投资政策：国家与国际展望》，中国财政经济出版社2003年版，第41—43页。

业网络实现的。自 80 年代起，在外国资产占重要份额的 28 000 个中国企业中，有 3/4 得到了不居住在中国大陆的华人的投资，资金总额大约占对中国直接投资的 4/5①。准确来说，从 1979 年到 1997 年，流入中国的海外资本中的 68. 34%来自大陆以外的华人②。甚至到了 1998 年末外国直接投资达到 454. 63 亿美元时，来自台湾地区和香港地区的资本所占比例仍然超过 60%③。

第二，除了将资本带进中国，海外华人商业网络还为中国带来了商业技能和市场网络。由于中国是世界经济体系中的后来者，并不熟悉市场经济的规则和国际惯例，海外华人商业网络推动了中国企业融入世界经济的进程。在改革开放的初期，当中央政府将管理中小企业的权力下放给地方政府，并鼓励地方政府大力发展乡镇企业时，海外华人商业网络通过广泛的血缘关系和社会联系快速地进入大陆市场进行投资，并借助通过自己的商业网络所获得的精确的商业信息而使得乡镇企业成为中国经济的增长点④。90 年代，伴随着数以万计的赴海外求学的中国学生的归国，他们或者进行投资，或者兴建技术密集型的中小型企业，使得海外华人商业网络进一步加强。例如，对外贸易一直是衡量中国开放程度的重要指标。1980 年，外贸在 GDP 中所占比重为 12. 6%，1995 年为 39. 5%，到了 2002 年则增长到 49. 6%⑤。然而，在衡量中国对外贸易的地区性分布时，我们可以发现，尽管在 1990 年至 2000 年，外贸总额中超过 60%集中于亚洲地区，美国大约占出口的 21%，进口的 12%⑥，即使是 2008 年全球金融危机之后，中国外贸中超过 50%仍然集中在亚洲地区，2009 年为 53. 1%，2014 年为 52. 85%，2016 年为 52. 83%⑦。这足以证明海外华人商业网络在亚洲地区（特别集中在东南亚、香港地区和台湾地区）的市场联系以及对中国对外

---

① Peter J. Katzenstein and Takashi Shiraishi, eds. , *Network Power*: *Japan and Asia*, Ithaca: Cornell University Press, 1997, pp. 12—13.

② Peng Dajin, "Invisible Linkages: A Regional Perspective of East Asian Political Economy", *International Studies Quarterly*, Vol. 46, No. 3, 2002, p. 432.

③ Tony Saich, *Governance and Politics of China*, New York: Palgrave, 2001, p. 286; 国家统计局:《中国经济统计年鉴 2003》，中国统计出版社 2004 年版，第 671 页。

④ Peng Dajin, "Invisible Linkages: A Regional Perspective of East Asian Political Economy", *International Studies Quarterly*, Vol. 46, No. 3, p. 430.

⑤ 参见国家统计局:《中国经济统计年鉴 2003》，中国统计出版社 2004 年版，第 55、654 页。

⑥ Tony Saich, *Governance and Politics of China*, New York: Palgrave, 2001, p. 286.

⑦ 根据《中国统计年鉴 2011》《中国统计年鉴 2015》《中国统计年鉴 2017》相关数据计算得出。

贸易所做的贡献。一些学者甚至将此冠以“大中华经济圈”①。

3. 国际工业生产周期

在中国经济增长中不可忽视的第三种国际力量便是国际工业生产周期。许多学者曾将东亚地区的经济增长归因于“雁型发展模式”。“雁型发展模式”首先是由日本学者于1962年提出的，当时主要是用来解释东亚地区经济发展过程中工业增长和贸易模式变化之间的关系②。按照这种模式，在东亚地区，领导者和跟随者之间的关系是以一种类似于雁型的方式进行的：日本是东亚经济发展中的头雁，“四小龙”随其后，东盟国家收其尾。这样，通过投资和贸易，东亚地区融合为一个整体。但中国的经济发展却经历了与东亚其他国家和地区不同的发展轨迹。这主要表现在生产网络和贸易地区分布两个方面。

第一，在生产网络方面，一方面是由于中日两国政治关系的约束和日本在20世纪90年代以来经济增长减慢，另一方面由于经济全球化（资本、信息、技术和劳动力）自80年代以后得以加强，与东亚其他国家和地区在六七十年代的发展所不同的是，中国通过引资（合资和独资）直接进入全球生产网络而不只是以日本为中心的东亚生产网络。20世纪80年代和90年代初期，当中国尚处于改革开放的第一阶段（计划经济为主，市场调节为辅）时，乡镇企业和中小企业成为中国经济的发动机。而乡镇企业和中小企业之所以能够获得资本、专业技能和市场网络，海外华人商业网络扮演了关键性的角色。尽管这些华人网络并不都具备最先进的技术，但在市场技能和市场网络方面却远领先于国内市场，再加上已有的人际关系和对中国政治和社会体制的谙熟，这就使得以初级产品加工和制造业为主的乡镇企业和中小企业迅速占据了国内市场，并成为出口的强劲引擎，许多案例研究都证明了这一点③。进入90年代中期，在中国确立“社会主义市场经济”与全面开放之后，随着全球生产网络和技术变

① 例如 David M. Lampton et al., *The Emergence of "Greater China": Implications for the United States*, New York: National Committee on United-China Relations, 1992.

② K. Akamatsu, "A Historical Pattern of Economic Growth in Developing Countries", *The Developing Economies*, No. 1. Mar. -Aug, 1962.

③ Constance Lever-Tracy, David Ip and Noel Tracy, *The Chinese Diaspora and Mainland China: An Emerging Economic Synergy*, London: S. T. Martin's Press INC., 1996.

革的快速发展，中国与地区经济和世界经济迅速融合①。全球生产网络中资本和技术来源的多元化，使得中国在获得资本和技术方面有更多的选择余地，而不是单纯地依赖日本的企业。被列为中国支柱产业的汽车工业的发展轨迹就是最清晰的例证②。当中国于 1976 年希望直接引进日本的汽车技术时，而日本却坚持向中国市场出口整车，因此拒绝了中国的要求。从 80 年代开始，中国鼓励通过技术许可证和合资的形式，与外国公司进行合作。第一个合资项目是在 1984 年 1 月北京吉普汽车工业公司与美国福特汽车公司之间进行的。随后，上海汽车工业公司与德国大众汽车公司在 1984 年进行了合资，1986 年天津汽车工业公司才从日本大发汽车公司取得了技术许可证。进入 90 年代早期，汽车工业中又有两项新的合资项目：一项是 1990 年德国大众汽车公司与第一汽车制造厂合作生产捷达轿车；另一项为 1992 年法国雪铁龙与第二汽车制造厂（现在的东风汽车公司）合作制造小型富康轿车。合资轿车的生产既推动了中国汽车工业的发展，也促进了技术转移。

第二，就贸易的地区分布而言，中国的对外贸易在 90 年代的地区分布从整体上呈现出相对平稳的状态。即中国与包括亚洲地区在内的地区贸易并没有呈现出明显的上升或下降趋势，而是呈现出相对平稳的状态。在中国对外贸易额中，1994 年亚洲、欧洲和北美洲（主要是美国）地区所占的份额分别是 60%、18.5%和 16.33%，2002 年亚洲、欧洲和北美洲（主要是美国）地区所占份额则分别是 58%、18.14% 和 16.94%，2016 年亚洲、欧洲和北美洲所占的份额分别是 52.83%、18.39%和 15.35%③。这与东盟国家在 20 世纪 60—80 年代的对外贸易的地区主要集中在美国、欧洲和日本的分布完全不同。

总之，从生产网络和贸易的地区分布而言，中国经济在过去 40 年的发展依靠的是多重商业网络（海外华人商业网络、全球生产网络和东亚地区网络），而不只是以日本为中心的商业网络，这与东亚地区的其他国家和地区在 20 世纪 60—80 年代发展的轨迹有所不同。正是在这种意义上，“雁型发展模式”并

---

① Michell Bernard and John Ravenhill, “Beyong Product Cycles and Flying Geese: Regionalization, Hierarchy, and the Industrialization of East Asia”, *World Politics*, Vol. 47, No. 2, 1995, pp. 171—209.

② Eric Harwit, *China's Automobile Industry: Policies, Problems, and Prospects*, M. E. Sharp, 1995, pp. 39—41.

③ 根据《中国经济统计年鉴 1995》《中国经济统计年鉴 2003》《中国统计年鉴 2017》的相关数据计算得出。

不能解释中国经济的增长，也正是从这个意义上说，谢淑丽教授提出“国际因素并没有决定中国改革政策的具体内容和改革政策的形式；国内制度环境才是决定性力量”的论断是正确的①。

四、作为一种制度创新的“社会主义市场经济”

通过对中国在过去40余年从社会主义计划经济向社会主义市场经济转型所采取的经济政策的简短历史回顾，以及在这种转型过程中国内约束条件和国际动力关联性的分析，我们不难发现，中国的渐进式转型既非“趋同说”所强调的完全通过国内制度调整来适应国际力量，也非“实验说”所强调的事先有着非常缜密的书斋里的制度设计所致，而是更贴近于“边干边学”即顶层设计与基层实验相结合。这种“边干边学”模式有两种相互关联的含义：当追求经济增长的目标受到国内条件约束时，往往通过国际力量打破相关的约束，即或在国内现有制度框架内寻求一致，或对现有制度框架进行适度调整，尽量避免因大范围制度变迁而付出代价；而当国际力量无论是有利或不利于经济增长时，往往通过国内制度调整而设计出国内改革和转型的目标、次序和速度，使得国际力量成为推动中国经济增长的动力。因此，如下三点是我们理解中国过去40余年转型和经济增长的关键所在，也是中国进一步改革和开放的关键所在。

第一，转型是我们理解中国在过去40余年所采取的发展模式的前提。中国正处在前所未有的转型期，这种转型包括从传统的农业社会向城市化的工业社会转型，从高度集中计划经济向充满活力的社会主义市场经济转型，以及从半封闭半开放经济向全面开放经济转型。就从传统的农业社会向工业社会的转型而言，在过去500年，世界上许多国家完成了这种转型，而中国则刚刚开始，对像中国这样一个长期具有农业社会的传统和缺乏现代商业价值观的大国而言，完成这种转型，挑战是不言而喻的。就从中央计划经济向市场经济的转型而言，20世纪80年代以来，东欧国家和俄罗斯正在进行这种转型，但由于并无任何成功先例可以借鉴，因“大爆炸模式”转型而失败的教训却是显而易见的，如何规避风险、避免失败是转型国家面临的前所未有的挑战。就从封闭型经济向

① Susan L. Shirk, “Internationalization and China's Economic Reforms”, in Robert Keohane and Helen Milner, eds., *Internationalization and Domestic Politics*, Cambridge: Cambridge University Press, 1996, p. 206.

开放性经济转型而言，与一个半世纪前被迫打开国门不同的是，这次是中国主动实行改革开放并取得巨大成就的同时主动要求进入世界市场的。对于任何一个国家而言，顺利地进行其中一种转型，历史证明已经非常艰难，而同时进行三种相互关联的转型，其艰难就可想而知了。这或许是国际社会对中国过去40余年在保持经济强劲增长的同时而没有出现大的社会动荡感到惊奇的一个原因。所以，如何基于中国过去40余年转型和发展的成功经验，不断进行理论和制度创新，这确实是一个挑战。

第二，社会主义市场经济是一种功能性的制度设计。在中国目前进行的三种转型中，关键性的转型是从中央计划经济向社会主义市场经济转型。与世界大部分国家，特别是亚洲发达国家和新兴工业化国家（地区）不同，也与俄罗斯和东欧国家采取“休克疗法”直接进入资本主义市场经济有别，中国必须认真对待中央计划经济的历史遗产，为此，中国提出了建设“社会主义市场经济”。过去40余年改革的历史表明，“社会主义市场经济”作为一种制度设计具有双重功能：一方面，它使得国内各个阶层在改革问题上达成了共识，降低了改革成本，规避了因激烈的大规模制度变迁而带来的风险。这既保持了历史的连续性和间断性的统一，也维持了各种权力在某种程度上的平衡。正是因为“社会主义市场经济”中的“社会主义”这种制度设计，允许通过无论是主动的还是被动的部分制度性调整和适应，来满足国际社会的需要，从而使得国际力量在大多数时候能够为国内改革服务。另一方面，也正是因为“社会主义市场经济”中的“市场经济”这种制度设计，才使得国际社会对中国改革的期望值提高，从而使得中国开放的国际环境得到了相对的改善（比如加入世界贸易组织），促进了资本和技术相对快速地进入中国。但今天中国面临的国内挑战和国际挑战已经表明，要在2035年基本实现社会主义现代化，并在本世纪中叶建成社会主义现代化强国，必须加快完善社会主义市场经济体制。

第三，经济全球化是中国进行全面深化改革的一种重要的国际资源。自从中国实行改革开放以来，与计划经济时期相比，中国进行发展的资源在结构上发生了重大变化，这就是从原来的单一的国内政府和社会资源向国内资源和国际资源并重转变，其中经济全球化就是一种重要的国际资源。对于中国的经济发展而言，经济全球化作为一种重要的国际驱动力，不仅为实行改革开放后的中国融入世界经济提供了机遇，推动了中国经济的飞速增长，更为今天进入经济发展新常态的中国参与世界经济提供了难得的机遇。对此，习近平明确指出："我国是经济全球化的积极参与者和坚定支持者，也是重要建设者和主要受益者。我国经济发展进入新常态，妥善应对我国经济社会发展中面临的困难和挑战，更加需要扩大对外开放。"①

正如习近平所说的，"当代中国的伟大社会变革，不是简单延续我国历史文化的母版，不是简单套用马克思主义经典作家设想的模板，不是其他国家社会主义实践的再版，也不是国外现代化发展的翻版，不可能找到现成的教科书。我国哲学社会科学应该以我们正在做的事情为中心，从我国改革发展的实践中挖掘新材料、发现新问题、提出新观点、构建新理论"，② 如何准确理解和把握中国改革开放的成功经验以及所面临的挑战，不仅关系到中国未来的发展，而且也涉及全球政治经济秩序的重建。

思考题

1. 简述经济发展的基本含义。
2. 简述"大爆炸模式"与"渐进模式"的主要区别。
3. 简述转型国家发展所面临的国内制约和国际挑战。
4. 简述四种发展理论的基本观点。
5. 如何理解社会主义市场经济是一种功能性的制度设计？

▶ 思考题答题要点

---

① 《习近平谈治国理政》第二卷，外文出版社 2017 年版，第 100 页。

② 习近平：《在哲学社会科学工作座谈会上的讲话》，人民出版社 2016 年版，第 21—22 页。

第七章　区域经济合作的政治分析

随着商品、劳动力、技术等经济要素在全球范围内跨越国界的流动，世界经济的各种力量获得了新的发展与整合，区域经济合作成为全球化在地理范围内推进的主要表现形式，也成为国际政治经济学研究的主要议题。目前，区域经济合作以双边、多边合作机制为基础，以区域经济一体化为主要表现形式，主要关注区域、次区域的协调与融合，它是全球经济的重要组成部分。

第一节　区域经济一体化理论

区域是人类一切活动都离不开的地域空间，任何国家的经济发展都是在一定区域内完成和实现的。不同的区域环境，将塑造出性质各异、层次不同、各具特色的区域经济发展模式。在特定区域内，相关行为体通过签订条约和协定，确立了行为体共同追寻的宗旨和目标，制定共同遵循的经济政策，使得资源能够在更大范围内得到优化配置，区域内的社会福利能够得以提高，经济能够共同发展，便达到了区域经济合作的高级阶段，也就是区域一体化的阶段。区域一体化的主要表现就是区域经济一体化，但随着经济一体化的不断推进，在政治领域的合作与协调也会逐步发展。

一、区域经济一体化的内涵与形态

综观众多区域经济一体化的研究，对区域经济一体化的内涵争论较多，并且概念上不一致，从国际经济一体化、经济一体化、世界经济一体化、空间一体化、经济集团化、区域集团化、区域一体化到经济全球化，等等。各种表述不一，这需要我们对区域经济一体化做出明确的界定。

一体化（Integration）最初是指厂商通过协定（Agreement）、卡特尔（Cartel）、康采恩（Konzen）、托拉斯（Trust）及兼并等方式联合而成的工业组织，具体又可分为水平一体化（Horizontal-integration）和垂直一体化（Vertical-integration）。前者系指竞争者之间的合并，后者是指供需双方的结合。一体化为经济发展带来了显著效益，如生产中的水平一体化、垂直一体化和多角化经营等。而从国际政治经济学的视角看，它则是一个成员国趋同、融合的过程，区域一体化实际是谋求在已有趋同基础上的区域内的融合，是各个独立的国民经济在体制上组合成为更大规模的经济集团或共同体。①

自20世纪四五十年代起，地区经济一体化就成为众多经济学家关注的议题。美国经济学家巴拉萨认为，经济一体化既是一个过程，也是一种状态。就过程而言，它包括旨在消除各国经济单位之间差别的种种举措；就状态而言，则表现为各国间各种形式的差别待遇的消失。巴拉萨的这一分析界定在西方经济学中颇具影响力。此后许多经济学家关于区域经济一体化的解释，基本上都是围绕着“过程”和“状态”而展开的。

在巴拉萨看来，经济一体化是各国经济之间的完全联合，从低到高可以分为五类，即自由贸易区、关税同盟、共同市场、经济联盟和完全的经济一体化。它们分别代表着不同的经济一体化的程度。在自由贸易区里，参加国之间的关税和进口数量限制被取消了，但每个国家都保留着自己对非成员国的关税。共同市场又超过了关税同盟，因为它还保证生产要素的自由流动。而经济联盟则把对商品和要素流动的抑制与对各种国民经济政策的某种程度的协调结合起来，以减少由于这些政策的不一致而造成的歧视。最后，完全的一体化则意味着统一的经济政策，其最高形式是建立一个超国家的权威机构，该机构的决定对所有的成员国都有约束力。②

1952年7月，欧洲煤钢联营正式成立，1958年，《罗马条约》生效，标志着欧洲经济共同体正式成立。从此，经济一体化不再只是书本中的概念，而是有丰富实践过程的现实，从而引起很多经济学家的极大关注。经济学家维多利亚·柯森在1974年从生产要素配置的角度解释了经济一体化，他把一体化“过程”理解为趋向全面一体化的成员国之间的生产要素的再配置，把一体化“状态”理解为业已一体化的成员国生产要素的最佳配置。经济学家彼得·林德特给区域经济一体化下的定义是：通过共同的商品市场、共同的生产要素市场或两者的结合，达到生产要素价格的均等。③ 对此，经济学家彼得·罗布森

---

① 参见［英］彼得·罗布森：《国际一体化经济学》，戴炳然等译，上海译文出版社2001年版，第1页。

② Bala Balassa, *The Theory of Economic Integration*, London: Allen and Unwin, 1961, p. 56.

③ 参见［美］彼得·林德特、［美］查尔斯·金德尔伯格：《国际经济学》，谢树森等译，上海译文出版社1985年版，第204页。

则强调："区域经济一体化是一种手段，而不是目的，区域经济一体化的安排应该体现三个方面的特征：在某种条件下，成员国之间歧视的消失；维持对非成员国的歧视；成员国之间在企图拥有持久的共同特性和限制经济政策工具的单边使用上有一致的结论。"①

从经济学家已经给出的定义，我们可以得出这样的结论：区域经济一体化的实质就是特定区域内的生产要素不断趋向自由流动的一个动态化的过程，在该过程的每一个阶段，则表现为具体的生产要素流动程度的一种状态。因此，区域经济一体化的定义应该包含以下基本要素：第一，一体化的主体，即民族国家，它是独立的国民经济实体。第二，一体化进程发展的驱动力，也就是参与区域经济一体化实体的目的和动机。这种目的和动机应该是在一体化区域内，消除阻碍货物与生产要素自由流动的一切障碍和集团成员国间一切以国籍为依据的歧视，使资源得到最优配置，各成员获得最大利益（经济利益、政治利益、军事利益）。这种利益的驱使，使各国积极参与区域经济一体化的活动，这就成为区域经济一体化过程中的驱动力。第三，区域经济一体化的组成一般应是地缘相邻的国家或地区。第四，区域经济一体化是一个动态化的过程，具有一系列的区域经济一体化形式，如自由贸易区、共同市场、关税同盟、经济与货币同盟和完全经济一体化等。

综合上述四方面的要素，我们将区域经济一体化定义为：地缘相邻或相近的国家或地区集团，为了在生产、消费、贸易等领域获得最大利益，组合成为更大规模的经济集团或共同体的过程，该过程是一个不断从低级向高级发展的动态过程。

区域经济一体化的发展过程不是一种要素作用的结果，而是一个综合的过程，既是生产要素流动的结果，也是经济政策的具体产物。区域经济一体化的发展不是按照严格界限的机械发展，而是根据相关成员经济发展实际情况通过政策而定的，生产要素的流动也是因地制宜，充分体现具体成员实际情况。区域经济一体化的形态从低级到高级通常可以分为关税同盟、自由贸易区、共同市场、货币同盟、经济和货币联盟、完全经济一体化六种形态。

---

① ［英］彼得·罗布森：《国际一体化经济学》，戴炳然等译，上海译文出版社 2001 年版，第 1 页。

1. 关税同盟

关税同盟是区域经济一体化过程中最基本的一种形态，是西方区域经济一体化理论的内核，也是“二战”后西欧区域经济一体化付诸实践的基础。关税同盟的特点是：在关税同盟内部，成员之间不仅相互减免关税，消除贸易壁垒，而且实行统一的对外关税政策。一般来讲，关税同盟对外实行贸易保护主义，对内实行减免关税的统一政策。其最高目标是在同盟内部实现对外关税政策统一。欧洲经济共同体的核心是关税同盟。

2. 自由贸易区

自由贸易区是区域经济一体化的又一种形态，主要以贸易为关注对象。在自由贸易区内成员之间相互减免关税，尽最大可能消除贸易壁垒，使各成员获得比较利益。但每个成员仍保留各自对非成员的独立关税政策。20 世纪 90 年代以来，这类自由贸易区发展十分迅速，几乎遍及全世界各个地区，其中最具有代表性的应属北美自由贸易区（NAFTA）。

3. 共同市场

这是区域经济一体化的第三种形态。共同市场是各成员在实现共同对内、对外关税政策的基础上，实现各成员之间商品、资本、人员和劳务等生产要素的自由流动，建成一个统一的大市场，并力图实现各成员在若干重要经济领域协调并制定共同的经济政策。这种形态通常还要求成员之间在自愿协议基础上让渡部分主权，建立协调并制定共同政策及管理该组织共同事务的权力机构。如欧共体从最初就被称为共同市场，但直到 1985 年以后才开始逐步真正实现统一市场。

4. 货币联盟

货币联盟是区域经济一体化的第四种形态，在联盟内部要求成员发行统一货币，建立中央银行并实行统一的货币政策。货币联盟通常与关税同盟或共同市场相伴而生。欧盟根据《马斯特里赫特条约》，决定建立货币联盟，并经过 8 年的准备，于 2002 年 1 月 1 日起，正式流通欧元。

5. 经济和货币联盟

经济和货币联盟要求成员在经济、财政、福利、货币等领域实行统一的经济政策，发行统一的货币。这类联盟已经具有一定程度的超国家性质，建立起一整套立法、司法、行政和监督的联盟机构。在世界现有的各类区域经济一体化组织中，只有欧盟具有这样的性质。根据《马斯特里赫特条约》的规定，欧盟将逐步实现这种区域经济一体化形态，涉及共同市场与共同货币以及其他领域一系列政策的整合或协调统一。

6. 完全经济一体化

这种形态是区域经济一体化中的最高形态。不仅包括经济政策的统一，也包括各成员之间一些政治政策的统一。一般情况下，在区域经济一体化发展到一定程度时，政治一体化就会得到相应的发展。政治一体化同样涉及面很广，各种形态常常相伴而生，渐进发展，现有的各种组织中，还没有这种一体化组织。

上述六种区域经济一体化组织形式，并不是具有十分严格的界限，也不是按部就班地逐级上升的。有的区域经济一体化组织具备条件时，就可以超过一定的组织形式，组成更高级的区域经济一体化形态。

二、关税同盟理论

区域经济一体化理论的形成与发展也与其他理论的形成一样，是一个逐渐演变的过程，并在实践中得到不断的发展。作为区域经济一体化理论核心的关税同盟理论，是在 20 世纪 50 年代形成的，其中以瓦伊纳的《关税同盟问题》为主要代表。在此理论形成的过程中，同时代的德彼尔斯和贝伊等人也做出了重要的贡献。

对关税同盟理论的研究应该是从 19 世纪 20 年代开始的。据统计，在 1818—1914 年形成的关税同盟有 16 个。这一时期古典学派经济学家在分析关税同盟时就涉及了某些优惠条约，如 1703 年的《梅休因条约》和 1860 年英法签订的《科布登-薛瓦利条约》。对于这两个条约，当时的经济学家亚当·斯密、大卫·李嘉图和麦卡洛克都对其优惠条件从不同角度加以评论。究其原因，都是因为其贸易转移的作用。

此外，麦卡洛克等经济学家针对 19 世纪最典型的关税同盟——德意志关税同盟（1834 年成立）的同盟条款作了详尽的剖析，其中对贸易转移的作用给予了特别关注。1885 年德国经济学家李斯特则进一步指出，关税同盟的组成可以促进工业发展和对工业的保护。

同时也有一些经济学家大力倡导建立关税同盟和自由贸易区等组织。在他们看来，自由贸易可以使全世界的经济福利得到净增加，从而实现稀缺资源的最有效配置。而关税同盟和自由贸易区正好取消了伙伴国之间的贸易限制，在区域内实现自由贸易，这样使世界福利实现了净增加。

到了1950年，美国经济学家瓦伊纳出版了《关税同盟问题》一书。在这本书中，瓦伊纳的关税同盟理论对上述的一些主张提出了挑战。他认为，关税同盟可以在成员国之间实现自由贸易，但同时对非成员国实行差别待遇的保护贸易，因此，它的建立并不一定意味着世界福利的增加。他还提出了贸易创造和贸易转移这两个重要概念。① 其后，许多经济学家对区域经济一体化的分析，都借用了这两个重要的概念。人们把瓦伊纳的《关税同盟问题》一书的发表作为关税同盟理论形成的标志。

按照瓦伊纳的关税同盟理论，完全形态的关税同盟应具备以下三个特征：

第一，完全取消各成员国间的关税；

第二，对来自成员国以外的国家和地区的进口设置统一的关税；

第三，通过协商方式在成员国之间分配关税收入。这种自由贸易和保护贸易相结合的结构，使得关税同盟对整个世界经济福利的影响呈现双重性，即贸易创造和贸易转移并存。

（一）关税同盟的静态效应

所谓关税同盟的静态效应，是指假定在经济资源总量不变、技术条件没有改进的情况下，关税同盟对集团内国家经济发展和物质福利的影响。关税同盟的静态效应主要是指贸易创造效应和贸易转移效应。

1. 贸易创造效应（Trade Creating Effect）

贸易创造效应是指关税同盟内实行自由贸易后，产品从成本较高的国内生产转往成本较低的成员国生产，因成员国的进口量增加，新的贸易得以“创造”。此外，一国由原先从同盟外国家的高价购买转为从结盟成员国的低价购买也属于贸易创造。

2. 贸易转移效应（Trade Diversion Effect）

假定缔结关税同盟前关税同盟国不生产某种商品而采取自由贸易的立场，无税（或关税很低）地从世界上生产效率最高、成本最低的国家进口产品；关税同盟建立后，同盟成员国该产品转由同盟内生产效率最高的国家进口。如果同盟内生产效率最高的国家不是世界上生产效率最高的国家，则进口成本因同

---

① Jacob Viner, *The Customs Union Issue*, New York: Carnegie Endowment for International Peace, 1950, p. 38.

盟成立而增加，消费开支扩大，使同盟国的社会福利水平下降，这就是贸易转移效应。

（二）关税同盟产生的动态效应

所谓关税同盟的动态效应，是指关税同盟对成员国贸易与经济增长的推动作用。关税同盟的动态效应表现在以下几个方面：

1. 关税同盟的建立使成员国间的市场竞争加剧，专业化分工向广度和深度拓展，使生产要素和资源配置更加优化。

2. 关税同盟建立后，成员国国内市场向统一的大市场转换，自由市场扩大，从而使成员国获取转移与规模经济效益。

3. 关税同盟的建立、市场的扩大、投资环境的大大改善，会吸引成员国厂商扩大投资，也能吸引非成员国的资本向同盟成员国转移。

4. 关税同盟建立以后，由于生产要素可在成员国间自由移动，市场趋于统一并且竞争加剧，投资规模扩大，促进了研究与开发的扩大，技术进步加快，加速了各成员国经济的发展。

在瓦伊纳之后，经过众多经济学家的不懈努力，区域经济一体化的理论得到了发展，特别是近 20 年区域经济一体化理论发展尤为迅速，出版和发表了大量的著作和论文，如林德特和金德尔伯格的《国际经济学》，详细论述了关税同盟的动态效应、规模经济效应、竞争刺激效应和投资刺激效应，形成了完整的区域经济一体化理论体系。

三、功能主义与新功能主义理论

在经济学界对区域经济一体化进行深入研究的同时，政治学界对区域经济一体化也有较长时间的关注和研究。他们强调通过制度来解决战争和国际政治不稳定问题，把重点放在联邦制和世界政治一体化上。从“二战”后初期开始，关注一体化的学者的思想受到了联邦主义、新功能主义、新制度主义、政府间主义和现实主义的影响。① 其中最有代表性的就是新功能主义理论。

新功能主义理论的直接理论渊源是欧洲早期地区主义理论，特别是功能主义理论。功能主义理论作为国际关系中占主导地位的现实主义理论的一种替代

① 参见［美］罗伯特·吉尔平：《全球政治经济学：解读国际经济秩序》，杨宇光等译，上海人民出版社 2003 年版，第 383—384 页。

选择，曾被国际关系学术界所广泛接受。功能主义理论的创始人是英国学者戴维·米特兰尼。他在1943年出版的《可行的和平体系》（A Working Peace System）一书中指出，现代民族国家不可能自主地通过政治合作走上和平之路，“功能性替代方案”（functional alternative）是实现和平的更好途径。这种功能性替代方案是什么呢？米特兰尼认为，20世纪世界的特征是技术问题日益增加，而技术问题的解决无须受到政治、军事等“高级政治”领域的影响，如果在一个技术领域里成功地开展国际合作，便会相应引起其他技术领域的进一步合作。这种技术合作的扩展过程不仅拓宽了合作领域，加深了合作，而且使各方的合作态度发生转变，将会建立一个日益坚实的合作网络。而这种合作网络的出现将使国际机制和制度得以形成并逐步得到加强，功能性合作为以国际组织为形式的国际制度和以多边主义为基础的国际机制奠定了重要基础，最终国家间的和平规范得以创立，从而减少并最终消灭战争。①

功能主义的逻辑强调“技术自决”（technical self-determination），也就是说，一体化的过程具有不可逆转的技术决定性，一旦进入一体化进程的轨迹，就是不可逆转的，一体化进程中每一步骤出现的问题只有通过更深一步的一体化方式才能得到解决。米特兰尼把交通运输、农业、卫生、科学列为技术自觉可行的领域，并预期越来越多的“高级权威”将控制这些具体事务领域的国家政策。随着这种功能性组织机构的增多和逐渐联合，将逐渐渗透到政治部门，从而达到全面合作和一体化。从根本上说，“经济统一即使不使政治协议成为多余，也将为政治协议打下基础”②。

可以说，米特兰尼最早认识到经济合作与国际政治的关联，大胆提出了以经济带动和平实现的“路线图”，这种功能性的道路为国际合作和一体化研究提供了一个很好的思路。功能主义学说对当时莫内、舒曼等欧共体创始人产生了十分重要的影响，20世纪50年代初期欧洲煤钢共同体的建立就是按照这种方式进行的，这种“自下而上”的功能性合作对于缺乏政治合作基础的国家间开展合作具有重要的启示作用。

功能主义提出了一条尽量避免政治冲突的功能性国际合作途径，但是政治问题是很难逾越的障碍，恩斯特·哈斯就是从这点出发开创了他的新功能主义

---

① David Mitrany, *A Working Peace System*, Chicago: Quadrangle Books, 1996, p. 97.

② David Mitrany, *A Working Peace System*, Chicago: Quadrangle Books, 1996, p. 99.

学说。新功能主义学说的主要研究对象就是欧洲一体化问题。1958 年，哈斯出版的新功能主义经典之作《欧洲的统一》（The Uniting of Europe）就是研究欧洲煤钢共同体的成果。

首先，新功能主义继承了功能主义的“功能合作先导”的路径，认为渐进的经济决策要优于艰难的政治选择。新功能主义的“新”表现在如下三个方面：

第一，功能部门的合作在功能主义那里是手段，也是目的，而在新功能主义那里只是手段。新功能主义认为，一体化过程的目标是（至少在欧洲）建立一个联邦的超国家组织。功能主义认为是功能性的需求或技术管理的变化使合作自动成为可能，而新功能主义认为一体化的动因在于各种政治力量（利益集团、政党、政府、国际机构）因追求各自利益施加压力而产生相互作用，功能性的合作是政治（国内与国际）过程的结果。

第二，新功能主义的“新”表现在对一体化理论的假设进行了阐释、修正和检验，它将联邦主义理论和旧功能主义理论结合在一起，将研究单元进一步细化，强调政党和利益集团的作用，同时关注这些单位中政治精英对一体化支持或反对的程度。

第三，新功能主义提出了“外溢”（spill-over）的概念，即一体化的经验、态度和实践会从一个部门向另一个部门溢散。不过外溢不是自动的或由技术力量驱动的，而是由那些寻求自身利益最大化的政治团体通过谈判与设计形成的。哈斯认为，欧共体是欧洲煤钢共同体“功能性外溢”的结果，体现了部门一体化的扩展逻辑，并且预测这种外溢的过程会在共同体内继续。关税同盟内部的贸易自由化将带来一般经济政策的和谐，最终外溢到政治领域，促使某种政治共同体的建立。①

新功能主义出台后几乎成为解释欧洲一体化最权威的版本，也成了欧洲共同体的官方哲学，因为它非常符合欧洲共同体的需要，也非常吻合煤钢共同体形成后欧洲所掀起的一体化热潮。对于共同体官员来说，他们也希望把自己定位为技术性官员，而非玩弄权力的政客；对于当时的欧洲一体化来说，在煤钢共同体取得成功后，其他一些功能性领域也提出了一体化的要求和具体的方

① Ernst Haas, “The Challenge of Regionalism”, *International Organization*, Vol. 12, No. 3, 1958, pp. 444—458.

案，如运输共同体、防务共同体等。虽然这些共同体都没能实现，但毕竟反映了新功能主义提出的外溢路径。对于新功能主义设想的一体化最终目标，虽然共同体没有公开宣布支持，但它是符合共同体的利益的。

尽管新功能主义在当时的欧洲一体化进程中发挥了非常重要的影响，甚至当时的欧洲人在创建共同市场和统一货币时，也普遍认为经济和货币的联合会最终促使成员国进一步采取措施，走向经济和政治统一。但欧洲一体化后来的发展事实上证明其道路并不像新功能主义所设想的那样一帆风顺。首先，1958年欧洲经济共同体的建立表明，一个一个功能性领域分别建立单独的共同体的道路行不通，虽然原子能共同体也在同时建立，但该共同体与其他经济领域的相关性并不大。其次，经济共同体比煤钢共同体的超国家属性要小得多，其最高决策权力不在一个独立于成员国的高级机构，而在于由成员国部长组成的理事会。最后，法国总统戴高乐在1965年发起的“空椅子危机”沉重地打击了哈斯，致使他对自己的理论产生怀疑，并最终在70年代宣布放弃把一体化作为一种独立的国际关系理论来理解，而认为一体化仍属于国际关系的范畴。[①] 但不管对新功能主义的批评如何，它仍是研究欧洲地区一体化的直接理论，成为后来各种理论的基点，特别是现实主义基础上的政府间主义，就是以新功能主义为对照物而出现的。

四、折中理论

关税同盟理论与新功能主义理论分别从市场与国家的视角对区域一体化的生成和发展做出了各自的解释。但从区域一体化理论的发展和具体的实践经验看，世界上各个区域一体化运动涉及的因素各异，不同区域所做的努力又差别明显，这必定会影响依托单一的理论对一体化实践进行分析的效果。而许多建立区域一体化的行为都有一个或几个共同的内容，如经济动机、确定某种对外关税以及一个或多个关心推进区域一体化的领导国。这些因素在不同的区域也会有不同的表现。这需要我们立足于政治经济的视角，以一种折中的方法去理解区域一体化。[②]

---

① Ernst Haas, “The Obsolescene of Regional Integration Theory,” Berkeley: Institute of International Studies Working Paper, 1975.

② 参见［美］罗伯特·吉尔平：《全球政治经济学：解读国际经济秩序》，杨宇光等译，上海人民出版社2003年版，第394—396页。

第一，应该认识到每一个区域一体化的实践都涉及某种具体的政治动机。这种政治动机在不同的一体化实践中有不同的表现。如欧洲一体化的进程，政治动机很明显；而北美区域一体化进程中，政治动机则较温和。虽然这样的区域一体化会受到各自国内政治利益团体的压力和影响，但区域一体化的安排毕竟直接体现了相关国家占据统治地位的执政者的政治利益。

第二，折中理论要求认识到区域一体化的发展与国际上霸权国家的权力兴衰密切相关。如果国际上没有一个强大的霸权国家，区域一体化的发展就会受到推动。正是由于美国不愿意在国际事务中继续负担起它曾经负担的领导角色，无法负担更多的公共物品投入，使得各国自己拟订出解决国际经济问题的方案，在国际谈判中参加者越来越多，问题越来越复杂，促使各国求助于区域性的安排。比如我们熟知的贸易领域，关贸总协定和世界贸易组织的贸易谈判中参加者众多，各个国家集团更愿意在区域层面而不是全球层面寻求问题的解决方案。

第三，新兴经济强国的崛起，国际经济竞争的加剧和技术的飞速发展，影响着地区经济一体化的扩展过程。由于经济变化速度的加快，在适应新的环境和动用保护主义之间做出选择显得格外重要。例如，20 世纪 70 年代，民族国家通常利用非关税壁垒这类保护主义手段来应对外部经济的变革。当这种方法不再奏效时，西欧、北美和其他地方的国家便建立关税同盟和自由贸易区来应对，保护自己不受亚太地区新兴工业化和有很强竞争力的国家的影响。

第四，地区经济一体化同样受到经济安全困境的影响。例如，欧洲经济一体化的加速发展在很大程度上受到了美国决定支持北美自由贸易协定的影响。而日本由于担心被排斥于欧洲和北美区域性经济集团安排之外，遂积极推动亚太区域一体化。世界上很多地区的区域性安排也是为了应对先前已开展的地区一体化运动而做出的。但这使得很多国家陷入了一种“囚徒困境”，避免互不信任已非常困难。

第五，一些微观因素也对地区经济一体化进程产生影响。如许多企业和政治领导人对提高国际竞争力的追求加速了地区经济一体化的进程，特别是世界贸易寡头垄断竞争的影响力在增加，战略贸易理论以及规模经济效应等因素在不断发挥作用。以前关于地区经济一体化的思想强调区域性贸易安排产生的贸易创造和贸易转移后果，但是近来重点放到了通过经济一体化可以取得的内部规模经济效应和外部规模经济效应的重要作用上。从原则上说，实现规模经济效应的最佳途径应当是贸易自由和市场的完全开放。但许多企业和政治领导人认为，受到保护的区域性安排能够使本地公司取得这种经济效应，从而提高他们对付外国公司的竞争力。然后，当本地公司变得足够强大时，就能在全球市场上更有力地与已有的寡头垄断公司相抗衡。

第二节 区域经济一体化的历史与实践

区域经济一体化的雏形可以追溯到1921年，当时的比利时与卢森堡结成经济同盟，后来荷兰加入，组成荷比卢经济同盟。1932年，英国与英联邦成员国组成英帝国特惠区，成员国彼此之间相互减让关税，但对非英联邦成员的国家仍维持着原来较高的关税，形成了一种特惠关税区。

“二战”后区域经济一体化最早始于20世纪50年代末期，到了80年代后半期得到了迅速的发展，90年代之后逐渐形成几个大的经济集团。特别是经济全球化进程的推进使经济资源跨国界的流动和配置的能力日益增强，各国经济间相互开放和融合的程度因此大大加深。由于各国在生产力水平、经济结构等方面存在着很大差异，使得实现完全的经济一体化需要较长的发展过程。在这个过程中，一些地理相近的国家或地区通过加强彼此间合作，建立共同的商品贸易市场和生产要素贸易市场或是两者兼备的综合性贸易市场，实现商品价格和生产要素价格的均等，并协调各国的对外贸易政策和宏观经济政策，制定较区域外国家更加优惠的贸易、投资政策，为谋求风险成本和机会成本的最小化和利益的最大化，形成了一体化程度较高的区域组织或国家集团。

进入21世纪，由于多边贸易谈判陷入僵局，缔结双边贸易协定和地区自由贸易协定成为各国首要的选择。尤其是2003年世贸组织坎昆会议的失败在一定程度上标志着多边途径在推进全球化进程中的作用难以奏效，反而推动了地区一体化的发展。此后，各国出于本国经济利益或战略规划的考虑，纷纷着力于双边或多边自由贸易协定，致力于推动地区一体化深入发展，为地区一体化开创了空前发展的新时期。在这样的背景下，地区一体化在内容领域上进一步从经济向政治等领域扩展；在地域上，除了北美、欧洲、东亚三个地区内部和地区之间自由贸易有了进一步发展外，拉美、非洲等地区的一体化进程也各有进展，共同推动着地区一体化的多元发展。

一、欧洲区域一体化

在世界各类区域经济合作中，欧洲区域一体化合作程度最高，组织形式最为严密、进展最快，而且在经济合作与政治联合方面结合得最好。

欧洲区域一体化可以追溯到 20 世纪 50 年代初由法国、比利时、荷兰、卢森堡、联邦德国和意大利组成的欧洲煤钢共同体。共同体对内取消了煤炭与钢铁的关税和进出口限制，协调这两类产品的运费、价格和生产过程，对外则实行统一关税和共同贸易政策。欧洲煤钢共同体的成功运行，产生了极大的外溢效应，促使上述国家在 1957 年签订《罗马条约》，组建欧洲经济共同体和欧洲原子能联营。1967 年，上述三个机构合并成为欧洲共同体。新成立的欧洲共同体成为欧洲区域一体化的重要机构。

欧洲共同体成立后经历了横向一体化和纵向一体化的发展。到 21 世纪初，欧共体（欧盟）经历了五次扩大的历程，共拥有 28 个成员国①，人口约 5.1 亿，经济规模达到 16.22 万亿美元，对外贸易额占世界总贸易额的 20%，国内生产总值占世界的 1/4。

与此同时，成员国在政治、经济、安全和外交等领域不断推进一体化进程。自 1967 年欧共体诞生之际，便已实现了区域的关税同盟和共同的农业政策。1986 年，欧共体 12 个成员国签署了《欧洲一体化文件》，决定组建以成员国间的商品、资本、劳务和人员自由流动为主要内容的欧洲统一大市场。1993 年，欧洲大市场开始运作。1991 年 12 月，欧共体 12 国首脑就《政治联盟条约》和《经济与货币联盟条约》达成协议，也就是我们熟知的《马斯特里赫特条约》。“马约”的达成成为欧洲一体化的里程碑，标志着欧洲从经济联合开始走向政治联合。1992 年，欧共体各国签署《欧洲联盟条约》，决定不仅在经济方面，而且在外交、安全和法律事务方面实现一体化。欧共体也随之改名为欧洲联盟，简称欧盟。1999 年，欧元作为欧盟的单一货币正式诞生，并逐渐在国际货币体系中站稳脚跟，欧洲中央银行成立后也逐渐步入正轨。随着 2009 年《里斯本条约》的生效，欧盟的政治一体化进程也向前迈进一大步，它赋予了

① 2016 年 6 月 23 日，英国举行全民公投决定退出欧盟。2017 年 3 月 29 日，英国政府宣布启动《里斯本条约》第 50 条，正式启动脱离欧盟的程序。

欧盟法人地位，使其能够作为一个实体签署各类国际协定。

从欧洲区域一体化的实践看，它经历了与区域经济合作相关的几种重要形态，即自由贸易区、关税同盟、共同市场、经济联盟和完全的经济一体化。而关税同盟、共同农业政策和单一货币又成为欧洲区域经济合作的三大支柱。

关税同盟是欧洲政治经济一体化的起点，并从煤炭、钢铁两种产品逐步扩大到所有的工业品贸易。无论是煤钢共同体还是统一大市场，关税同盟始终对外筑起统一的关税壁垒，从而促进了区域内贸易的扩大并抵制了外来商品对区域内工业品生产销售的冲击。

共同农业政策在欧洲区域合作中占有重要的地位，因为农业是事关国家安全和国内政治稳定的基础产业，而且这一政策也成为平衡成员国内部利益的主要手段。由于历史原因和资源禀赋的差异，欧盟国家中，德国、卢森堡、比利时等国的工业实力和发展水平要高于法国等国。而法国则农业发达，是农业净出口国。关税同盟的实施，使德国等国成为最大的受益者。因此，共同的农业政策会在政策上有利于法国等国家，从而平衡了因关税同盟带来的利益分配上的不均衡。共同农业政策包含两方面的内容，首先是通过价格手段对欧盟内外的农产品生产进行调节。欧盟设有目标价格、干预价格和门槛价格。目标价格是农产品生产者可能得到的最高价格，每年由部长理事会审定一次，用以保护消费者的利益。干预价格是生产者可获得的最低价格，用以保护农民的利益。门槛价格则是外来农产品最低进口价格，用以保护欧盟区域内农产品不受外来的冲击。其次，欧盟设立共同农业基金，用于农产品出口补贴、干预性收购和规避汇率风险、改进生产手段、提升农业生产结构等。

欧元的使用则是欧盟追求单一货币的结果。单一货币从酝酿到正式发行也标志着欧洲一体化不可逆转的趋势。但相较关税同盟和共同农业政策，单一货币更具有挑战性。货币的发行和管理是一国国家主权的象征。从域内各国货币并存到单一货币，要求各个成员国让渡更多的主权，其操作难度比建立关税同盟、实施共同农业政策要大得多，它会受到政治、外交与社会文化等诸多因素的影响和制约。尽管如此，特别是2008年之后欧债危机蔓延，但单一货币联盟仍然是欧盟各成员国在经济产业领域合作的必然趋势，同时又成为巩固和扩大各成员国政治经济联合的有力保证。虽然一些欧元区国家面临着主权债务危机的考验，甚至一度传出要退出欧元区，但欧元仍然在特定区域内发挥着重要影响，一些国家仍然积极申请加入欧元区。2015 年 1 月 1 日立陶宛加入了欧元区，成为第 19 个加入欧元区的国家。

二、亚太区域经济一体化

亚太区域经济合作进程是当今世界经济全球化的重要组成部分，其参与成员多、覆盖人口广、经济规模大、发达经济体和发展中经济体利益矛盾尖锐、一体化机制纷繁复杂等，令世人瞩目。

虽然同欧洲区域一体化相比，亚太地区的一体化进程发展相对滞后，但是其发展速度较快，特别是双边自由贸易谈判非常活跃。就其影响而言，亚太经合组织（APEC）最具代表性。其原因在于，APEC 的诞生和运转具有明显的区域间利益制衡色彩，它涵盖了东亚、北美、拉美、大洋洲不同发展水平、不同文化背景和社会制度的发达与发展中国家与地区。尽管增加了区域内协调立场的难度，但是也提高了这一地区在世界政治中的影响力。同时，APEC 本身也积极推进实质性的合作内容，APEC 是亚太地区层级最高、领域最广、最具影响力的经济合作机制，通过贸易投资自由化、便利化与经济技术合作，不仅使本地区国家受益，而且为多边贸易自由化做出了贡献。

亚太区域经济合作构想发端于 20 世纪六七十年代，学术界由太平洋贸易与发展论坛（PAFTAD）、工商界由太平洋盆地经济理事会（PBEC）酝酿并推动太平洋经济合作，东盟的成立和发展也为后来亚太区域经济合作提供了制度蓝本，中美关系解冻与中国的改革开放最终为真正意义上实现亚太经济合作提供了条件。1980 年，由澳大利亚总理弗雷泽和日本首相大平正芳共同发起的官、商、学相结合的“太平洋经济合作理事会”（PECC）为推动亚太经济合作奠定了基础。1989 年，在澳大利亚的推动下，首届 APEC 部长会议在澳大利亚举行，APEC 正式成立。自成立伊始，APEC 就强调其奉行“开放的地区主义”原则及与关贸总协定和后来的世界贸易组织（WTO）的一致性，表现出不同于传统一体化组织的特殊性。因此，将 APEC 与其他区域一体化组织以及 WTO 相比较，我们会发现 APEC 在以下几个方面具有独特的特点：

第一，APEC 的推进机制。APEC 建立在灵活、渐进、协商、自愿的基础上，以集体行动计划和单边行动计划非强制地推进贸易与投资自由化。APEC 的这一特征，一方面为其成员开展经贸合作提供了广阔的空间和机遇，另一方面也为合作方式的选择提供了较大的灵活性。

第二，APEC 的组织形式。APEC 为实现贸易投资自由化目标采取了特殊的组织模式，形成以领导人非正式会议为引领、以部长级会议为重点、以高官会议为支撑、以委员会和工作组会议为基础的组织架构。APEC 活动的参与者可以是政府，也可以是企业或其他类型的组织。这种组织运行模式比较灵活，加速了亚太地区贸易投资自由化进程的发展。

第三，APEC 的活动内容。考虑到 APEC 成员在文化、历史、管理体制、市场开放程度、经济政策诸方面的差异，APEC 贸易投资自由化体系有别于其他任何区域经济组织，当然也有别于 WTO。

亚太区域经济合作是经济全球化的重要组成部分。1989 年 APEC 的成立，特别是 1993 年领导人非正式会议的首次举行，极大地推动了全球多边贸易谈判发展，在推动完成关贸总协定（GATT）乌拉圭回合谈判方面发挥了至关重要的作用。1994 年 APEC 领导人非正式会议设立了茂物目标，即发达经济体于 2010 年、发展中经济体于 2020 年实现“自由和开放的贸易与投资”。1995 年 APEC 会议出台了“大阪行动议程”，将贸易投资自由化和便利化与经济技术合作确定为 APEC 的“两个轮子”，这次会议还确立了自愿行动和协调的单边自由化原则。1996 年，APEC 制定了促进自由贸易与投资的“马尼拉行动计划”和促进经济技术合作的《经济合作和发展原则框架宣言》。但美国等经济体认为 APEC 推动的单边行动计划不能满足其根本利益，力求通过谈判在 APEC 范围内推动贸易投资自由化，并于 1997 年在温哥华会议上推出了“先期自愿部门自由化”（EVSL）计划。1998 年的亚洲金融危机让 APEC“弱机制化”的缺点充分暴露，这也使得 EVSL 计划就此破产，暴露出开放的区域主义和以谈判推动区域经济合作之间的矛盾，给 APEC 贸易自由化进程留下阴影。

此后，亚太经济合作出现分化的迹象，一方面，东亚地区开始联合自强，东盟与其他东亚经济体围绕经济合作议题展开了深层对话。2000 年 11 月，东盟 10 国和中日韩三国财政部长发起了清迈倡议，旨在强化东亚地区防范金融风险的能力。中日韩与东盟的互动进一步加强，达成了建立自贸区的初步意向。另一方面，美国继续推动封闭性的自由贸易安排。美国在 1998 年就联合澳大利亚、智利、新西兰和新加坡四国，寻求在 5 国之间建立自贸区，即“P5”，旨在“激励成员经济体采取实际行动进行贸易自由化”。

值得注意的是，自成立到 20 世纪末，APEC 一直是亚太地区唯一横跨太平洋的经济合作机制，东亚国家一方面热衷于开放的地区主义，另一方面仍致力于单边自由化和多边贸易安排进程。除1992年签署的《东盟自由贸易协定》（AFTA）和《北美自由贸易协定》（NAFTA）之外，亚太地区的区域和双边自由贸易安排尚未有效发展，中日韩三国未参与任何自贸区。

由此可以看出，20世纪90年代，亚太区域经济合作的主渠道是APEC，主要指导原则是“开放的地区主义”，但美国已开始“竞争性自由化”战略。尽管“开放的地区主义”遇到了一些困难，但“先期自愿部门自由化”计划难以付诸实施，这使得APEC协商一致、自愿非约束的原则在推行贸易投资自由化与便利化和经济技术合作时仍能得到遵循。

在随后几年里，次区域自贸安排和双边自贸安排在亚太地区大量涌现。中日韩三国先后与相关经济体成立了自贸区或全面经济伙伴关系。特别是与东盟达成相关自贸安排，极大地推动了东亚区域经济合作进程。东亚地区各经济体开启双边自贸区建设之后不久，即认识到有必要建立属于东亚地区的经济合作机制。但由于中日之间存在东亚自由贸易区（EAFTA）和东亚全面经济伙伴关系（CEPEA）的路径之争，一体化进程受到影响。一些规模较小的经济体也不甘落后，文莱、智利、新西兰、新加坡等国悄然成立了“跨太平洋战略经济伙伴关系”（简称P4）。

美国逐渐意识到亚太地区发生的新变化，因此在2006年APEC会议上提出建立“亚太自由贸易区”（FTAAP）的建议，并最终写入领导人非正式会议宣言。但当时该提议并未引起各方的足够重视，甚至在美国内部对此也有不同意见。

这一阶段亚太区域经济合作进程的主要特点是以双边自贸安排为主，次地区和跨太平洋安排尚未形成规模。因美国明确将此战略称为竞争性自由化战略，故称该阶段为“竞争性自由化阶段”。

2008年和2009年，美国在P4的基础上发起了《跨太平洋伙伴关系协定》（TPP）谈判，标榜高规格、全覆盖、面向21世纪。这一举措被视为美国重返亚太战略的重要一环。在此后几年里，谈判成员迅速扩大，涉及领域不断增加。

TPP的出现对东亚一体化进程构成了严重冲击，同时，东亚地区经济合作进一步发展，东盟力保其在区域合作中的“中心地位”。中国与日本在2011年弥合了路径选择上的分歧，不再纠缠于“10+3”和“10+6”之争，为深化东亚一体化进程打开了大门。2012年8月，在东盟10国、中国、日本、韩国、印度、澳大利亚和新西兰的经济部长会议上，各方原则上同意组建《区域全面经济伙伴关系协定》（RCEP），并计划于2015年结束谈判；同年5月，中韩启动自贸区谈判，并计划于2015年结束谈判；同年11月，中日韩宣布启动自贸区谈判。上述两个自贸区谈判将填补中日韩自贸区的空白，对RCEP将具有促进作用。

RCEP的出现在客观上起到了整合东亚多个“10+1”自贸区的作用，TPP也具有整合其谈判成员之间的多个双边自贸区的效果。值得注意的是，2017年1月23日，美国总统特朗普上任伊始就签署行政命令，宣布美国退出《跨太平洋伙伴关系协定》，并将与美国盟友和其他国家发掘双边贸易机会。2017年11月11日，日本经济再生担当大臣茂木敏充与越南工贸部长陈俊英在越南岘港举行新闻发布会，两人共同宣布除美国外的11国就继续推进TPP正式达成一致，11国将签署新的自由贸易协定，新名称为《全面与进步跨太平洋伙伴关系协定》（CPTPP）。随着美国的退出以及日本力图重新主导原有的TPP格局，亚太地区的区域经济合作和地区一体化进程呈现出更加复杂的局面。

三、北美区域一体化

北美地区的区域一体化以北美自由贸易区为代表。北美自由贸易区是由美国、加拿大和墨西哥于1992年8月12日达成协议，1994年1月1日生效而成立的，是世界上第一个由发达国家和发展中国家组成的区域经济集团。它的组建是分两步完成的。第一步是1988年1月2日美国同加拿大订立美加自由贸易协定，第二步是1987年至1992年美国、墨西哥和加拿大三国之间的谈判。

由于历史、文化和社会背景等原因，美加两国在生产、贸易和投资交流等方面关系密切，但是双方正式的经济贸易协定仅限于1965年签订的《美加汽车协定》。由于加拿大的汽车业大部分已同美国企业合资合作经营，这一协定没有实际意义。为了防止美国国内日益高涨的贸易保护主义危害，1985年3月，加拿大总理马尔罗尼在就职后首次访美时，向里根总统提出两国实现自由贸易的建议。双方经过磋商后，很快于1987年10月达成协议，并于1988年1月2日正式签署了《美加自由贸易协定》。

1988年12月，萨利那斯就任墨西哥总统，他积极主张推进经济改革与开放，在《美加自由贸易协定》刺激下，墨西哥提议同美国开展自由贸易。1991年6月，美国、加拿大和墨西哥正式启动了北美自由贸易区谈判。虽然墨西哥与美加两国在经济技术水平上存在巨大差异，但三国只用了14个月便克服了分歧，于1992年8月12日签订了《北美自由贸易协定》，在经过三国议会的批准后，1994年1月1日北美自由贸易区（NAFTA）正式启动。

北美自由贸易区的成立，一方面在拉美国家引起强烈的反响，许多拉美国家企图通过墨西哥同北美自由贸易区连在一起，改变了对美国的态度。另一方面也为成员国带来了好处。对美国和加拿大来说，北美自由贸易区的建立，有利于来自墨西哥廉价、稳定的石油产品及其他消费品的进口，有利于满足国内广大的消费市场的需要，并保证它们石油进口的多元化，将墨西哥潜力巨大的投资市场和消费市场纳入自己的势力范围，对加强向中美和南美的渗透，特别是对美国实现美洲经济一体化梦想，进而保持美国在世界经济格局中的主导权具有重大意义。对于墨西哥来说，主要益处在于产品广泛、稳定地进入北美大市场，可扩大规模经济效益，降低生产成本，创造更多的就业机会，获得美国和加拿大的先进技术和设备，利用两国的投资发展本国的经济。

《北美自由贸易协定》自签订至今对成员国的经济发展产生了积极的影响。

第一，通过取消关税和非关税壁垒，使区域内贸易获得了迅速发展。根据协定，成员国应在10~15年内逐步取消相互间的贸易壁垒，实现地区贸易的自由化。自1994年1月1日起，三国贸易所涉及的9 000多种商品中已有65%即时取消了关税，剩余的35%中，有15%在1999年已经取消，只有不到20%的商品还保留关税。自由贸易协定生效以来，三国间的关税得到了降低。美国从墨西哥进口的关税已经从1993年的平均3.3%降到1.0%以下，加拿大从墨西哥进口的商品关税已经从2.4%降到0.9%以下，墨西哥对美国的进口商品的平均关税也从1993年的10%下降到4%左右。关税的降低大大地促进了北美自由贸易区内的贸易发展。如1993—1998年，美、加、墨三国的三边贸易总额由3 010亿美元猛增到5 280亿美元，5年之内增长了75%。①

第二，投资和金融自由化规定的实施刺激了区域内投资增长和资金流动。在北美自由贸易协定中，对投资者的保护有明确的规定，而且建立了争端解决机制，规定了投资者“国民待遇”的原则。同时，各国又根据本国的实际情况

① 参见伍贻康、周建平主编：《区域性国际经济一体化的比较》，经济科学出版社1994年版，第161—163页。

采取了吸引外资的政策，这就促进了成员国之间相互投资的增加，也使这一地区成为对外资具有吸引力的地区。自协定生效以来，墨西哥平均每年吸引的外国直接投资的数额不断增加，从1989年的37亿美元增加到2015年的302亿美元，墨西哥一度成为除中国以外吸引外资最多的发展中国家。在墨西哥吸引的外资中，美国占有较大的优势，主要集中在汽车行业。其次是加拿大，主要投资于矿山。在墨西哥投资的400多家外国公司中，有42.4%的公司来自加拿大。1998—2000年，加拿大企业在墨西哥的投资达到15亿美元。但近年由于国际矿产品价格下跌，加拿大对墨西哥投资额有下降的趋势。除了直接投资以外，成员国之间的金融市场也逐渐开放，美加在墨西哥金融部门的投资也不断增加。

第三，贸易的增长为三国一度创造了可观的就业机会。北美自由贸易协定生效后，三国的就业机会都呈现增长趋势。据统计，1994—1998年，美国的就业增长了7%，新增加的就业岗位达到1 280万个。失业率由1993年的6.9%降到1998年的4.5%，达到了28年以来的最低水平。而这些新增的就业机会中有约1/3得益于贸易的发展。1997年7月美国总统克林顿向国会提交的一份报告指出：北美自由贸易协定使美国增加了311万个就业机会，其中189万个是因增加了对加拿大的出口、122万个是因对墨西哥的出口。协定生效以来，加拿大的就业增长也较明显，1994—1998年增长了10.1%，增加了130万个就业机会。协定使墨西哥的就业增长22%。城市的失业率由1995年的6.2%下降到1998年的3.3%。①

第四，北美自由贸易协定的签订，提高了北美地区在全球经济中的地位。从客观效果来看，北美自由贸易协定的签订，不仅是贸易、投资的增加，更重要的是提高了北美地区的国际地位和美国的战略目标，使美国有了自己的战略根据地，为其对外战略的实施奠定了基础。

2018年11月30日，美国总统特朗普、加拿大总理特鲁多、墨西哥总统涅托在阿根廷首都布宜诺斯艾利斯出席二十国集团（G20）领导人第十三次峰会期间签署了《美国-墨西哥-加拿大协定》（USMCA），该协定旨在取代已经实施了24年的《北美自由贸易协定》。在内容上，新的协定规定了宏观经济政策

① 参见伍贻康、周建平主编：《区域性国际经济一体化的比较》，经济科学出版社1994年版，第161—163页。

与汇率事项，强调承诺执行市场决定下的汇率政策，遵守国际货币基金组织的规定，避免通过汇率操纵以获得不公平的竞争优势；在知识产权保护规则上要求更为严格，增加了专利和商标保护的时间限制，提高了对生物技术、金融服务甚至域名的保护，为生物制药提供了全新的知识产权保护等。新的协定也包含了当今自由贸易协定中针对数字贸易的最新标准，为美国具有竞争优势的创新数字产品和服务在扩大贸易和投资方面提供了坚实的基础。在金融服务方面，新的协定包括开放金融服务市场，促进投资者和金融机构投资以及跨境金融服务贸易的公平竞争环境的承诺。在劳工标准和环境保护方面，三国则同意将劳工义务和环境保护纳入协定的核心议题。新的协定还承认中小企业作为北美经济引擎的基本作用。

尽管北美自由贸易协定取得了显著成效，但美国并不满足于三国范围内的区域贸易安排。1994 年 12 月，由美国总统克林顿发起召开的首届美洲国家首脑会议提出了在 2005 年 1 月 1 日以前建立一个从阿拉斯加到火地岛，包括除古巴以外所有美洲国家自由贸易区的倡议，希望把北美自由贸易区向南扩大到中南美洲和加勒比海。一些拉美国家也想赶乘北美自由贸易区的快车，从中分享利益，便积极做出响应。自此，美洲 34 国就此问题举行了 4 次贸易部长会议和多次副部长会议，谈判也取得了一些进展。2001 年 4 月，第三届美洲国家首脑会议将美洲自由贸易区谈判列入议题，最终确定了在 2005 年 12 月正式启动美洲自由贸易区谈判的时间表。会议通过《魁北克城宣言》和一项行动计划，为有关国家扩大和深化合作、进一步推动美洲自由贸易协定谈判奠定了基础。

美洲自由贸易区将由北美自由贸易区、中美洲共同市场、安第斯共同体、南方共同市场和加勒比共同体以及共同市场等组织联合形成，涵盖除古巴之外的 34 个美洲国家，面积 3 444 万平方公里，人口多达 8 亿，年国民生产总值达 11.4 万亿美元，占全球商品与服务贸易额的 1/3。拟订建立的美洲自由贸易区把“美国后院”完全纳入美国的势力范围，因而也将成为世界上最大的南北区域贸易集团。但由于各方在农业补贴、降低关税、市场准入等关键问题上尚未达成实质性的协议，使得整个谈判进程进展缓慢。特别是 2006 年委内瑞拉总统查韦斯发起的“美洲玻利瓦尔替代计划”（ALBA）正式启动后，美洲自由贸易区的谈判出现了新的变数。作为替代模式，一些国家则与美国展开了双边谈判，以此来推动自由贸易的进程。但这无疑会对美洲自贸区构成一定的冲击和制约。

四、拉美和非洲的区域一体化

除了欧洲、亚太和北美这三大地区经济一体化的集团外，拉美和非洲的区域一体化也取得了一定程度的发展。

在世界发展中国家中，拉丁美洲是实施经济一体化最早的地区，拉美一体化思想可以追溯到拉美独立运动领导者西蒙·玻利瓦尔。他认为西属美洲殖民地在独立运动之后应形成一个统一的国家，并为此政治理想而奋斗终生。在拉丁美洲的民族独立与解放运动取得胜利之后，拉美发展中国家争取经济自立和发展的呼声日益强烈，联合国拉丁美洲经济委员会在20世纪40年代末倡导拉美国家之间签订经济一体化协定以形成大市场。1951年中美洲国家组织（OCAS）成立，20世纪60年代又成立了中美洲共同市场（CACM）和中美洲一体化银行（BCIE）、拉丁美洲自由贸易协会（ALALC）等，随后安第斯集团（CAN）和加勒比共同体（CC）等区域性经济一体化组织不断涌现。

拉丁美洲经济一体化的历程与其发展战略、外部经济环境等因素密切相关。由于拉美国家实行长期的进口替代发展战略，经济一体化组织在很长一段时间内采取高关税的贸易保护政策。1990年3月之前，五个安第斯集团成员国的最低关税率统一为110%，从1995年起才开始对地区以外的国家采取11.8%的平均关税。这一时期的拉美经济一体化更多地采用了关税同盟的形式。20世纪80年代债务危机之后，90年代新自由主义在拉美盛行，开始重视出口导向战略，提倡单边的贸易投资自由化和开放的地区主义，关税率降低，市场开放程度提高。同时，拉美国家与发达国家所签订的贸易协定显著增多，目的是寻找更大的市场，以替代拉美自身一体化计划并没有提供的更大的地区市场。进入21世纪至今，新自由主义改革所引发的社会不满导致了一些国家政治联盟的变化，一些具有左翼思想的政府对全球化和市场开放持批评态度，开始将一体化的议程扩展到其他领域，强调政治和社会维度，实质性融合（Physical Integration）、政治认同和安全问题成为拉美区域一体化考虑的主要依据。主要区域一体化组织包括拉美共同体（CELAC）、南美国家联盟（UNASUR）、美洲玻利瓦尔替代计划（ALBA）等。

近年来，拉美地区经济一体化表现为两个几乎截然不同的发展方向。一是以南方共同市场（简称南共市）、美洲玻利瓦尔替代协议为代表的较为封闭的一体化组织。这类组织的主要指导思想是国家主义，认为国家不仅是制定和实施规则者，而且是有效的产业政策促进者。因此，政府的作用就在于大量集中资源，实行以公平为目标的资源配置，同时出于对竞争力不强的国内产业的保护，实行较高的市场准入标准。二是以太平洋联盟为代表的较为开放的一体化组织，体现出以市场为中心的自由主义特征。在2010年的伊比利亚—美洲峰会上，由秘鲁发起，联合哥伦比亚、智利、墨西哥等国，共同倡议成立太平洋联盟。2011年4月在秘鲁利马签署了《太平洋协定》，宣布该联盟正式成立。2012年6月，四国签署了太平洋联盟的框架协议，即《帕拉纳尔宣言》，由此该联盟的建设进一步制度化，向着建设深度一体化地区的目标迈进。自成立以来，太平洋联盟发展迅速。2013年5月，第七届太平洋联盟首脑峰会宣布自2013年6月30日起联盟内90%货物贸易实现零关税，决定简化四国公民出入境手续，宣布设立共同使馆和联合贸易办事处。2014年2月10日，四国领导人在第八届太平洋联盟首脑峰会上签署了《太平洋联盟框架协议之贸易附加协议》，就区域内免除92%的商品和服务关税达成一致，进一步开放市场，逐步实现成员国间自由贸易。

拉美国家意识形态的分化是该地区区域经济一体化模式存在巨大差异的主要原因。南共市本质上是一个内向的、封闭的关税同盟，其继承并延续了巴西等国长期实行的进口替代发展模式。近些年来，制度僵化限制了内部国家实施独立的经贸政策，南共市任何一个国家都不能与外部国家谈判自由贸易区，再加上市场开放进展缓慢，贸易保护主义严重，一体化进程受到严重制约。而智利、秘鲁、哥斯达黎加、哥伦比亚、墨西哥等国对贸易投资自由化便利化采取了较为接纳的态度。这些国家在政治上实行实用主义，与美国关系紧密，同时保持与亚洲国家特别是中国的密切经贸往来。太平洋联盟经济目标明确，突出对经济增长与发展的追求，淡化政治和意识形态因素的影响，加强与亚洲国家的贸易与投资合作，使得一体化进程较为顺利。

而非洲地区的一体化进程，早在非洲统一组织建立之初，即已被定为非洲发展的重要方向。1991年非统组织第27届会议上通过的《阿布贾条约》，为非洲一体化奠定了法律框架。条约决定成立非洲经济共同体（African Economic Community），提出分步实现非洲一体化，包括建立一系列自由贸易区、关税同盟、统一市场、货币同盟。此后，因战争和经济因素，非洲一体化进程缓慢，非统（非盟）在多次多边会议上声明一体化进程的重要性和紧迫性，呼吁各国加速推动一体化进程。1999 年的苏尔特声明（Sirte Declaration）、2007 年的阿克拉声明和 2013 年 10 月举行的非洲经济会议均呼吁加快非洲一体化进程。非洲一体化中首要的领域就是贸易一体化，也是目前进展相对较快的领域。

目前，非洲多个区域经济一体化组织正在推进实施区域内一体化，然后通过区域一体化的扩大和融合形成非洲一体化。当前，区域经济体推进贸易一体化的进度并不一致。东非经济共同体（简称东共体，EAC）是进展最快的区域经济体，其在 2010 年启动了共同市场。东部和南部非洲共同市场（简称科迈萨，COMESA）2009 年 6 月启动了关税联盟。西非国家经济共同体（简称西共体，ECOWAS）和南部非洲发展共同体（简称南共体，SADC）已在各自自贸区建设中取得进展。中部非洲国家经济共同体 2004 年启动了自贸区建设，但目前困难重重。

总的来看，非洲各区域贸易一体化进程进展不一，步伐缓慢，大部分区域经济体的一体化进程较其计划进度都出现了不同程度的延迟，各成员国承诺水平低，或履行其关税减让承诺不积极。究其原因，主要表现在以下两方面：第一，非洲经济水平整体较低，各国发展水平参差不齐。非洲大部分国家经济以农业为主，除部分高资源禀赋国家采矿业发达外，制造业整体水平很低，服务业更是如此。而且即使在同一区域内，各国产业水平也相差较大。很多国家不愿看到刚发展起来的新产业因为自由贸易而遭受冲击进而失去相应收入。此外，各国经济和法治发展水平的不平衡，也增加了各国贸易规制的协调难度。第二，和平安全问题仍然存在。当前，非洲大部分区域呈现和平局势，与之前相比，非洲和平的基础更加坚固，趋势更加明显，但少数国家动乱和局部冲突仍时有发生。不时发生的地区和国内冲突严重影响了地区一体化的进程。

第三节 区域经济合作的政治效应

地区一体化是国际政治经济的重要特征，也是推动地区合作的必然结果，是地区合作制度化的主要表现。地区一体化起始于成员对经济利益的追求，它以国家契约为基础、以经济合作为主要组织形式，因此，地区一体化首先是一个自然的经济合作进程，市场发挥着基础性作用，但在经济合作的过程中，政策领域的沟通协调又使其表现出政治过程的特征，这需要各国国内政策的配合和对一体化的认同与共识，因此国家的政治抉择在一体化过程中发挥着决定作用。

一、地区贸易合作的政治影响

地区一体化进程与经贸发展密切相关。当前，地区一体化的主要表现形式就是地区经贸安排，而自由贸易区是其突出表现形式。地区经贸安排是一种具有法律约束力、贸易自由化程度较高的地区经济合作形式，其核心是通过取消成员之间的贸易壁垒，创造更多的贸易机会，促进商品、服务、资本、技术和劳动力的自由流动，从而实现地区内各国经济的共同发展。罗伯特·吉尔平曾指出，“与一定地理范围内的国家建立自由贸易区是国际政治经济中地区主义的表现，参与国家企图通过地区经济合作或联盟改善与发达国家的地位或增进在地区内的政治、经济分量”。① 进入 21 世纪，多边贸易谈判陷入僵局，缔结双边贸易协定和地区自由贸易协定成为时代风潮。两方面的因素促进了地区贸易合作的深入开展。

一是当前全球范围内以市场化为趋向的改革不断加深，为区域经济一体化的发展提供了制度环境。战后新技术条件推动各国、各地区之间的分工与依赖日益加深，生产社会化、国际化程度不断提高，使各国的生产、流通及其经济活动进一步越出国界。这就必然要求消除阻碍生产要素跨国流动的市场和体制障碍。当今世界，越来越多的国家通过实践认识到，只有依托市场机制，才能加快本国经济发展的速度，提高经济的运转效率和国际竞争力。通过改革，各国逐步消除商品、资本以及技术等生产要素在国家之间自由流动的经济体制上的障碍，促成了区域经济一体化的发展。

二是世贸组织多边贸易体制本身的局限性以及近年来多边贸易谈判所遭遇的挫折和困难，刺激了区域经济一体化的发展。虽然世贸组织是推动贸易自由化和经济全球化的主要力量，但由于自身庞大，运作程序复杂，根据世贸组织“一揽子接受”方式，其成员对各项议题的谈判只有在一致同意的基础上才能进行，从而注定在短时间内所有成员达成共识和消除矛盾并非易事。比如，2001 年 11 月在多哈发起的首轮多边回合谈判一直举步维艰。多边贸易谈判前

---

① ［美］罗伯特·吉尔平：《国际关系政治经济学》，杨宇光译，上海人民出版社 2011 年版，第 320 页。

景的不可预测性，为双边和区域性贸易协议提供了发展空间与机遇，也使参与全球竞争多了一种选择。尤其是2003年世贸组织坎昆会议的失败标志着通过多边途径推进全球化进程遭遇挫折，这次失败对地区一体化的发展起到了推动作用。此后出于本国经济利益或战略规划的考虑，各主要国家均致力于推动地区一体化深入发展，着力于双边或多边自由贸易协定，使得地区一体化进入空前发展的新时期。

地区贸易合作的深入开展，对相关国家和地区产生了相应的政治影响，具体表现在以下几个方面。

一是促使相关区域内的国家或经济体谋求政治合作，缓解矛盾冲突，稳定地区局势。世界银行研究表明：区域贸易协议除了能够促进贸易发展，也对消除政治冲突起着显著的作用。欧洲合作的初始动机和最终目标就是政治。经过两次世界大战的磨难，欧洲人意识到不能再发生战争，必须通过合作、一体化与联合，实现欧洲的长久稳定、安全和发展。时至今日，欧洲各国终于通过经济合作，为实现地区的和平与发展、实现大欧洲联合的梦想，奠定了坚实的基础。在亚洲，1999年东亚领导人关于东亚合作的联合声明，明确提出了开展政治、安全对话与合作的议题。此外，印度和巴基斯坦之间政治紧张局势的缓解，与正在进行中的南亚自由贸易区协议谈判密不可分。非洲一些国家政局长期不稳，大多数国家经济又不发达，这些因素促使非洲联盟于2002年问世，其目的是试图以政治和经济合作来推动地区稳定与经济发展。

二是推动区域内相关行为体内部的体制改革。一些发展中国家和转型国家把区域贸易协议作为推动贸易自由化或国内体制改革进程的机制，即通过外部的条约责任和有形具体的承诺来促进国内的体制改革。20世纪90年代，东欧转型国家与欧盟签署区域贸易协议的目的之一，就在于以此推动向市场经济转化。中国在90年代开始参与东亚区域一体化的构建，也与中国开启了建设社会主义市场经济体制进程紧密相关。

三是寻求区域层面的政治保护以抗衡其他区域集团。这是世界大国加紧组织和巩固区域经济集团的一个重要动因，也是区域经济合作所产生的政治结果的表现。美国参与跨地区的亚太经合组织，意在抗衡不断扩大的欧盟。而欧盟希望作为一个更强大的整体，用一个强有力的声音在国际上与美、日等大国更有力地抗争，它们不仅在自家门口加紧对外经济扩展，在拉美和亚洲等地积极开展经济合作，而且致力于“大欧洲自由贸易区”的构想。日本极力在亚太地区推行“雁阵模式”，巩固和扩大“东亚经济圈”，同时采取各种措施打入欧美腹地，并期望借此获取安理会常任理事国地位。俄罗斯以独联体为依托，已经建立或正在构建一些区域经济集团，如独联体国家经济联盟、欧亚经济共同体等，以巩固和加强俄的大国地位。东盟通过加强内部协调与合作，在世贸组织、联合国贸发会议等多边经济组织中用一个声音说话，来维护日益拓展的自身利益。①

二、地区金融合作的政治影响

从国际经济合作的角度看，货币金融合作也是国际经济合作的一项重要内容，是两国或多国之间在货币金融领域内的政策协调、共同行动与利益分摊等多种形式的合作。从地区经济合作的角度来看，货币金融合作是经济一体化必不可少的内容之一，是实体经济一体化向纵深发展的基础，也是实体经济一体化发展到一定阶段的产物，经济一体化本身就要求实体经济一体化和货币一体化相互促进，齐头并进。

地区金融合作实际上是在特定区域内，两国或多国之间所进行的关于维持汇率稳定和金融市场稳定发展的各种形式的合作。金融合作的目标是实现双边或多边汇率的稳定和金融体系的稳定与发展，合作的手段包括货币政策、财政政策协调、共同干预市场等，合作的形式可以是机制化的，也可以是非机制化的。它最直接的表现形式就是货币一体化。目前，地区金融合作具有以下几方面的特征：

第一，合作的主体应该是具有主权特征的国家政府或具有相当独立性的地区政府。

第二，合作的目标是双边或多边汇率的稳定和金融体系的稳定与发展。在地区金融合作的过程中，可以建立短期或次级的目标，如建立地区金融风险预警机制、建立地区资本市场、协调货币财政政策目标等。

第三，地区金融合作的方式可以是机制化的，也可以是非机制化的。机制化是指存在一个严格的、具有约束力的制度体系，存在对应的超国家的国际机构和组织来行使各种日常职能，存在一个由各方合作分摊的基金作为物质保障。欧洲货币体系就是典型的机制化的地区金融合作体系，欧洲货币基金则是

① 参见蒋玲媛、朱彤：《区域经济一体化与世界多极化》，《求是》2006 年第 14 期，第 58—59 页。

其物质保障。非机制化是指不存在一个超国家的组织，不存在一套具有约束力的制度规定，合作是松散的、不定期的。它可以是简单的信息交流，也可以是不定期或定期的领导人会谈，甚至仅是一个论坛。东盟“10+3”就是一个典型的非机制化的地区金融合作形式。

第四，合作手段多种多样。主要有：货币财政政策协调、共同干预外汇市场、建立危机救援机制、统一市场规则和标准、建立共同的信用体系和清算体系、建立风险预警机制等。货币金融合作的不同阶段会有不同的手段。共同干预外汇市场是地区金融合作常见的手段。

从发展阶段上看，地区金融合作可以分为三个层次：第一个层次是地区金融合作的准备阶段，主要表现为合作的双边特性、非制度性、没有统一完善的组织结构、松散性、非机制性，合作方式通常是简单的信息交流、专家往来，讨论中央银行如何发挥货币政策功能、如何监管金融市场发展、如何加强金融设施的建设、如何加强外汇储备的管理等。这一阶段的最高形态是成员国面临国际收支困难时为其提供流动性支持安排，在监管原则和方法上统一化。东盟与中、日、韩之间的货币互换协定就是这种形态。第二个层次是汇率机制合作，即旨在稳定汇率的机制安排，这也是真正意义上的金融合作。在这个阶段，合作表现为多边性、有制度和组织机构保障比较严谨。汇率机制合作通常采取汇率目标区的方式，一般有比较清晰的干预界限、干预责任，并有基金保障市场干预的进行，基金也同时用于解决成员国的国际收支问题。1979 年的欧洲货币体系就是这个阶段的货币合作。第三个层次是统一货币。在这个阶段，成员国政策协调的程度很高，宏观经济状况达到高度协同，合作区域内只存在一种货币，各成员国的中央银行消失，区域内由统一的中央银行实施统一的货币政策，成员国的财政政策也达到高度统一。欧元的诞生标志着欧洲的金融合作达到了这个阶段。

地区金融合作能够为区域内的成员带来相应的收益，具体表现在以下几方面：

第一，地区金融合作能够促进区域内国家福利最大化。经济全球化的发展使世界各国相互间依赖性增强，一国经济政策的实施与区域内其他国家的可能的反应密切相关，政策的制定要充分考虑其他国家的选择，在经济相互高度依赖的情况下，不合作的成本也会越来越高。建立区域金融合作机制实际上是一种制度的创新，它的存在是为了约束人们的行为，减少交易费用，解决人们所面临的合作问题。以往的经济理论都注重说明竞争所带来的效率，而往往忽略合作所产生的收益，而现代经济学证明，通过合作解决争端的效率是最高的。

国家之间也是一样，只有相互之间进行金融合作，实施货币政策协调，才可以促进区内资源的有效配置，增加国家之间经济政策的透明度和可信度，避免国家之间的过度竞争和资源浪费，给地区带来共同利益，达到区域内国家的福利最大化。

第二，地区金融合作可以有效地筹集地区开发资金，促进地区经济发展。进行区域金融合作，可以使成员国在资金上进行融通，弥补单个成员国资金不足对地区发展的制约，促进地区经济发展。为了筹集地区的开发资金，一些地区往往成立一些区域开发金融组织，为本地区的经济发展进行融资和服务。如西非国家共同体成立的基金会就对在推行地区经济一体化中受到损失的成员国进行补偿，并进行共同体基础设施如公路网、铁路网的建设。拉美的加勒比共同体也建立了“加勒比开发银行”，对成员国进行资助或投资，目标是改变本地区较为单一的经济结构，使之朝多元化结构的方向发展。这些区域开发金融组织对本地区经济的发展都起到了重要的作用。同时，这些区域开发性金融组织有意识的资金调配，也有利于建立区域内的生产专业化和国际分工体系，发挥各国的比较优势，促进地区经济一体化的发展。

第三，地区金融合作能够提高区域内资源配置效率，促进统一大市场的形成。在国家和地区间贸易和投资的两大障碍就是汇率风险和交易成本的存在，单一货币的实行则可以消除汇率风险并降低交易成本，提高资源配置，促进生产的一体化和国际交换以及成员国之间的贸易和投资。另外，货币区内在创造了单一货币的同时，也消除了区域内国家资本管制和金融资本控制所带来的资本市场扭曲。由于取消了成员国间汇率的控制以及汇率不确定性的消失，任何一个成员国的投资者都能非常迅速地进入其他成员国的资本市场，单一货币区内的资本流动性将大大提高。由于资本的逐利性，必然会促使资本从边际生产率低的国家和地区向边际生产率高的国家和地区流动，同时，如果地区间资本市场有机地连成一体，将会产生更大的规模效应，并形成更低的交易成本，企业的融资成本也会随之降低，节约在融资中介过程中所占用的各种资源，提高资本配置收益。

第四，地区金融合作还可以为区域内各国带来政治方面的利益，这种利益往往是不能被量化的，是潜在的，是被分摊到相当长的一段时期中获得的利益。这种利益可能只有在与区域外的政治经济力量发生交往时才能够充分显现，主要表现在：提高了区域整体与金融霸权国家进行利益竞争的能力，增强了区域在国际货币金融事务中的话语权，在国际金融利益分配格局中由原来的依附的、被动的、被赐予的地位转变为独立的、主动的、参与分配的地位，在未来的国际金融制度架构中发挥主要作用等。简单说就是在国际货币金融领域中的能力和地位得到提升。这种因区域金融合作带来的政治利益虽不能直接被感知，却是十分重要的一种收益。这种收益会使得区域内各国（特别是主导国）忽略经济方面的小得小失而全力推动区域金融合作的进程。

但我们需要注意的是，地区金融合作不是以特定区域内要素和金融市场一体化、各国经济融合趋同性较高等实体经济融合为前提和基础，即初始动力并非源于自发的市场力量，而是地区内各国基于各自利益和共同利益，由政府有意识、有目的地在货币金融领域推动的合作，这种合作往往仅限于宏观层面的政策变化，是一种“自上而下”的形式。同时，在地区金融合作中，由于主导国与其他参与国的政治经济权力分配极不对称，双方在推动合作的协调和谈判过程中始终处于主体地位不平等的状态，主导国往往以单方面行动达成合作结果，其他参与国只能被动地接受，按照主导国的主导策略来选择自己的纳什均衡结果。因此，地区金融合作是一种由各主权国家政府推动的强制性一体化进程，这种进程主要源自政府力量而非市场力量，主要发生于宏观层面而非微观层面，主要决定于政治因素而非经济因素。地区金融合作的政治影响主要有以下两方面的表现。

首先，地区金融合作中体现着地区大国的政治影响力。地区金融合作的进程主要是由合作主导国决定和推动的，因此，能否有合适的主导国存在是地区金融合作成败的关键。地区大国在金融合作中往往更在意金融决策权力的获得。金融决策权力既是金融利益，也是获得持续的、长远的金融利益的必要前提和手段。这种权力表现在：第一，在区域金融合作规则的制定上占有主导权。金融权力资源丰富的国家享有国际金融合作规则的制定权与解释权。当今有关国际金融的一些规则有利于扩大金融强国的影响，而不利于金融弱国。第二，在地区金融合作组织中居主导地位。随着区域金融合作的进展，各国的金融主权将会部分让渡到区域内的一种超国家的金融组织安排中。因此，区域金融霸权国如果主导区域金融组织的运作，那么区域金融组织权力的扩大在某种程度上就意味着金融霸权国权力的扩大。

其次，地区金融合作也能让其他参与国获得各自的政治收益。一般来说，在地区金融合作中，其他合作参与国在实体经济发展和金融经济发展方面都存在自身不能克服或解决的问题，例如国际债务负担沉重、国际收支极不平衡、本币汇率波动剧烈、通货膨胀水平较高、经济秩序混乱、金融风险较高等。由于这些国家的政治经济实力和金融实力较弱，意味着其金融权力资源严重不足，在金融领域的权力博弈中无法与主导国家抗衡，在合作利益的分配方面也只能处于被动接受地位。因此，这些地区内的金融弱国在金融合作中没有能力和资格去关注相对获益，只能关注自身绝对获益的提升，并寄希望于主导国家在受益更多的同时，继续提供国际公共物品（如稳定的金融秩序）使弱国受益。在地区金融合作中，这些地区金融弱国不惜让渡本国的金融主权给地区内金融组织或机构，以获得自身绝对获益的提升，这些绝对获益主要是一些具体的、即时可得的经济利益和金融利益，例如，降低国际贸易的交易成本（消除货币交换的成本）、稳定国内物价水平（抑制通货膨胀）、减小真实汇率的波动（消除本币大幅度持续贬值的风险）、增强金融弱国的政府"公信度"（引入金融霸权的"公信度"）、维持国内金融秩序的稳定（引入外部强约束），等等。这些既得利益对于区域弱国的经济快速企稳和发展是十分有效的，也能够为相关国家的政治利益团体带来必要的社会秩序和政治利益。但是，这种既得利益的获取往往是以牺牲长远的、自主的货币金融利益为代价的，它会不断强化区域金融霸权合作中的权力和利益分配的不对称性。

三、区域经济一体化的政治挑战

区域经济一体化虽然经历了几十年的发展历程，取得了令人瞩目的成效，但仍然面临着各方面的挑战，其中最为核心的无疑是政治挑战，这也是国际政治经济学研究所关注的问题。

首先，区域经济一体化的发展与传统的主权观念必然会发生碰撞。它表现为伴随着区域经济一体化进程的加深，民族国家在经济、政治、文化诸领域的主权受到不同程度的侵蚀与削弱。经济上，国家制定经济政策、调控经济资源与信息、管理经济活动与行为的能力受到地区经济组织的有力制约，从而很难按本国既定的战略发展民族经济。地区市场、地区贸易、地区金融、地区经济活动规则已成为一种客观的强制性力量，迫使国家经济主权作出调适。政治上，国家的独立自主、安全和领土完整存在着来自国际社会强行干预的危险。这使得一些国家对区域经济一体化采取一种消极、甚至抵制的态度。

但区域经济一体化的实践表明，要想获得一体化带来的收益，向一体化机构让渡部分主权是不可避免的。因为一体化的维系与发展需要执行一系列共同的政策，而这些共同政策的制定、执行实际上就是参加国国家主权在一定范围与程度上的转让。如果一味固守传统的、绝对的主权观念，坚持寸权不让，只会缩小自己在国际舞台上的活动空间，甚至置身于世界潮流之外，最终削弱本国捍卫和行使主权的能力。相反，若能分清主次，将原则性与灵活性有机结合起来，则会有助于维护国家主权，最大限度地实现本国的国家利益。对于在区域一体化过程中处于弱势的广大发展中国家来说，一体化的机遇与风险并存，只能积极参与，不能消极拒斥。在参与的过程中，一方面要加强防范意识，坚持国家主权原则，反对别国对本国事务进行肆意干涉；另一方面，又要把握适当的灵活性，为实现国家利益的最大化而体现主权的价值，而不是抽象僵硬地坚持主权，还要充分利用既有的国际法和国际机制的合理成分维护自身利益，寻求灵活、弹性的主权运作方式，从容应对国家主权面临的各种挑战。

其次，一些区域经济一体化组织结构松散，制度化水平偏低，制约着一体化向纵深发展。合作的非约束性往往会降低合作的效力甚至产生“逆效”合作，因此，合作的约束性、制度化是区域金融合作成功的重要保证。只有具有约束性的制度安排，才能为合作确立明确的目标，提供有效的纪律约束与监督，降低合作的不确定性和交易成本，使合作进程具有可信性，从而提高相关金融资源的利用效率。例如，目前的东亚金融合作主要是以双边的松散型合作为主，强调沟通、协商和非约束性。“10+3”框架下的BSA就是没有强制约束力的制度安排实施保障，中、日、韩之间也缺乏有关金融合作的多边制度安排，东亚监督进程、资本流动监管机制等领域也尚未建立起正式的制度安排。东亚区域的这种合作方式固然有其历史的必然性和合理性，但要想取得区域金融合作的深入发展，就必须突破这种制度变迁的“路径依赖性”，逐渐向正式的、具有约束力的制度性金融合作过渡。

最后，区域经济一体化绩效受到越来越多的质疑。区域经济一体化组织通过消除关税和非关税壁垒，形成区域性的统一市场，加强了区域内商品、劳动力、技术和资本等生产要素的自由流动，从而加深了成员国在经济上的相互依赖程度。在全球自由贸易难以实行的情况下，区域经济一体化无疑为小范围内资源的合理利用和配置提供了可能。区域经济一体化改变了国际贸易的地区分布，使贸易更多地趋向于区域内部。在一体化内部贸易迅速增加的同时，成员国减少与区域外非成员国贸易，这使得区域外的国家和地区面临更高的壁垒和更大的保护主义，更难以进入该市场。原有的市场份额被转移到区域内其他生产效率并非全世界最高或成本并非最低的国家，产生了贸易转移。这也让发展中国家的贸易处于更加不利的地位。一方面是相对竞争力更弱了；另一方面，一些想进入一体化区域市场的公司为绕开壁垒而将原来投资发展中国家生产再出口贸易的方式变为直接在区域内投资生产。同时，由于贸易保护的加强，区域内部同外部国家间的贸易相对减弱，从而使本来很紧密的世界经济分成若干相对立的区域，不利于经济全球化发展。

第四节　中国发展与亚洲区域合作

为积极应对区域经济一体化在全球范围内掀起的高潮，同时也为了进一步提升对外开放的广度和深度，中国不断加大区域经济合作的力度，通过与周边国家积极签署多边与双边自由贸易协定，并于 2007 年 10 月正式提出要实施自由贸易区战略，把参与区域经济一体化提高到新的国家战略高度。

一、中国参与亚洲区域合作的机遇与挑战

由于特殊的地缘政治经济因素的影响，中国面临的区域合作环境十分复杂。近年来随着亚太地区成为全球经济的新增长极，区域内的自由贸易协定也迅速扩张，协议所包括的成员经济体交错重叠。面对这种区域合作碎片化的局面，中国在 2014 年召开的亚太经合组织第二十二次领导人非正式会议上，提出了深入推进区域合作一体化，在推进“茂物目标”的同时大力推进亚太自由贸易区进程的建议。此次会议上也正式批准了《亚太经合组织推动实现亚太自由贸易区路线图》，正式启动了亚太自由贸易区的进程，使得人们对亚太区域合作有了新的愿景。

这一系列的变化反映了近年来亚太地区经济增长与地缘政治所导致的区域格局演变，特别是中美两国关系的变化使得亚太经济体对各自的贸易与商业国家联盟重新做出调整；同时，随着运输、通信和信息技术的飞速发展，传统的生产模式与商业业态逐渐被更加复杂化、专业化、多样化的生产服务体系取代，形成新型的贸易模式与企业组织形式。基于世界贸易组织的传统“第一代”贸易规则已不再适用于新的贸易模式；再加上多哈回合谈判长期陷入停滞，各国纷纷转向寻求通过自由贸易协定方式推进更深层次、更高质量和更新标准的区域经济一体化，以满足基于全球价值链背景的“第二代”国际贸易规则的制度需求。

同时，中国正处在全面深化改革攻坚战的关键时期，需要仿照“入世”经验

将多边贸易体制、区域经济一体化和高质量双边自贸区作为推动国内体制改革、结构改革和治理改革的有效工具。党的十八届三中全会所制定的改革新蓝图中，涵盖了几乎所有国内深水区改革的敏感议题，诸如国有企业改革、利率市场化改革、资本项目自由化改革、财税改革、城镇化改革、行政审批与监管改革、社会管理创新改革等。在扩大对外开放方面，要适应经济全球化新形势，实行更加积极主动的开放战略，完善互利共赢、多元平衡、安全高效的开放型经济体系，坚持世界贸易体制规则，坚持双边、多边、区域次区域开放合作，以周边为基础加快实施自由贸易区战略。改革市场准入、海关监管、检验检疫等管理体制，加快环境保护、投资保护、政府采购、电子商务等新议题谈判，形成面向全球的高标准自由贸易区网络。此外，还要加快同周边国家和区域基础设施互联互通建设，推进丝绸之路经济带、海上丝绸之路建设，形成全方位开放新格局。①

二、中国参与亚洲区域合作的战略选择

面对这一系列的机遇与挑战，中国应积极、主动、灵活、有效地调整立场与策略，做出面向未来的战略选择。

首先，我们应该秉持人类命运共同体的理念，创新发展亚洲区域合作的理念，为亚洲区域合作开辟广阔的前景。习近平主席提出的人类命运共同体理念，符合世界发展的大势。2015 年，习近平主席在博鳌亚洲论坛 2015 年年会上首先提出了亚洲命运共同体的理念，此后，在这一理念指引下，进一步提出了构建中国—东盟命运共同体、亚太命运共同体和人类命运共同体理念，提出了共创和平、安宁、繁荣、开放、美丽的亚洲和世界的主张。这一系列观点和主张为我们进一步参与亚洲区域合作指明了方向，我们应该秉持人类命运共同体的理念，积极开拓亚洲区域合作的新路径。

其次，我们应秉持开放包容的态度，为亚洲区域合作的发展构筑可行的框架。中国应促进亚洲各国、各区域合作组织间形成良性互动和互补合作，努力构筑一个多层次、多支点、复合型的区域合作架构，及时有效应对政治、经济、社会、安全等领域妨碍亚洲区域合作的各类风险和挑战，努力推动地区共同发展。我们也应加强与各国发展战略的对接，整合各类经济要素，有效利用各方面资源，积极实现优势互补，为打造亚洲经济融合发展的新格局而努力。

---

① 参见《中共中央关于全面深化改革若干重大问题的决定》，《人民日报》2013 年 11 月 16 日。

中国特别应该充分利用好“一带一路”建设的积极作用，“一带一路”是开放包容之路，是互利共赢之路。我们应在共商、共建、共享原则的指引下，加强“一带一路”与“东盟2025年愿景”“联合国2030年可持续发展议程”等重要倡议的对接，实现联动发展。

最后，我们应该坚持互利共赢的理念，与亚洲区域合作的各方共享发展红利，为构筑开放型的世界经济、促进并维护多边合作的制度框架做出我们的贡献。当前，贸易保护主义、逆全球化的趋势愈演愈烈，对区域合作也构成了极大挑战。在这些挑战面前，中国出台了一系列进一步扩大对外开放的举措，如大幅度放宽市场准入，创造更有吸引力的投资环境，加强知识产权保护，主动扩大进口，以此彰显中国致力于建设开放型世界经济的决心，为自身和世界的共同发展注入新的强劲动力。同时，中国应该坚持全球联动、共同繁荣的目标，高举开放合作大旗，共同构建开放型世界经济，维护多边贸易体系，推动区域自贸合作，做大利益蛋糕，推动经济全球化朝着更加开放、包容、普惠、平衡、共赢的方向发展。

思考题

1. 什么是地区一体化？试比较分析区域经济一体化的相关理论在解释力上的优势与不足。
2. 试分析区域经济合作的政治影响和政治挑战。
3. 试分析亚太地区广泛存在的各种区域性经济制度安排对地区合作产生的影响。
4. 试分析中国对亚洲区域合作发展的贡献、作用和影响。
5. 中国参与亚洲区域合作面临哪些机遇和挑战？

▶ 思考题答题要点

第八章　经济全球化及其治理

20 世纪 90 年代以来，世界市场在生产、贸易和金融领域发生了深刻的变革。经济全球化的迅速进展创造出史无前例的巨大财富，但也造成了世界经济发展不平衡，并引发了许多全球性问题。由于公共物品供给中的“市场失灵”，各国只有通过设计各种治理安排才有可能实现全球公共物品的供给。根据已有的研究成果，国家之间通过政治合作对全球经济进行治理主要有三种路径：多边治理、单边治理和网络化治理。在多边治理和网络化治理中，国际制度的不同形式设计对成员国政策的不同影响突出地反映在正式化、集中程度和授权范围这三个维度上。

1978 年以来，中国积极参与国际经济体系的进程。随着中国在国际经济体系中的地位不断提高，中国在参与原有的国际经济合作机制的基础上，开始在国际经济体系的改革中发挥更具建设性的作用。中国在参与国际经济体系的进程中，逐步形成了全方位、多层次、多形式的参与模式，并且积累了一系列参与国际经济体系的经验。

第一节　冷战的结束与全球化的进展

20 世纪 90 年代以来，随着技术的变革和冷战的终结，世界经济的地理屏障和政治藩篱被迅速打破。无论是在生产、贸易还是金融领域，世界市场都发生了深刻的变革。经济全球化在国与国之间和一国内部形成了新的受益者与受损者，造成了世界经济发展不平衡与许多全球性问题。这些问题的产生和影响范围超越了单一国家的地理边界，其根本解决也有赖于世界各国的共同协作。

一、经济全球化的含义及其表现

尽管就某些方面而言，当前的经济全球化呈现出不同于以往的独特趋势，全球化这一现象本身却并非世界经济史上的新鲜事物。从国际贸易、国际金融、跨国投资以及劳动力的自由流动等诸多维度来看，1896 年至 1914 年的近二十年都堪称是全球化的第一次顶峰时期。在此期间，各国政府积极推进本国经济融入世界市场的进程。随着国际贸易的增长，各国间因推行贸易保护政策而引发的争端逐渐减少，国际贷款和跨国投资逐渐恢复，对世界金融和市场的抵制和敌意也基本消失。国际经济在高度一体化的水平下以史无前例的速度持续增长，缔造了近代世界经济史上的第一个黄金周期。

自 20 世纪 90 年代以来，世界市场实现了历史性变革，集中体现在生产、贸易和金融领域。与 20 世纪初的全球化相比，本次全球化进程有其突出的特点。首先，与第一次全球化相比，此次全球化的地理范围大大拓展了。第一次全球化是以英国和其他西欧国家为核心建立的。尽管美国、澳大利亚、日本、巴西、阿根廷等少数其他国家也加入其中，分享了经济开放的成果，但仍有广大的地区未能加入这一进程中来。而此次全球化席卷了世界各个角落，从地理范围上较第一次全球化大大扩展了。其次，通过跨国直接投资，贸易的全球化和生产的全球化相互促进。交通和通信领域的技术革新促进了国内生产的专业化和国际生产过程的地理分散，进而导致了世界贸易产品的产地和市场日益全球化。

（一）生产全球化

统计数据表明，自 20 世纪 90 年代以来，跨国公司（transnational corporations）和跨国直接投资（foreign direct investment）发展迅速。如前所述，通过跨国直接投资实现的生产全球化是此次全球化的重要特点。2013 年的《世界投资报告》中进一步指出，全球价值链（global value chains）是当今全球经济的重要特点。在这一链式系统中，产品和服务贸易通过地理分散的国际生产分工来完成。全球价值链中的 80%由跨国公司协调，跨国交易在其子公司、合同伙伴及供应商的网络中进行。① 通过跨国公司和跨国直接投资，实现了国内生产的专业化和国际生产过程的地理分散。产业各部门间的分工发展为各个产业部门内部的分工，产业内贸易逐渐取代产业间贸易，真正实现了全球化生产。以一部由美国苹果公司生产的苹果手机（iPhone）的产业链为例。手机的设计过程在美国完成，显示屏来自日本和韩国，另外一些零部件由中国台湾厂商供应，最后在深圳的富士康工厂里组装，然后空运到美国。苹果的产业链是一个由零部件供应商、代工商、零售商、手机应用（App）开发者等组成的全球系

① 参见联合国贸易和发展组织：《世界投资报告 2013：全球价值链：促进发展的投资与贸易》，经济管理出版社 2013 年版，第 11 页。

统，极大地改变了全球经济尤其是东亚地区的经济。

通过跨国直接投资参与全球生产体系能够显著推动发展中国家的经济发展。首先，参与全球生产体系与人均 GDP 增长存在着正相关关系。数据表明，那些直接外资存在的规模相对于其经济体规模而言较大的国家，对全球生产体系的参与程度往往较高，也往往会通过贸易创造较多的国内增加值。特别是对于发展中国家而言，参与全球生产体系对于 GDP 增长的贡献率更大。① 其次，通过引入对外直接投资，发展中国家不仅能够获得发展所需的资金，也能够获得先进的研发技能和组织管理经验，从而为长期产业升级创造条件。

然而我们也需看到，通过跨国直接投资参与全球生产体系也有其风险和弊端。首先，通过跨国直接投资加入全球生产体系并不会必然带来国家生产能力的增加。一些国家可能会一直从事增加值较低的经济活动，因此对 GDP 增长和技术进步的贡献较为有限。其次，通过跨国直接投资加入全球生产体系也可能对东道国的自然环境、劳资关系等产生不利影响。再次，通过跨国直接投资加入全球生产体系会使一国经济受到外部冲击的风险上升。最后，国际投资体系仍存在着显著的不对称性，发展中国家在参与跨国投资与跨国生产体系时，在国际协定的制定与谈判力量上仍存在较大劣势。截至 2013 年年底，已知的投资者—东道国争端（ISDS）解决案件数达到了 568 个，其中约有 3/4 是针对发展中经济体和转型经济体的。争端申请中绝大多数（85%）由来自发达国家的投资者发起，其中欧盟国家的投资者占到 53%，美国的投资者占到 22%。② 随着与跨国投资相关的争端诉讼日益增加，发展中国家与发达国家在应用国际协定维护本国权益上的不对称性日益突出，这对国际投资协定的未来发展和发展中国家政府的治理能力都提出了更高的要求。

（二）贸易全球化

贸易全球化的突出表现是世界贸易增长率高于世界生产增长率，国际贸易对世界经济具有显著的拉动作用。20 世纪 50 年代以来，世界贸易增长率持续高于世界 GDP 的年均增长率；进入 20 世纪 90 年代以后，这一趋势进一步得到

---

① 对于发展中国家，增值贸易对各国 GDP 的平均贡献率约为 30%，而对于发达国家约为 18%。参见联合国贸易和发展组织：《世界投资报告 2013：全球价值链：促进发展的投资与贸易》，经济管理出版社 2013 年版，第 11 页。

② 参见联合国贸易和发展组织：《世界投资报告 2014：投资于可持续发展指标》，经济管理出版社 2014 年版，第 135 页。

增强。仅在 1999 年至 2012 年，全球贸易占 GDP 的比例就从 37%提高到 51%。① 贸易全球化表现出以下的突出特点：第一，跨国服务贸易迅猛发展，占国际贸易的总比重上升；第二，由于国内生产的专业化和国际生产过程的地理分散，产业内贸易逐渐取代产业间贸易成为国际贸易中新的贸易形态；第三，互联网和电子支付结算手段的迅猛发展极大地促进了电子商务的增长。根据联合国贸发会议的统计，1994 年全球电子商务贸易额仅为 12 亿美元，2000 年达到 3 000 亿美元，2006 年达到 12.8 万亿美元，2011 年则达到 40.6 万亿美元。

为了应对全球贸易迅猛发展的新趋势，1990 年 4 月，加拿大贸易部长约翰·克洛斯贝提议组建世界贸易组织（WTO）取代成立于 1947 年的关贸总协定（GATT），负责管理世界经济和贸易秩序。1994 年 4 月 15 日，在摩洛哥的马拉喀什市举行的关贸总协定乌拉圭回合部长会议决定成立更具全球性的世界贸易组织，1995 年 1 月 1 日，世界贸易组织正式成立。世界贸易组织与关贸总协定的区别体现在以下三个方面：第一，从基于权力的部门贸易谈判向基于法律的贸易体系转变；第二，从单一货物贸易关税减让向国内贸易政策及制度性规则建立的转变；第三，从基于国家间政治博弈的争端解决机制向基于国际协定的争端解决机制过渡。② 世界贸易组织这一制度性的国际组织取代作为“临时协定”的关贸总协定，标志着全球贸易治理的新阶段。

（三）金融全球化

20 世纪 90 年代以来，国际金融资本在交易数量、流通速度和产品形式上都取得了极大的进展。以全球外汇流通水平为例，国际清算银行三年一度的全球外汇交易调查显示，1992 年全球外汇交易市场日均交易额约为 1 万亿美元，至 20 世纪末，该数据已达到 1.5 万亿美元，2010 年增至 4.1 万亿美元，2013 年则进一步增长为 5.3 万亿美元。③

推动金融全球化的主要动因是信息技术的发展、20 世纪 70 年代后期以来国际金融市场中金融工具创新的浪潮，以及 20 世纪 80 年代以来欧美的金融政策自由化改革。第一，电子计算机和互联网的日益普及与通信成本的显著下降

---

① 参见世界银行网站：“世界发展指标”。

② 参见王正毅：《国际政治经济学通论》，北京大学出版社 2010 年版，第 383—385 页。

③ 参见世界清算银行：《三年一度的中央银行调查：关于 2013 年 4 月外汇交易成交额的全球初步结果》，2013 年。

使得货币的全球流动更加迅速和便捷，实现了全球金融信息系统、交易系统、支付系统和清算系统的网络化。全球外汇市场和黄金市场已经实现了 24 小时不间断运行，远隔重洋的外汇交易在数秒钟之内就可以完成。第二，20 世纪 70 年代后期以来，国际金融市场金融工具的创新进一步推动了金融市场的创新，促进了金融机构和金融市场的全球化。1997 年末，世界贸易组织成员正式通过了《全球金融服务协议》，把允许外国在其境内建立金融服务公司并将按竞争原则运行作为加入该组织的重要条件，此举进一步为金融市场的全球化进程扫清了民族国家的边境障碍。第三，20 世纪 80 年代，美国的里根总统和英国的撒切尔首相先后进行了金融政策自由化改革，开世界风气之先，极大地促进了世界金融一体化进程。其主要内容是在国家层面上取消不同金融机构之间的行业界限以及业务繁规，同时在国际层面上打破资本流动和外汇交易的各种桎梏。①

二、经济全球化的基本动力

经济全球化进程的首要动力是世界市场向全球的不断扩展。自 16 世纪以来，现代市场从欧洲一隅逐步向全球扩展，依靠远距离贸易相互联系的"区域世界经济"逐渐向单一的世界经济体系演化。全球化是世界市场自我扩张的自然产物。早在一个半世纪前，马克思和恩格斯就曾在《共产党宣言》中做过这样的阐述："由于开拓了世界市场，使一切国家的生产和消费都成为世界性的了。……古老的民族工业被消灭了，并且每天都还在被消灭。它们被新的工业排挤掉了，新的工业的建立已经成为一切文明民族的生命攸关的问题；这些工业所加工的，已经不是本地的原料，而是来自极其遥远的地区的原料；它们的产品不仅供本国消费，而且同时供世界各地消费。旧的、靠本国产品来满足的需要，被新的、要靠极其遥远的国家和地带的产品来满足的需要所代替了。过去那种地方的和民族的自给自足和闭关自守状态，被各民族的各方面的互相往来和各方面的互相依赖所代替了。"② 世界市场向全球扩展的历史趋势是全球化进程的首要推动力。然而，只有当技术领域和意识形态领域的变革发生之后，世界经济体系才进入全球化这一新阶段。

① 参见［法］雅克·阿达：《经济全球化》，何竟等译，中央编译出版社 2000 年版，第 116 页。
② 《马克思恩格斯文集》第 2 卷，人民出版社 2009 年版，第 35 页。

全球化进程的第二大动力是交通和通信领域的技术革新。在 20 世纪的 100 年间，海运的成本降低了近 3/4，空运的实际成本下降了 90%。人造地球卫星和跨大西洋海底光纤电缆的铺设使得通信成本大大降低。在 20 世纪 20 年代，纽约和伦敦之间 5 分钟的电话费要花费一个美国普通工人三个星期的工资；1970 年，同样时长的国际长途电话则只花费工人 8 小时的工资；到 2000 年下降到大约 15 分钟的工资。[①] 交通和通信领域的技术革新产生了两大影响。第一，交通和通信成本的降低促进了国内生产的专业化和国际生产过程的地理分散。不仅在制造业领域实现了全球化，在服务业领域也实现了全球化。第二，交通和通信成本的降低使得资源禀赋对生产区位分布的约束大大减弱，导致不同国家之间的要素禀赋日益趋同。各国之间的竞争由基于静态的地理环境和要素禀赋的比较优势之间的竞争，转向了竞争优势之间的竞争。因此，在全球化时代，国家的竞争战略在国家与国家之间的竞争中起到了日益重要的作用。

全球化进程的第三大动力是冷战的终结。20 世纪八九十年代之交“柏林墙”的倒塌，苏联解体和东欧剧变不仅标志着在政治领域，长达半世纪之久的东西方军事对峙的结束；也标志着在经济领域，世界经济从之前的“区域性世界经济”开始真正成为“全球经济”。[②] 自 1914 年第一次全球化秩序的基础被摧毁之后，世界经济先后经历了两次世界大战之间以邻为壑的封闭时期，以及第二次世界大战之后，社会主义国家实行自给自足的中央计划经济，发展中国家实行进口替代战略和西方世界存在社会民主主义思潮的多元发展时期。这些政治壁垒使得世界经济被人为地割裂成不同的地理单元。直到冷战结束之后，世界市场作为经济资源配置机制的优越性才得到普遍认同。随着俄罗斯、东欧国家、中国和越南等国的加入，“世界经济”成为真正意义上的“全球经济”。“如果说技术革命帮助经济活动跨越地理界限的话，那么国际关系中的变革则破除了政治藩篱，使各国奉行的规则和制度迅速地趋向一致。”[③] 全球化无论从地理上还是程度上，都达到甚至超越了一百年前的水平。

---

① 参见［美］杰弗里·弗里登：《资本全球化》，杨宇光等译，上海人民出版社 2009 年版，第 363 页。

② 王正毅：《中国崛起：世界体系发展的终结还是延续?》，《国际安全研究》2013 年第 3 期，第 10 页。

③ 朱文莉：《国际政治经济学》，北京大学出版社 2009 年版，第 246 页。

三、经济全球化与全球性问题

尽管全球化浪潮推进了全球经济史无前例的迅速增长，但也无可否认地造成了世界经济发展不平衡，并引发了许多全球性问题。

（一）世界性贫富分化

尽管全球化促进了生产要素在全球范围内的最优配置，实现了全球财富的最大增长，但仍有为数众多的发展中国家未能分享到全球化进程所带来的好处。全球化尚未触及的地区持续贫困，且与富裕国家的贫富差距进一步加大。

从全球金融资本的流向来看，地区分布的不均衡态势非常显著。首先，从地区来看，尽管全球 FDI 流量不断增加，但仍集中于少数地区。以 2013 年为例，欧盟和北美地区在全球 FDI 流量中的占比达到 31.5%，亚洲地区占到 29.4%、拉丁美洲及加勒比海地区达到 19.2%，而整个非洲仍只占全球 FDI 流量的 3.9%。其次，从国别来看，流入发展中国家的跨国直接投资集中于少数国家。从流量上看，尽管 2013 年发展中经济体占全球 FDI 流量的百分比位于历史高点（53.6%），2013 年十个最大的引资国获得了投向发展中国家资金的 59%，从存量上看，十大引资国占据了 62%的资本。[①] 这意味着仍有范围广大的贫困地区并未完全加入全球化进程，仍有数量众多的发展中国家并未充分地分享全球化带来的增长机会。

从全球收入的分布来看，全球化加剧了世界贫富差距。首先，那些全球化尚未触及的地区（如撒哈拉以南非洲）仍是世界最贫困的地区，并且与富裕国家的贫富差距进一步加大。1990 年到 2010 年，发展中国家的收入不平等指数上升了 11 个百分点。全球最富有的 85 位富豪所拥有的财富与最贫穷的 35 亿人口的财富总额相当。[②] 其次，从全球价值链的收入分配来看，加入全球生产进程的各个国家收入分配比重差异巨大。一项有关苹果公司价值链的研究发现，2006 年，与苹果播放器（iPod）相关的职位有 30%位于中国，但是中国工人的收入仅为与苹果播放器相关的工资总额的 3%。2010 年苹果手机（iPhone）利润分配的调查显示，中国虽然拥有众多就业机会，但其收入却不到最终销售额的 2%，美国苹果公司仍是最大受益者。[③] 这些经验研究表明，全

---

① 参见联合国贸易和发展组织：《世界投资报告 2014：投资于可持续发展指标》，经济管理出版社 2014 年版，第 195—211 页。

② 参见联合国开发计划署网站：《2014 年人类发展报告》，第 21 页。

③ 参见联合国开发计划署网站：《2014 年人类发展报告》，第 113 页。

球化在释放市场力量，创造巨大财富的同时，也在事实上造成了更加贫穷和不平等的世界。

（二）全球性金融危机

高度一体化的全球金融市场极大地促进了跨国资本流动，使得世界财富急剧增加，但也使得发源于世界一隅的金融危机能够被迅速放大，成为蔓延全球的金融危机。20 世纪 90 年代初的北欧银行业危机、1997—1998 年的亚洲金融危机和最近的全球金融危机表明，全球化时代的金融危机不仅较以往更为频发，而且影响的广度和深度都大大增加。

在全球化时代，金融危机的影响范围远远超过冲击发源国本身，区域性危机能够迅速产生巨大的全球性影响。1997—1998 年的亚洲金融危机对亚洲地区以及亚洲以外的许多国家都带来了灾难性后果。2008 年发生在美国纽约的银行破产事件则导致了世界各地的金融动荡，并引发了全球性经济衰退。受 2008 年全球金融危机余波的影响，2009 年前三个季度全球商品交易下降了 30%，全球各地的出口贸易额减少了 20%以上①。在全球化时代，原本互不相连的民族国家通过跨国金融资本的高速流动而紧密相连，发生在世界任何一角的金融危机都可能迅速突破国家边界，产生撼动世界金融市场的巨大效应。

在全球化时代，尽管金融危机会产生世界性影响，但发展中国家在全球金融危机中受损更大。首先，由于经济结构单一和政策空间有限，许多发展中国家虽然与早期金融冲击关系较小，但是因为受到出口产品的外部需求下降、外国投资减少等二次传播的影响，从危机中恢复所需的时间更长，危机后调整的成本也较高。以 2008 年全球金融危机为例，全球失业人数在 2007 年到 2009 年增加了近 3 000 万。② 其中仅在纺织服装行业，中国估计减少了多达 1 000 万个就业机会，印度减少约 100 万个；孟加拉国、柬埔寨、印度尼西亚、老挝、蒙古、泰国和越南等国工人的收入下跌了 50%。③ 其次，在缺乏社会保障的情况下，金融危机在发展中国家有可能引发严重的社会危机。如在 1997—1998 年亚洲金融危机期间，印度尼西亚的贫困率从 11%迅速上升到 37%。面对全球市场中剧烈的经济波动，本身就缺乏调整能力和参与权利的群体受到的冲击更大。

---

① Khalil Hamdani, "Trans-border Vulnerabilities", Chapter 10, in Khalid Malik, ed., *Safeguarding Human Progress: Reducing Vulnerabilities, Building Resilience*, New York: UNDP, 2014.

② 参见国际劳工组织：《2013 年全球就业趋势》，中国财政经济出版社 2013 年版，第 30 页。

③ 参见联合国开发计划署：《2014 年人类发展报告》，第 121 页。

在社会保障制度尚不完善的情况下，迅速上升的失业率和贫困率可能会引发政府的合法性危机。

（三）气候变化与生态失衡

近年来，环保问题已从保护新鲜空气和清洁水源的局部地区问题，发展为气候变化与生物多样性丧失等全球性和系统性问题。① 大规模工业化和快速城市化对环境产生的负面影响在全球化时代进一步加剧。在全球化的生产体系下，地理分散的国际生产过程与全球环境污染相伴相生。如今，中间产品及服务贸易约占全球贸易的60%，其价值超过20万亿美元。② 全球化生产过程使得进出口贸易规模日益扩大，进而导致对环境的负面影响不断增加。

联合国开发计划署在《2014年人类发展报告》中指出，气候变化可能成为实现可持续发展目标和2015年后发展议程最大的一个障碍。③ 越来越多的科学证据表明，人类行为对气候变暖、海平面上升、极端气候事件以及动植物种群的迁移或灭绝负有责任。

面对气候变化与生态失衡，发展中国家比发达国家受到了更严重的影响，并且承担了更多的经济损失。全球气候变化使得全球化时代的贫富分化进一步加剧，因为世界上最贫困的社区最容易受到温度和海平面升高以及气候变化带来的其他后果的影响。据统计，2000年到2012年，每年都有超过2亿人遭受到自然灾害（特别是洪水和干旱）的严重影响，这些人大部分生活在发展中国家。据估算，到2025年，发展中国家中将有超过一半的人口可能面临洪水和暴风雨的威胁。④

气候变化和环境恶化严重威胁人类发展。旨在降低这些脆弱性的全球行动对保障和维持人类发展至关重要。⑤ 面对气候变化，国家间可以通过集体性措施降低冲击发生的频率和规模。当危机确实无法预防时，各国可以通过加强灾难防备和灾后重建能力来降低灾害造成的影响。例如，由于灾情监测与国际救援和应急计划的周密部署，2010年冰岛南部埃亚菲亚德拉火山爆发后，当地人员在一夜之间被全部疏散，约20个国家的领空也及时关闭，因此没有造成任

---

① 参见联合国开发计划署：《2014年人类发展报告》，第116页。

② 参见联合国贸易和发展组织：《世界投资报告2013：全球价值链：促进发展的投资与贸易》，经济管理出版社2013年版，第10页。

③ 参见联合国开发计划署网站：《2014年人类发展报告》，第45页。

④ 参见联合国开发计划署网站：《2014年人类发展报告》，第3、20页。

⑤ 参见联合国开发计划署网站：《2014年人类发展报告》，第50页。

何生命损失。①

（四）全球公共卫生危机

在全球化时代，高速的商品流动、人员往来和信息传播使得跨国卫生危机的传播速度急剧加快。2007 年《世界卫生报告》指出，由于人口流动速度加快，国家经济相互依赖增强以及电子交互手段的发展，跨国疾病传播对人类构成了前所未有的威胁。②

首先，全球化使得人员以前所未有的速度和频率进行跨国流动，原本只在世界一隅发端的传染性疾病，很快就可能发展成为全球性的公共卫生危机。据统计，航空公司运输的乘客现在每年超过 20 亿人次，一旦世界上任何一处疾病暴发或流行，仅仅几小时后就会蔓延至世界各地。近十年来出现的严重急性呼吸道综合征（SARS）、甲型 H1N1 流感和中东呼吸综合征（MERS），都呈现出沿国际航线传播的特征，从而使拥有国际机场的每个城市都处于输入病例的风险之中。

同时，产品的全球运输也可能产生严重的卫生后果。工业化的食品生产和加工及全球化的市场营销和批发，意味着仅一种被污染的成分就可以导致从几十个国家召回成吨的产品。近年来出现的人类牛海绵体脑病（BSE，又称疯牛病）和尼帕病毒就使得各国加强了对畜牧业监管的重视。③

此外，全球化时代高速的信息流动也使得公共卫生危机很快就可能引发全球性恐慌，并造成巨大的经济损失。对于公共卫生危机而言，国家边境的传统防御工事不能防范疾病或传播媒介的侵入，实时新闻同样能造成恐慌情绪的蔓延，④ 例如，2003 年严重急性呼吸道综合征（SARS）作为一种新出现的致死性疾病所引发的公共焦虑，不仅造成了通向疫区的交通中止，并在整个区域内造成了数十亿美元的经济损失。⑤

---

① 参见联合国开发计划署网站：《2014 年人类发展报告》，第 15 页。

② 参见世界卫生组织：《2007 年世界卫生报告——构建安全未来：21 世纪全球公共卫生安全》，《总干事致辞》，人民卫生出版社 2007 年版，第 6 页。

③ 参见世界卫生组织：《2007 年世界卫生报告——构建安全未来：21 世纪全球公共卫生安全》，《概要》，人民卫生出版社 2007 年版，第 11、26、27 页。

④ 参见世界卫生组织：《2007 年世界卫生报告——构建安全未来：21 世纪全球公共卫生安全》，《总干事致辞》，人民卫生出版社 2007 年版，第 6 页。

⑤ 参见世界卫生组织：《2007 年世界卫生报告——构建安全未来：21 世纪全球公共卫生安全》，《概要》，人民卫生出版社 2007 年版，第 18—19 页。

解决全球性公共卫生危机有赖于民族国家与非国家行为体的集体行动。许多公共卫生威胁源自新出现的传染性疾病，例如埃博拉和马尔堡出血热以及尼帕病毒。由于这些疾病起病急，并且可能导致死亡，因此在这些疾病暴发期间，需要快速评估和应对来限制其局部传播，而这方面通常需要国际援助才能实现。①

为了增强各国发现疾病的能力与应对突发公共卫生事件做出反应的能力，世界卫生组织（WHO）于1996年启用了一个高效的全球疫情警报和反应系统。该系统建立了可汇集流行病信息和证实疾病暴发是否存在的系统性机制，提高了风险评估、信息传播和快速现场反应能力。同时还针对出血热、流感、脑膜炎、天花和黄热病导致的公共卫生事件，建立了疫苗、药物和专门调查以及防护设备的储存和快速分发的区域性和全球性机制。② 此后，为了应对全球化时代不断增加的全球卫生危机，世界卫生组织于2005年通过了修订后的《国际卫生条例（2005）》。该条例使集体防御的重点从少数“检疫”疾病扩大到包含在卫生方面可造成国际反响的任何突发事件，包括“新出现和有流行趋势的疾病暴发、食源性疾病暴发、自然灾害以及化学和核放射事件（无论是意外或有意造成的）”③。目前，通过全球合作建立起一整套疾病预防、监护新发病例和抑制零散疾病暴发的全球健康应急预案，各国应对流行性疾病的能力正在迅速提升。

（五）有组织的跨国经济犯罪

随着交通通信手段的日益发达和跨国人员往来的便利程度增加，有组织的跨国犯罪在国际合作与监管发展滞后的领域频频发生。特别是随着经济全球化时代世界性贫富差距的拉大，全球化进程中的利益受损者也利用全球化来挑战现行国际秩序。有组织的跨国犯罪已从威胁贸易安全的毒品和危险品交易，威胁金融安全的跨境避税和洗钱业，发展到“9·11”事件等威胁非武装人员生命的恐怖行动。打击有组织的跨国犯罪不仅有赖于国际社会的协同治理，更有赖于改革国际政治经济秩序，从根本上实现全球公平与正义。

在国际体系层面，当今诸多全球性问题的起源和影响范围都已超越了单一

① 参见世界卫生组织：《2007年世界卫生报告——构建安全未来：21世纪全球公共卫生安全》，《概要》，人民卫生出版社2007年版，第10页。

② 参见世界卫生组织：《2007年世界卫生报告——构建安全未来：21世纪全球公共卫生安全》，人民卫生出版社2007年版，第12—13页。

③ 世界卫生组织：《2007年世界卫生报告——构建安全未来：21世纪全球公共卫生安全》，《总干事致辞》，人民卫生出版社2007年版，第7页。

国家的地理边界，其根本解决也有赖于世界各国的共同协作。只有通过各国集体行动建立有效的国际制度，才能应对全球化时代日益增加的系统性威胁。

四、经济全球化的挑战

1999 年 11 月世界贸易组织第三届部长级会议在西雅图召开期间，来自不同国家和地区的数百个非政府组织和 4 万多名示威者齐聚于此，在“反对缺乏代表性的全球化”（no globalization without representation）的标语下，举行了大规模的抗议活动。不仅美国国内的人权、环保和劳工组织热心于此，欧洲、拉美国家的非政府组织和大批反全球化积极分子也参与其中。西雅图运动拉开了全球范围内反全球化运动的序幕，此后针对全球化进程中的民主赤字、南北差距扩大、环境成本高昂等问题而进行的反全球化运动层出不穷。

2008 年国际金融危机爆发以后，除了个别年份以外，全球贸易的增长速度整体上低于全球生产的增长速度。自 2016 年以来，以英国举行“脱欧”公投和特朗普赢得美国大选等事件为标志，之前体制外偶发的“反全球化”抗议逐渐演变为各国政府内部执政理念和具体政策中的“逆全球化”思潮。

2016 年 6 月，英国举行全民公投决定“脱欧”，并最终于 2020 年 1 月 31 日正式“脱欧”，结束其 47 年的欧盟成员国身份。2017 年 1 月，宣扬“美国优先”的特朗普就任美国总统，并相继宣布退出《跨太平洋伙伴关系协定》（TPP）、《巴黎气候协定》、联合国教科文组织、联合国人权理事会等多个多边机制，下令在美国和墨西哥边境建造围墙，并发起针对中国的“贸易战”，将经济民族主义作为其主导执政理念。此外，近年来法国、德国、意大利、奥地利等欧洲诸国均出现了反全球化的民粹主义政党获得显著议席增加甚至组阁执政的情况。以上现象，均表明了致力于减少资本、技术、信息、劳动力等经济要素的跨国流动的“逆全球化”思潮已经对许多国家的国内政治结构和进程产生了重要影响。

就其产生原因而言，“逆全球化”思潮根源于全球化对财富分配和身份认同的双重冲击。①首先，经济全球化会产生社会分化效应。全球化在创造史无前例的巨大财富的同时，也在国家与国家之间和一国内部形成了新的受益者

---

① Dani Rodrik，“Populism and the Economics of Globalization”，*Journal of International Business Policy*，Vol. 1，No. 1，2018。

（winner）与受损者（loser）。根据斯托尔珀-萨缪尔森定理，国际贸易会使一国的稀缺要素所有者受损，充裕要素所有者受益。随着技术进步和产业升级，劳动力要素分化为非熟练/半熟练劳动力和人力资本。由于非熟练/半熟练劳动力在发达国家为稀缺要素，其在经济全球化进程中与人力资本以及其他要素所有者之间的贫富差距不断增大，因而导致在非熟练/半熟练劳动力聚集的“制造业带”、小城镇和城市内部的郊区出现了更明显的“逆全球化”思潮。[①] 其次，经济全球化所带来的移民和难民冲击，不仅对本国的就业机会和福利资源构成了挑战，也加剧了国内民众的身份与认同危机，进一步加剧了其对经济全球化的不满情绪。

对经济全球化历史进程的研究表明，经济全球化是一种选择，而非一个事实。[②] 回顾第一次经济全球化浪潮由盛而衰的历史，学者们从国际和国内层面的考察都指向一个共同的结论：经济全球化的有效运转有赖于国际和国内政治的有效治理。

在国家层面，无论是世界经济体系中的主导国家，还是各个参与其中的国家，都需要得到国内政治的有效支持。早在 1947 年，卡尔·波兰尼就在《大转型：我们时代的政治与经济起源》一书中就指出，只有当政府通过将市场关系嵌入一套社会机制当中，对社会当中的弱势群体予以补偿，高水平的国际经济开放在政治上才是可持续的。如果缺乏政府的适当干预，市场将会试图脱嵌于社会，此时社会趋于关闭它的经济边界，这就是导致第一次世界大战与 20 世纪二三十年代大萧条的深层根源。[③] 美国学者丹尼·罗德瑞克的研究也表明，发展中国家并不能自动从经济开放中受益。对外贸易的开放程度越高，国家政府的财政支出规模越大，政府在经济过程中的作用就越重要。罗德瑞克总结了 20 世纪 70 年代以来发展中国家的跨国经验证据，指出那些在经济全球化中实现了高速增长的国家，通常并非是那些依靠解除贸易与资本流动限制的国家，而是那些能够制定出有效的国内投资战略来提高资本的私人回报率（private return to capital）的国家，是那些能够建立起适宜的社会与政治体制，保证利益

---

① 参见田野、张倩雨：《全球化、区域分化与民粹主义——选举地理视角下法国国民阵线的兴起》，《世界经济与政治》2019 年第 6 期，第 124—125 页。

② 参见［美］杰弗里·弗里登：《20 世纪全球资本主义的兴衰》，杨宇光等译，上海人民出版社 2009 年版，自序第 1 页。

③ 参见［英］卡尔·波兰尼：《大转型：我们时代的政治与经济起源》，冯钢、刘阳译，浙江人民出版社 2007 年版。

相互冲突的社会集团之间达成宏观经济调整所需要的妥协，从而有效地克服外部负面冲击的国家。① 尤其是在刚刚实行开放政策的时候，政府采取有效的社会保障措施是必要的。②

当今经济全球化面临的诸多挑战凸显了国际体系与国家之间，市场和社会之间的紧张关系。经济全球化的顺利进展有赖于各国国内政治的支持，其中通过政府调节的市场与社会的适当关系则是经济全球化得以持续进行的保证。只有政府在开放市场和保护社会中找到平衡，才能在享受经济全球化的收益的同时，提供其赖以存续的政治保障。

第二节 全球经济治理与政治合作

任何不受限制的市场经济都会使社会不得不付出高昂的代价。随着经济全球化的发展，市场经济的弊端会从单一国家扩散到全球范围。1997—1998年亚洲金融危机和2008年国际金融危机的发生和蔓延，就使世人初步认识到全球化一旦失控会带来的恶果。而20世纪末以来形形色色的反全球化运动也提醒世人关注经济全球化可能造成的弊端。如同国内经济需要政府必要的干预一样，全球经济也需要有效的国际治理与政治合作，否则全球化本身也将难以为继。

一、全球经济治理的含义

“治理”（governance）自20世纪90年代以来成为国际社会科学界最为时髦的词汇之一。詹姆斯·罗西瑙为“治理”提供了权威的定义。在他看来，治理与政府统治（government）并非同义词，尽管两者都涉及目的性行为、目标导向的活动和规则体系的含义。“政府统治意味着由正式权力和警察力量的支持的活动，以保证其适时制定的政策能够得到执行。治理则是由共同的目标所支持的，这个目标未必出自合法的以及正式规定的职责，而且它也并不一定依

① 参见［美］丹尼·罗德里克：《新全球经济与发展中国家：让开放起作用》，王勇译，世界知识出版社2004年版。

② 参见［美］丹尼·罗德里克：《全球化走得太远了吗?》，熊贤良、何蓉译，北京出版社2000年版，第58—65页。

靠强制力量克服挑战而使别人服从。换言之，治理既包括政府机制，同时也包括非正式非政府的机制。随着治理范围的扩大，各色人等和各类组织得以借助这些机制满足各自的需要，并实现各自的愿望。”① 根据罗西瑙的上述定义，作为被多数人接受而生效的规则体系，治理并不必须由代表权威的政府排他性地加以实施。“没有政府统治的治理”（governance without government）是可能的。

治理既可以发生在地方层次和国内层次，也可以发生在全球层次。针对全球性问题而展开的治理活动及其规则体系可以称为全球治理。虽然全球化的发展并不限于经济领域，经济全球化仍是全球化中最主要的方面。因此，作为针对全球经济问题而展开的治理活动及其规则体系，全球经济治理构成了全球治理中的主要组成部分。作为对各种全球经济问题的政治回应，全球经济治理的核心在于提供全球经济中的公共物品。

公共物品是和私人物品相对而言的。亚当·斯密最早区分了公共物品和私人物品。就公共物品而言，“这类机关和工程，对于一个大社会当然是有很大利益的，但就其性质说，假设由个人或少数人办理，那所得利润决不可能偿其所费。所以这种事业，不能期望个人或少数人出来创办或维持”②。在现代经济学的意义上，公共物品应同时具有非排他性和非竞争性的特点。所谓非排他性，是指一种物品一旦被生产出来，可以同时供一个以上的个人联合消费，无论个人对这种物品是否付费，要排除他人消费这种公共物品是不可能的或很困难的。非竞争性是指一个人对物品的消费不减少或不影响其他人对这种物品的消费。在全球层次上同时具有非排他性和非竞争性的物品就是全球公共物品。“全球公共物品可以带来非排他性和非竞争性的收益。一旦提供，所有国家就都有机会享用全球公共物品，而且任何国家都不可以影响其他国家的享用机会。当供给成功时，世界各地的人们都将从全球公共物品中受益。”③ 在世界经济中，自由贸易、金融稳定、脱贫和可持续发展、互联互通设施等都属于比较重要的全球公共物品。2008 年金融危机的爆发使各国普遍意识到，防控全球金融系统性风险、改革全球经济治理体系、重新规划全球经济合作符合各国利

① ［美］詹姆斯·罗西瑙：《没有政府的治理》，张胜军等译，江西人民出版社 2001 年版，第 4—5 页。

② ［英］亚当·斯密：《国民财富的性质和原因的研究》下卷，郭大力等译，商务印书馆 1974 年版，第 284 页。

③ ［美］斯科特·巴雷特：《合作的动力——为何提供全球公共物品》，黄智虎译，上海人民出版社 2012 年版，第 1 页。

益，因此成为全球经济中的公共物品。①

虽然各国普遍从全球公共物品中受益，但是全球公共物品并不会自动提供。经济学家曼瑟尔·奥尔森通过“集体行动的逻辑”深刻揭示了提供公共物品的特殊机制。由于公共物品的非排他性，集团中的每一个成员都能共同分享集团收益，而不管他是否为之付出了成本。因为阻止集团的其他任何成员使用公共物品是困难的，从这种物品中受益的人具有避免为其承担成本即付费的动机。这就是公共物品提供中的“搭便车”（free riding）现象。② 在世界经济中，各国也同样具有搭便车的动机，从而出现了全球公共物品供给严重不足的困境。霸权稳定理论的提出者查尔斯·金德尔伯格就明确指出：“公共和私人物品的分析也适用于国际经济。私人物品就理解为国家的收益。公共物品就理解为保持世界经济。这个问题是如何区别支配、剥削与责任。世界遭受公共物品不足之苦并不罕见。主要原因并不在于贪婪的利益和支配或剥削，而在于搭便车的原则。”③ 比如，20 世纪 30 年代的“大萧条”时期，主要经济体几乎都奉行“搭便车”的原则，从而严重拖延了世界经济的复苏。鉴于“集体行动的逻辑”，全球公共物品供给不足是世界经济的常态。

由于公共物品供给中的“市场失灵”，政府成为国内公共物品的主要提供者。但在现代国际体系中，并不存在一个类似国内政府的“世界政府”。即使在逻辑上世界政府可以提供全球公共物品，世界政府在可以预期的未来也不会出现。在这一前提下，各国只有通过设计各种治理安排才有可能实现全球公共物品的供给。因此，“没有政府统治的治理”可以恰如其分地适用于全球公共物品的供给问题。

二、全球经济治理的政治路径

在缺乏一个“世界政府”的前提条件下，欲对全球经济实施有效的治理必须通过政治合作来建立各种形式的制度安排。正如罗伯特·基欧汉所指出的：“如果不想使全球化发生停滞或逆转，就需要发展促进合作并有助于解决冲突

① 参见裴长洪：《全球经济治理、公共品与中国扩大开放》，《经济研究》2014 年第 3 期，第 6 页。

② ［美］曼瑟尔·奥尔森：《集体行动的逻辑》，陈郁等译，上海三联书店、上海人民出版社 1995 年版，第 2 页。

③ Charles Kindleberger, “Dominance and Leadership in the International Economy”, *International Studies Quarterly*, Vol. 25, No. 2, 1981, p. 247.

的治理安排。”① 根据已有的研究成果，国家之间通过政治合作对全球经济进行治理主要有三种路径：多边治理、单边治理和网络化治理。

（一）多边治理

在全球层次上的国际制度大多是建立在多边主义之上的。多边主义是在一般的行动原则基础上协调三个或者更多国家之间关系的制度形式。也就是说，这些原则在规定适当的行动时，并不考虑在任何特定事态下各方特殊的利益或者战略紧急情况。② 最惠国待遇是多边主义在经济领域中的一个典型例子，它完全禁止成员国之间的待遇歧视现象。从 1944 年布雷顿森林会议以来，从贸易（关贸总协定，GATT）到货币金融（国际货币基金组织，IMF）和发展（世界银行，WB）的各个领域都建立了多边国际制度。正如安-玛丽·伯利所指出的，战后国际制度的多边主义特征是由美国设计的，是美国将其国内政治和经济构架推向世界的产物。③ 但 20 世纪 70 年代美国经济霸权的衰落和世界经济中的动荡并没有从根本上削弱这些多边制度的基础，相反，世界经济对全球治理的更大需求进一步提高了这些多边制度的地位。

基欧汉关于国际机制的功能理论很好地说明了多边主义在全球治理中的作用。通过将行动标准提高到一般的原则和规则的层次，多边的国际机制降低了合法谈判的交易成本并增加了非法谈判的交易成本。这些一般的原则和规则可以被运用到广泛的议题领域中，每次出现新的特定议题时，先前确立的原则和规则使各方没有必要再去围绕它们进行重复的谈判。这些国际机制使各国政府可以利用潜在的规模经济优势，使它们一起谈判拟订协议的成本更加低廉。此外，一个机制建立起来以后，处理每一个追加议题的边际成本将比没有机制要更低。④ 由于这些优势，战后以来，无论是在贸易领域还是货币金融与投资领域，多边国际制度都极大地推动了国际经济关系的稳定与发展。比如，关贸总协定自成立之后先后进行了八轮多边贸易谈判，对于稳定国际贸易秩序、推进

---

① Robert Keohane, “Governance in a Partially Globalized World”, *American Political Science Review*, Vol. 95, No. 1, 2001, p. 1.

② 参见［美］约翰·鲁杰：《对作为制度的多边主义的剖析》，载［美］约翰·鲁杰主编：《多边主义》，苏长和等译，浙江人民出版社 2003 年版，第 12 页。

③ 参见［美］安-玛丽·伯利：《对世界的管制：多边主义、国际法及新政管制国家的推广》，载［美］约翰·鲁杰主编：《多边主义》，苏长和等译，浙江人民出版社 2003 年版，第 143 页。

④ 参见［美］罗伯特·基欧汉：《霸权之后：世界政治经济中的合作与纷争》，苏长和等译，上海人民出版社 2012 年版，第 91 页。

国际贸易自由化具有重要作用。布雷顿森林体系瓦解后，IMF 在汇率政策监督上的权限进一步扩大以使成员国创造有秩序的经济、金融条件和不会产生混乱的货币制度，并通过提供短期信贷的方式帮助成员国应对国际收支危机。

尽管多边主义治理取得了显著的成就，但无论在合法性还是有效性上都存在着一些问题。在合法性上，由于缺乏透明度，多边国际组织的“民主赤字”问题突出。由于担心贸易、货币和其他重要问题的谈判可能造成全球市场的变动，国际经济组织中的谈判和决策往往是在较小的圈子内进行的。这种决策模式被形象地称为“多边合作的俱乐部模式”。一些人士批评这种模式是“非民主的”。因此，“反全球化运动”往往将多边经济制度作为其抗争的对象。在有效性上，承担全球治理使命的多边国际组织和其他组织一样都是官僚机构，因此也都会发生官僚机构可能发生的种种功能不良的行为。比如，官僚机构在自身理性化的过程中有可能把理性极端化，从而走向非理性，即“理性化中的非理性”。世界银行的一位观察家就指出，世界银行在操作层面上既无权决定发展目标，也无权收集实现目标所需要的数据，这样就只能使用既有的数据收集程序来制定相应的发展计划。① 这样的发展计划很难保证适应援助接受国的实际情况。

（二）单边治理

传统的观点认为，单边行动一般会阻碍国家间的共同行动，从而削弱全球治理。但实际上，某些单边行动也可能会促进全球治理。一些国家所制定的标准为其他国家所接受，就是特别有趣的现象。单边接受共同标准可能是高度自愿的，例如美国以外的国家和公司学会如何遵守美国所制定的技术标准，或者一些国家模仿其他国家的政治安排以解决它们认为相同的国内问题。采用共同标准也可能是部分自愿的，例如一些国家采用普遍接受的会计原则，使它们的账目更加透明，或者模仿其他国家建立管理机构。在这种情况下，自愿的程度是有限的，因为如果不采取这样的行动，就无法获得外国投资和其他的好处。当然，强制接受共同标准的情况也会发生。

戴维·莱克将某些国家单方面接受另外一些国家权威的治理模式称为“等级制”（hierarchy）模式。与传统的帝国统治模式不同的是，今天的“等级制”

---

① 参见［美］迈克尔·巴尼特、［美］马莎·芬尼莫尔：《国际组织的政治、权力与病症》，载［美］莉萨·马丁、［美］贝思·西蒙思编：《国际制度》，黄仁伟等译，上海人民出版社 2006 年版，第 479—480 页。

治理模式可能是自愿的，即规则接受国主动接受规则制定国所制定的规则，反过来规则制定国有义务为规则接受国提供社会秩序或公共物品。① 美元化就是一个典型的例子。作为一种政策，美元化是指一国或一个经济体的政府让美元或其他国家的货币逐步取代自己的货币并最终自动放弃货币或金融主权的行动。在世界经济中，一些国家已经单方面放弃了发行本国货币的权力，而采用美元（如厄瓜多尔和巴拿马）或者欧元（如黑山共和国）作为其法定货币。这些国家之所以这么做，是因为美元化不仅可以极大地降低汇率风险，而且可以带来更严格的金融纪律。

当然，由于权力不对称，规则接受国也会担心规则制定国对其进行剥削。比如，实施美元化后，其统一的，并且主要是以美国利益为优先考虑的货币政策可能因发展不平衡和周期因素而损害美元化经济体的利益。② 2008 年美国金融危机的蔓延，进一步地加剧了人们对美国货币政策的忧虑与担心，“去美元化”的呼声日渐高涨。

（三）网络化治理

尽管民族国家仍然是国际治理的首要主体，但其作用越来越多地为私人部门和第三部门的行为体所补充。各主权国家政府、政府间国际组织、跨国公司、国际非政府组织等共同参与对国际事务的治理，从而形成了全球治理的多主体结构。表 8-1 反映了在世界舞台上治理活动发生的层次和部门。

表 8-1 治理活动的层次与部门

	私人部门	政府部门	第三部门
超国家层次	跨国公司	政府间组织	非政府组织
国家层次	公司	中央	非营利组织
次国家层次	地方	地方	地方

资料来源：［美］约瑟夫·奈、［美］约翰·唐纳胡主编：《全球化世界的治理》，王勇等译，世界知识出版社 2003 年版，第 11 页。

迈尔斯·卡勒将这种多主体的治理模式称为“网络化政治”（networked politics）。③ 我们也可以将其称为网络化治理。在这种模式中，私人部门和非政

① David Lake, *Hierarchy in International Relations*, Ithaca: Cornell University Press, 2009.

② 参见张宇燕：《美元化：现实、理论及政策含义》，《世界经济》1999 年第 9 期，第 21 页。

③ Miles Kahler, *Networked Politics: Agency, Power, and Governance*, Ithaca: Cornell University Press, 2009.

府组织发挥了不可或缺的作用。在全球经济治理中，一些跨国公司及其建立的跨国组织创立了自己的治理标准和最佳作业准则，以规避主权国家及政府间组织对其商业活动的过多限制。例如，自1973年起，国际会计准则委员会成功地排挤了颁布会计标准的政府间努力，并在1998年以来得到七国集团、国际货币基金组织和世界银行对其核心作用的认可。又如，国际商会代表了来自130多个国家的私营公司和协会，并取得了同联合国及其专门机构平起平坐的咨询地位。除了制定管制跨国界交易行为的规则外，国际商会还提供国际商业仲裁。① 作为非官方、非营利组织，非政府组织在全球经济治理中也起到了一定的作用。比如在扶贫开发的治理上，一些国际非政府组织和发达国家的非政府组织向发展中国家提供了各种形式的援助项目，并致力于促进当地非政府组织的能力发展与能力建设。②

网络化治理反映了全球治理中非国家行为体的广泛参与，在一定意义上弥补了多边国际制度中的“民主赤字”。但是，鉴于大多数跨国公司和国际非政府组织都是以西方发达国家为母国或基地建立和发展起来的，这些非国家行为体的参与仍主要反映了发达国家中政府之外的各种社会诉求。发展中国家的社会力量在全球经济治理中很难说可以为这些跨国公司和国际非政府组织所代表。在这个意义上，网络治理在全球层次上仍没有解决其代表性和合法性不足的问题。由于非政府组织所制定的国际规则越来越多地受到发达国家政府的支持，这些规则最大限度地绕开了多边规则的约束，因此有可能成为西方大国更为隐蔽地实现其单边治理的工具。

三、全球经济治理中的制度设计

为了提供全球公共物品，国家（以及在少数情况下非国家行为体）在全球经济治理中往往需要设计各种形式的国际制度安排。这些制度安排不仅对于多边治理是不可缺少的，而且在网络治理中有时也是必要的。只有在单边治理的情况下，国家才不需要设计国际制度的形式。在林林总总的国际制度形式中，

---

① 参见［英］恩盖尔·伍兹：《全球治理与制度角色》，载［英］戴维·赫尔德、安东尼·麦克格鲁编：《治理全球化：权力、权威与全球治理》，曹荣湘等译，社会科学文献出版社2002年版，第12—13页。

② 参见王杰、张海滨、张志洲主编：《全球治理中的国际非政府组织》，北京大学出版社2004年版，第226—227页。

我们可以在多个维度上观察它们之间的差别或变化，比如正式化、集中程度、授权范围、灵活性、成员资格、投票方式、议题领域，等等。其中，正式化、集中程度和授权范围这三个维度上的差异和变化更为突出地反映了国际制度的不同形式设计对成员国政策的不同影响。

（一）正式化

是否正式化（formalization）是国际制度的基本形式特征。所谓正式化，是指明确地阐述和公开地批准国家间的行为规则。国际机制可分为正式机制和非正式机制。正式机制是指那些“由国际组织通过立法而产生，以理事会、代表大会或其他实体的方式来维持并由国际科层制组织进行监督”的国际机制。非正式机制则“依据参与者的目标之间所存在的聚焦或共识来创造和维持，通过共同的自我利益或君子协定来实施，并依靠相互的监视来监督”①。

从现代国际关系的实践来看，双边或多边条约以及据此建立的正式国际组织属于正式的国际制度安排，它们的缔结或建立都需要国家立法机构的正式批准，而且具有充分的国际法地位。“只可意会，不可言传”的默契和没有文字记录的口头协议则是完全非正式的。行政协定、联合声明、谅解备忘录等国际制度安排居于这两极之间。这些中间类型的制度安排在对国家义务和承诺的表达上比默契或口头协议更加精确、更加公开，但是并没有像正式条约那样获得国家立法机构的正式批准。尽管它们在正式化程度上也存在着或大或小的差别，如行政协定在很多方面都和条约相类似，而联合宣言更接近于口头协议，但由于它们一般都不要求获得国家立法机构的批准即可生效，也不要求在国际上公布或登记，所以可以从整体上将其视为非正式协议。

如此，国际协议为什么经常采取非正式的形式？或者说，国家为什么有时更偏爱非正式的国际协议而不是正式的国际条约？查尔斯·利普森认为，国家选择非正式协议的基本理由包括：（1）期待避免正式的或有形的保证；（2）希望绕开批准程序；（3）当环境变化时能够重新谈判或进行修正；（4）快速达成协议的需要。② 因此，当各缔约方珍视自己的行动自由而不愿让国际协议过多地束缚本国的未来行为时，当各缔约方希望尽快地达成协议以解决迫在眉睫的问题

---

① Donald Puchala and Raymond Hopkins, “International Regimes: Lessons from Inductive Analysis”, in Stephen Krasner, ed., *International Regimes*, Ithaca: Cornell University Press, 1983, p. 65.

② Charles Lipson, “Why are Some International Agreements Informal?”, *International Organization*, Vol. 45, No. 4, 1991, p. 501.

时，或者当它们企图规避国内政治和国际政治中的各种牵绊力量时，非正式协议以其灵活性、迅捷性和秘密性的特点而降低了国家间缔约成本。比如在2008年国际金融危机发生后，主要经济体在国际货币体系的改革方案上仍有不同的偏好。在这种情况下，作为非正式组织的二十国集团发表了多份不具约束力的联合声明，表达了主要经济体对国际货币体系改革的基本共识和积极态度。

尽管非正式协议对国家行为形成了一定的约束，但由于其法律地位无论在国内还是国际上都较为模糊，这种约束是非常有限、非常软弱的，从而比正式条约更容易遭到缔约方的撕毁或背弃，无法有效地约束合作伙伴的机会主义行为。[①] 比如在国际投资领域中，除《与贸易有关的投资措施协议》（TRIMs）等外，其他已经实施的多边投资规则都是非正式协议，如《关于外国投资公正待遇国际法典》《国际投资准则》和《外国直接投资待遇指南》等。这些规则的实施主要依靠自愿遵守，没有约束力。在多边投资协议无法有效降低国际直接投资风险的情况下，近二十年来各国政府纷纷签订更为正式的双边投资条约（BITs）。20世纪90年代以来，平均每年有超过100份新双边投资条约签署。

（二）集中程度

集中程度（centralization）是国际组织不同于国际规则的主要指标。肯尼斯·阿伯特和邓肯·斯奈德尔指出，集中程度是指是否建立了具体而稳定的组织结构和行政设施以管理集体行动。[②] 巴巴拉·克里迈诺斯等学者则认为，集中程度覆盖了广泛的集中性活动，包括散布信息、减少讨价还价的成本和促进规则实施等。[③] 无论从哪个方面看，世界贸易组织、国际货币基金组织、世界银行等国际经济组织都是集中程度很高的国际制度。

第一，搜集信息。就现代国际组织的实践而言，搜集信息是最基本的集中活动。无论是全球性国际组织还是区域性国际组织，也无论是普遍性国际组织还是专门性国际组织，一般都有来自不同国籍的技术专家从事相关信息的搜集、甄别与分析工作。在国际组织通过不同渠道搜集的大量信息中，揭示成员国如何履行其国际承诺的信息占据了相当大的比例。比如，IMF对成员国汇率

---

① 参见田野：《国际关系中的制度选择：一种交易成本的视角》，上海人民出版社2006年版，第138页。

② Kenneth Abbott and Duncan Snidal, "Why States Act through Formal International Organizations", *Journal of Conflict Resolution*, Vol. 42, No. 1, 1998, p. 9.

③ Barbara Koremenos, Charles Lipson and Duncan Snidal, "The Rational Design of International Institutions", *International Organization*, Vol. 55, No. 4, 2001, p. 771.

政策的全球监督即通过其执行董事会一年两次对世界经济发展走势和前景的讨论来进行，讨论的结果会以报告的形式公开发布，包括《世界经济展望》《全球金融稳定报告》（涵盖了经济发展、远景展望以及国际金融市场的政策问题等）以及《财政监督》（对公共财政方面的最新进展作出分析）等。

第二，减少讨价还价的成本。作为“共同分担活动、资产或风险的设施”①，国际组织也有利于降低公共物品供给中的讨价还价成本，从而提高国际公共物品的实际供给水平。阿伯特和斯奈德尔以世界银行为例说明共同分担的价值。共同分担提供了可靠的资本来源，使世界银行能够向借款者作出可信的金融承诺。更重要的是，这种共同努力促进了公共物品供给的成本分担，减少了单个国家供给公共物品时所面临的风险。他们认为，像美国这样的经济大国能够单方面动员足够的资本来实现它们的国际金融目标，但由于国内和国际的政治因素以及保持竞争优势的需要，这些国家往往不愿采取这种单方面行动。实际上，美国在国际事务中积极加强国际金融机构，部分原因在于国际金融机构广泛的成员国和评价结构鼓励了更多的成本分担。

第三，促进规则实施。大多数国际组织在实施安排上是非集中化的。它们对违反规则的行为确定了可能的惩罚措施，但是将制裁留给成员国去具体实施。尽管如此，个别的国际组织因其所管理的问题领域所具有的特殊性还是能获得集中实施规则的机会。② 例如世界银行和国际货币基金组织的贷款活动，世界卫生组织、国际劳工组织和联合国环境规划署（UNEP）所提供的技术援助等，都体现了对国际规则的集中实施。

与这些集中程度比较高的国际组织相比，八国集团、二十国集团、金砖国家机制等缺乏集中性的活动。为了弥补其在搜集信息、鼓励成本分担和促进规则实施等方面的不足，这些组织要么和集中程度更高的国际货币基金组织、世界银行、经济合作组织等国际经济组织建立密切的伙伴关系，要么尝试建立集中程度更高的新组织，比如新开发银行和金砖国家应急储备安排。

（三）授权范围

所谓授权，是指授予第三方实施、解释和运用规则、解决冲突和制定后续

---

① Kenneth Abbott and Duncan Snidal, “Why States Act through Formal International Organizations”, *Journal of Conflict Resolution*, Vol. 42, No. 1, 1998, p. 13.

② 参见田野：《国际关系中的制度选择：一种交易成本的视角》，上海人民出版社 2006 年版，第 158 页。

规则的权威。① 无论在国内政治还是在国际政治中，授权都是一种重要的政治现象，比如选民授权给政治家，立法机构授权给行政机构等。但是与国内政治生活中的授权现象相比，国家在授予国际组织权威时要谨慎得多。只有少数国际组织得到其成员国的广泛授权，而多数国际组织从成员国所得到的授权却相当有限，甚至是微不足道的，从而形成了国际组织在授权范围上的明显差异。

由于在授权过程中发生了政治权威从单个成员国向新权力中心的转移，那些获得广泛授权的国际组织可以称为超国家组织。超国家组织有权越过成员国采取行动，这些组织所作出的决定，即使其成员国不同意，对它们仍有约束力。② 超国家组织的典型范例当属欧洲联盟。在全球层次上，虽然没有建立像欧盟那样覆盖领域全面的超国家组织，但在国际贸易领域中也发展出具有相当超国家属性的国际组织。在 GATT 向 WTO 的演进中争端解决机制的变化，就反映了成员国向国际组织授权范围的扩展。

在争端解决的授权上，1947 年达成的关贸总协定并无任何相关的规则和程序。1960 年以后，根据“缔约方全体”的授权，理事会可以设立专家组（panel）就争端事项进行调查并提出报告。但由于在每一个阶段要求获得争端各方的一致同意才能采取下一步行动，设立专家组的要求经常被“阻挠”或者拖延。当专家组报告提交到理事会时，“败诉”的一方作为“缔约方全体”的一个部分也可以阻挠或拖延对专家组报告的批准。为了克服上述缺陷，乌拉圭回合谈判达成了更完备的《关于争端解决规则与程序的谅解》（DSU），使争端解决机构获得了更多的授权。根据这一谅解，起诉方启动专家组程序不需要事先的协议，也不需要对方的回应，从而防止了在这个阶段受到应诉方的阻挠。更重要的是，世界贸易组织建立了一个常设的上诉机构，只要争端其中一方提出上诉，上诉机构就有权对专家组报告进行审查，而不论另一方是否同意。争端各方应无条件接受上诉机构的报告，除非所有缔约方一致决定不通过该报告。世界贸易组织在争端解决上所获得的成员方的广泛授权，特别是专家组和上诉机构管辖权的“自动”性，使国际制度能够更有效地约束违反国际贸易规则的国家行为。世界贸易组织成立以后的经验事实表明，即使是美国和中国这

① Kenneth Abbott, Robert Keohane, Andrew Moravcsik, Anne-Marie Slaughter and Duncan Snidal, “The Concept of Legalization”, *International Organization*, Vol. 54, No. 3, 2000, p. 401.

② 参见［美］布鲁斯·拉西特和哈维·斯塔尔：《世界政治》，王玉珍等译，华夏出版社 2001 年版，第 62 页。

样的贸易大国，在服从对己不利的裁决上也都保持了比较良好的记录。① 在主要的国际经济组织中，世界贸易组织已经成为全球经济治理走向更大程度的法制化的典范。

第三节 中国发展与国际经济体系

作为国家间政治经济力量对比和序列的一种反映，国际政治秩序与国际经济秩序紧密相连，相互影响。国际经济秩序的变化必然带来国际政治秩序的变更；同时，国际政治秩序的变革也对国际经济秩序产生重大影响。罗伯特·吉尔平指出："经济和政治的相互作用是国际政治变革进程的一个基本特征。一方面，力图在经济上得益的愿望是寻求变革国际体系的强大动力，因而群体间和国家间的权力分配，是经济活动的类型，尤其是行为者能从国内或国际分工中获得最大收益的那种经济活动类型的重要决定因素。另一方面，权力分配本身最终取决于经济基础。如果由于经济效率、工业场所或者贸易趋势的变化，财富的源泉基础也发生变化的话，必定会相应发生群体间和国家间权力的重新分配。为获得权力而进行斗争与力图在经济上获益的愿望最终会纠缠在一起。"②

中国是推动国际经济秩序变革的重要动力之一。2006 年，中国经济规模超过英国，成为世界第四大经济体；2007 年，中国经济总量超过德国，成为世界第三大经济体；2010 年，中国国内生产总值超过日本，成为世界第二大经济体。中国的发展正在深刻改变着国际政治权力的结构，从而动摇了传统国际经济秩序的根基，推动了国际经济新秩序的建立。

一、现行国际经济秩序的弊端

现行国际经济秩序是第二次世界大战结束后主要由美国主导建立的一套涵盖国际贸易、国际金融、国际投资等相关领域的制度安排。这些制度安排推动

---

① Bruce Wilson, "Compliance by WTO Member with Adverse WTO Dispute Settlement Rulings," *Journal of International Economic Law*, Vol. 10, No. 2, 2007.

② ［美］罗伯特·吉尔平：《世界政治中的战争与变革》，武军等译，中国人民大学出版社 1994 年版，第 67 页。

了国际经济的一体化、自由化和法制化，并带来了总体经济福利的改善。与此同时，现行国际经济秩序也不可避免地存在一些严重的弊端，引起了对现行国际秩序的反思和对国际新秩序的期望。早在 20 世纪 70 年代，发展中国家就通过联合国大会等舞台提出了建立国际经济新秩序的主张。冷战结束后，建立国际新秩序又成为世界各主要国家的政治家和政府所关注的中心问题之一。2008 年金融危机爆发后，美国主导的自由主义国际秩序的弊端全面暴露出来，世界各国进一步意识到变革现行国际经济秩序的重要性与必要性。现行国际经济秩序的主要弊端包括欠包容性、高风险性和不平等性。

（一）欠包容性

作为现行国际经济秩序的主要组织载体，当今的国际经济组织在总体上实现了形式上的包容性。但在考察其运行机制及实施结果时，现行国际经济秩序缺乏包容性的一面便凸显出来。这种包容性的缺乏最集中地表现在国际金融秩序中。

首先，发展中国家在主要国际经济组织中的投票权与其在国际经济中的影响力不相匹配。就国内生产总值（GDP）而言，发展中经济体占全球 GDP 总量的百分比由 2000 年的 20.9%上升到 2020 年的 40.2%，并预计在 2026 年升至 43.7%。相应地，发达经济体占比由 2000 年的 79.1%下降到 2020 年的 59.8%，并预计在 2026 年降至 56.3%。同时，2020 年发展中经济体占发达经济体 GDP 的百分比为 67.1%，且有望进一步扩大至 2026 年估计的 77.6%。① 与发展中国家经济影响力稳步上升形成鲜明对比的是，发展中国家在当今国际经济组织中的投票权仍相当有限。

在 2010 年 4 月世界银行发展委员会春季会议上通过了旨在增强发展中国家发言权的改革方案，使发展中国家的整体投票权从 44%提高至 47.2%，美国则降至 15.9%。紧随其后，IMF 于 2010 年 11 月宣布执行董事会批准对份额和治理结构进行全面改革，超过 6%的份额将转移到有活力的新兴市场和发展中国家，并在执董会中减少欧洲发达国家两个席位。但是，这一系列改革难以从根本上改变当今缺乏包容性的国际经济秩序。一方面，由于美国国会一直拒绝批准 IMF2010 年的改革方案，改革方案的生效直到 2016 年 1 月才生效。另一方

① 数据来源：国际货币基金组织网站，World Economic Outlook Database。其中 GDP 的测量方式为现价 GDP.

面，改革后，无论在世界银行还是IMF中，美国仍实质上独享“否决权”。未来在《世界银行章程》的修改等重大议题上，未经美国政府同意和国会通过，相应的制度改革无法进行。

其次，这种欠包容性也体现在主要国际经济组织高级管理层的遴选机制主要为西方发达国家所把持。自成立以来，世界银行13位历任行长均由美国人担任，IMF11位正式任命的总裁均由欧洲人担任。这不仅无法充分体现发展中国家的代表性和发言权，而且从根本上破坏了发展中国家对管理层监督与问责的基础。①

最后，当今国际经济治理的理念仍局限于欧美国家基于其新古典经济学理论而形成的所谓“正统思想”。这些理念的关键问题在于不能准确地把握成员国特别是发展中成员的具体国情，而是用以偏概全的“正统思想”来作为政策建议的基础。比如，在1997年亚洲金融危机爆发后，IMF基于“华盛顿共识”开出应对危机的药方并强迫受援国无条件全面接受，结果导致援助效果并不理想，IMF信誉也因此受损。②

在国际贸易领域，由于进入21世纪以来多边贸易自由化步履维艰，特惠贸易协定在作为一种替代方式推进贸易自由化的同时也造成了新的包容性问题。由于涉及的农业和非农产品市场准入等议题敏感度较高，各国难以达成统一方案而导致多哈回合受阻。美国等贸易大国近年来将重点转向特惠贸易协定，如奥巴马政府推动的针对亚太的《跨太平洋战略经济伙伴关系协定》（TPP），以及针对欧洲的《跨大西洋贸易与投资伙伴协议》（TTIP）。不同于WTO的多边主义框架，这种特惠贸易协定将不可避免地使一些国家在一段时期内被排除在外，从而使国际贸易机制也出现了包容性不足的新问题。

（二）高风险性

现行国际经济秩序的内部风险多发端于货币金融领域。布雷顿森林体系崩溃后，取而代之的牙买加体系中尽管包含了推动国际货币体系改革的举措，但其结果在总体上仍维护了美元的国际货币地位。对多数国家而言，这种情况很大程度上是被动接受，而非主动选择的。美元作为一国货币与世界货币职能间的张力并未得到根本解决，由此带来的风险来自包括美国对内政策、对外政

---

① 参见朱光耀：《国际金融体系改革由共识进入实践》，《理论视野》2009年第11期，第45页。

② 参见朱光耀：《坚定推进国际经济治理体系改革》，财政部网站。

策、经济周期等，并不能通过分散投资而消除，因而现行国际经济秩序仍较为广泛地存在着系统性风险。

首先，国际金融秩序中的“特里芬困境”仍未得到破解。这种延续在当今被称为美国的“格林斯潘困惑”，即长端利率与短端利率的联动被割裂，可谓“价格版”的特里芬困境。[①] 简而言之，货币金本位制保证了币值的稳定，但在流动性供给上跟不上全球贸易的扩展。而牙买加体系保证了流动性的供给，但引致了长期的全球性通胀。在此逻辑下，美国一方面运用其货币金融领域的优势地位，用其国内货币进口世界商品，导致其产业逐步空心化，金融资产风险提升。另一方面，美国能通过控制货币发行量来影响全球经济，甚至扩散和转嫁危机。

其次，这种系统性风险也体现在金融领域中的波动对国际贸易与投资的负面影响。货币与金融作为纽带将世界更加紧密地联系在一起，金融危机的蔓延导致需求不足和世界市场收缩，并带来某些国家保护主义的政策回应，从而限制了国际贸易的发展。在国际投资领域，投资者作为理性主体倾向于更加稳定和安全的投资环境。金融领域中的波动会造成全球资本流动性受阻，并导致发展中国家货币贬值及资本外逃。[②]

最后，政治领域中的某些因素也给国际贸易与投资带来很大的风险。一方面，国内政治的不确定性会给要素的自由流动带来负面的影响。根据新古典经济学的标准理论，对外经济开放应当是对国家福利而言最好的政策选择。然而在现实世界中，保护主义力量如果不受压制是始终难以控制的。在贸易领域中，在人数上并不占优势的特殊利益集团经常会绑架国家的贸易政策。在投资领域中，由于较之贸易领域时间不一致性问题更加严重，更有可能采取国有化措施的东道国将给投资者带来很大的风险，进而阻碍国际投资的展开。[③] 另一方面，经济要素流动所带来的安全外部性也会增加国际贸易与投资的风险。比如在考虑安全负外部性时，贸易保护相较于自由贸易更能增加本国的实际收

---

① 参见吴晓灵、伍戈：《“新怀特计划”还是“新凯恩斯计划”——如何构建稳定与有效的国际货币体系》，《探索与争鸣》2014 年第 8 期，第 62 页。

② IMF, *World Economic Outlook—Recovery Strengthens, Remains Uneven*, Washington, DC: April 2014, p. 21.

③ Todd Allee and Clint Peinhardt, “Contingent Credibility: The Impact of Investment Treaty Violations on Foreign Direct Investment”, *International Organization*, Vol. 65, No. 3, 2011, pp. 401–432.

入，并能同时相应减少对手或潜在对手的福利，从而成为较优的政策。[①] 基于国家安全的理由而阻止企业跨国投资的案例近年来也屡见不鲜。因此，国内政治与国家安全等政治因素也构成了当今国际经济秩序中风险性的重要来源。

（三）不平等性

基于国际制度所固有的分配功能，不同国家在特定国际制度下的成本收益往往是不同的。“二战”后美国主导建立的国际经济秩序当然也不例外。在现行国际经济秩序下，各国间在收益分配上具有很大的不平等性。

这种不平等性首先体现为不同国家基于分工交换所带来的福利效应。在当今国际贸易中，不同国家在国际分工中的地位不同，直接决定着它们在贸易活动中产生的不平等关系。如第三世界国家多扮演着外围国家的角色，主要出口自然资源和初级制成品；而发达国家多扮演着中心国家的角色，主要出口科技、资本密集型的高端产品和服务。据分析，如果外围国家的出口额是 350 亿美元，那么在生产率相等，劳动报酬与中心国家相等的条件下，外围国家的出口价值应为 570 亿美元。不平等交换机制造成的外围向中心隐蔽的价值转移是 220 亿美元。把“掠夺第三世界”这个词用在这里并不过分。[②]

在国际投资领域，投资行为最根本的特征是所有权，尤其是在直接投资中，这种所有权不是对金钱的所有权，而是对知识的所有权，其表现形式是技术，特别是持续开发新技术的能力。[③] 换言之，国际投资秩序很大程度上也是由国际分工所决定的，从而导致了国家间收益分配的不平等。

这种分配上的不平等也体现在货币金融领域中。货币天然具有等级性，金融领域与贸易领域不同，因为它很少有特例——大国是最重要的资金来源，因此最有能力控制资金的分配。故货币权力的实施国通常是非常大的强国或准强国。[④] 在国际金融领域中，金融强国不仅可利用本国货币的国际化向他国收取

---

① Joanne Gowa and Edward D. Mansfield, “Power Politics and International Trade”, *American Political Science Review*, Vol. 87, No. 2, 1993, pp. 410–411.

② ［埃及］萨米尔·阿明：《世界规模的积累——不平等理论批判》，杨明柱等译，社会科学文献出版社 2008 年版，第 19 页。

③ 参见［美］罗伯特·W. 科克斯：《社会力量、国家与世界秩序：超越国际关系理论》，载［美］罗伯特·O. 基欧汉编：《新现实主义及其批判》，郭树勇译，北京大学出版社 2002 年版，第 217 页。

④ 参见［美］乔纳森·科什纳：《货币与强制：国际货币权力的政治经济学》，李巍译，上海人民出版社 2013 年版，第 24—25 页。

铸币税，也可采取一系列货币金融手段来改变目标国在特定议题上的偏好或对其政策选择进行约束以保证自己的垄断租金。

二、中国参与国际经济体系的进程

中华人民共和国成立初期，在“一边倒”的外交方针下，中国主要与苏联、东欧社会主义国家开展经贸合作。以美国为首的西方国家，在外交上“不承认”新中国，在经济上对中国采取“禁运”政策。因此，“二战”后由美国领导构建的国际经济体系把中国拒之门外。

20 世纪 60 年代，中苏关系破裂，中国开始与部分西方发达国家开展经济交往。进入 70 年代，中美关系出现缓和迹象。虽然 1971 年中国恢复了在联合国的合法席位，但是由于主客观方面的原因，中国并未完全走出闭关自守的经济发展模式。直到 1978 年，十一届三中全会召开后，全党的工作重心转移到“以经济建设为中心”，中国才真正开启了参与国际经济体系的进程。

（一）开始参与国际经济体系：1980—1990 年

在刚刚加入国际经济体系的初期，中国将主要精力放在了解和适应国际经济组织的规则上。中国加入这些机构后，都会遵守它们已有的规则，因为这些规则通常符合中国的经济利益。① 中国开始尝试运用这些国际规则来支持国内经济的发展，享受作为成员国的权利。

中国是 IMF 和世界银行的创始国之一，但是新中国成立后，中国在这两个国际经济组织中的席位长期被台湾当局所占据。由于 IMF 和世界银行均是联合国下属的专门机构，中国恢复在联合国的合法席位，就为恢复在这两个机构中的席位创造了条件。另外，改革开放政策的实施，为中国融入国际经济体系创造了有利的内部环境。1979 年中美建交，又为中国提供了良好的外部条件。1980 年 4 月 17 日，IMF 执行董事会通过了由中华人民共和国政府代表中国的决议；同年 5 月 15 日，中国在世界银行及其所属的国际开发协会和国际金融公司中的合法席位得到恢复。

根据 IMF 的宗旨，每个成员国都有权从基金组织获取贷款来弥补国际收支逆差，支持经济结构调整。1980 年，IMF 首次向中国提供了 4.5 亿特别提款权

---

① 参见［美］江忆恩：《中国对国际秩序的态度》，《国际政治科学》2005 年第 2 期，第 26—67 页。

第一档信贷；1981年，中国又获得了3.05亿特别提款权的优惠信贷；1986年，IMF再次向中国提供了约6亿特别提款权的信贷。在改革开放初期，这些资金帮助中国政府在调整国际收支、稳定经济发展上起了重要的作用。这三笔贷款均在1991年年底前全部偿还，反映了中国在参与国际经济体系中的良好信誉和履行成员国义务上的积极态度。

1981年，世界银行向中国提供了第一笔金额为2亿美元的贷款，用于中国大学的发展项目。1982年，中国获得了国际开发协会的6 000万美元软贷款，用于支持中国华北平原的农业发展项目，这是中国与世行合作的第一个农业项目。从1987年起，国际金融公司也开始向中国的中外合资企业提供融资。到1989年，世界银行对中国的年贷款量已增至13.5亿美元，共支持了12个项目的建设，涉及基础设施的建设、文卫事业和扶贫事业的发展等各个方面。世界银行业务评价局认为，在世界银行的借款大国中，中国项目的绩效是最好的。

此外，中国于1982年获得GATT观察员身份。1986年，中国成为亚洲开发银行和太平洋经济合作会议成员。

（二）进一步参与国际经济体系：1991—2001年

1989年政治风波之后，中国遭到了以美国为首的西方国家的经济制裁，国际经济环境极度恶化。中国希望通过参与国际经济机制的方式，缓解与西方的紧张关系。在这一阶段中，中国更加积极地寻求加入国际经济体系，并且主动地学习、运用国际经济规则。

由于中国还游离在全球性的贸易组织之外，无法以GATT成员国的身份与其他国家开展贸易合作、解决贸易争端，在此背景下，加入APEC可以视作融入世界贸易体系的一种次优选择。同时，APEC成员包含了美国、加拿大、澳大利亚等西方发达国家，加入APEC可以缓和1989年政治风波后中国与西方国家间的紧张关系。特别是，APEC能够为中美之间的政治互动和对话提供重要场所，有利于为中国的改革和发展营造稳定的外部环境。

1991年，在APEC第三届部长级会议上，中国作为主权国家，中国台北和中国香港以地区经济体身份同时加入。随后，中国积极参与了APEC贸易、投资自由化的进程，并取得了显著进展。中国曾在1996年、1997年和2001年三次大幅度削减关税，平均关税水平从1995年的35.9%降到了2001年的15.3%。[1] 在整

① 中国历年IAP（访问时间：2014年11月19日）。

个 90 年代，APEC 成员对华投资是中国外资的最主要来源，而中国的对外投资也大多投向 APEC 成员。2001 年，APEC 会议在中国上海举行，这是新中国成立以来中国所主办的级别最高的多边外交活动。中国在参与 APEC 的进程中，扩大了对外开放，积累了开展贸易谈判的宝贵经验，并且为加入其他国际经济组织获得了更多国家的支持。

然而，随着中国经济的快速发展，区域层次的经济合作还是难以完全满足中国的利益，中国必须寻求加入全球性贸易体系。1995 年 WTO 成立后，中国争取“复关”的行动也随之转为争取“入世”的进程。同年 7 月，WTO 总理事会会议决定接纳中国为 WTO 的观察员，但是中国为获得 WTO 正式成员的身份付出了漫长且艰苦的努力。在 1999 年 11 月，中美经过 6 天的艰难谈判就中国加入 WTO 的问题达成双边协议，为中国加入 WTO 排除了最重要的障碍。次年 5 月，中国与欧盟间的协议达成。自 1986 年申请重返关贸总协定以来，中国为“复关”和“入世”进行了长达 15 年的努力。2001 年 12 月 11 日，中国正式加入 WTO，成为其第 143 个成员。

另外，1996 年 11 月，中国人民银行正式加入国际清算银行；1997 年东盟与中、日、韩（“10+3”）领导人峰会机制初步形成，并在 1999 年启动了“10+3”财经合作机制；2001 年 2 月，由 25 个亚洲国家和澳大利亚共同发起的博鳌亚洲论坛，在中国海南正式成立。

（三）全面参与国际经济体系：2002—2008 年

在这一时期，中国的经济利益不断扩展，经济实力不断加强，也更加熟悉国际经济体系的运行规则和秩序。这使得中国更加全面、深入地参与国际经济体系，并逐步在体系内发挥建设性的作用，承担应尽的国际责任。

加入 WTO 之后，中国认真行使各项权利，积极参与 WTO 的各项活动，不仅切实履行“入世”承诺，还发挥着建设者的作用。中国履行“入世”时的郑重承诺，主要体现在以下两个方面：一是逐步开放国内市场；二是遵守 WTO 的各项规则。到 2009 年，中国在“入世”8 年后已经全部履行了国内市场开放方面的所有承诺，建立起了符合规则要求的经济贸易体制，成为全球最开放的市场之一。在遵守国际规则方面，中国建立起了符合 WTO 要求的法律体系，对贸易体制和政策进行了全面的调整。① 并且，在贸易争端中，中国较好地执

① 参见中华人民共和国商务部网站：《中国与世贸组织：回顾和展望》。

行了 WTO 的裁决，维护了 WTO 的权威性。同时，中国在 WTO 机制内推动贸易自由化，特别是在多哈回合谈判中发挥了一定的建设性作用。

除了全球层面，在这一时期，中国也积极地参与区域层面的国际经济治理，所发挥的作用不断提升。2000 年 11 月，时任国务院总理朱镕基在第四次中国—东盟领导人会议上，首次提出建立中国—东盟自由贸易区的构想。2002 年 11 月，中国和东盟领导人共同签署了《中国—东盟全面经济合作框架协议》。随后，货物、服务贸易协议和投资协议相继达成，2010 年中国—东盟自由贸易区正式成立。此外，中国还积极参与"10+3"机制下达成的"清迈倡议"。在 2008 年金融危机的背景下，东盟与中、日、韩三国建立了 800 亿美元的东亚共同外汇储备基金，标志着亚洲金融合作更加制度化、多边化。

作为上海合作组织中的主导国，中国积极促进该组织内部的经济合作，并不断提高合作的制度化水平。2003 年 9 月 23 日，各成员国在北京举行的总理会晤上，签署了《上海合作组织多边经贸合作纲要》，标志着上合组织内的经贸合作正式启动。2004 年 1 月，上海合作组织秘书处在北京成立，专设一位负责区域经济合作事务的副秘书长，并内设经济合作组。次年 11 月，上海合作组织银行间联合体在莫斯科正式成立。

在这一时期，中国还参与了由东亚及太平洋中央银行行长会议组织发起的亚洲债券基金的建立，举办了 2005 年的亚欧财长会议。从 2007 年起，中国举办每年的夏季世界经济论坛（夏季达沃斯论坛）。

（四）创造性参与国际经济体系：2009 年至今

2008 年国际金融危机爆发后，西方发达国家在国际经济体系中的传统地位遭到削弱。相比较而言，以中国为代表的新兴国家在金融危机中表现坚挺，为国际经济的复苏做出了突出贡献。2010 年中国超过日本成为世界第二大经济体，在国际经济体系中的地位也随之显著提高。在这种情况下，"转制""改制"和"建制"成为中国与国际制度关系的新特点。① 作为"世界和平的建设者、全球发展的贡献者、国际秩序的维护者"，中国在参与原有的国际经济合作机制的基础上，开始在国际经济体系的改革中发挥更具建设性的作用。

---

① 参见苏长和：《全球公共问题与国际合作：一种制度分析》，上海人民出版社 2009 年版，第 238 页。

为了更好地应对金融危机，发挥国际经济机制在协调各国行动中的作用，在2009年的匹兹堡峰会上，二十国集团（G20）首脑峰会被正式制度化，新兴国家得以共同参与国际金融治理的政策制定。这标志着国际金融治理机制实现了从“G8”向“G20”的转变。对中国而言，G20是中国首次以创设者和核心成员的身份参与全球经济的治理机制。中国在G20中发挥了重要作用：第一，提供资金支持，例如在G20伦敦峰会上，中国提出向国际货币基金组织增资500亿美元；第二，推进国际金融体系的改革，提倡加强金融监管；第三，关注发展中国家的利益，推动G20反对贸易保护主义，加大对发展中国家的基础设施建设投资等。2016年，中国首次承办G20领导人峰会。在中国的倡议下，杭州峰会创造了G20历史上的多个“第一次”：第一次聚焦全球增长中长期动力，各方就《二十国集团创新增长蓝图》达成共识；第一次通过结构性改革提高世界经济增长潜力，强调综合运用好财政、货币政策和结构性改革；第一次制定全球投资指导原则，开启了G20制定多边投资规则框架的新里程；第一次把发展问题置于全球宏观政策框架的突出位置，就落实联合国2030年可持续发展议程制定行动计划。①

在金融危机的背景下，主要经济体希望提升国际货币基金组织在金融治理中的合法性和有效性。2010年11月，国际货币基金组织执行董事会就份额和投票权改革一揽子方案达成一致。根据该方案，中国的份额占比将增加2.398个百分点至6.394%，投票权将升至6.07%，排名从并列第六跃居至第三。2016年1月这一方案正式生效，成为国际货币基金组织历史上最根本的一次改革。另外，2010年4月世界银行发展委员会通过了世界银行新一阶段的投票权改革方案，中国的投票权从2.77%提高到4.42%，成为仅次于美国和日本的世界银行第三大股东国。

尽管通过转变和改造既有国际制度的方式，中国在国际经济体系中的地位有所提高。但是作为后来者，中国对现有国际经济秩序的影响仍然是有限的，西方发达国家仍然掌握着这些机制的主导权。因此，中国主动提出了一系列创设新机制的倡议，使国际经济体系向有利于包括中国在内的发展中国家的方向转变。基于应对金融危机的共同利益，2009年6月，金砖四国首脑在俄罗斯举行首次峰会，并发表共同声明，标志着金砖国家合作机制正式启动。作为该机

---

① 参见罗建波：《G20杭州峰会给世界贡献了什么》，《光明日报》2016年9月15日。

制中的重要国家，中国积极推动它在国际金融改革中的作用，并不断提升它的制度化水平。2011 年 4 月，金砖国家发表《三亚宣言》，在推动国际经济体系改革上达成广泛共识。2014 年 7 月 15 日，在《福塔莱萨宣言》下新开发银行成立，初始资本为 1 000 亿美元，总部设在中国上海。2017 年 9 月 3 日至 5 日，金砖国家领导人第九次会晤在中国厦门举行，主题是“深化金砖伙伴关系，开辟更加光明未来”，开启金砖合作第二个“黄金十年”。

2013 年 9 月和 10 月，习近平在出访中亚和东南亚国家期间先后提出了共建“丝绸之路经济带”和“21 世纪海上丝绸之路”的重大倡议。2015 年 3 月 28 日，中国政府发布了《推动共建丝绸之路经济带和 21 世纪海上丝绸之路的愿景与行动》。2017 年 5 月 14 日至 15 日，“一带一路”国际合作高峰论坛在北京举行，29 位外国元首、政府首脑和联合国秘书长、世界银行行长、国际货币基金组织总裁出席高峰论坛。“一带一路”建设以基础设施的互联互通作为主线，努力实现政策沟通、设施联通、贸易畅通、资金融通、民心相通，以此带动共建国家货物贸易、服务贸易和投资的增长，以中国的发展带动共建国家和世界的发展。为了促进亚洲经济体之间的互联互通建设和经济一体化进程，在中国的积极倡议下，2014 年 10 月 24 日，21 个首批意向创始成员国共同决定成立亚洲基础设施投资银行。2015 年 6 月 29 日，《亚洲基础设施投资银行协定》签署仪式在北京举行，57 个意向创始成员国财长或授权代表出席了签署仪式。亚投行的法定资本为 1 000 亿美元，总部设在中国北京。2016 年 1 月，亚洲基础设施投资银行正式成立。作为由中国倡议成立的多边金融机构，亚洲基础设施投资银行体现了中国作为一个大国的国际责任与国际担当。

三、中国参与国际经济体系的经验

从 1980 年中国恢复在国际货币基金组织和世界银行中的合法席位至今，中国参与国际经济体系已有 30 多年的历程，逐步形成了全方位、多层次、多形式的参与模式，并且积累了一些参与国际经济体系的经验。

（一）从金融领域扩展到贸易领域

中国参与国际经济体系的进程起始于金融领域。20 世纪 80 年代，中国先后加入国际货币基金组织、世界银行、亚洲开发银行等国际金融组织。参与这些国际机制，可以为刚刚改革开放的中国提供必要的资金和技术支持，促进国内市场的发展，为中国融入国际经济体系给予指导和帮助。随着中国对外开放程度的提高，仅仅参与国际金融机制是不够的，中国必须通过加入贸易领域的国际组织，进一步融入国际贸易体系。1991 年中国先加入了亚太地区的经贸组织 APEC；十年后，中国正式成为了世界贸易组织的成员国。这标志着中国真正地融入了国际经济体系。

进入新世纪以后，中国逐步从被动参与转向了在国际经济体系中发挥建设性作用。在这一过程中，中国的作用同样首先在金融领域显现。例如，中国积极推动“清迈倡议”多边化，建立东亚外汇储备库。在创造性参与阶段更是如此。中国推进了国际货币基金组织和世界银行的改革，领导创立了新开发银行、亚洲基础设施投资银行等国际金融机构。在贸易领域，中国的作用主要体现在推进多哈回合谈判，促进东亚和上合组织内的经贸合作，并倡议建立亚太自由贸易区等。总的来看，中国在贸易领域对国际经济体系的贡献不如在金融领域那么明显。

（二）全球层面与区域层面并重

作为一个全球性的大国，中国只有通过参与全球层面的国际经济体系，才能更好地维护自身的经济利益。恢复了在联合国的合法席位后，中国顺理成章地加入了国际货币基金组织和世界银行这两个国际金融机构。2001 年，中国加入了世界贸易组织，通过参与全球性贸易机制的方式，加强了与世界各国的经贸关系。此外，为了更好地与世界上的其他大国开展合作，中国同样需要参与全球性国际经济机制。通过参与 G20 领导人峰会、金砖国家领导人峰会等方式，中国与西方发达国家和新兴经济体之间建立了更加紧密的沟通和协调机制。“一带一路”倡议更是中国应对经济全球化、推进全球治理的重大举措，既体现了中国“和平、发展、合作、共赢”的新理念和价值观，又顺应了经济全球化趋势，通过互联互通建立全球性经济网络，使有关各国都能受益，共同构建人类命运共同体。

但是，全球层面的国际经济体系现在基本上仍是由西方发达国家主导。而在范围更小的区域层面，特别是在周边区域，中国则能够谋求更加突出的地位，发挥更大的作用。在区域层次上，中国加入了亚洲开发银行，积极参与了 APEC 的合作进程，与东亚国家建立起“10+1”“10+3”峰会机制。这些都体现出中国开始在区域层次的国际经济体系中发挥着越来越重要的作用。特别是在亚洲金融危机之后，中国在东亚经济合作中的地位凸显，并借助上海合作组织、博鳌亚洲论坛等平台进一步深化了与周边国家的经济合作，从而形成了

"区域治理中的中国路径"①。总之，中国在参与国际经济体系的进程中，逐步建立了以周边为中心，全球层面与区域层面并重的参与格局。

（三）国际参与和国内改革相互促进

在参与国际经济体系的初期，中国主要是在与IMF和世行的合作中，推进国内经济体制的改革，以更好地与国际社会通行的规则和制度接轨。IMF为中国20世纪80年代的中央银行体制改革，1994年的汇率并轨，1995年《中国人民银行法》的制定，1996年的经常项目可兑换等宏观政策，提供了有益的咨询。在技术层面上，IMF协助中国建立了符合国际标准的货币银行统计体系和国际收支统计体系，修改和完善了银行法规与会计和审计制度，启动了财政预算分类和编制改革等。世界银行在中国经济改革中也起了重要顾问作用。1985年，中国与世行联合举办了"巴山轮会议"，形成了关于中国经济体制改革的目标、过渡步骤、宏观调控的手段以及条件的专题报告。1993年，应中国财政部的邀请，世界银行派团对中国的金融状况进行考察，并提出了《中国：金融部门改革战略》的研究报告，在银行的监管方式、政策性贷款的分离、长期性信贷机构和非银行金融机构的建立等方面给予了具体的政策建议。

除了金融领域，中国也通过参与贸易领域国际制度的方式来促进国内制度的改革，而这反过来又推动了中国对外贸易的发展。参与APEC的合作有力地推进了中国的市场开放与经济改革。通过削减关税、减少非关税壁垒等方式，中国逐步提高了对外开放水平。同时，加入APEC为中国建立社会主义市场经济体制提供了帮助：一方面，APEC为中国的经济改革提供了一个开放的环境和借鉴其他发达市场经济体经验的契机；另一方面，APEC对其成员国并不具有强制性，使中国可以自主自愿地、渐进地推进改革的各项议程。相比较而言，世界贸易组织对其成员具有更大的约束性，而中国正是利用这种"倒逼"机制来解决国内改革中所遇到的瓶颈。中国加入世界贸易组织，使电信、铁路、电力、民航等基础领域产业在有限的过渡期内逐步实现了对外开放，塑造了新的市场化主体，提高了中国产业的整体竞争力。中国加入WTO也促进了中国的政治体制改革。政府由经济的直接管制者转为监管者，并建立、健全了相关法律体系，提高了政府以法制为基础的治理能力。

（四）从渐进式的参与国际经济体系到构建人类命运共同体

从整体上看，中国参与国际经济体系的进程体现了渐进式的特点：从利用

---

① 苏长和：《周边制度与周边主义》，《世界经济与政治》2006年第1期。

机制、寻求自身利益，到主动参与、发挥建设性作用，再到地位提升并改造现有的国际经济体系。这种渐进的参与方式与中国对国际规则和制度的熟悉程度相关，更与中国的综合实力紧密相连。中国通过融入世界经济，获得了巨大的“红利”，促进了国力的增长；而实力的提高与利益的拓展，又成为中国积极参与国际经济秩序建设的基础和动力。随着国际经济旧秩序的弊端在金融危机中进一步暴露，中国开始与拥有共同经济利益的新兴经济体一起，推动建设相互尊重、公平正义、合作共赢的新型国际关系。

中国在国际经济体系中追求自身经济利益的同时也在积极地推动国际经济体系向更加普惠、稳定和公正的方向发展。中国已经形成了一套改革全球经济治理体系的主张。其一，国际经济体系应更加普惠以提升包容性。这包括进一步对世界银行与国际货币基金组织机制开展实质性的改革，在主要国际组织及重大议题上使发展中国家拥有更多发言权。减少保护主义，加强对发展中国家，特别是最不发达国家的援助力度，让经济全球化和经济发展成果惠及所有国家和地区、惠及所有人群。① 其二，国际经济体系应更加稳定以管控风险。这包括进一步赋予世界银行、国际货币基金组织监管权，继续加强国际金融市场监管。改革特别提款权货币篮子组成，加强国际和区域金融合作机制的联系，建立金融风险防火墙。② 其三，国际经济体系应更加公正以减少不平等。这包括进一步发挥G20等多边机制的作用，落实正确义利观，反对各种形式的经济霸权主义，促进国际关系民主化。

推动构建更加公正合理的全球治理体系是习近平新时代中国特色社会主义思想的重要内容。习近平强调，随着全球性挑战增多，加强全球治理、推进全球治理体制变革已是大势所趋。这不仅事关应对各种全球性挑战，而且事关给国际秩序和国际体系定规则、定方向；不仅事关对发展制高点的争夺，而且事关各国在国际秩序和国际体系长远制度性安排中的地位和作用。习近平强调，要推动变革全球治理体制中不公正不合理的安排，推动国际货币基金组织、世界银行等国际经济金融组织切实反映国际格局的变化，特别是要增加新兴市场国家和发展中国家的代表性和发言权，推动各国在国际经济合作中权利平等、

---

① 参见胡锦涛：《深化交流合作实现包容性增长——在第五届亚太经合组织人力资源开发部长级会议上的致辞（2010年9月16日）》，《人民日报》2010年9月17日。

② 参见习近平：《共同维护和发展开放型世界经济——在二十国集团领导人峰会第一阶段会议上关于世界经济形势的发言（2013年9月5日）》，《人民日报》2013年9月6日。

机会平等、规则平等，推进全球治理规则民主化、法治化，努力使全球治理体制更加平衡地反映大多数国家意愿和利益。要推动建设国际经济金融领域、新兴领域、周边区域合作等方面的新机制新规则，推动建设和完善区域合作机制，加强周边区域合作，加强国际社会应对资源能源安全、粮食安全、网络信息安全、应对气候变化、打击恐怖主义、防范重大传染性疾病等全球性挑战的能力。① 习近平指出，全球经济治理应该以开放为导向，以合作为动力，以共享为目标，共同构建公正高效的全球金融治理格局，开放透明的全球贸易和投资治理格局，绿色低碳的全球能源治理格局，包容联动的全球发展治理格局。习近平的重要论述，为我国参与全球经济治理体系变革指明了方向。在上述全球治理观的指引下，中国将在全球经济治理体系变革中发挥更大作用，推动全球经济治理体系变革朝着更加公正合理的方向发展，为中国经济发展争取更大空间，为世界经济发展做出更多贡献。

面对现有国际体系的弊端和问题，中国不仅积极参与全球治理体系的改革与建设，而且为人类发展的未来提出了人类命运共同体的概念。2013 年 3 月，习近平在莫斯科国际关系学院发表讲演时首次在国际场合提出了“命运共同体”这一概念。人类命运共同体植根于中华民族的精神和世界人民的需要。一方面，中国“以和为贵”“和而不同”“化干戈为玉帛”“国泰民安”“天下太平”“天下大同”等理念世代相传，从而命运共同体不同于西方的文明冲突或者文明交往思想，具有了鲜明的中国特色、中国风格、中国气派。另一方面，当今的世界各种全球性问题层出不穷，对国际秩序和人类生存都构成了严峻挑战。不论人们身处何国、信仰何如、是否愿意，实际上已经处在一个命运共同体中。

人类命运共同体，是以习近平同志为核心的党中央对人类社会发展提出的中国方略。党的十九大报告明确提出：“坚持推动构建人类命运共同体。中国人民的梦想同各国人民的梦想息息相通，实现中国梦离不开和平的国际环境和稳定的国际秩序。必须统筹国内国际两个大局，始终不渝走和平发展道路、奉行互利共赢的开放战略，坚持正确义利观，树立共同、综合、合作、可持续的新安全观，谋求开放创新、包容互惠的发展前景，促进和而不同、兼收并蓄的

---

① 参见《习近平在中共中央政治局第二十七次集体学习时强调：推动全球治理体制更加公正更加合理 为我国发展和世界和平创造有利条件》，《人民日报》2015 年 10 月 14 日。

文明交流，构筑尊崇自然、绿色发展的生态体系，始终做世界和平的建设者、全球发展的贡献者、国际秩序的维护者。”在迈向人类命运共同体的征途上，中国将在全球经济治理的改革和建设中不断贡献中国智慧和中国力量。

思考题

1. 简述经济全球化的基本动力。
2. 简述全球公共物品的主要供给方式。
3. 举例说明国际经济制度的不同形式设计对成员国政策的不同影响。
4. 结合 2008 年国际金融危机阐述现行国际经济秩序的主要弊端。
5. 论述中国发展对国际经济体系改革的影响。

▶ 思考题答题要点

阅读文献

■ 马克思、恩格斯：《共产党宣言》，《马克思恩格斯文集》第 2 卷，人民出版社 2009 年版。

■ 列宁：《帝国主义是资本主义的最高阶段》，《列宁选集》第 2 卷，人民出版社 2012 年版。

■ 毛泽东：《关于三个世界划分问题》，《毛泽东外交文选》，中央文献出版社、世界知识出版社 1994 年版。

■ 邓小平：《以和平共处五项原则为准则建立国际新秩序》，《邓小平文选》第 3 卷，人民出版社 1993 年版。

■ 江泽民：《全面建设小康社会　开创中国特色社会主义事业新局面——在中国共产党第十六次全国代表大会上的报告》，人民出版社 2002 年版。

■ 胡锦涛：《高举中国特色社会主义伟大旗帜　为夺取全面建设小康社会新胜利而奋斗——在中国共产党第十七次全国代表大会上的报告》，人民出版社 2007 年版。

■ 习近平：《中国共产党的领导是中国特色社会主义最本质的特征》，《习近平谈治国理政》第 2 卷，外文出版社 2017 年版。

■ 习近平：《继续推进马克思主义中国化时代化大众化》，《习近平谈治国理政》第 2 卷，外文出版社 2017 年版。

■ 习近平：《加快实施自由贸易区战略，构建开放型经济新体制》，《习近平谈治国理政》第 2 卷，外文出版社 2017 年版。

■ 王沪宁、林尚立、孙关宏编：《政治的逻辑：马克思主义政治学原理》，上海人民出版社 2004 年版。

■ 张宇燕、李增刚：《国际经济政治学》，上海人民出版社 2008 年版。

■ 朱文莉：《国际政治经济学》，北京大学出版社 2009 年版。

■ 王正毅：《国际政治经济学通论》，北京大学出版社 2010 年版。

■ 张建新:《激进国际政治经济学》，上海人民出版社 2011 年版。

■ 宋新宁、田野:《国际政治经济学概论》第二版，中国人民大学出版社 2015 年版。

■ 樊勇明:《西方国际政治经济学》第三版，上海人民出版社 2017 年版。

■［加拿大］罗伯特·W. 考克斯:《生产、权力和世界秩序：社会力量在缔造历史中的作用》，林华译，世界知识出版社 2004 年版。

■［英］苏珊·斯特兰奇:《国家与市场》第二版，杨宇光等译，上海世纪出版集团 2006 年版。

■［美］本杰明·J. 科恩:《国际政治经济学：学科思想史》，杨毅等译，上海世纪出版集团 2010 年版。

■［美］罗伯特·吉尔平:《国际关系政治经济学》，杨宇光等译，上海人民出版社 2011 年版。

■［美］罗伯特·吉尔平:《全球政治经济学：解读国际经济秩序》，杨宇光等译，上海人民出版社 2013 年版。

■［美］伊曼纽尔·沃勒斯坦:《现代世界体系》（一至四卷），郭方等译，社会科学文献出版社 2013 年版。

■［法］托马斯·皮凯蒂:《21 世纪资本论》，巴曙松等译，中信出版社 2014 年版。

■ John Ravenhill, ed., *Global Political Economy*, Oxford: Oxford University Press, 2008.

■ Thomas H. Oatley, *International Political Economy: Interests and Institutions in the Global Political Economy*, New York: Pearson Education, Inc., 2010.

■ Jeffry A. Frieden, David A. Lake and J. Lawrence Broz, *International Political Economy: Perspectives on Global Power and Wealth*, New York: W. W. Norton & Company, 2016.

■ Jeffry A. Frieden, David A. Lake and Kenneth A. Schultz, *World Politics: Interests, Interactions and Institutions*, New York: W. W. Norton & Company, 2016.

人名译名对照表

[美]	阿伯特，肯尼斯	Kenneth Abbott
[埃及]	阿明，萨米尔	Samir Amin
[美]	阿姆斯登，艾丽斯	Alice H. Amsden
[美]	奥尔森，曼瑟尔	Mancur Olson
[美]	巴兰，保罗	Paul A. Baran
[美]	巴雷特，斯科特	Scott Barrett
[泰]	巴尼巴滴，素帕猜	Supachai Panitchpakdi
[法]	波拿巴，拿破仑	Napoleon Bonaparte
[苏]	布哈林	Nikolai Ivanovich Bukharin
[加拿大]	布兰德，詹姆斯	James A. Brander
[瑞士]	邓克尔，阿瑟	Arthur Dunkel
[英]	邓宁，约翰	John Dunnin
[美]	杜鲁门，哈里	Harry Truman
[巴西]	多斯桑托斯，西奥托尼奥	Theotonio Dos Santos
[瑞典]	俄林，贝蒂·戈特哈德	Bertil Gotthard Ohlin
[美]	费景汉	John C. H. Fei
[德]	弗兰克，安德烈·冈德	Andre Gunder Frank
[美]	弗农，雷蒙	Raymond Vernon
[意大利]	葛兰西，安东尼奥	Antonio Gramsci
[美]	哈格德，斯蒂芬	Stephen Haggard
[美]	哈斯，厄恩斯特	Ernst Haas
[加拿大]	海默，斯蒂芬	Stephen H. Hymer
[美]	汉密尔顿，亚历山大	Alexander Hamilton
[瑞典]	赫克歇尔，伊·菲	Eli F. Heckscher
[美]	霍普金斯，雷蒙德	Raymond Hopkins
[美]	基欧汉，罗伯特	Robert O. Keohane
[美]	吉尔平，罗伯特	Robert Gilpin
[美]	金德尔伯格，查尔斯	Charles P. Kindleberger
[巴西]	卡多佐，费尔南德	Fernando H. Cardoso

[美]	卡勒，迈尔斯	Miles Kahler
[美]	卡赞斯坦，彼得	Peter J. Katzenstein
[美]	凯南，彼得	P. B. Kennan
[美]	凯南，乔治	George Frost Kennan
[加拿大]	考克斯，罗伯特	Robert W. Cox
[法]	柯尔贝尔	Jean-Baptiste Colbert
[英]	科布登，理查德	Richard Cobden
[美]	科恩，本杰明	Benjamin J. Cohen
[美]	克拉斯纳，斯蒂芬	Stephen Krasner
[美]	克里迈诺斯，芭芭拉	Barbara Koremenos
[美]	克鲁格曼，保罗	Paul Krugman
[美]	库珀，理查德	Richard Cooper
[美]	库兹涅兹，西蒙	Simon Kuznets
[法]	拉米，帕斯卡尔	Pascal Lamy
[美]	拉尼斯，古斯塔夫	Gustav Ranis
[美]	莱克，大卫	David Lake
[英]	李嘉图，大卫	David Ricardo
[德]	李斯特，弗里德里希	Friedrich list
[加拿大]	利普塞，理查德	Richard George Lipsey
[美]	利普森，查尔斯	Charles Lipson
[瑞典]	林德	S. B. Linder
[英]	刘易斯，威廉·阿瑟	William Arthur Lewis
[德]	卢森堡，罗莎	Rosa Luxemburg
[美]	鲁杰，约翰	John Ruggie
[美]	罗德瑞克，丹尼	Dani Rodrik
[比]	罗兰，热若尔	Gerard Roland
[美]	罗西瑙，詹姆斯	James N. Rosenau
[美]	马丁，莉萨	Lisa Martin
[巴西]	马里尼，鲁伊	R. M. Marini
[美]	曼，迈克尔	Michael Mann
[英]	孟，托马斯	Thomas Mun
[法]	孟德斯鸠	C. L. Montesquieu

[法]	孟克列钦	Antoine de Montchrétien
[美]	米尔纳，海伦	Helen Milner
[英]	米特兰尼，大卫	David Mitrany
[英]	穆勒，约翰	John Stuart Mill
[美]	奈，约瑟夫	Joseph S. Nye
[英]	皮尔，罗伯特	Robert Peel
[美]	普哈拉，唐纳德	Donald Puchala
[阿根廷]	普雷维什，劳尔	Roal Prebish
[美]	钱纳里，霍利斯	Hollis B. Chenery
[英]	丘吉尔，温斯顿	Winston Churchill
[美]	萨缪尔森，保罗	Paul A. Samuelson
[美]	沙特施奈德	E. E. Schattschneider
[美]	施蒂格勒，乔治	George Stigler
[美]	舒尔茨，西奥多	T. W. Schultz
[美]	斯考切波，西达	Theda Skocpol
[英]	斯密，亚当	Adam Smith
[美]	斯奈德尔，邓肯	Duncan Snidal
[加拿大]	斯潘塞，芭芭拉	Barbara J. Spencer
[英]	斯塔福，威廉姆	William Stafford
[英]	斯图亚特，詹姆斯	James Denham Steuart
[美]	威尔逊，伍德罗	Woodrow Wilson
[美]	威廉姆森，约翰	John Williamson
[美]	韦德，罗伯特	Robert Wade
[美]	沃勒斯坦，伊曼纽尔	Immanuel Wallerstein
[法]	西斯蒙第	Sismondi
[奥]	希法亭，鲁道夫	Rudolf Hilferding
[美]	希斯考克斯，迈克尔	Michael J. Hiscox
[日]	小岛清	Kiyoshi Kojima
[英]	辛格，汉斯	Hans W. Singer
[英]	休谟，大卫	David Hume
[美]	约翰逊，查默斯	Chalmers Johnson

组织机构译名对照表

安第斯集团	Comunidad Andina, CAN
北大西洋公约组织	North Atlantic Treaty Organization, NATO
北美自由贸易协定	North American Free Trade Agreement, NAFTA
地区全面经济伙伴关系	Regional Comprehensive Economic Partnership, RCEP
东部和南部非洲共同市场	The Common Market for Eastern and Southern Africa, COMESA
东非经济共同体	East African Community, EAC
东京回合	Tokyo Round
东盟自由贸易协定	The ASEAN Free Trade Area, AFTA
东亚全面经济伙伴关系	The Comprehensive Economic Partnership for East Asia, CEPEA
东亚自由贸易区	East Asia Free Trade Agreement, EAFTA
多边贸易组织	Multilateral Trade Organization, MTO
多种纤维协定	Multi-Fibre Agreement, MFA
二十国集团	Group 20, G20
非洲经济共同体	African Economic Community, AEC
服务贸易总协定	General Agreement on Trade in Services, GATS
关税及贸易总协定	General Agreement on Tariffs and Trade, GATT
国际复兴开发银行	International Bank for Reconstruction and Development, IBRD
国际货币基金组织	International Monetary Fund, IMF
国际劳工组织	International Labour Organization, ILO
华沙条约组织	Warsaw Treaty Organization
货物贸易协定	Multilateral Agreements on Trade in Goods
基础四国	BASIC
加勒比共同体	Caribbean Community, CC
解决投资争端国际中心	International Center for the Settlement of Investment Disputes, ICSID
金砖国家	BRICS

金砖国家应急储备安排	Contingency Reserve Arrangement, CRA
经合组织	Organization for Economic Cooperation and Development, OECD
经济互助委员会	The Council for Mutual Economic Assistance, CoMEcon
肯尼迪回合	Kennedy Round
跨大西洋贸易与投资伙伴协议	Transatlantic Trade and Investment Partnership, TTIP
跨太平洋伙伴关系协议	Trans-Pacific Partnership Agreement, TPP
拉丁美洲自由贸易协会	Asociacion Latinoamericana de Libre Comercio, ALALC
拉美共同体	Comunidad de Estados Latinoamericanosy Caribeños, CELAC
拉美经委会	Economic Commission for Latin America, ECLA
联合国环境规划署	United Nations Environment Programme, UNEP
联合国开发计划署	The United Nations Development Programme, UNDP
联合国贸易和发展会议	United Nations Conference on Trade and Development, UNCTAD
美洲玻利瓦尔替代计划	Alternativa Bolivariana para las Americas, ALBA
南部非洲发展共同体	Southern African Development Community, SADC
南美国家联盟	Unión de Naciones Suramericanas, UNASUR
欧盟理事会	Council of the European Union
欧盟委员会	European Commission
欧洲议会	European Parliament
全球投资正义网络	Network for Justice in Global Investment, NJGI
世界贸易组织	World Trade Organization, WTO
世界清算银行	Bank for International Settlements, BIS
世界卫生组织	World Health Organization, WHO
世界银行	World Bank, WB
太平洋经济合作理事会	Pacific Economic Cooperation Council, PECC
太平洋贸易与发展论坛	The Pacific Trade and Development Conference Series, PAFTAD
太平洋盆地经济理事会	Pacific Basin Economic Council, PBEC
特别提款权	Special Drawing Rights, SDRs
乌拉圭回合	Uruguay Round

西非国家经济共同体	Economic Community of West African States, ECOWAS
先期自愿部门自由化	Early Voluntary Sectoral Liberalization, EVSL
新开发银行	New Development Bank
亚太经济合作组织	Asia-Pacific Economic Cooperation, APEC
亚太自由贸易区	Free Trade Area of the Asia-Pacific, FTAAP
亚洲基础设施投资银行	Asian Infrastructure Investment Bank, AIIB
亚洲经济研究所	Institute of Developing Economies, IDE
永久正常贸易关系法案	Permenent Normal Trade Relations, PNTR
与贸易有关的知识产权协定	Agreement on Trade-Related Aspects of Intellectual Property Rights, TRIPS
中国—东盟自由贸易区	China and ASEAN Free Trade Area, CAFTA
中美洲共同市场	Central American Common Market, CACM
中美洲国家组织	Organization of Central American States, OCAS
中美洲一体化银行	Central American Bank of Economic Integration, BCIE

后　记

《国际政治经济学》是马克思主义理论研究和建设工程重点教材，由教育部组织编写，经国家教材委员会审核通过。

在教材编写过程中，得到了国家教材委员会高校哲学社会科学（马工程）专家委员会、思想政治审议专家委员会以及教育部原马工程重点教材审议委员会的指导。同时，广泛听取了高校教师和学生的意见建议。

本教材由王正毅主持编写，李滨任副主编。绪论，王正毅撰写；第一章，王正毅、李滨、朱文莉撰写；第二章，曲博撰写；第三章，张建新撰写；第四章，保建云、沈伯平撰写；第五章，钟飞腾撰写；第六章，王正毅、熊洁撰写；第七章，杨毅撰写；第八章，田野、董昭华撰写。

2021 年 6 月